海峡两岸广告与传播研究

Research on Advertising and Communication
between the Two Sides of the Taiwan Straits

林升梁　帅志强　著

中央编译出版社
Central Compilation & Translation Press

图书在版编目（CIP）数据

海峡两岸广告与传播研究／林升梁，帅志强著. —北京：
中央编译出版社，2017.5
ISBN 978-7-5117-3278-1

Ⅰ.①海… Ⅱ.①林…②帅… Ⅲ.①海峡两岸—广告学—传播学—研究 Ⅳ.① F713.80

中国版本图书馆 CIP 数据核字（2017）第 036868 号

海峡两岸广告与传播研究

出 版 人：	葛海彦
项目统筹：	贾宇琰
责任编辑：	曲建文
执行编辑：	陶莎莎
责任印制：	尹　珺
出版发行：	中央编译出版社
地　　址：	北京西城区车公庄大街乙 5 号鸿儒大厦 B 座（100044）
电　　话：	（010）52612345（总编室）　（010）52612341（编辑室）
	（010）52612316（发行部）　（010）52612317（网络销售）
	（010）52612346（馆配部）　（010）55626985（读者服务部）
传　　真：	（010）66515838
经　　销：	全国新华书店
印　　刷：	北京天正元印务有限公司
开　　本：	710 毫米 ×1000 毫米　1/16
字　　数：	450 千字
印　　张：	22.5
版　　次：	2017 年 5 月第 1 版第 1 次印刷
定　　价：	58.00 元

网　　址：www.cctphome.com　　邮　　箱：cctp@cctphome.com
新浪微博：@中央编译出版社　　微　　信：中央编译出版社（ID: cctphome）
淘宝店铺：中央编译出版社直销店（http://shop108367160.taobao.com）　（010）55626985

凡有印装质量问题，本社负责调换，电话：（010）55626985

前　言

2005年,《海峡两岸文化与传播研究》(厦门大学出版社,许清茂主编)一书出版,该书为厦门大学新闻传播系组织的有关海峡两岸新闻传播状况研究的论文汇编,全书以海峡两岸文化传播为架构,内容涉及两岸政治、经济、社会、文化等方面的传播研究,对于打造新闻传播系的学科特色有重大帮助。

2008年,由复旦大学新闻学院、厦门大学新闻传播学院、海峡导报社共同主办的海峡两岸新闻与传播研究交流中心在福建厦门举行揭牌仪式。时任中国国民党主席的吴伯雄等海内外知名人士发来贺信。

2009年,《海峡两岸新闻与传播研究》(九州出版社,张铭清主编)一书出版,该书为海峡两岸关系协会原副会长、海峡两岸新闻与传播研究交流中心召集人、厦门大学新闻传播学院院长张铭清教授主编,汇集了海峡两岸历史、报纸、评论、教育、文化、广告等相关研究,鉴于传媒行业的喉舌性质,本书不仅对大陆传媒产业的发展具有重要的借鉴意义,而且对涉台宣传工作也具有重要的参考价值。

广告学科作为新闻传播学一级学科的重要分支,理应拥有一本属于自己的海峡两岸相关研究。因此,《海峡两岸广告与传播研究》的出版,不仅十分必要,而且将极大推动海峡两岸广告产业的交流与合作。本书共26章,具有以下三个特色:

1. 以广告为核心,汇集了一批囊括两岸消费者、广告创意在内的研究成果,对于海峡两岸的市场合作具有一定的启发价值。

2. 以传播为外延,涉及妈祖传播、汇集的部分成果,不仅展示了海峡两岸妈祖为纽带的文化同源性,还显示出两岸三地妈祖传播的差异性,对于推动海峡两岸妈祖传播具有一定实践价值。

3. 以文化创意产业和新闻业为背景,分析了海峡两岸文化创意产业和新闻业之间合作的可能性和可行性,对于海峡两岸进一步实现互补将发挥一定作用。

本书写作过程中得到海峡两岸众多朋友的帮助,在此特副感谢! 本书具体分工如下:第一篇"消费者行为"和第二篇"广告创意"共14章主要由林升梁负责撰写。第三篇"妈祖传播"和第四篇"两岸合作"共 12 章,除了第十五章"妈祖传播研究现状与趋势"和第二十章"海峡两岸妈祖文化传播比较研究"主要由林升梁负责撰写外,其他 10 章主要由帅志强负责撰写。

本书适合高校新闻传播专业本科生、研究生阅读,适合对开拓海峡两岸市场有兴趣的营销者,也适合政府相关部门作为决策参考。

本书的出版,是继《海峡两岸文化与传播研究》和《海峡两岸新闻与传播研究》系列之后第三本以类似名字命名的著作,不仅丰富了海峡两岸经济和文化交流的内容,而且对于凸显福建省新闻传播学研究的地域优势具有十分重要的意义和价值。

目 录
CONTENTS

第一篇　消费者行为 …………………………………………………………… 1
　　第一章　台湾消费文献综述　3
　　第二章　问题引出与假说形成　10
　　第三章　编制中国消费者人性量表(CCHS)的理论构想　19
　　第四章　中国消费者人性量表(CCBS)的编制与初步结果　32
　　第五章　中国消费者行为量表(CCBS)对福建大学生的测试结果　43
　　第六章　中国消费者行为量表(CCBS)验证性因子分析
　　　　　　——以福建大学生为例　56
　　第七章　中国消费者行为量表(CCBS)对台湾大学生的测试结果　73
　　第八章　中国消费者行为量表(CCBS)验证性因子分析
　　　　　　——以台湾大学生为例　86
　　第九章　闽台消费者行为比较分析　103

第二篇　广告创意 ……………………………………………………………… 109
　　第十章　问题引出、编码与假说形成(中国大陆)　111
　　第十一章　改革开放以来《人民日报》《北京日报》《新民晚报》
　　　　　　　《广州日报》广告价值观变迁研究　144
　　第十二章　问题引出、编码与假说形成(台湾)　161
　　第十三章　报业解禁以来《中国时报》《联合报》《自由时报》
　　　　　　　广告价值观变迁研究　196
　　第十四章　海峡两岸广告业发展简史比较研究　210

第三篇 妈祖传播 219
- 第十五章 妈祖传播研究现状与趋势 221
- 第十六章 妈祖文化传播的研究历程、研究对象和研究方法 228
- 第十七章 妈祖文化传播的类型 240
- 第十八章 海洋生态文明视域下妈祖信俗传承的途径 282
- 第十九章 妈祖文化品牌传播的现状与策略 289
- 第二十章 海峡两岸妈祖文化传播比较研究 296

第四篇 两岸合作 305
- 第二十一章 关于提升闽台文化创意产业合作水平的政策创新体系的思考 307
- 第二十二章 闽台文化创意产业合作业态浅析 314
- 第二十三章 闽台文化产业园区集聚效应及特征 323
- 第二十四章 新时期深化闽台影视产业合作的思考 328
- 第二十五章 闽台新闻媒体合作内容分析及趋势展望 336
- 第二十六章 关于建立闽台新闻媒体合作机制与模式的探讨 343

第一篇 01
消费者行为

第一章

台湾消费文献综述

海峡两岸一衣带水,同根同源。台湾在慈善、投资、旅游等诸多方面对中国大陆颇有贡献,反之亦然。2011年12月30日起,台湾当局宣布具备某些条件的中国大陆企业可以在台湾媒体上投放广告,这意味着两岸经济融合度进一步加大。由于殖民主义的长期统治以及经济发展水平的差异,台湾文化显示出与福建文化不同的特点。1981年,台湾人均GNP达2669美元,接近发达国家人均3000美元标准,而中国大陆在2008年才达到这个标准,两岸经济发展水平差距大概近30年。[①] 台湾与祖国的亲缘关系最直接体现为台湾与福建的关系,中原文化最初经由福建本土化发展再传入台湾,闽台被视为共同文化区。因此,比较研究闽台消费者行为的异同,有利于闽台经济互为补充、互为交流、共同发展。

一、国外研究

在ProQuest高级检索里键入"Taiwan"+"consumer"和"Taiwan"+"consumption"题名进行查找,得到46篇相关文献,删除与本研究无关的文献,遴选出与台湾消费有关的文献,得到43篇论文。[②] 最早的文献是麦克尼尔、詹姆斯·犹、维斯瓦那滕·维斯和叶强华三位学者(1993)在《亚太市场与物流》期刊上发表的"香港、新西兰、台湾和美国儿童消费者社会化跨文化研究"一文,他们比较研究香港地区、新西兰、台湾地区与美国四个国家和地区儿童消费行为社会化过程的异同,结果发现,亚太地区儿童在小学时就被纳入消费的社会化过程,到中学和大学,他们同时开始实践消费行为;美国儿童被纳入消费的社会化过程相对较晚。[③]

在对43篇国外文献进行判断后,可以大致把国外文献分成三类:第一类是以

[①] 谢瑞巧、黄家骅:《闽台居民消费结构的比较》,载《福建论坛·经济社会版》2002年第3期。
[②] 检索时间:2013年1月1日。
[③] Mc Neal, James U & Viswanathan, Vish R & Yeh, Chyon – Hwa. "A Cross – cultural Study of Children's Consumer Socialization in Hong Kong, New Zealand, Taiwan, and the United States" *Asia Pacific Journal of Marketing and Logistics*, 1993, 5(3):56.

台湾消费为主体的研究,第二类是综合性的比较研究,第三类是针对某个品类或某个行业的比较研究。

(一)以台湾消费为主体的研究

43 篇文章中有 37 篇是以台湾消费为主体的研究,杨万奇(2010)在《人力资源和成年学习》期刊上发表的"消费行为在节庆旅游中的研究——以台湾咖啡节为例"一文,他选择台湾咖啡节上的 335 个样本进行调查,结果发现,体验营销对旅游满意度持正向影响,旅游满意度对忠诚度持正向影响,而体验营销对忠诚度没有正向影响。[1] 刘潘腾、阵玖辉和常奇军(2009)三位学者在《商业国际》期刊上发表的"台湾消费生活成本研究:加法价格指数公式的运用"一文,他们根据托氏加法价格指数公式,信托成本从 1991 年到 2006 年间上升了 29.93%,平均每年增长 1.76%,而拉氏指数对台湾生前信托成本估计过高,平均每年多了 0.1%。[2] 陈梅芳(2011)在《英国食品》期刊上发表"台湾消费者对转基因食品态度的决定性因素:性别差距在食品选择动机中的作用"一文,他通过 522 份问卷调查发现,情绪、感性诉求、价格、熟悉度是影响台湾消费者选择转基因产品的积极因素,但是转基因产品在自然特点上受到消费者的抵制;与男性相比,女性消费者对转基因产品健康与否的判断更加负面。[3]

(二)综合类的比较研究

43 篇文章中有 3 篇是综合类的比较研究,如上述麦克尼尔、詹姆斯·犹、维斯瓦那滕·维斯和叶强华三位学者(1993)对香港地区以及新西兰、美国等国家和地区的儿童消费行为社会化过程的比较研究。[4] 利·拉·弗利和李维纳两位学者(2002)在《国际消费市场营销》期刊上发表的"中国大陆、台湾地区、韩国和美国消费者广告态度比较研究"一文,他们比较研究中国大陆、台湾、韩国和美国消费

---

[1] Yang, Wan‐Chi. "The Study of Consumer Behavior in Event Tourism – A Case of the Taiwan Coffee Festival", *The Journal of Human Resource and Adult Learning*, 2010, 6(2): 119–126.

[2] Lieu, Pang‐Tien & Chen, Jui‐Hui & Chang, Chih‐jung. "Study on Taiwan Consumers' Cost of Living: An Application of the Additive Trnqvist Price Index Formula", *International Journal of Business*, 2009, 14(1): 65–81.

[3] Mei‐Fang, Chen. "The Gender Gap in Food Choice Motives as Determinants of Consumers' Attitudes toward GM Foods in Taiwan", *British Food Journal*, 2011, 113(6): 697–709.

[4] Mc Neal, James U & Viswanathan, Vish R & Yeh, Chyon‐Hwa. "A Cross‐cultural Study of Children's Consumer Socialization in Hong Kong, New Zealand, Taiwan, and the United States", *Asia Pacific Journal of Marketing and Logistics*, 1993, 5(3): 56.

者对广告的不同态度。① 此外,常李勤和黄春澄两位学者(2005)在《商业评论》上发表的"台湾和大陆消费者行为差异研究"一文,他们综述其他学者的研究成果,认为海峡两岸消费行为既同宗同源,又因50年的隔阂呈现出不同的消费形态。②

(三)针对某个品类或某个行业的比较研究

43篇文章中有3篇是针对某个品类或某个行业的比较研究,储国明和单春两位学者(2008)在《商业评论》上发表的"台湾、香港和上海日用商品消费者行为跨文化研究"一文,他们比较研究台湾、香港和上海在超市里消费行为的异同,结果发现,台湾消费者注重牌子、包装、标签和功效,香港消费者注重充足的供应和现场展示,上海消费者注重产品多样性和超市氛围。③ 杨勤筹(2002)在《亚洲质量》期刊上发表"大陆和台湾消费者行为比较研究"一文,他比较研究中国大陆和台湾消费者对百货商店看法的异同,结果发现,中国大陆和台湾都重视货真价实和服务良好,大陆更看重设计、展示和楼层使用,台湾更看重质量性能和停车的便利性。④ 此外,欧余庭、马斯洛·毕恩和纳迪亚·阿布格拉布·挪摩哈杨德三位学者(2009)在《竞争论坛》上发表的"中国大陆、台湾地区和泰国消费者对美国制造汽车的购买决策影响因素研究"一文,他们从消费者年龄、性别、收入、教育程度、宗教等方面比较研究台湾、中国大陆和泰国在购买美国汽车的消费行为差异,结果发现,美国汽车在三个国家和地区里的消费者都具备如下特征:年长、高收入和高学历,在台湾和中国大陆年长者当中,社会地位越高,收入越高,对美国汽车的需求越高,而在泰国年长者当中没有发现它们之间的必然联系;在汽车出租行业,台湾主要使用日系车,中国大陆主要使用大众、通用和福特,泰国主要使用丰田和奔驰。⑤

---

① Carrie La Ferle & Wei – Na, Lee. "Attitudes toward Advertising: A Comparative Study of Consumers in China, Taiwan, South Korea and the United States", *Journal of International Consumer Marketing*, 2002, 15(2):5 – 23.

② Lieh – Ching Chang & Chun – Cheng Huang. "A Study of the Culture Differences between Consumer Behaviors in Taiwan and Mainland China", *The Business Review*, 2005, 4(1):131.

③ Kuo – Ming Chu & Hui – Chun Chan. "Cross – cultural Consumer Behavior of General Merchandise for Taiwan, Hong Kong, and Shanghai", *The Business Review*, 2008, 11(1):224.

④ Ching – Chow Yang. "A Comparison of Consumer Behaviors in China and Taiwan", *Asian Journal on Quality*, 2002, 3(2):183 – 198.

⑤ Yu – Ting Ou & Bijan Massrour & Nadia Abgrab Noormohamed. "Putting the Pedal to the Metal: Forces Driving the Decision – Making Process toward American – Made Vehicles by Consumers in Taiwan, China, and Thailand", *Competition Forum*, 2009, 7(2):343 – 353.

二、大陆研究

中国大陆与台湾消费相关的研究历史不长、数量不多,相关专著、编著或教材目前尚未问世。在中国期刊网(CNKI)跨库高级检索里键入"台湾"+"消费"题名进行查找,得到146篇相关文献,其中大部分与本研究关联度不大,删除无关文献,遴选出11篇文献,其中仅有一篇是硕士论文,其他全部是期刊论文。最早的文献是1989年曾玉荣的《浅议台湾食物消费结构之变动》,该文认为,随着经济水平的提高,台湾食物消费支出比重下降,但绝对值仍上升;淀粉类的碳水化合物食物消费比重下降,动物性食物与蔬菜水果类消费增加。①

在对11篇大陆文献进行判断后,可以得出研究者研究的兴趣所在。笔者对这些文章进行归类,大致可以分为两类:一类是以台湾消费为主体的研究;一类是海峡两岸消费者比较研究。

(一)以台湾消费为主体的研究

11篇文章中有6篇以台湾消费为主体进行研究,例如,黄德海和胡永亮(2006)的《台湾地区消费变动及其特点分析》一文,他们通过线性计量模型发现,台湾消费以2000年为界线,与投资的界线吻合,促进台湾消费应通过增加企业投资加以解决。② 阮莉莉(2007)的硕士论文《我国入境旅游市场中台湾旅游者消费行为研究》从台湾人在中国大陆的消费为主体进行研究,结果发现,台湾人来中国大陆旅游以男性居多,但比例呈下降趋势;中青年旅客占绝对多数,以团体旅游为主;旅游目的由探亲转向商务,其次是观光;上海、广东和福建是最常被光顾的省份;台湾人旅游消费能力界于外国旅游者和港澳旅游者之间;最喜欢的旅游资源是山水风光、文化古迹和民俗风情,最喜欢的商品是纪念品、工艺品、食品、茶叶、服装、丝绸、陶瓷器。③

(二)海峡两岸消费比较研究

11篇文章中有5篇是海峡两岸消费比较研究,例如,谢瑞巧和黄家骅(2002)的《闽台居民消费结构的比较》一文,他们运用扩展线性模型对闽台消费者消费结构进行比较,结果发现,台湾消费者在居住和食品支出方面比福建消费者低,在文化娱乐教育、家庭设备等奢侈品方面比福建消费者高;闽台两地都有较高的储蓄

---

① 曾玉荣:《浅议台湾食物消费结构之变动》,载《台湾农业情况》1989年第3期。
② 黄德海、胡永亮:《台湾地区消费变动及其特点分析》,载《消费经济》2006年第2期。
③ 阮莉莉:《我国入境旅游市场中台湾旅游者消费行为研究》,厦门大学硕士论文2007年版,第48—49页。

倾向。① 蔡秀玲和黄芝华(2011)的《闽台两地居民跨期消费行为比较研究》一文,他们从《福建统计年鉴》(1979—2009)和《台湾统计年鉴》(1980—2008)中选择样本进行比较,结果发现,随着收入的增加,消费弹性也增加。闽台两地的消费主要由当期收入决定;福建城镇居民跨期消费明显,台湾居民受经济不景气影响,预防性储蓄大为增加。②

三、台湾研究

台湾当地对台湾消费相关的研究历史不长、数量不多,相关专著、编著或教材目前尚未问世。在台湾华艺线上图书馆(CEPS + CETD)进阶查询里键入"台湾"+"消费"题名进行查找,得到68篇相关文献,删除无关文献,遴选出62篇文献,其中博士、硕士论文35篇,期刊论文27篇。最早的文献是1990年吴万益的《台湾地区木材消费现况分析》,该文认为,从1988年到1990年进口木材减少13.0%,木材消费排前四名的分别是:制造合板、制造家具木器、纤维与制浆用材、建筑用材。③

在对62篇台湾文献进行判断后,可以得出研究者研究的兴趣所在。笔者对这些文章进行归类,大致可以分为两类:一类是以台湾消费为主体的研究,另一类是海峡两岸消费者比较研究。

(一)以台湾消费为主体的研究

62篇文章中有61篇以台湾消费为主体进行研究,这些研究又可以细分为三小类:综合类研究、针对某个品类或某个行业研究、历史研究。

1. 综合类研究

61篇文章中有18篇是综合类研究,例如,陈英哲(2009)的《所得分配、家庭社经特质与家庭消费行为——台湾核心家庭消费之实证分析》一文,他从所得分配趋于不均情况之下如何影响家庭消费行为与整体最终消费支出的变化角度出发,探讨在所得不均程度差异较大之核心家庭最终平均消费支出是否与所得不均程度差异较小之核心家庭有明显之差异,并探讨家庭社经特质对于家户消费行为的影响。结果发现,核心家庭在食品消费、酒精饮料消费与旅游消费,在所得不均程度差异较大时核心家庭平均消费支出会增加;此外由分量回归模型也发现上述

---

① 谢瑞巧、黄家骅:《闽台居民消费结构的比较》,载《福建论坛·经济社会版》2002年第3期。
② 蔡秀玲、黄芝华:《闽台两地居民跨期消费行为比较研究》,载《亚太经济》2011年第4期。
③ 吴万益:《台湾地区木材消费现况分析》,载《林业实验所研究报告季刊》1990年第2期。

三项商品,所得不均度对于高消费分量家庭几乎都呈现正向显著效果,表示所得不均差异程度较大的情况下,会诱使高消费家庭增加更多的消费支出。①

2. 针对某个品类或某个行业研究

61篇文章中有37篇是针对某个品类或某个行业研究,例如,郑绍成、王雪瀞和吴美暖(2010)的《台湾旅行业服务保证策略与消费者归因对顾客抱怨意愿影响之研究》一文,他们通过实验法,探讨对于企业发生违反保证事项之失误时,消费者之失误归因对其心理层面与行为之影响,结果发现,顾客将因归因之稳定性和控制性不同,抱怨意愿有所差异。此外,归因之稳定性还将对保证与抱怨意愿间关系产生显著之干扰影响。②

3. 历史研究

61篇文章中有6篇是历史研究,例如,曾品沧(2006)的博士论文《从田畦到餐桌——清代台湾汉人的农业生产与食物消费》一文,主要探讨清代台湾汉人如何借由农业生产活动来滋养整个移民社会,及其在此基础上所形成的食物消费趋向。结果发现,台湾南部地区的旱地型,中北部地区的水田型和浅山地区的山地型,其在食物资源的生产上,皆具有不同的特色,此为构成台湾各地区食物消费差异的主要原因;其共同点则是食物资源的生产依附于商品作物栽培之下。以具有强烈商品化性格、贸易输出品的蔗、稻及茶作为主要作物。配合主要作物栽培之次要作物和其他农业部门的产物,构成了移民日常生活之基本食物的主要来源。汉人移民为了建构人际网络、保健等需求,重视餐宴的举办、祭品的呈献,并使用大量的嗜好品。因为重视这些高成本的非维生性食物消费活动,不仅大量消耗从农业生产上所获得的丰厚利润,也易对移民健康带来不利的影响。成本低廉的维生性食物消费,与过度耗财之非维生性食物消费的强烈对比,可视为清代台湾移垦社会之食物消费模式的重要特色。此外,到了清末开港后,随着一群富有、具品味之新兴豪绅的兴起,以及食物、食料来源扩大、流通渠道增加,台湾的食物消费开始有精致化的倾向,一个精致、具有品味之食物消费风格正在台湾逐渐形成。③

(二)海峡两岸消费比较研究

62篇文章中仅1篇是海峡两岸消费比较研究,张国忠、陈照明和吕智忠

---

① 陈英哲:《所得分配、家庭社经特质与家庭消费行为——台湾核心家庭消费之实证分析》,台北大学硕士论文2009年版,第1—5页。
② 郑绍成、王雪瀞、吴美暖:《台湾旅行业服务保证策略与消费者归因对顾客抱怨意愿影响之研究》,载《服务业管理评论》2010年第8期。
③ 曾品沧:《从田畦到餐桌——清代台湾汉人的农业生产与食物消费》,台湾大学硕士论文,2006年,第1—5页。

(2005)的《国家文化、消费伦理信念与购买仿冒品行为关系之研究——中国大陆与台湾之实证研究》一文,他们利用国家文化特质与消费伦理信念,探究何以在集体主义程度较高之地区,其消费者购买仿冒品行为较为严重,国家文化特质中个人主义倾向不但直接影响消费者购买仿冒品之概率,亦会透过消费伦理信念,间接影响消费者购买仿冒品行为。在消费伦理信念方面,中国大陆与台湾地区消费者对道德瑕疵的获利及投机取巧的获利愈不认同者,愈不可能购买仿冒品。①

四、小结

通过文献综述,我们可以看出:对台湾消费的研究,中国大陆最早,台湾当地其次,最后是国外;国外和台湾当地研究更多、更纵深,从年龄、品类等方面细化研究,研究方法多为实证,中国大陆研究数量偏少且着眼宏观层面,研究方法多为思辨;国外研究注重台湾地区与多个国家地区的相互比较,中国大陆研究注重台湾地区与中国大陆之间的两两比较,台湾注重以台湾消费为主体的研究,对比较研究关注较少。

尽管本次文献综述囊括了 Proquest、中国期刊网和台湾华艺线上图书馆里题名包含"台湾"和"消费"的所有文献,仍然有些文章由于题目不含"台湾"和"消费"字样而没有囊括其中,有待进一步补充完善。

---

① 张国忠、陈照明、吕智忠:《国家文化、消费伦理信念与购买仿冒品行为关系之研究——中国大陆与台湾之实证研究》,载《管理与系统》2005 年第 3 期。

第二章

问题引出与假说形成

台湾与祖国的亲缘关系最直接体现为台湾与福建的关系,台湾文化最初经由福建本土化发展再传入台湾,闽台被视为共同文化区。1999 年福建居民人均收入达 1306 美元,而台湾居民人均收入在 1981 年即达 2669 美元,接近中等发达国家 3000 美元的水准。对文化具有高度同源性、经济发展程度不同的两个地区的消费者行为进行比较,无疑具有现实和理论的双重意义。

一、现实意义与理论意义

1. 现实意义

台湾当局宣布,2011 年 12 月 30 日起,已投资台湾的中国大陆企业,以及已销往台湾的八千多项大陆农工业商品,可以在台湾媒体投放广告,这意味着海峡两岸市场融合度势必进一步加大。由于殖民主义的长期统治以及经济发展水平的差异,台湾文化显示出与福建文化不同的特点。在此背景下,先行先试、洞察与比较闽台消费者行为异同,有利于进一步扩大海峡两岸经贸合作与市场开辟。

2. 理论意义

目前国内外用现成量表测量消费者行为的论文颇多,如荷勤拉(2009)[1]、阿尔卡特(2009)[2]、台湾学者林保良和张国雄(2011)[3]等。但闽台消费者比较研究方面的论文仅一篇(蔡秀玲和黄芝华,2011)[4],主要从宏观经济角度(居民资产净值/个人财富对消费行为的影响)阐述,因此,增列闽台消费者行为比较的研究主

---

[1] Eleazar Gil Herrera. "A Multiagent Framework for Consumer Behavior and Purchase Intentions in Electronic Commerce," *University of Puerto Rico, Mayaguez (Puerto Rico). M. S.* ,2009:1 - 10.

[2] Hunt Allcott V. "Consumer Behavior and Firm Strategy in Energy Markets", *Harvard University. Ph. D.* ,2009:1 - 8.

[3] 林保良、张国雄:《五大人格特质与内在动机对消费者创新性使用意图之影响——以脸书之开心农场为例》,载《创造学刊》2011 年第 6 期。

[4] 蔡秀玲、黄芝华:《闽台两地居民跨期消费行为比较研究》,载《亚太经济》2011 年第 4 期。

题,尤其是涉及闽台学人共同参与的主题,有利于促进闽台学术合作与共同发展。

二、国内外研究现状及发展动态分析

1. 国外研究现状

本研究关键是中国消费者行为量表的编制。国外主要有三种方法探讨消费者行为:生活形态/心理统计(lifestyle/psychographic)、消费者类型(consumer typology)和消费者特征法(consumer characteristics approach)。①(Sproles&Kendall,1986)

(1)有关生活形态/心理统计角度研究消费者行为目前已有数种量表被提出,其中以 AIO(Activities, Interests, Opinions)和 VALS(Values and Lifestyles)最为常用。

(2)从消费者类型角度研究消费者行为指利用消费者购物导向及行为来定义消费者类型,购物行为不仅包含经济动机,还包含个人、社会及心理动机的考量。

(3)消费者特征法专注于消费者认知与情感导向特征角度,认为消费者的人格能一致支配消费者的选择。Sproles&Kendall(1986)发展出 CSI(Consumer Styles Inventory)量表,提取了八个因子:完美高品质认知导向、品牌认知与价格等同质量导向、新潮时尚导向、消遣娱乐导向、价格敏感与追求价值导向、冲动随意购物导向、决策困扰导向、品牌忠诚导向。

本研究采纳消费者特征法的理论基点,认为消费者行为是其人格的外在表现,因此,可以从人格维度入手编制消费者行为量表。在西方人格研究领域,弗斯克、克里斯特尔、吐鲁斯、挪曼、格尔德伯格(Max Julian McDaniel,2007)②等人从词汇学假设出发,从《韦伯斯特国际词典》等词典中选出特质形容词,都得到了西方人格的五大因素结构。

2. 国内研究现状

由于中国人与西方人在人格方面既有相似性,又存在明显不同,简单照搬西方人的理论显然是不合适的。在杨国枢与王登峰(1999)的研究中③,根据733名大陆被试对410个形容词的评定,共抽取出七个大因素。之后,王登峰等人(2004)进一步制定了中国人人格量表(QZPS),对中国人人格结构的系统探讨有

---

① George B. Sproles, Elizabeth Kendall L. "A Methodology for Profiling Consumers' Decision-Making Styles", *Journal of Consumer Affairs*,1986,20(2):267-279.
② Max Julian Mc Daniel, "An investigation of the Validity of Implicit Measures of Personality", *Rice University. M. A.*,2007:36-42.
③ 王登峰:《中国人人格量表的信度与效度》,载《心理学报》2004年第3期。

了初步的结果。在消费者行为研究领域,刘世雄(2005)在西方CSI(Consumer Styles Inventory)和LOV(List of Value)量表基础上,通过编制中国消费区域差异特征量表(RDCCC)与测量表明,中国消费文化价值系统由"长期与短期导向""人与宇宙""不确定回避""物质主义""时间导向""集体主义与个人主义""情绪化与情绪中性"七个维度构成,除"人与宇宙"维度外,其他六个维度在东北、华北、西北、西南、华南、华东、华中七个区域表现出显著差异。[1]

3. 发展动态分析

上述文献综述表明,多年来在消费者行为研究领域内积累了不少西方学者设计的各种量表。然而有学者(卢泰宏,2005)对此持有争议,认为这些"量表"只适用于原测地,当施测于其他地方时其有效性值得质疑:是否会因为"文化差异"原因而导致结果误差?[2] 因此,近年来学者如Song(2010)等人把西方的原量表局限在原测地实施测量,是为化解质疑。为了淡化"文化差异"的影响[3],国内一些学者基于西方量表的基础之上,经过修正发展,如刘世雄等人编制的RDCCC量表,但缺陷也是明显的:一是出发点仍然是西方的量表维度;二是缺乏台湾的调查样本。

此外,不少学者从某个小角度自创设计消费者行为量表用于特定消费群体研究,如Yang(1994)从品牌忠诚角度研制的多种消费者购物行为决定因素(DCVPB)量表[4]、台湾学者黄任闵和吴穆杰(2007)从运动用品和网路角度研制的运动用品网路消费行为(SGOCB)量表[5]等,但这些小量表并不适合于闽台消费者行为的测量。

综合以上问题,笔者萌发一个研究动机:可否从中国本土化的人格量表(QZ-PS)研究基点出发,尽量减少"文化差异"所导致的量表误差,通过闽台学人合作,编制出可以测试闽消费者行为的本土化量表——中国消费者行为量表(Chinese Consumer Behavior Scale,CCBS),用以科学统计、测量与比较闽台消费者行为异同。

---

[1] 刘世雄:《基于文化价值的中国消费区域差异实证研究》,载《中山大学学报》(社会科学版),2005年第5期。

[2] 卢泰宏:《中国消费者行为报告》,北京:中国社会科学出版社2005年版,第1—440页。

[3] Sungwoo Song, "Factors That Influence Consumer's Adoption Behavior in M-commerce", Purdue University, *Consumer Sciences and Retailing. M. S.*, 2010:15-32.

[4] Young Yang I, "Consumer Varied Purchasing Behavior: Definition, Taxonomy and Scale Development", *Florida Atlantic University. PH. D.*, 1994:1-116.

[5] 黄任闵、吴穆杰:《运动用品网路消费行为量表之建构》,载《嘉大体育健康休闲期刊》,2007年第6期。

三、研究内容

1. 测量消费者行为量表——中国消费者行为量表(Chinese Consumer Behavior Scale,CCBS)的编制

有关人格结构和人格量表的建构问题一直是人格心理学,特别是中国人格心理学中的一个核心问题。20 世纪 40 年代初,Cattell 最早采用因素分析技术,对人格进行了全面描述,并建立了人格 16 个维度的测量工具(16PF)。在此基础上,众多西方学者发现了"大五"人格结构。西方"大五"人格结构模型的出现被称为"人格心理学领域的一场静悄悄的革命",引起了心理学界的高度重视。随着人格结构的"大五"模型的确立,专门的测量工具也逐渐建立起来。目前主要有两大类测量工具,即形容词评定法与问卷法。由于人们的某个特点有时难以用一个形容词进行完整的描述,形容词的含义也比较宽泛,变异性大,评定比较困难,因而,人格结构确定之后,采用短语或句子的问卷法测量人格结构可能会更全面、更准确。目前使用最多、影响最大的是卡斯塔和麦克科构建的一个由 5 个维度、30 个层面、240 个项目组成的综合性"大五"人格问卷——NEO PI-R。

虽然中国人与西方人存在相似性,但又有明显差异性,在人格领域中,要准确反映中国人的人格结构,简单照搬西方人的理论显然是不合适的。在杨国枢与王登峰的研究中,根据 733 名大陆被试对 410 个形容词的评定,删除共通性和载荷量低于 0.30 的项目后,因素分析共抽取出七个大因素。之后,王登峰和崔红进一步制定了中国人人格量表(QZPS),QZPS 由 180 个项目构成,包含七个大因素和 18 个小因素,如表 2-1 所示。

表 2-1:QZPS 各个因素的名称及其所含项目数(括号内)

大因素	小因素		
	1	2	3
因素1:外向性(36)	活跃(15)	合群(12)	乐观(9)
因素2:善良(31)	利他(17)	诚信(6)	重感情(8)
因素3:行事风格(29)	严谨(14)	自制(11)	沉稳(4)
因素4:才干(26)	决断(11)坚韧(9)	机敏(6)	
因素5:情绪性(23)	耐性(15)	爽直(8)	
因素6:人际关系(20)	宽和(13)	热情(7)	
因素7:处世态度(15)	自信(9)	淡泊(6)	

QZPS 无法直接用于测量中国消费者,这是因为 QZPS 测量的是常态下的人格,而测量中国消费者行为是特定情境(消费情境)下的测量。人在不同场合,往往表现出不同的性格特征。我们经常看到一些内向、羞涩的人,在购物时却表现出截然不同的行为——狂热、活跃;一些工作严谨的人,在生活上却表现出很邋遢的作风。这样的例子数不胜数。可见,不同情境下表现出来的行为往往是不同的,为了得到消费情境下的量表,有必要对 QZPS 进行"学科本土化"。

表 2-2:QZPS 衍生而来的 CCBS 各大因素所含项目数与小因素题项编号(括号内)

大因素	小因素		
	1	2	3
因素1:外向性(25)	活跃(3、8、20、52、103、106、111、123)	合群(5、13、16、26、32、36、37、59、67、71、107、155、160)	乐观(12、68、104、135)
因素2:善良(16)	利他(2、56、73、114、115)	诚信(31、58、64、172)	重感情(6、49、98、127、139、152、185)
因素3:行事风格(57)	严谨(17、54、62、81、92、95、112、131、133、138、144、145)	自制(1、23、45、46、66、77、80、83、86、87、88、96、100、101、105、108、116、128、141、143、147、162、164、167、169、170、181)	沉稳(15、18、22、35、38、50、69、70、75、78、89、102、113、136、146、148、156、175)
因素4:才干(35)	决断(4、33、39、42、43、44、84、99、150)	坚韧(10、29、30、41、57、79、91、178)	机敏(60、72、74、82、93、109、119、124、132、137、149、151、158、159、161、168、176、179)
因素5:情绪性(22)	耐性(19、28、40、48、51、61、118、121、122、125、142、174、180)	爽直(7、11、14、21、34、55、63、65、120)	
因素6:人际关系(8)	宽和(27、76、153、157)	热情(9、24、90、110)	
因素7:处世态度(22)	自信(85、94、97、129、130、140、154、163、165、166、171、173、184)	淡泊(25、47、53、117、126、134、177、182、183)	

中国消费者行为量表(简称:CCBS)项目的编制是以 QZPS 长式量表(180 题)为基础,编写者为闽台两岸管理学和传播学领域的教授与博士共 26 人。编写原则是:针对 QZPS 长式量表 180 个题项,分别用四个以上的句子描述与消费行为相关的特点。以"在社交场合,我总是显得不够自然"为例,衍生的相关句子是"在公

众策划场合,我常常感到很拘束,难以当观众"、"只有在熟悉的商场,我才能比较自然轻松地购物"等。经过这一过程,共编写了750个句子,构成CCBS的初始题库。同时,参照QZPS的编制原则(词汇学假设),从《现代汉语词典》(2002年增补本,商务印书馆)里抽取出可以形容消费行为特征的词语进行描述,与上述750个句子合并,构成1348个题项。在此基础上,依据标准化心理测验的编制程序进行前测(大陆高校2000个样本),删除共通性及载荷量较低的句子,简化后得到185个题项的初始量表。目前这项工作已经完成。如表2-2所示。

2. 提出假设

上述185个题项的CCBS量表对福建消费者行为进行测量,是否同样可以推导出小因素层面的福建省消费者行为维度?按累积解释率,其排序又如何?林升梁(2011)通过福建大学生调查数据初步分析(1850个样本),认为福建经济处于不断发展之中,自尊自爱事业型为各小因素之首。研究者提出第一个假设:

H1:福建省消费者行为存在低阶层面(小因素)的结构,自尊自爱事业型排序第一;

由于CCBS量表的题项是由QZPS大七结构衍生出来的,是否跟QZPS一样,可以划分出高阶层面的大七结构?研究者提出第二个假设:

H2:福建省消费者行为存在高阶层面(大因素)的大七结构;

有学者(Dyczewski,2002)认为,经济程度高的地区,市场对道德的重视程度更高,消费者也表现得更为成熟。中国大陆与台湾隔阂已久,由于经济发展水平不同,在亚文化消费层次上(台湾经济比福建发达,在利他、诚信、重感情、严谨、决断、机敏等小因素上可能得分更高)可能存在差异。因此,研究者提出如下假设:

H3:与福建省消费者相似,台湾消费者行为存在高阶层面(大因素)的大七结构;

H4:与福建省消费者不同,台湾消费者行为存在低阶层面(小因素)的独特性;

H4-1:台湾消费者在"利他"低阶层面上得分比福建高;

H4-2:台湾消费者在"诚信"低阶层面上得分比福建高;

H4-3:台湾消费者在"重感情"低阶层面上得分比福建高;

H4-4:台湾消费者在"严谨"低阶层面上得分比福建高;

H4-5:台湾消费者在"决断"低阶层面上得分比福建高;

H4-6:台湾消费者在"机敏"低阶层面上得分比福建高。

3. 研究目标

(1)CCBS量表测试福建大学生消费行为,检视其高阶层面结构是否存在与QZPS相似性(大七结构);

(2)CCBS量表测试台湾大学生消费行为,检视其高阶层面结构是否存在与QZPS相似性(大七结构);

(3)CCBS量表测试台湾大学生消费行为,检视其低阶层面结构是否存在与福建省大学生消费行为的差异性;

(4)比较分析闽台消费者行为在低阶层面存在何种差异以及该差异对闽台企业营销的启示。

四、研究方案

(1)研究对象、研究方法和研究程序

本研究采用问卷调查法,通过对福建省厦门大学、福建师范大学、福建农林大学、集美大学等8所高校大学生至少1850个样本进行问卷调查,对回收的数据进行探索性因子分析,确认CCBS项目数与福建省消费者行为小因子维度(H1)。之后,我们将继续抽取1850份的福建省大学生样本,对回收的数据进行验证性因子分析,验证福建省消费者行为是否存在高阶层面(大因素)的大七结构(H2)。项目小组成员中的台湾教师将对台湾大学、世新大学、铭传大学等8所台湾高校大学生(1850样本)发放CCBS量表问卷,对回收的数据进行探索性因子分析,验证台湾消费者行为是否存在低阶层面(小因素)的独特性以及何种独特性(H4)。最后,重新抽取台湾大学生1850个样本,对回收的数据进行验证性因子分析,验证台湾消费者行为是否存在高阶层面(大因素)的大七结构(H3)。(具体技术路线见图2-1)

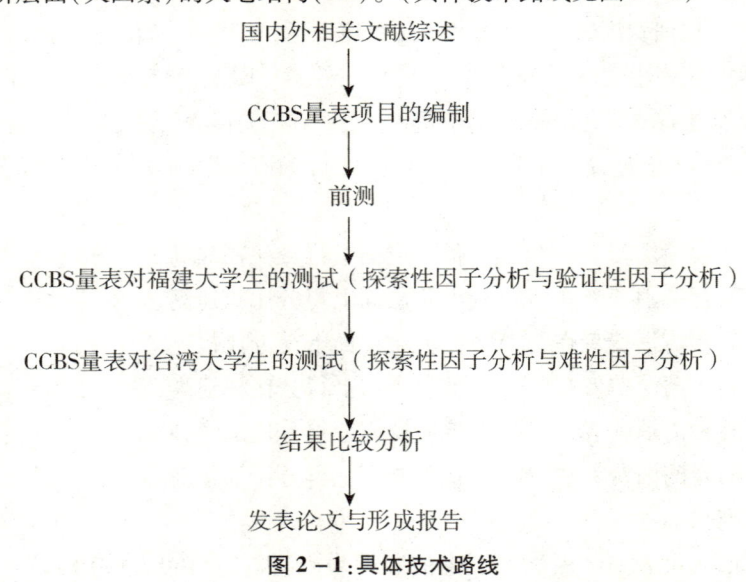

图2-1:具体技术路线

(2)研究工具

在数据分析时,需要使用 SPSS 进行探索性因子分析,以确定闽台消费者行为存在哪些小因素维度以及如何排序。同时需要 Amos7.0 软件进行验证性因子分析(结构方程线性模型)验证闽台消费者行为是否存在高阶层面(大因素)的大七结构(如图 2-2 所示)。在验证性因子分析中,主要以卡方值大小、显著性及 RMSEA 值、ECVI 值、SRMR 值、GFI 值和 CFI 值等适配指标,作为判别模型是否达成整体适配程度的决策依据。

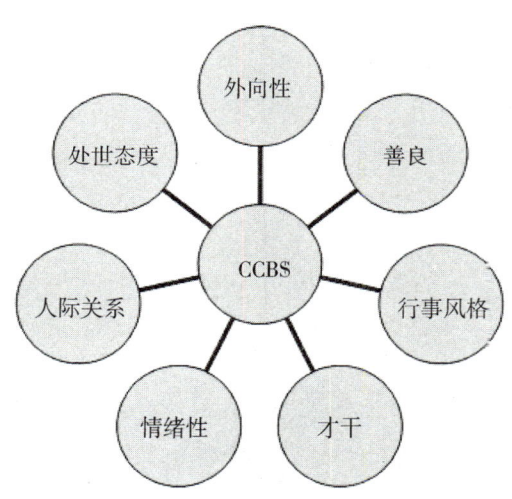

图 2-2:高阶层面(大因素)的大七结构

(3)可行性分析

本研究前期成果(三篇相关论文)已在《广告研究》,又名《广告大观(理论版)》)期刊上发表:《编制中国消费者人性量表(CCHS)的理论构想》《中国消费者人性量表(CCHS)的编制与初步结果》《中国消费者人性量表(CCHS)对福建大学生的测试结果》(注:经相关专家建议,最后 CCHS 量表更名为 CCBS 量表),因而具备一定的前期成果积累。本研究主要由闽台两岸教师合作而成,便于数据采集和多向度分析。

(4)本项目的特色与创新之处

①本项目首次把 CCBS 量表运用于台湾大学生样本当中,丰富了量表的母体数据库,增强了量表的合理性,提高了量表的信度与效度;

②首次从新的维度(不同于传统人口统计学划分的人格维度)研究闽台消费

者行为异同,为洞察闽台消费者提供极有价值的参考维度。

③创造性地从消费者行为层面运用量化方法验证闽台两岸消费行为高阶层面的文化同源性,以及低阶层面的差异性。

第三章

编制中国消费者人性量表（CCHS）的理论构想①

一、"人性"的概念

人是一切社会现象的起点和归宿。有关人格结构和人格量表的建构问题一直是人格心理学，特别是中国人格心理学中的一个核心问题（王登峰，2005）。② 不同学者对"人格"的概念有着不同的定义。Funder（1997,P5）认为，"人格"是"个体思维、情感和行为的特异性模式，以及在这些模式之下能够或不能够被观察到的心理机制"。③ Allport（1937,P22）把"人格"定义为"个人内在的动力组织"，它决定一个人对环境的独特适应。④ Pervin（1996,P19）把"人格"定义为"认知、情感和行为的复杂组织"，它赋予个人生活的倾向和模式，都体现了人格概念的"内在—外在"特点的结合。⑤

国内很多心理学家的看法认为人格是不带有评价性的。传统的观点认为所谓的人格就是人的行为表现的规律，或者是一般倾向，它是中性的、不带有任何评价性的；而性格被看作对人格的评价，带有明显的评价色彩；个性则指独特性，即跟别人不同的地方（陈仲庚和张雨新1988,P48-49）。⑥ 但是，上述三者概念仍然难以清晰区分。此外，中国人还常常提及人性一词，在日常生活中，人性（humanity）、气质（temperament）、性格（disposition）、人格（personality）以及个性（individuality）四个概念尽管存在差异，仍然经常交替使用。由于人性是个更广泛意义的概念，本研究把消费者"气质""性格""人格""个性"等的相关研究统一为"人性"概

---

① 量表的命名最初定为"中国消费者人性量表（CCHS）"，后经专家意见，从下一章开始正式更名为"中国消费者行为量表（CCBS）"。
② 王登峰：《〈中国大学生人格量表〉的编制》，载《心理与行为研究》2005年第2期。
③ Funder D, The Personality Puzzle, *New York*: *Norton*, 1997:5.
④ Allport GW, Personality: A Psychological Interpretation, *New York*: *Holt*, 1937:22.
⑤ Pervin. A, The Science of personality, *New York*: *Wiley*, 1996:19.
⑥ 陈仲庚、张雨新：《人格心理学》，沈阳：辽宁人民出版社1988年版，第48—49页。

念下的研究。

世界卫生组织把健康定义为"在生理、心理和社会机能正常基础上的良好状态",从而为心理健康提出了全面的要求,即个体生理、心理和社会适应方面的综合状态,而且是一种良好状态(well-being)(王登峰和崔红 2003,P9)。① 这个定义表明人性的研究至少包含三个层次的内容:生理层面、心理层面和社会层面。

二、前人研究成果的梳理

人性假设问题的研究是学术界的永恒主题。在以往研究中,不同学科从不同的角度对"人性"进行了探讨,主要有以下几个方面:

1. 哲学角度的"人性"探讨

早在春秋战国时期,孔子在《论语》中就指出"性相近也,习相远也",子思则在《中庸》中进一步阐释了什么是孔子所说人性中的天性和习性。之后出现孟子和荀子争论很久的性善和性恶论,其实是在争论人性的天性/动物性和习性/文化性之别(韩民青 2000,P21)。② 在西方,一直到了19世纪末叶才提出在人性中有天性(Nature)和习性/教养(Nurture)的对立情势。渐渐地,习性的存在和重要性为人所瞩目并得到公认(孔宪铎和王登峰,2006)。③

哲学角度"人性"的探讨是中国人性研究的发端,其理论意义在于提出了人性问题并进行了一定的辩论,提出了一系列人性研究的基本范畴。但由于缺乏对西方当代先进的人性研究成果的研究借鉴,特别是西方关于人性实证主义研究成果的借鉴,单纯依靠思辨方法,脱离社会的现实来研究人性,因而把人性给抽象化了。

2. 社会学角度的"人性"探讨

关于人性的社会学含义,主要有这么几种(苏健,2002):④

一是认为人性就是人类的自然属性。

二是认为所谓人性就是由社会关系总和决定的、通过人的自由自觉的实践活动产生和满足的人的需要。

三是认为人性是通过自己的活动所获得的、人所特有且共有的特征和属性的综合体。它可分为两个层次,第一个层次是直接由人的活动所表明的人的创造特

---

① 王登峰、崔红主编:《心理卫生学》,北京:高等教育出版社 2003 年版,第 9 页。
② 韩民青:《哲学人类学》,北京:当代世界出版社 2000 年版,第 21 页。
③ 〔美〕孔宪铎、王登峰:《基因与人格——试述基因为人格特征的原动力》,载《文史哲》,2006 年第 3 期。
④ 苏健:《当代中国人性研究述评》,载《青海社会科学》,2002 年第 4 期。

征,第二个层次是在人的活动中形成的人的生物属性、社会属性和心理属性。第二个层次的三种属性都随着人的活动方式的发展而发展,同时彼此间保持着动力平衡关系,人性就是这样一个动力结构。

四是认为人的本质是自由,认为人和自然界的实践关系只是劳动中的一重关系,通过继续研究人与人的关系,从社会的客观必然性和社会的人的主观能动性的统一得出了人的本质在于自由的较为具体的结论。

五是认为人的本质是实践,是劳动,认为人的本质就是主观见之于客观的实践活动,实践不仅创造了人,使人获得了质的规定性,而且锻造并决定了人的属性,使人性越来越远离动物性。

文艺复兴后的欧洲资产阶级把人性看作感性、欲望、理性、自由、平等、博爱等的总和。主流观点马克思主义认为,只有从人的社会性和阶级性出发,才能得出对人性的正确解释。人的本质不是单个人所具有的抽象物,在其现实性上,它是一切社会关系的总和。

3. 生理学角度的"人性"探讨

古希腊"医学之父"希波克拉底按照人所具有的四种液体提出体液学说,影响很大。罗马医生盖仑据此提出四种气质分类,即多血质、黏液质、胆汁质、抑郁质(未名,2008);①近现代心理学家对气质的研究则侧重于探讨生理基础和生物特性,如巴甫洛夫的神经类型学分类,即兴奋型、活泼型、安静型和弱型(王丹芬2004,P7)。② 行为主义创始人华生在《行为主义者心目中的心理学》一文中,开宗明义宣称行为主义的"理论目标就是对行为的预测和控制"。他把"反应"从生理学中转借到心理学的,把一组简单的生理反应组合成为一套复杂的反应,把简单的肌肉骨骼动作联结为一种行为的方式。华生认为,反应可以分为四类:外显的习惯反应,包括开门锁、打网球、拉提琴、盖房子、与人说话、与人交往;内隐的习惯反应,包括条件反射所引起的腺体分泌、无声言语(即思维)、身体的定向或态度;外显的遗传反应,包括人的各种可以观察到的本能和情绪反应,例如抓握、打喷嚏、眨眼等;内隐的遗传反应,包括生理觉察所研究的内分泌系统和循环系统的各种变化。

到目前为止,在科学研究的基础上,已积累了足够的证据说明基因在主导人性上的重要性(韩民青 2000,P32)。③ 人类基因计划的完成,有助于进一步了解基

---

① 未名:《气质类型自我测试》,载《中等职业教育》,2008 年第 5 期。
② 王丹芬:《中医气质学说及中医气质量表 TCM – QZS 的初步研究》,长沙:湖南中医学院硕士论文 2004 年版,第 7 页。
③ 韩民青:《哲学人类学》,北京:当代世界出版社 2000 年版,第 32 页。

因与人性之间的关系,已有的研究表明,人格的特征和变异,40%归于遗传,35%归于非共享的环境,5%归于共享的环境,20%归于研究误差(Pervin 1995,P69)。① 由基因所主导的人性,多属于人性中动物性的部分(Hamer, D. & Copeland 1998, P12)。② 在人性中表现在行为上重要的一环是人格,是内在倾向力糅合着对外部环境的适应力,是基因和环境交互影响的结果,是人性中动物性和文化性平衡的表现(Hamer, D. & Copeland 1998, P9; Reif, A &Lesch 1939, P1 – 20)。③④ 基因和人性都有天性和习性的成分(孔宪铎,2004),⑤人格的天性是经由遗传所主导的部分,是"有其父必有其子"的部分。譬如说人的精神状态和情绪反应是由荷尔蒙所控制的,而荷尔蒙的质与量则是由基因所掌握的,凡由基因所引导的人格特征,都是人格的天性(孔宪铎和王登峰,2006)。王登峰归纳出几种经过验证的、影响人类行为(人性)的若干基因:人类肥胖基因、人类早衰基因、智商基因、同性恋基因、语言基因、酗酒基因、吸烟基因、爱的基因(孔宪铎和王登峰,2006)。⑥

在国内,中国中医科学院薛崇成和杨秋莉(1986)在西方"大五"因素的人格分类基础上,根据《内经》理论编制的"五态个性测验表(DY)",设计了103个题项,通过"是"、"否"选择,把太阳、少阳、阴阳和平、少阴、太阴五种气质类型设计成五个独立的人格维度,这项研究在国内得到学界众多支持,为中医气质测量研究奠定了初步基础。⑦ 之后,湖南中医学院朱文锋教授(2004)以《内经》气质学说的理论及中国古代理学思想中有关气质的论述为研究依据,在理论构想上将五态人与西方人格心理学相结合,在描述上将气质类型和气质特质相互补充,既包括心理因素(性格内外向、情绪稳定性、感情色彩、认知速度、意志强弱、行为表现、同情心等),又包括生理因素(体质、体形、体态、身高、肤色、声音、面色、面容、动静姿态、反应速度、声音语速等),共确定46个题项,另加一个测谎表6个题目,形成中医气质量表(TCM – QZS)。⑧

---

① Pervin L. A. ,"The Science of Personality", *John Wiley & Sons. New York.* ,1995:69.
② Hamer, D. & Copeland, P. "*Living With Our Genes*", Anchor Brooks,New York. ,1998:12.
③ Hamer, D1 & Copeland, P. "*Living With Our Genes*", AnchorBrooks, New York. ,1998:9.
④ Reif, A &Lesch, K. P. ,*Toward Amolecular Architecture of Personality*,Behav. Brain Res,1939:1 – 20.
⑤ 孔宪铎:《基因与人性》,载《文史哲》,2004年第4期。
⑥ 孔宪铎、王登峰:《基因与人格——试述基因为人格特征的原动力》,载《文史哲》,2006年第3期。
⑦ 薛崇成、杨秋丽:《五态个性测验表手册》,中国中医研究院针灸研究所神经系统疾病研究室1988年版。
⑧ 王丹芬:《中医气质学说及中医气质量表 TCM – QZS 的初步研究》,长沙,湖南中医学院硕士论文2004年版,第3—4页。

4. 心理学角度的"人性"探讨

19世纪末20世纪初,弗洛伊德·西格蒙德创立了科学心理学史上的第一个人格心理学体系,即精神分析理论(卡特琳·梅耶尔2008,P8)。① 作为一位治疗精神疾病的医生,他创立了一个涉及人类心理结构和功能的精神分析学说。他的观点不仅在精神病学,也在艺术创造、教育及政治活动乃至现在的消费者行为研究等领域都得到广泛的运用。虽然弗洛伊德学说一再受到抨击,这丝毫无损于他的形象。他卓绝的学说、治疗技术以及对人性的深刻理解,开创了一个全新的心理学研究领域,从根本上改变了人们对人类本性的看法。弗洛伊德认为,人格结构由本我、自我、超我三部分组成。本我(id)包含要求得到眼前满足的一切本能的驱动力,按照快乐原则行事,急切地寻找发泄口,一味追求满足。本我中的一切,永远都是无意识的。自我(ego)处于本我和超我之间,代表理性和机智,具有防卫和中介职能,按照现实原则来行事,充当仲裁者,监督本我的动静,给予适当满足。还有仍处于无意识状态的东西。超我(superego)代表良心、社会准则和自我理想,是人格的高层领导,它按照道德原则行事,指导自我,限制本我,就像一位严厉正经的大家长(陈秋明,2005)。②

20世纪40年代初,卡特尔最早采用因素分析技术,对人格进行了全面的描述,并建立了人格的16个维度的测量工具(16PF)(Catell,1944,1945)。③④ 在此基础上,西方学者发现了"大五"人格结构(John 1990,P32-78)。⑤ 随着人格结构的"大五"模型的确立,专门的测量工具也逐渐建立起来。目前使用的这类量表主要有两大类,即形容词评定法与问卷法。由于人们的某个特点有时难以用一个形容词进行完整的描述,形容词的含义也比较宽泛,变异性大,使得形容词评定变得比较困难,因而,人格结构确定之后,采用短语或句子的问卷法测量人格结构可能会更全面、更准确。目前使用最多、影响最大的是 NEO PI-R。编制 NEO PI-R 的初衷是要建立一种能够测量广泛范围内个体差异的、多用途的人格问卷,用以

---

① 〔法〕卡特琳·梅耶尔:《弗洛伊德批判——精神分析黑皮书》,郭庆岚、唐杰安译,济南,山东人民出版社2008年版,第8页。
② 陈秋明:《精神分析中的人格理论》,载《中国临床康复》,2005年第36期。
③ Cattell, R. B. "Interpretation of the Twelve Primary Personality Factors", *Character and Personality*, 1944(13):55-91.
④ Cattell, R. B. "The Description of Personality Principles and Findings in a Factor Analysis", *American Journal of Psychology*, 1945(58):69-90.
⑤ John O. The "Big Five" Factor Taxonomy: *Dimensions of Personality in the Natural Language and in Questionnaires*, Handbook of Personality: Theory and Research, ed. By L. Pervin, Guilford Press, 1990:32-78.

理解和预测广泛范围内的效标,如职业兴趣、健康和疾病行为、心理适应以及应付风格的特点等。Costa & McCrae 构建了一个由五个维度、30 个层面(每个维度含 6 个层面)、240 个项目(每个层面含 8 个项目)组成的综合性人格问卷——NEO PI-R(Costa,1989)。①

　　由于中国人与西方人在遗传和文化方面既有相似性,又存在明显的不同,中国人与西方人的人格结构和行为模式也必然存在相似的一面和差异的一面。在人格领域中,要准确地反映中国人的人格结构,简单照搬西方人的理论显然是不合适的(崔红和王登峰 2004,P85-114)。② 在杨国枢与王登峰的研究中,根据 733 名大陆被试对 410 个形容词的评定,删除共通性和载荷量低于 0.30 的项目后,因素分析共抽取出七个大因素:"精明干练—愚钝懦弱"、"严谨自制—放纵任性"、"淡泊诚信—功利虚荣"、"温顺随和—暴躁倔强"、"外向活跃—内向沉静"、"善良友好—薄情冷淡"、"热情豪爽—退缩自私";对大因素的因素分析又得到了 15 个小因素(崔红和王登峰 2004,P85—114)。之后,王登峰等人进一步制定了中国人人格量表(QZPS),对中国人人格结构的系统探讨有了初步的结果。

　　5. 经济学角度的"人性"探讨

　　西方文化对人性的认识基本上是性恶论的。西方基督教文化一直把人看作是有"原罪"的人,这种性恶论我们称之为"经济人"。"经济人"是经济学说史上历史最悠久、最基本的人格假设。在经济学说史上,亚当·斯密首先把"经济人"假设作为其著作《国民财富的性质和原因的研究》中最主要的结论前提,《国富论》中有一句非常著名的词——"看不见的手",几百年来一直被看成是关于市场机制作用的经典表达(亚当·斯密 1974,P21)。③ 随后,李嘉图、西尼尔等古典经济学家和新古典经济学家都广泛地借用了这一假设。特别是穆勒最先明确定义了"经济人",认为"经济人就是会计算,有创造性,能寻求自身利益最大化的人"(刘世锦 1994,P33)。④ 追求自身经济利益最大化的经济人假设认为,人类存在着尽可能增加自身利益的愿望和行动:亚当·斯密强调个人利益,李嘉图、马克思突出阶级利益,李斯特、凯恩斯重视国民利益,萨缪尔森关心人类利益,布坎南凸显

---

① Costa, P. T., McCrae, R. R. "Revised NEO Personality Inventory (NEO PI-R) and NEO Five-Factor Inventory (NEO-FFI)", *Psychological Assessment Resources*, Inc., Lutz, FL: 1989:1-88.
② 崔红、王登峰:《人格与社会心理学论丛》(一),北京:北京大学出版社 2004 年版,第 85—114 页。
③ 〔英〕亚当·斯密:《国民财富的性质和原因的研究》(下册),郭大力、王亚南译,北京:商务印书馆 1974 年版,第 27 页。
④ 刘世锦:《经济体制分析导论》,上海:上海三联书店 1994 年版,第 33 页。

集团利益。这种愿望和行动,集中体现在经济人身上,具体地说,即消费者追求效用最大化,生产者追求利润最大化,生产要素所有者追求收入最大化,政府官员追求选票最大化(吴颖林 2008,P12—13)。①

经济人假设是市场经济的基本理论前提。经济人假设已经占据了西方经济学的统治地位数百年。所有的经济学流派,不管是凯恩斯主义还是古典主义都没有否认"经济人"这一假设。

6. 管理学角度的"人性"探讨

马斯洛的需要层次理论和自我实现理论是人本主义心理学的重要理论,对心理学尤其是管理心理学有重要影响,是西方管理学和管理心理学的一个重要理论分支,是行为科学的理论基石。马斯洛理论把人的需求分成:生理需求、安全需求、社交需求、尊重需求和自我实现需求五类。马斯洛需要层次理论要把人作为人来管理,而不是像传统管理学那样,把人作为物和机器来看待。有自己内在的精神世界,有物质需要之上的主观需要,是人不同于物的根本之处。马斯洛的动机理论使人们认识到,人的需要的金字塔,除了如生理需要、安全需要之外等低层次的基础需要之外,还有高层次的需要,包括自我实现的对真善美的追求。正如马斯洛所说:"人生活在稳定的价值观的体系中,而不是生活在毫无价值的机器人世界里(夏洛特·布勒 1990,P77)。"②这推动传统经济理论和管理科学发生了革命性变革(宋明丽 2006,P36—37)。③它在管理哲学上的突出贡献是提出了"以人为中心"的口号,走出了管理之父泰勒以"经济人假设"为基础的流水线生产的科学管理模式局限,带来了管理与人的关系的重大转变,奠定了西方管理哲学的人本主义基础,其局限性是它的关于人的概念还是停留在抽象的层次上。

7. 品牌学角度的"人性"探讨

万物有灵论和拟人化的观点认为人们在理解和试图解释一些无生命物体的时候,总是将它们说成是像有生命的物体那样,比方说这盆花很娇贵等。因此,有些学者主张用拟人化的方法研究品牌,以方便消费者接受和理解品牌所要传达的信息。继加德纳和里维(1955)提出情感性品牌和品牌个性思想后(Gardner and

---

① 吴颖林:《经济学人性假设比较研究》,贵阳:贵州大学硕士论文 2008 年版,第 12—13 页。
② 〔美〕布勒·艾伦等:《人本主义心理学导论》,陈宝铠译,北京:华夏出版社 1990 年版,第 77 页。
③ 宋明丽:《马斯洛人本主义心理学的哲学底蕴》,哈尔滨,黑龙江大学硕士论文 2006 年版,第 36—37 页。

Levy,1995),①20世纪60年代,美国格雷广告公司提出了"品牌性格哲学",日本的小林太三郎教授提出了"企业性格论"。在此基础上,"品牌个性理论"逐渐形成,该理论认为个性是与消费者沟通的最高层面,为了实现更好地传播沟通效果,应该将品牌人格化(杨传卫和王咏,2009)。② 同时,广告大师Ogilvy也于1963年提出了品牌形象理论。在中国,广告实战人士曾朝晖首次在专著《品牌制胜》中明确提出品牌人格化理论(曾朝晖2002,P1—6)。③

19世纪中后期,Heylen简单地将Freud的个性理论和Adrien的个性理论进行了合并,提出了品牌人格的二维度模型(徐长庚和余可发,2006)。④ 目前应用较广泛的是Aaker基于"大五人格"理论的品牌人格的五维度模型,有时也被称为品牌的"大五",并且有相应的品牌人格量表,其次是斯特劳斯鲍基于荣格的人格理论的MBTI品牌人格维度框架。

1997年,艾克发表了一篇对美国品牌人格维度进行提取的文章,他采用心理词汇法,在总结了631名被试对37个品牌的评价后,提出了五个主要的维度:诚信(Sincerity)、活力(Excitement)、竞争力(Competence)、教养(Sophistication)和强韧(Ruggedness),并从作为实验材料的114个特质词中提取了42个主要的特质词,编制了品牌人格的测量量表。Aaker的研究以大五人格模型为依托,沿用大五人格的研究方法,同时也考虑到了品牌人格与人格的不同之处,从而形成了第一个较完备的品牌人格维度模型(Aaker,1997)。⑤

1999年,斯特劳斯鲍改进了MBTI品牌人格量表,将它与形容词列表法结合在一起,从而得到了另外一个信度和效度都较高的品牌测量工具。他选取了10个品牌,利用MBTI框架进行品牌人格的研究,按照Jung的人格理论得到了特质词,然后让被试用这些特质词评价品牌,对量表的数据进行信度分析,结果显示四个维度的项目间有很强的相关。说明这个工具可以作为一个稳定的品牌人格测量工具(Strausbaugh,1998)。⑥ 2004年,斯汀简单比较了MBTI和艾克的大五量

---

① Gardner, B. &Levy, S. "The Product and the Brand", *Harvard Business Review*, 1995, 33(March – April): 33 – 39.
② 杨传卫、王咏:《心理词汇法在品牌人格研究中的应用》,载《心理科学进展》2009年第2期。
③ 曾朝晖:《品牌制胜》,重庆:重庆出版社2002年版,第1—6页。
④ 徐长庚、余可发:《国内消费者对本国品牌个性认知的实证研究》,载《宜春学院学报(社会科学)》。
⑤ Aaker, J. "Dimensions of Brand Personality", *Journal of Marketing Research*, 1997, (34)347 – 356.
⑥ Strausbaugh, K. L. '*Miss Congeniality*' or '*No More Mr. Nice Guy?*' on a Method for Assessing Brand Personality and Building Brand Personality Profiles, University of Florida, U. S., 1998: 89 – 111.

表,二者的主要区别在于 MBTI 中没有相对应的负性词汇,任何一个 MBTI 品牌人格类型并无好坏之分,或许这就是它没有被广泛应用到市场的原因(Stein 2004, P67-99)。①

我国学者黄圣兵和卢宏泰(2003)用相同的方法提取了中国本土的品牌人格结构并从中国传统文化角度进行了阐释,同时也比较了中国、美国和日本之间的品牌人格维度的差异。后一个研究主要是从 Aaker 的量表和由前一个研究得出的量表中选取了相同的一些特质和三个国家的被试都比较熟悉的品牌,编制了中美品牌人格问卷和中日品牌人格问卷。②

品牌人格量表的探索意义深远,它揭示了品牌理论的最新发展,对企业界和营销界必将产生观念上和操作上的巨大变革,因此有待更多学者的参与推动。

8. 文化学角度的"人性"探讨

没有文化就没有人格。从文化学的视角对人格的界定,人格是个体在特定文化状态下的生存样态。"人格"实质上是一种文化人格,即个体在接受特定文化熏陶时,通过对特定文化的内化及个体社会化后所形成的稳定的心理结构和行为方式。表现为气质性格、个性特征、价值观念、思维方式等(杨秀莲,2007)。③ 文化学角度的"人性"探讨主要着眼于宏观的文化价值观层面,而非微观的性格层面,最著名的是米尔顿·罗基区和霍夫斯塔德的研究。

罗基区量表(RVS)测量被试的价值观。RVS 共 36 题,分两部分:18 个工具价值观和 18 个终极价值观。罗基区抽取出价值观的八个维度:"礼仪自制""洁净快活""广慈博爱""自由幸福""雄才大略""诚实厚道""和美平等""舒适活力"。其信度及效度李维亭(Levitin)提到:再测信度为 0.70,而效度方面具有预测效果(Rokeach 1973,P89)。④

霍夫斯塔德在 1980 年、1983 年和 1988 年对分布在 40 个国家和地区的 11.6 万名 IBM 的员工进行了调查。通过对大量数据的分析,霍夫斯塔德发现民族文化对雇员的工作价值观和工作态度的显著影响主要表现以下五个维度上:个人主义/集体主义(individualism/collectivism)、权力距离(high/low power distance)、不确定规避(uncertainty avoidance)、阳刚型/阴柔型(masculinity/feminity)、儒家主义(Confucian dynamism i.e., long vs. short-term orientation)(Hofstede,1980;Hofst-

---

① Stein, D. "Testing the Reliability and Validity of a Brand-personality Measurement Tool", Unpublished. Master thesis. University of Florida, 2004: 67-99.
② 黄圣兵、卢宏泰:《品牌个性维度的本土化研究》,载《南开管理评论》2003 年第 1 期。
③ 杨秀莲:《西方文化与人格研究的历时态考察》,载《学习与探索》2007 年第 2 期。
④ Miltor Rokeach, *The Nature of Human Values*, New York: The Free Press, 1973: 89.

ede,1983；Hofstede,1988）。①②③

上述研究都存在一个问题，即研究的样本不是来自中国大陆。罗基区价值量表是基于西方国家研究的基础上总结出来的，霍夫斯塔德的研究样本来自中国台湾。此外，当在不同文化环境中测量价值观时，同一个价值观问题项目可能存在不同理解。如罗基区量表里"舒适的生活"指"富裕的生活"意思，在中国则是宁静的生活；"家庭安全"在美国可能指照顾好伴侣，在中国则是和睦和孝道（Kindle,1982）。④ 霍夫斯塔德量表里"集体主义"指个人从属于社会集体（国家、民族、种族或阶级等）中的社会组织，在中国则是无产阶级的意识形态，一切从集体出发，把集体利益放在个人利益之上（关世杰 1995，P164）。⑤ 而有些中国人的价值观（如礼尚往来等）也难以在上述两种量表中得到体现（Chinese Culture Connection,1987）。⑥ 所以，上述量表无法直接用来测量中国人的文化价值观。

9. 小结

人是社会的主体，对社会的进步起主导作用，对人性问题进行研究的目标，是为了怎样合理地运用人性，构建和谐社会，促进社会主义市场经济的健康发展。综观上述各个学科的"人性"研究，应该说取得了很大的成就。但由于"人性"问题的复杂性，主要存在以下几个问题：

首先，研究角度单一，以往对人性的研究集中在哲学、社会学、心理学、管理学等层面的思考，对人性做消费学等其他学科角度的探索还很缺乏，而在以消费者为中心的品牌传播时代，作为"消费人"的研究尤为迫切。

其次，研究方法还集中在抽象的思辨，缺乏实证支持，研究人性需要多做微观的、具体的、定量的、现实的调查，把握活生生的人性，而不是书斋里的简单反思。

最后，在借鉴西方人性研究成果时，生搬硬套的痕迹十分明显。虽然部分学者开始尝试建构中国本土的人性研究，但总体上仍缺乏中国特色人性研究的独创

---

① Hofstede, Geert. "Culture's Consequences: International Differences in Work – Related Values", Beverly Hills, CA: Sage Pubilcations, 1980: 99.
② Hofstede, Geert. "The Cultural Relativity of Organizational Practices and Theories", *Journal of International Business Studies*, 1983(14): 75 – 89.
③ Hofstede, Geert and Michael Bond. "The Confucius Connection: From Cultural Roots to Economic Growth", *Organizational Dynamics*, 1988, 16(4): 4 – 21.
④ Kindle, I. "A Partial Theory of Chinese Consumer Behavior: Marketing Strategy Implications", *Journal of Business Management*, 1982(1): 97 – 109.
⑤ 关世杰：《跨文化交流学》，北京：北京大学出版社 1995 年版，第 164 页。
⑥ "Chinese Culture Connection. Chinese Values and the Search for Culture – Free Dimensions of Culture", *Journal of Cross – Cultural Psychology*, 1987(18): 143 – 164.

性理论成果。

三、编制中国消费者人性量表（CCHS）的思路

1. 编制量表的词汇学假设

培根曾指出，"人们在日常生活中的发现往往比书本上的内容更精确"（王登峰，1994）。① 日常生活中，人们经常使用一些形容词和名词来描述他人或自己的特征，大多数的人格特质名称都会被编码到自然语言中去。这是从自然语言中寻找人格特质的基本设想。因此，在某一社会中长期使用的语言应能包含这一文化中描述任何一个人所需要的概念和构念（王登峰，1994），这些词因而成为心理学家的研究对象之一。

1936年，阿尔波特提出特质词能够反映人的心理特征并进而将其定义为人格的基本单元。他认为特质的基础是人与人之间在生物上和生理上的差异，它可以通过"可见的行为流"表现出来；由于需要，人为地对特质进行了命名，这种命名是基于长期、大量的相似行为，体现了人的适应性，并且特质之间不会相互影响；有些人会拥有某些相同的特质，但并不是所有的人都具有相同的特质，而是不同的特质组合构成了不同的人格（Allport and Odbert，1936）。② 卡特尔进一步于19世纪40年代中期提出了"词汇沉淀"说，也称"词汇假说"。这种理论认为"描述人格的形容词和名词是社会关系的形成和维持所不可或缺的，而且这些词由于在人们的日常生活中被经常使用，因此在一次又一次的社会化过程中被传承了下来"（Caprara and Barbaranellie，2001）。③ 19世纪末，卡尔顿明确提出了基本的词汇学假设，即特质词能够反映人的心理特征，可以通过分析特质词来研究人的心理特征（Cattell，1945）。④ 在此基础上，西方"大五"人格结构、中国"大七"人格结构都沿袭了词汇学假设的研究基点，并取得了良好的信度与效度（王登峰，2004）。⑤ 中国消费者人性量表遵从心理学领域的词汇学假设，在王登峰制定的中国人人格量表（QZPS）基础上进行改进。

---

① 王登峰：《人格特质研究的大五因素分类》，载《心理学动态》1994年第1期。
② Allport, G. W., & Odbert, H. S. "Trait-names: A Psycho-lexical Study", *Psychological Review*, 1936, 47(1): 211.
③ Caprara, G. V., & Barbaranellie, C. "Brand personality: How to Make the Metaphor Fit", *Journal of Economic Psychology*, 2001, 22(4): 168.
④ Cattell, R. B. "The description of personality Principles and Findings in a Factor Analysis", *American Journal of Psychology*, 1945(58): 69–90.
⑤ 王登峰：《中国人人格量表的信度与效度》，载《心理学报》2004年第3期。

2. 编制中国消费者人性量表(CCHS)的方法与步骤

中国人人格量表(QZPS)无法直接用于中国消费者人性的测量,这是因为中国人人格量表测量的是常态下的人格,而中国消费者的测量是在特定情境(消费情境)下的人性测量。人在不同的场合,往往表现出不同的性格特征。日常生活中,我们经常看到一些内向、羞涩的人,在购物时却表现出截然不同的行为——狂热、活跃;一些工作严谨的人,在生活上却表现出很邋遢的作风。这样的例子数不胜数。可见,不同情境下表现出来的人性往往是不同的,为了得到消费情境下的人性量表,有必要对 QZPS 进行"学科本土化"。

CCHS 项目的编制是以 QZPS 长式量表(180 题)为基础,编写者为广告学专业的教授与博士和硕士研究生共 26 人。编写的原则是:就 QZPS 长式量表 180 题每个题项,分别用 4 个以上的句子描述与之消费相关的特点。以"在社交场合,我总是显得不够自然"为例,衍生的相关句子是"在公众策划场合,我常常感到很拘束,难以当观众"、"只有在熟悉的商场,我才能比较自然轻松地购物"等。经过这一过程,共编写了 750 个句子(项目),构成中国消费人性量表的初始题库,目前这项工作已经完成,其中描述性与评价性的项目各占 50% 左右。同时,参照 QZPS 的编制原则,从新华字典里抽取出可以形容消费行为和消费特征的词语进行描述,与上述 750 个句子合并,构成 1348 个题项。在此基础上,依据标准化心理测验的编制程序,聘请专家并进行前测,完成 CCHS 的项目分析、信度、效度分析,完成量表的编制和标准化。并通过一系列实证研究,确定上述量表的信度和效度,删除共通性及载荷量较低的句子,简化后得到 185 个题项的 CCHS 量表。

为了方便调查,CCHS 量表的测量步骤遵循从点到线再到面,采用分层抽样,步步为营、稳打稳扎的方式进行。首先,在一个省的高校内进行问卷调查,第一次调查的样本量定为至少 1067 份(黄合水 2003,P155),①对收集的数据进行因素分析,建构消费者人性量表的初始常模;其次,在该省内各高校继续加大样本量进行调查,直到消费者人性形成稳定的常模;最后,有条件再推广到其他省市自治区各高校进行调查。

3. 编制中国消费者人性量表的意义

编制中国消费者人性量表,主要是基于以下三点考虑:

第一,消费者人性量表是确定品牌核心价值的基石。许多失败的品牌经验告诉我们,只有品牌定位、品牌知名度不能成为真正的第一品牌,消费者只有认同你的品牌核心价值,才会对品牌产生好感并发展为忠诚。比如,白沙集团品牌的核

---

① 黄合水:《广告调研技巧》,厦门:厦门大学出版社 2003 年版,第 155 页。

心价值是"鹤舞白沙 我心飞翔",白沙集团的所有传播活动都是围绕该核心价值展开,从而有效果积品牌资产。但是,如何提炼品牌的核心价值是一个巨大的难题。随着4P和4C逐渐被4R所代替以及品牌人格化理论广为人们接受,品牌传播的最终目的已经达到一个新的高度,就是把品牌打造成一个人,一个具有鲜明个性的人,消费者与品牌之间的互动就是人与人之间的互动。由此,中国消费者人性量表为品牌核心价值的确定提供了可供参照的模本,量表所确立的维度也成为品牌核心价值的参考维度。

第二,解决"洞察消费者"的科学性问题。"洞察消费者"是广告公司最流行的时髦语之一,如何洞察消费者?传统的做法是依靠广告人的直觉和思辨,这种依靠行内人称之为"悟性"的模糊用词,实际上是广告行业技术含量不高、长期以来受人诟病的重要原因之一。稍为正规的广告公司或企业营销部分,依靠细分消费者市场的主要变量,如地理变量、人口变量、心理变量、行为变量等(菲利普·科特勒 2000,P174—175),[1]在此基础上洞察消费者。然而这种粗浅的消费者划分,同样没有有效利用消费者信息,无法为企业充分谋利。中国消费者人性量表的制定,可以为广告界、营销界、企业界提供更为科学、客观、全面的消费者数据,促进相关行业的发展。

第三,深化人性研究的"学科本土化"。随着对中国人人性研究的深入,西方的人格理论和概念体系的弊端日益显露,这点已经成为多数中国学者的共识。西方心理学的任何一个概念在应用于中国人时都面临一个本土化或中国化的问题。只有在对每一个概念、模型、理论的本土化或中国化研究的基础上,才能够建立本土的心理学理论体系(王登峰和崔红,2004)。[2] 我们认为,不仅要实现以国家为单位的本土化,而且要实现以学科为单位的本土化——各个学科的任何一个概念在应用于其他学科时也可能面临一个"学科本土化"问题。只有在对每一个概念、模型、理论的"学科本土化"研究的基础上,才能够真正建立起本学科的理论体系。这项工作已经不仅是理论研究的必需,实际上已经成为消费行为学学科能否成功建立的关键。本研究只是其他学科相关理论引进消费者行为学和品牌学时所进行"学科本土化"的一种尝试,更艰巨的工作才刚刚开始。

---

[1] 〔美〕菲利普·科特勒、加里·阿姆斯特朗:《科特勒市场营销教程》,俞利军译,北京:华夏出版社2000年版,第174—175页。

[2] 王登峰、崔红:《对中国人人格结构的探索——中国人个性量表与中国人人格量表的交互验证》,载《西南师范大学学报(人文社会科学版)》2004年第5期。

第四章

中国消费者人性量表(CCBS)的编制与初步结果①

消费者研究,是产品开发、市场拓展、品牌策划等的起点和必不可少的环节。在实际操作中,对消费者的调查,往往流于形式;消费者研究的出发点、内动力与系统性也存在问题。而对消费者人性的观察、体味和把握能力的缺乏,又反过来制约了市场调查和研究的准确性和深刻性。

消费者即人,是世界上最复杂的动物。他们往往表现出多变性和掩饰性,往往言不由衷。受传统文化影响至深的中国人,其真实性的流露和表达更是曲折,想法、说法与行为往往有不小的距离,"言不由衷"是一种普遍现象。要探求中国消费者真实的内心世界和结构,并不是一件简单的事情,本质上是对科学真理的探索,而不是例行公事。②

一、编制量表的词汇学假设

日常生活中,人们经常使用一些形容词和名词来描述他人或自己的特征,大多数的人格特质名称都会被编码到自然语言中去,这是从自然语言中寻找人格特质的基本设想。因此,在某一社会中长期使用的语言应能包含这一文化中描述任何一个人所需要的概念和构念,③这些词因而成为心理学家的研究对象之一。

1936年,阿尔波特提出特质词能够反映人的心理特征并进而将其定义为人格的基本单元。他认为特质的基础是人与人之间在生物上和生理上的差异,它可以通过"可见的行为流"表现出来;由于需要,人为地对特质进行了命名,这种命名是基于长期、大量的相似行为,体现了人的适应性,并且特质之间不会相互影响;有些人会拥有某些相同的特质,但并不是所有的人都具有相同的特质,而是不同的

---

① 量表的命名最初定为"中国消费者人性量表(CCHS)",后经专家意见,从本章开始正式更名为"中国消费者行为量表(CCBS)"。
② 曾庆飚:《人性的观察、体味与消费者研究》,载《经济问题探索》2002年第10期。
③ 王登峰:《人格特质研究的大五因素分类》,载《心理学动态》1994年第1期。

特质组合构成了不同的人格。① 卡特尔进一步于19世纪40年代中期提出了"词汇沉淀"说,也称"词汇假说"。这种理论认为"描述人格的形容词和名词是社会关系的形成和维持所不可或缺的,而且这些词由于在人们的日常生活中被经常使用,因此在一次又一次的社会化过程中被传承了下来"。② 19世纪末,加尔顿明确提出了基本的词汇学假设,即特质词能够反映人的心理特征,可以通过分析特质词来研究人的心理特征。③ 在此基础上,西方"大五"人格结构(外向性、愉悦性、公正性、神经质以及独创性)、中国"大七"人格结构(外向性、善良、情绪性、才干、人际关系、行事风格和处世态度)都沿袭了词汇学假设的研究基点,并取得了良好的信度与效度。④

二、中国人人格量表(QZPS)

王登峰等人编制的 QZPS 由 180 个项目构成,测量中国人人格的七个大因素,共 18 个小因素。大因素和小因素的命名是根据词汇学研究的结果以及项目内容共同决定的。表4-1列出了 QZPS 的各个因素及其所包含的项目数。

表4-1　QZPS 各个因素的名称及其所含项目数(括号内)⑤

大因素	小因素		
	1	2	3
因素1:外向性(36)	活跃(15)	合群(12)	乐观(9)
因素2:善良(31)	利他(17)	诚信(6)	重感情(8)
因素3:行事风格(29)	严谨(14)	自制(11)	沉稳(4)
因素4:才干(26)	决断(11)	坚韧(9)	机敏(6)
因素5:情绪性(23)	耐性(15)	爽直(8)	

---

① Allport, G. W., & Odbert, H. S. "Trait-names: A Psycho-lexical Study", *Psychological Review*, 1936, 47(1):211.
② Cattell, R. B. "The description of personality Principles and Findings in a Factor Analysis", *American Journal of Psychology*, 1945(58):69-90.
③ Caprara, G. V., & Barbaranellie, C. "Brand Personality: How to Make the Metaphor Fit", *Journal of Economic Psychology*, 2001(22):377-395.
④ 王登峰、崔红:《中国人人格量表(QZPS)的信度与效度》,载《心理科学》2005年第4期。
⑤ 王登峰、崔红:《中国人人格量表(QZPS)的信度与效度》,载《心理科学》2005年第4期。

续表

大因素	小因素		
	1	2	3
因素6：人际关系(20)	宽和(13)	热情(7)	
因素7：处世态度(15)		自信(9)	淡泊(6)

QZPS的因素1测量的是外向性，包括活跃、合群、乐观三个小因素。"活跃"反映的是人际交往中的主动性，高分反映与人交往中主动、积极、活跃、自然和擅长组织协调的特点，低分反映不善言辞、社交场合表现拘谨、沉默等特点。"合群"反映的是人际交往中的亲和力，高分反映亲切、温和、易于沟通和受人欢迎的特点，低分反映不易亲近和不受人欢迎的特点。而"乐观"反映的是个体积极乐观的特点，高分反映积极、乐天和精力充沛，低分反映消极和低落。外向性的特点既包括在人际情境中的活跃和积极，也包括个人自身的乐观和积极的心态，是一种外在表现与内在特点的结合。因此，因素1高分的特点是人际交往中表现活跃、积极，擅长与人交往，容易与人沟通，受人欢迎，以及个人方面的乐观和充满生机与活力；低分的特点是人际交往中的被动、拘束和不易接近，以及个人方面的消极和低落。

QZPS的因素2测量的是善良，包括利他、诚信和重感情三个小因素。"利他"反映的是动机特点，高分反映人际交往中对人宽容、友好和顾及他人，低分反映容易迁怒、自私和不顾及他人。"诚信"反映的是信用特点，高分反映坦率、言行一致、表里如一的特点，而低分反映的是虚假、欺骗。"重感情"反映的是对情感联系或利益关系的看重程度，高分反映重感情，情感丰富和正直，低分反映注重目的和利益导向。因素2是反映个体诚信、正直的内在品质特点。因此，因素2高分的特点是温和、利他、诚信和重情感，低分特点为挑剔、虚假和注重利益的特点。

QZPS的因素3测量的是行事风格，包括严谨、自制和沉稳三个小因素。"严谨"反映的是工作态度和自我克制的特点，高分特点是做事认真、踏实和条理，低分特点是做事马虎、容易出错和不切实际。"自制"反映的是安分和遵守规矩的特点，高分特点是克制、安分和随和，低分特点是做事不按常规、别出心裁和与众不同。"沉稳"则反映做事小心、谨慎的特点，高分特点是小心谨慎和谋定而动，低分特点是粗心、冲动。因素3反映的是个体在做事中表现出的稳定的个人特点。因此，因素3高分的特点是做事认真谨慎，行事目标明确、切合实际、合乎常规，低分特点是做事浮躁、冲动，不合常规。

QZPS 的因素 4 测量的是才干,包括决断、坚韧和机敏三个小因素。"决断"反映的是个体的决断能力,高分反映的是遇事敢作敢为、敢于决断、思路敏捷的特点,低分反映的是遇事犹豫不决,难以做出取舍的特点。"坚韧"反映的是毅力特点,高分反映的是做事目标明确、坚持原则、有始有终,低分反映的是做事难以坚持、容易松懈。"机敏"反映的是自信、敏锐的特点,高分反映工作投入、肯钻研、积极乐观,低分反映回避困难、遇事退缩。因素 4 反映的是一个人的工作能力和态度。因此,因素 4 高分的特点是坚定、积极、肯动脑筋,低分的特点是犹豫、松懈和回避困难。

QZPS 的因素 5 测量的是情绪性,包括耐性和爽直两个小因素。"耐性"反映的是情绪控制能力和情绪表现特点,高分反映情绪稳重、平和、能够很好控制自己的情绪,低分反映急躁、冲动、冒失和不能控制情绪。"爽直"反映的是情绪表达的掩饰性特点,高分反映的是心直口快、不加掩饰,低分反映的是情绪表达委婉、含蓄。因此,因素 5 是反映个体情绪性特点的维度,高分者的特点是急躁、冲动,情绪不加掩饰和难以控制,低分者的特点是情绪稳定、平和,情绪表达委婉和可控。

QZPS 的因素 6 测量的是人际关系,包括宽和与热情两个小因素。"宽和"反映的是对他人的基本态度,高分反映温和、友好、宽厚的特点,低分反映计较、易怒和冷漠的特点。"热情"反映的是主动和与人为善的特点,高分反映对人积极主动、行事成熟、坚定的特点,低分反映拖沓、盲目的特点。因比,因素 6 反映的是人际交往中的基本态度和特点,高分者的特点是友好、温和、与人为善,低分者的特点是冷漠、计较和拖沓盲目。

QZPS 的因素 7 测量的是处世态度,包括自信和淡泊两个小因素。"自信"反映的是对理想、事业的追求,高分反映对生活、未来充满信心,对工作积极进取的特点,低分反映的是无所追求、懒散的特点。"淡泊"反映的是对成功的态度,高分反映的是无所期求、安于现状的特点,低分反映的是永不满足,不断追求卓越的特点。因此,因素 7 反映的是个体对人生和事业的基本态度,高分者的特点是目标明确,理想远大,并且坚定追求卓越,低分者的态度是得过且过、安于现状和不思进取。①

三、中国消费者行为量表(CCBS)项目的编制

中国人人格量表(QZPS)无法直接用于中国消费者人性的测量,这是因为中

---

① 王登峰、崔红:《中国人的人格特点与中国人人格量表(QZPS 与 QZPS – SF)的常模》,载《心理学探新》2004 年第 4 期。

国人人格量表测量的是常态下的人格,而中国消费者的测量是在特定情境(消费情境)下的人性测量。人在不同的场合,往往表现出不同的性格特征。日常生活中,我们经常看到一些内向、羞涩的人,在购物时却表现出截然不同的行为——狂热、活跃;一些工作严谨的人,在生活上却表现出很邋遢的作风。这样的例子数不胜数。可见,不同情境下表现出来的人性往往是不同的,为了得到消费情境下的人性量表,有必要对QZPS进行"学科本土化"。①

根据相关专家建议,中国消费者人性量表(CCHS)改名为"中国消费者行为量表(CCBS)"。项目的编写同样尊崇词汇学假设,以每位消费者人性特质形容词为单位进行的。编写者为广告学专业的教授与博士和硕士研究生共26人,另外汕头大学长江新闻与传播学院2007级和2008级选修"出版发行学"课程的51位本科生也参与了项目的编写。编写的原则是:从《现代汉语词典》(2002年增补本,商务印书馆)②里抽取出可以形容消费者行为和消费者特征的词语进行描述,假定某一形容词具有消费者的人性(行为)特点,分别用3个句子描述这一特点。所选的形容词可以分为三类:形容消费者性格特征(生理层面):主要受消费个体的生物学因素的影响;形容消费者生活方式(心理层面):具体的消费习惯;形容消费者价值观(伦理层面):抽象的消费经验总结。

挑出描述消费者性格的词语并进行造句,如描述"活跃"的句子。如:"看到促销活动,我总表现得很活跃。"、"有我在的集体购物场合,有说有笑,不会冷场。"、"买东西的时候,我的话特别多。"

挑出描述消费者生活方式的词语并进行造句,如描述"奢侈"的句子。如:"我经常大量购物,超过自己的实际需要。""我一般只选择知名品牌。""我购物考虑不多,看到想买的东西就买。"

挑出描述消费者性格的词语并进行造句,如描述"爱国"的句子。如:"我喜欢民族品牌。""我喜欢中国传统服装。""我喜欢中国传统女性的美。"

经过这一过程,共编写了1648×3个句子(项目),其中描述消费者性格的项目有650×3个,占39.4%,描述消费者生活方式的项目有587×3个,占35.6%,描述消费者价值观的项目有411×3个,占25.0%,还有无法描述消费者人性项目有211个。如表4-2、表4-3、表4-4、表4-5所示。

---

① 林升梁:《编制中国消费者人性量表(CCBS)的理论构想》,载《广告研究》2010年第3期。

② 在《广告研究》2010年6月刊发表的"编制中国消费者人性量表(CCBS)的理论构想"一文中,笔者误写成《新华字典》,特更正为《现代汉语词典》。这部《现代汉语词典》是以记录普通话语汇为主的中型词典,供中等以上文化程度的读者使用。词典中所收条目,包括字、词、词组、熟语、成语等,共五万六千余条。

表 4-2：《现代汉语词典》形容词分类

消费者性格特征(生理) ● 主要受消费个体的生物学因素的影响 ● 形容词数量 650 个，占 39.4%	活跃 …… …… ……	1.看到促销活动，我总表现得很活跃。 2.有我在的集体购物场合，有说有笑，不会冷场。 3.买东西的时候，我的话特别多。 …… …… ……

表 4-3：《现代汉语词典》形容词分类

消费者生活方式(心理) ● 具体的消费习惯 ● 形容词数量 587 个，占 35.6%	奢侈 …… …… ……	1.我经常大量购物，超过自己的实际需要。 2.我一般只选择知名品牌。 3.我购物考虑不多，看到想买的东西就买。 …… ……

表 4-4：《现代汉语词典》形容词分类

消费者价值观(伦理) ● 抽象的消费经验总结 ● 形容词数量 411 个，占 25.0%	爱国 …… …… ……	1. 我喜欢民族品牌。 2. 我喜欢中国传统服装。 3. 我喜欢中国传统女性的美。 …… ……

表 4-5：《现代汉语词典》形容词分类

无法归类 ● 形容词数量 211 个	雪亮 血红 虚无 ……	

同时,就 QZPS 长式量表 180 个题项,分别用 4 个以上的句子描述与之消费相关的特点。以"在社交场合,我总是显得不够自然"为例,衍生的相关句子是"在公众策划场合,我常感到很拘束,难以当观众"、"只有在熟悉的商场,我才能比较自然轻松地购物"等。经过这一过程,共编写了 750 个句子(项目),与上述 1648×3 个句子合并,剔除明显重复的题项,构成中国消费者人性量表(CCBS)的初始题库,共 5694 个题项。在此基础上,依据标准化心理测验的编制程序,删除重复的项目,聘请专家并进行项目的甄别和前测(使用全国大学 2000 个配额抽样样本),完成量表的初步编制和标准化,简化后得到 185 个题项的 CCBS 初始量表。考虑到最终的 CCBS 量表将应用于全国各省市、各族群的复杂情况,在 185 个初始题项的基础上,笔者把配额抽样的样本范围扩大到大学以外的族群,让学生利用寒暑假回家的时间,再次抽取各族群的样本量 2000 个,对 CCBS 量表进行二次因子分析,通过删除共通度小于 0.25 的题项,以及扩展单个题项的因子项目,最终得到 150 个题项的 CCBS 初始量表。

四、QZPS 与 CCBS 两个量表项目的对比分析

从理论上看,建立适合中国消费者人性量表(CCBS)需要遵循两个重要的假设:一是 CCBS 必须依据中国消费者习惯和具体生活经验编写测验项目,以反映中国消费者的全貌;二是 CCBS 与 QZPS 可能存在包含与被包含的关系,QZPS 所确立的七大因素,也可能存在于 CCBS 当中。

我们从 CCBS 量表的 150 个项目分析中发现,上述 150 个项目主观上可以比较清晰地归类到 QZPS 所确立的七大因素和各小因素当中,如表 4-6 所示。

表 4-6:CCBS 各大因素所含项目数与小因素题项(括号内)

大因素	小因素		
	1	2	3
因素 1:外向性(20)	活跃(27、28、63、65、72、73、74)	合群(38、39、40、93、94、95、124)	乐观(7、16、18、133、134、135)
因素 2:善良(13)	利他(98、125、145、146、147)	诚信(1、136、138)	重感情(9、10、81、82、83)

续表

大因素	小因素		
	1	2	3
因素3:行事风格(47)	严谨(20、21、127、128、129、137、142、143、144、149)	自制(3、4、12、56、57、58、67、75、76、77、105、106、107)	沉稳(2、22、35、36、37、59、60、61、62、84、85、86、87、88、89、99、100、101、108、109、110、123、148、150)
因素4:才干(22)	决断(64、66、68)	坚韧(114、115、116、117)	机敏(29、30、31、32、33、34、41、53、54、55、111、112、113、122、132)
因素5:情绪性(23)	耐性(5、49、78、79、80、102、103、104、139、140、141)	爽直(19、42、43、47、48、90、91、92、96、97、130、131)	
因素6:人际关系(9)	宽和(118、119、120、121)	热情(26、50、51、52、126)	
因素7:处世态度(16)	自信(6、8、11、13、14、15、69、70、71)	淡泊(17、23、24、25、44、45、46、)	

当然,归类完后的七大因素包含的项目数量发生了变化,因素1包含20个项目,因素2包含13个项目,因素3包含47个项目,因素4包含22个项目,因素5包含23个项目,因素6包含9个项目,因素7包含16个项目。同时,由于项目含义的变化,带来小因素层面含义的变化,因此,需要对各小因素的含义进行相应的调整。

CCBS的因素1测量的是外向性,包括活跃、合群、乐观三个小因素。"活跃"反映的是中国消费者消费的主动性,高分反映中国消费者集体购物场合,有说有笑,不会冷场;买东西时喜欢别出心裁地跟人开些玩笑;喜欢公众策划场合;喜欢公众场合露面;喜欢购买跟体育运动有关的物品;经常运动;喜欢穿运动服装等。"合群"反映的是中国消费者的亲和力,高分反映中国消费者喜欢和亲朋好友一起购物;很快适应不熟悉的商场;喜欢跟朋友一起共享好东西等。"乐观"反映的是中国消费者消费的体验和期望,高分反映喜欢想象自己未买可能拥有的物品;喜欢想象自己未来可能拥有的物品；现在买不起的物品，觉得未来可以买到；想象未来可能拥有的物品让人感到快乐；购物让人快乐；觉得人生充满了希望等。

CCBS的因素2测量的是善良，包括利他、诚信和重感情三个小因素。"利他"反映的是中国消费者消费的共享性，高分反映为他人提供购物信息，总感到愉快；买到好东西会告诉别人；对献血不介意；认为献血可以为他人提供帮助；别人有困难愿意捐款等。"诚信"反映的是中国消费者的信用容忍度，高分反映无法容忍购物被欺骗，哪怕只有一次；被骗一次，就不会再来同一个地方购物；即使不会被发现，也从不偷商场东西等。"重感情"反映的是中国消费者对情感联系或利益关系的看重程度，高分反映容易被影片中的情节所感动；看到不幸的事会感到很痛心；容易被别人的眼泪打动；喜欢与亲朋好友一起共餐；喜欢与亲朋好友来往；为现有家庭感到自豪等。

CCBS的因素3测量的是行事风格，包括严谨、自制和沉稳三个小因素。"严谨"反映的是中国消费者的条理和理性的特点，高分特点是购物总是很有计划；挑东西时，总是放回看过的物品；买到不合格产品，会找商家争取退货；不喜欢去小吃店或路边小摊或特色小吃店吃东西；认为外国制造的要比国内的好等。"自制"反映的是中国消费者的安分、克制和传统守旧的特点，高分特点是不会不顾实际情况而去追求一些很难买到的贵重物品；很少经常大量购物、超过自己的实际需要；觉得钱够用；不喜欢购买新鲜、刺激的产品；旧的东西拿去修理继续使用；不喜欢抽烟；不喜欢喝酒；买东西，会考虑自己的实际承受能力；买商品量力而行；有睡午觉的习惯；会理智花适当时间购物，不影响学习或工作；喜欢安分守己的生活方式；不向往西方女性的美；反对女人在大众场合吸烟；发型很少改变等。"沉稳"则反映中国消费者小心、谨慎的特点，高分特点是购物时小心谨慎，货比三家，不会轻易付款；挑东西很刻薄；买不到满意的产品宁愿不买；购物前总是不怕麻烦别人，经常打听相关信息；做事三思而后行，没了解足够信息前不会轻易买东西；经常讨价还价；买东西很小心；买东西只买对的，不选贵的；手机充值，宁愿每次一点，用完再充，多充几次；明星代言不会影响购买该产品；买用过的品牌；不相信路边推销；看重性价比，不看重牌子；不信赖广告等。

CCBS的因素4测量的是才干，包括决断、坚韧和机敏三个小因素。"决断"反映的是中国消费者的决断能力，高分反映的是喜欢担任各种策划活动的组织者；喜欢表达自己的观点；很有个性等。"坚韧"反映的是中国消费者的毅力特点，高分反映的是为买到一件物品，会尽力寻找，不达目的不罢休；计划买的东西一般都会实现；常常会因为要买贵重物品而节约了很长时间等。"机敏"反映的是中国消费者的学习能力和资讯敏锐的特点，高分反映喜欢收集各种各样的优惠券、优惠卡;购物时,口才一流;容易与商家沟通,一般可以说动商家减价;对免费试尝很热心;经常看报纸;经常买书或杂志;经常收听广播节目;经常看电视;经常上网浏览购物信息;上网购物是主要购物来源;当新产品问世,总是感到很好奇,有尝试的冲动;对学习新产品知识很有兴趣;对新产品总是想很快了解其使用方法;对各种商品价格和品质很熟悉等。

CCBS 的因素 5 测量的是情绪性,包括耐性和爽直两个小因素。"耐性"反映的是中国消费者的情绪控制能力,高分反映买东西或服务的好坏对心情影响不大;性子不急,买东西一般会花很多时间;跟商家打交道,不会说出过火的话;购物时,很少发脾气;讨价还价时,能很好地控制自己的情绪;碰到不如意的事情时,也很少发脾气;很少集中一次买东西等。"爽直"反映的是中国消费者的情绪掩饰性,高分反映的是购物时东西有毛病,会直接说出来;只要不喜欢,会直截了当地拒绝商家的推销;用直接的方式拒绝商家的推销;买到好东西会沾沾自喜;买到一件好东西很容易得意忘形;不把得意的购物经历说出来会憋得难受;喜欢把买到的好东西给朋友看;买东西只看不说,一旦看中付钱走人;买东西不中意会一声不响离开;购物考虑不多,看到想买的东西就买;买东西不喜欢讨价还价等。

CCBS 的因素 6 测量的是人际关系,包括宽和与热情两个小因素。"宽和"反映的是中国消费者消费的基本态度(对他人或事),高分反映对上门推销不反感;不拒绝上门推销的产品;不介意被上门推销的人所打扰;路边发传单,不会拒绝接受等。"热情"反映的是中国消费者消费的与人为善的特点,高分反映买东西时有必要,会主动与周围顾客沟通;经常买礼物送人;认为送礼是维持人际关系的一种表现;有好东西会送给朋友等。

CCBS 的因素 7 测量的是处世态度,包括自信和淡泊两个小因素。"自信"反映的是中国消费者的追求和愿景,高分反映喜欢和异性一起出去购物;勤奋工作心里很踏实;希望将来能有很多钱;为现有家庭感到自豪;愿以百分之百的热情投入到每一项工作中;不会轻易放弃自己的理想;希望将来能成就一番大事业;为自己的目标奋斗时,会感到很充实等。"淡泊"反映的是中国消费者对生活的态度,高分反映的是经常逛商场,但很少买东西;常常毫无目的去逛商场;经常逛各种各样的商场;对自己没有很高的期望;觉得做一个普通人就挺好;认为现代人不懂得享受;购物是对工作的主要补偿手段等。

五、中国消费者行为量表(CCBS)深入开发的几个问题

量表的开发,第一个任务就是要生成所研究构念的测量项目,生成测量项目有两种基本策略:演绎法和归纳法。① CCBS 项目的开发,要运用哪种策略比较合理?我们在词汇学假设的基础上,运用归纳的方法收集了 150 个项目,前测所抽取的 2000 个样本能否代表全国 34 个省市自治区 13 多亿人口的状况?这些项目的实际构念真的会如表 6 所示的那样,与 QZPS 的构念惊人一致吗?是否可以在 QZPS 的基础之上,运用演绎的方法按照 QZPS 七大因子的结构作为构建 CCBS 因子的参考呢?表 6 的理论构想是否合理呢?很显然,如果合理的话,表 6 就可以直接作为企业和广告公司划分消费者行为的依据;如果不合理的话,肯定存在中国消费者行为自己独特的"基因图",这张神秘的"基因图"会是什么呢?不同族群是否存在不同的"基因图"?上述这些问题,需要用数据来回答。在接下来的研究当中,笔者将运用 CCBS 的初始量表来测试福建大学生的消费特征,同时回答上述的几个问题。

---

① 刘军:《管理研究方法原理与应用》,北京:中国人民大学出版社 2008 年版,第 117 页。

第五章

中国消费者行为量表(CCBS)对福建大学生的测试结果

一、样本分布情况

采用配额抽样的方式进行抽取样本,抽取的学校有:厦门大学、福建师范大学、福建农林大学、集美大学、闽江学院、莆田学院、厦门理工学院、闽南科技学院等8所大学。在数据收集过程中一个关键的问题是样本量的大小,探索性因子分析易受样本量的影响。古阿大格挪力和维尔可发现,在大多数情况下,有150个观测样本就足以进行探索性因子分析。① 但是,要建构中国消费者行为量表(CCBS),面对的总体是差异很大的族群,古阿大格挪力和维尔可对样本量的看法并不适合本研究的情况。卢梅尔建议样本量与测量项目比例应在4:1以上,②斯奈瓦布建议应至少是10:1。③ 我们采取斯奈瓦布的建议,抽取的样本量定为CCBS测量项目的10倍—1850个。通过福建省各所大学教师的帮助,采用集中填写问卷的形式,一共发出了1850份问卷,收回1850份,得到1850份有效问卷,回收率100%。样本分布情况如表5-1所示。

---

① Guadagnoli, E., &Velicer, W. F. "Relation of Sample Size to the Stability of Component Patterns", *Psychological Buletin*, 1988, 103(2):265-275.
② Rummel, R. J. *Applied Factor Analysis*, Evanston, IL: Northwestern University Press, 1970:11.
③ Schwab, D. P. "Construct Validity in Organization Behavior", In B. M. Staw&L. L. Cummings (eds.), Greenwich, CT: JAI Press, 1980:111.

表 5-1：样本分布情况

学校	样 本 量 (1850)	被调查单位
厦门大学	131	全校选修课
	118	国际贸易系
	127	新闻传播学院
福建师范大学	213	传播学院
福建农林大学	159	艺术学院
集美大学	200	会计系
闽江学院	320	广告专业
莆田学院	44	新闻专业
	48	秘书专业
	100	广告专业
	47	新闻专业
厦门理工学院	119	外语系
闽南科技学院	224	广告专业

二、探索性因子分析

1. KMO 统计量和 Bartlett's 球形检验结果

先判断数据能否进行因子分析。在本研究中，笔者使用 SPSS13.0 对调研数据进行 KMO 测度和 Bartlett's 球状检验，得到 KMO 值为 0.866，Bartlett's 球状检验的显著性水平为 0.000，如表 5-2 所示，说明这些数据适合做因子分析。

表 5-2：KMO 统计量和 Bartlett's 球形检验结果

KMO 统计量		0.866
Bartlett's 球形检验	近似卡方分布	81001.579
	自由度	17020
	显著性水平	.000

2. 中国消费者人性结构的确定（福建大学生）

约斯夫、卢尔夫和罗纳德(1987)指出，只要萃取特征值大于1，因子负荷量绝对值大于0.3，累计解释变异量达40%以上，因子分析结果便相当显著；当因子负荷量大于 0.4 则可称为比较显著,大于 0.5 可称为非常显著。① 因此,本研究取特征值大于 1,因子负荷量绝对值大于 0.3,作为因子命名的依据。在本项研究中,笔者采用主成分分析法,通过方差最大化正交旋转进行分析,共提取到 45 个成分因子。因子分析的陡阶检验见图 5-1。

对 CCBS 初始量表的 185 个项目进行主成分因素分析和最大变异正交旋转,根据所解释的方差百分比和因素的陡阶检验,取 45 个因子是合理的。删除载荷量小于 0.30 的 35 个项目之后,剩余的 150 个项目共解释 59.306% 的方差。经正交旋转,45 个大因子上的项目数除了第一大因子有 15 项外,其他的大部分都在 3 或 4 项之间。因子分析的结果进一步确认了 CCBS 的 150 个项目、45 个小因子结构。

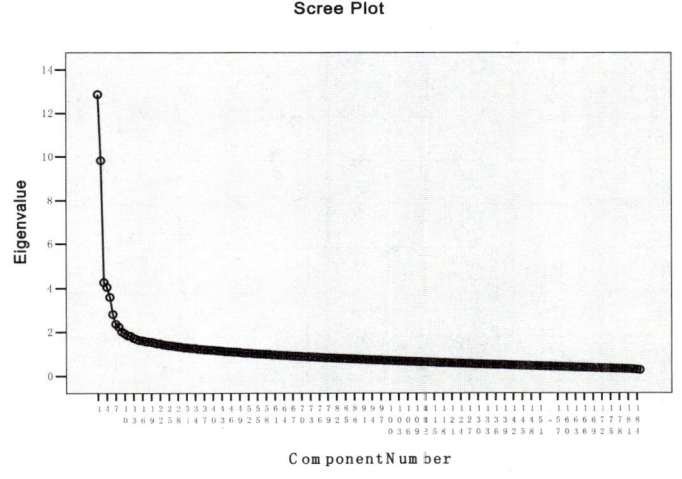

图 5-1:CCBS 因子分析的陡阶检验

3. 信度分析

45 个因子的 Cronbach α 系数均在 0.700—0.909 之间,整个量表的 Cronbach α 系数为 0.866,均超过了可接受水平 0.70,每个题项在对应维度上的相关系数均超过了最低标准 0.30,说明量表具有较好的内部一致性信度。45 个因子的累计解释度达到 59.306%,基本达到了 60%,说明 150 个测项比较良好地归属于 45 个

---

① Hair Joseph F. Jr., Rolph E. Anderson, Ronald L. Tatham, and William C. Black, "Multivariate Data Analysis", Fifth Edition. Upper Saddle River, NJ: Prentice Hall, 1998:449.

成分因子,且每个测项的因子负荷值均大于 0.3,没有跨因子符合现象,这些数据表明因子分析的结果比较良好。

4. CCBS 探索性因子分析结果(表 5 – 3)

表 5 – 3:CCBS 探索性因子分析结果

1 自尊自爱事业型 ($\alpha = 0.729, \% = 5.705$)			2 购物消费娱乐型 ($\alpha = 0.709, \% = 3.325$)			3 粗放消费宽和型 ($\alpha = 0.811, \% = 2.822$)		
序号	载荷量	鉴别度	序号	载荷量	鉴别度	序号	载荷量	鉴别度
1	0.699	0.42	1	0.706	0.45	1	0.775	0.53
2	0.721	0.43	2	0.623	0.36	2	0.597	0.59
3	0.682	0.47	3	0.611	0.40	3	0.591	0.41
4	0.666	0.50				4	0.527	0.48
5	0.693	0.43						
6	0.589	0.39						
7	0.510	0.46						
8	0.536	0.43						
9	0.589	0.45						
10	0.541	0.42						
11	0.590	0.46						
12	0.551	0.49						
13	0.539	0.47						
14	0.508	0.47						
15	0.353	0.46						

4 时间充裕休闲型 ($\alpha = 0.743, \% = 2.477$)			5 活跃热情开朗型 ($\alpha = 0.891, \% = 2.307$)			6 好奇探索实践型 ($\alpha = 0.700, \% = 2.280$)		
序号	载荷量	鉴别度	序号	载荷量	鉴别度	序号	载荷量	鉴别度
1	0.921	0.42	1	0.735	0.41	1	0.733	0.47
2	0.723	0.33	2	0.519	0.35	2	0.659	0.42
3	0.551	0.36	3	0.511	0.31	3	0.515	0.34

续表

7 网络购物导向型 ($\alpha=0.756, \%=2.141$)			8 挑剔购物精明型 ($\alpha=0.709, \%=2.126$)			9 合群购物集体型 ($\alpha=0.711, \%=2.073$)		
序号	载荷量	鉴别度	序号	载荷量	鉴别度	序号	载荷量	鉴别度
1	0.800	0.42	1	0.842	0.51	1	0.865	0.41
2	0.809	0.48	2	0.586	0.52	2	0.655	0.42
3	0.571	0.50	3	0.730	0.43	3	0.503	0.53
10 价格敏感口才型 ($\alpha=0.706, \%=1.562$)			11 安分守己平凡型 ($\alpha=0.703, \%=1.042$)			12 购物情感波动型 ($\alpha=0.879, \%=1.021$)		
序号	载荷量	鉴别度	序号	载荷量	鉴别度	序号	载荷量	鉴别度
1	0.602	0.45	1	0.891	0.49	1	0.776	0.32
2	0.646	0.43	2	0.677	0.42	2	0.479	0.42
3	0.611	0.52	3	0.579	0.36	3	0.455	0.25
13 人际关系送礼型 ($\alpha=0.843, \%=1.005$)			14 传统媒介接触型 ($\alpha=0.734, \%=0.995$)			15 经济消费节约型 ($\alpha=0.738, \%=0.991$)		
序号	载荷量	鉴别度	序号	载荷量	鉴别度	序号	载荷量	鉴别度
1	0.742	0.44	1	0.772	0.37	1	0.643	0.34
2	0.641	0.39	2	0.317	0.32	2	0.611	0.35
3	0.561	0.32	3	0.502	0.33	3	0.360	0.33
16 理性消费实用型 ($\alpha=0.776, \%=0.990$)			17 抛头露面组织型 ($\alpha=0.889, \%=0.937$)			18 个性表现自我型 ($\alpha=0.711, \%=0.971$)		
序号	载荷量	鉴别度	序号	载荷量	鉴别度	序号	载荷量	鉴别度
1	0.761	0.50	1	0.685	0.42	1	0.722	0.32
2	0.571	0.46	2	0.526	0.44	2	0.535	0.39
3	0.575	0.38	3	0.520	0.45	3	0.491	0.37
4	0.475	0.35						
19 吸引异性风流型 ($\alpha=0.802, \%=0.969$)			20 阳光健康运动型 ($\alpha=0.909, \%=0.956$)			21 经济压力拮据型 ($\alpha=0.878, \%=0.963$)		
序号	载荷量	鉴别度	序号	载荷量	鉴别度	序号	载荷量	鉴别度
1	0.754	0.26	1	0.905	0.52	1	0.833	0.42
2	0.600	0.39	2	0.341	0.57	2	0.543	0.56
3	0.591	0.37	3	0.660	0.54	3	0.643	0.44

续表

22 时间紧凑效率型 ($\alpha = 0.843, \% = 0.961$)			23 多愁善感善良型 ($\alpha = 0.771, \% = 0.958$)			24 消费判断经验型 ($\alpha = 0.708, \% = 0.951$)		
序号	载荷量	鉴别度	序号	载荷量	鉴别度	序号	载荷量	鉴别度
1	0.739	0.46	1	0.729	0.40	1	0.704	0.53
2	0.594	0.39	2	0.613	0.33	2	0.622	0.48
3	0.591	0.32	3	0.482	0.38	3	0.551	0.35

25 小心谨慎消费型 ($\alpha = 0.720, \% = 0.943$)			26 直截了当率真型 ($\alpha = 0.709, \% = 0.938$)			27 安全环境缺乏型 ($\alpha = 0.811, \% = 0.933$)		
序号	载荷量	鉴别度	序号	载荷量	鉴别度	序号	载荷量	鉴别度
1	0.629	0.32	1	0.836	0.58	1	0.965	0.43
2	0.576	0.46	2	0.742	0.51	2	0.342	0.31
3	0.522	0.53	3	0.731	0.45	3	0.744	0.55

28 消费购物炫耀型 ($\alpha = 0.819, \% = 0.928$)			29 爱屋及乌追星型 ($\alpha = 0.909, \% = 0.921$)			30 服务期望满意型 ($\alpha = 0.702, \% = 0.911$)		
序号	载荷量	鉴别度	序号	载荷量	鉴别度	序号	载荷量	鉴别度
1	0.882	0.34	1	0.995	0.43	1	0.774	0.30
2	0.562	0.43	2	0.588	0.41	2	0.460	0.42
3	0.661	0.55	3	0.543	0.37	3	0.454	0.25

31 审美西方导向型 ($\alpha = 0.791, \% = 0.908$)			32 喜新厌旧消费型 ($\alpha = 0.738, \% = 0.901$)			33 注重打折实惠型 ($\alpha = 0.776, \% = 0.899$)		
序号	载荷量	鉴别度	序号	载荷量	鉴别度	序号	载荷量	鉴别度
1	0.857	0.42	1	0.871	0.34	1	0.596	0.32
2	0.634	0.39	2	0.361	0.37	2	0.488	0.31
3	0.526	0.34	3	0.556	0.33	3	0.456	0.43

34 坚持不懈毅力型 ($\alpha = 0.709, \% = 0.892$)			35 上门推销反感型 ($\alpha = 0.876, \% = 0.891$)			36 购物推销戒备型 ($\alpha = 0.709, \% = 0.887$)		
序号	载荷量	鉴别度	序号	载荷量	鉴别度	序号	载荷量	鉴别度
1	0.838	0.55	1	0.896	0.40	1	0.949	0.33
2	0.657	0.65	2	0.533	0.43	2	0.786	0.38
3	0.357	0.37	3	0.527	0.55	3	0.755	0.37
4	0.556	0.43	4	0.422	0.44	4	0.464	0.38

续表

37 消费购物独占型 ($\alpha=0.711,\%=0.881$)			38 满足胃口馋食型 ($\alpha=0.829,\%=0.880$)			39 购物消费内向型 ($\alpha=0.909,\%=0.875$)		
序号	载荷量	鉴别度	序号	载荷量	鉴别度	序号	载荷量	鉴别度
1	0.789	0.27	1	0.741	0.53	1	0.751	0.52
2	0.603	0.35	2	0.709	0.55	2	0.709	0.57
3	0.596	0.27	3	0.666	0.57	3	0.363	0.54
40 幻想消费乐观型 ($\alpha=0.826,\%=0.870$)			41 消费诚信重视型 ($\alpha=0.809,\%=0.866$)			42 消费购物集中型 ($\alpha=0.879,\%=0.859$)		
序号	载荷量	鉴别度	序号	载荷量	鉴别度	序号	载荷量	鉴别度
1	0.908	0.52	1	0.988	0.60	1	0.705	0.33
2	0.371	0.55	2	0.876	0.45	2	0.373	0.38
3	0.573	0.38	3	0.520	0.45	3	0.399	0.37
43 消费购物西化型 ($\alpha=0.843,\%=0.854$)			44 爱心公益导向型 ($\alpha=0.791,\%=0.844$)			45 精打细算节约型 ($\alpha=0.738,\%=0.837$)		
序号	载荷量	鉴别度	序号	载荷量	鉴别度	序号	载荷量	鉴别度
1	0.912	0.29	1	0.939	0.58	1	0.878	0.48
2	0.602	0.30	2	0.708	0.50	2	0.536	0.47
3	0.591	0.39	3	0.666	0.54	3	0.771	0.34

整个问卷的一致性 $\alpha=0.866$;累积解释率 59.306%;载荷量取绝对值

三、因子命名

根据各因子覆盖测项的内容及含义,将 1－45 个因子分别简单命名为:自尊自爱事业型、购物消费娱乐型、粗放消费宽和型、时间充裕休闲型、活跃热情开朗型、好奇探索实践型、网络购物导向型、挑剔购物精明型、合群购物集体型、价格敏感口才型、安分守己平凡型、购物情感波动型、人际关系送礼型、传统媒介接触型、经济消费节约型、理性消费实用型、抛头露面组织型、个性表现自我型、吸引异性风流型、阳光健康运动型、经济压力拮据型、时间紧凑效率型、多愁善感善良型、消费判断经验型、小心谨慎消费型、直截了当率真型、安全环境缺乏型、消费购物炫耀型、爱屋及乌追星型、服务期望满意型、审美西方导向型、喜新厌旧消费型、注重打折实惠型、坚持不懈毅力型、上门推销反感型、购物推销戒备型、消费购物独占型、满足胃口馋食型、购物消费内向型、幻想消费乐观型、消费诚信重视型、消费购物集中型、消费购物西化型、爱心公益导向型、精打细算节约型。

1. 自尊自爱事业型

指消费者崇充满男性特质,尚奋斗事业,做事光明正大、野心勃勃,希望得到别人尊重。主要表现有:即使不会被发现,我也从不偷商场东西;买用过的品牌比较让人放心;喜欢抽烟;认为女人不应该在大众场合抽烟;会理智花适当时间购物,不影响学习或工作;重视服务;勤奋工作;觉得人生充满了希望;希望将来有很多钱;喜欢与亲朋好友聚餐;为现有家庭感到骄傲;愿以百分之百的热情投入到每一项工作中;不会轻易放弃自己的理想;希望将来能成就一番大事业;为目标奋斗感到很充实等。

2. 购物消费娱乐型

指消费者认为购物消费是一种娱乐手段。主要表现有:购物使人感到生活充满了生机和活力;购物是对工作的主要补偿手段;购物让人快乐等。

3. 粗放消费宽和型

指消费者购买物品很随意。主要表现有:购物考虑不多,看到想买的东西就买;购物通常没有计划;买到不如意的产品,很少找商家退货;买东西冒冒失失的等。

4. 时间充裕休闲型

指消费者花很多时间逛商场。主要表现有:经常逛商场,但很少买东西;常常毫无目的去逛商场;经常逛各种各样的商场等。

5. 活跃热情开朗型

指消费者在购物场合很活跃。主要表现有:买东西时有必要,主动与周围顾客沟通;集体场合,有说有笑,不会冷场;买东西时,喜欢别出心裁地跟人开些玩笑等。

6. 好奇探索实践型

指消费者对新产品有学习的欲望。主要表现有:当新产品问世,总是感到很好奇,有尝试的冲动;对新产品总是想很快了解其使用方法;商家展示新产品,总是很好奇等。

7. 网络购物导向型;

指消费者接受网络购物的方式。主要表现有:上网购物是主要购物;经常上网浏览购物信息;相对传统购物方式,更喜欢网上购物等。

8. 挑剔购物精明型

指消费者买东西比较认真。主要表现有:挑东西很刻薄、太挑剔;假如找不到满意的商品,宁愿不买等。

9. 合群购物集体型

指消费者喜欢和朋友一起去买东西。主要表现有：不喜欢单独购物；喜欢和朋友一起购物；和朋友一起购物使人感到愉快等。

10. 价格敏感口才型

指消费者买东西时喜欢砍价。主要表现有：容易与商家沟通，一般可以说动商家减价；买东西喜欢讨价还价等。

11. 安分守己平凡型

指消费者不想出人头地。主要表现有：对自己没有很高的期望；觉得做一个普通人就挺好；喜欢安分守己的生活方式等。

12. 购物情感波动型

指消费者容易被购物经历所影响。主要表现有：会因为买到好东西而沾沾自喜；买到一件好东西，很容易得意忘形；买到商品的好坏，容易影响心情等。

13. 人际关系送礼型

指消费者喜欢用礼物作为人际关系的纽带。主要表现有：经常买礼物送人；认为送礼是维持人际关系的一种表现；拜访朋友，应该带些礼物等。

14. 传统媒介接触型

指消费者喜欢接触传统媒介。主要表现有：经常看报纸；经常买书或杂志；经常收听广播节目等。

15. 经济消费节约型

指消费者购物比较节约。主要表现有：买东西缩手缩脚，总觉得是多余；买东西花太多钱，总感到不安；觉得买东西适量就好，不要太浪费等。

16. 理性消费实用型

指消费者买东西注重实用性。主要表现有：市面上东西都差不多，牌子并不重要；买东西并不看重牌子；买东西更看重产品的质量；认为产品质量和牌子之间并没有必然的联系等。

17. 抛头露面组织型

指消费者喜欢当公众人物。主要表现有：在公众策划场合，常常感到很放松自然；喜欢担任各种策划活动的组织者；喜欢在公众场合露面等。

18. 个性表现自我型

指消费者很有个性。主要表现有：在别人眼里很有个性；总是尝试新发型；喜欢表达自己的观点等。

19. 吸引异性风流型

指消费者喜欢性魅力。主要表现有：喜欢和异性一起出去购物；；和异性购物让人感到愉快;有异性在的购物场合,会表现得很活跃等。

20. 阳光健康运动型

指消费者活跃、注重健康。主要表现有:喜欢购买跟体育运动有关的物品;为了保持身体健康,经常运动;喜欢穿运动服装等。

21. 经济压力拮据型

指消费者经济上不富裕。主要表现有:觉得钱总是不够用;银行储蓄很少;很少有感到经济宽裕的时候等。

22. 时间紧凑效率型

指消费者买东西讲究效率。主要表现有:性子比较急,买东西一般不会花很多时间;认为花工夫买东西是在浪费时间;跟朋友一起买东西,总想早点买完等。

23. 多愁善感善良型

指消费者很感性。主要表现有:容易被影片中的情节所感动;容易被别人的眼泪打动;看到不幸事情发生,会感到很痛心等。

24. 消费判断经验型

指消费者很理性、买东西依靠经验推断。主要表现有:一向不注意报纸或电视上的广告;认为报纸或电视上的广告不值得去看;认为报纸或电视上的广告真实性值得怀疑等。

25. 小心谨慎消费型

指消费者买东西很谨慎。主要表现有:购物前总是不怕麻烦别人,经常打听相关信息;总是在了解商品详细信息之后才会购买;很少在不清楚详细信息情况下购买商品等。

26. 直截了当率真型

指消费者买东西很直接。主要表现有:只要不喜欢该产品,会直截了当拒绝商家的推销;不想购买该产品,会明确表达出来;商家推销的产品有缺陷,会当面说出来等。

27. 安全环境缺乏型

指消费者喜欢熟悉的环境。主要表现有:只有在熟悉的商场,才能比较自然轻松地购物;在陌生的商场,购物时感到拘谨;喜欢去熟悉的商场购物等。

28. 消费购物炫耀型

指消费者喜欢炫耀。主要表现有:不把得意的购物经历说出来会憋得难受;喜欢把买到的好东西给朋友看;为朋友指点如何购物感到快乐等。

29. 爱屋及乌追星型

指消费者喜欢明星。主要表现有:喜欢的明星代言某产品,会爱屋及乌;明星代言某产品影响购买行为;会选择喜欢的明星代言的产品等。

30. 服务期望满意型

指消费者希望购物时得到尊重。主要表现有:碰到不如意的购买场合,容易发脾气;买东西时很少憋屈自己;认为买东西时发脾气是发泄的一种途径等。

31. 审美西方导向型

指消费者崇尚西方世界。主要表现有:向往西方女性的美;总体上西方女性比东方女性更漂亮;如果有机会,愿意与西方女性交往等。

32. 喜新厌旧消费型

指消费者喜欢新鲜的产品。主要表现有:与其把旧东西拿去修理,不如买新的;旧的不去,新的不来;把旧东西拿去修理更浪费钱等。

33. 注重打折实惠型

指消费者注重促销信息。主要表现有:喜欢收集各种各样的优惠券、优惠卡;比较注意打折促销信息;使用优惠券或优惠卡会使人更快下购买决定等。

34. 坚持不懈毅力型

指消费者买东西很有劲头。主要表现有:为买到一件物品,会尽力寻找,不达目的不罢休;买不到计划中的商品,会感到很失落;会通过各种手段去买一件自己想买的商品;会因为要买贵重物品而节约很长时间等。

35. 上门推销反感型

指消费者对上门推销很有戒心。主要表现有:对上门推销很反感;上门推销的产品不值得信任;不喜欢被上门推销的人所打扰等。

36. 购物推销戒备型

指消费者对路边推销很有戒心。主要表现有:路边发传单,经常拒绝接受;不喜欢免费试尝;路上有人推销,从不相信等。

37. 消费购物独占型

指消费者不喜欢分享。主要表现有:买好的东西,喜欢一个人享用;买到好东西,不喜欢被别人知道;不喜欢把好东西送给朋友等。

38. 满足胃口馋食型

指消费者吃东西很随性。主要表现有:喜欢去小吃店吃东西;喜欢去路边小摊吃东西;喜欢寻找一些偏僻的特色小店吃东西等。

39. 购物消费内向型

指消费者买东西不善打交道。主要表现有:买东西只看不说,一旦看中付钱走人;买东西不中意,会一声不响离开;买东西不善争辩等。

40. 幻想消费乐观型

指消费者对未来购物期望很高。主要表现有:喜欢想象自己未来可能拥有的物品;现在买不起的物品,觉得未来可以买到;想象未来可能拥有的物品让人感到快乐等。

41. 消费诚信重视型

指消费者对诚信很看重。主要表现有:无法容忍购物被欺骗,哪怕只有一次;如果购物被欺骗,会找商家讨说法;如果觉得商家不够诚实,下次就不会再来买东西等。

42. 消费购物集中型

指消费者不喜欢经常去商场。主要表现有:总是集中一次买东西;喜欢买捆绑售卖的物品;很少天天去商场买东西等。

43. 消费购物西化型

指消费者对产品质量要求很高。主要表现有:认为同样的东西,外国制造的要比中国的好;更愿意买西方国家的商品;认为中国制造的商品,质量会差点等。

44. 爱心公益导向型

指消费者喜欢助人为乐。主要表现有:;对献血不介意;认为献血可以给他人提供帮助;如果有人看病急需钱,愿意捐款等。

45. 精打细算节约型

指消费者很精明。主要表现有:手机充值,宁愿每次充一点,用完再充;花钱总是很有计划;买东西总是先买一点点,感觉好的话再多买等。

四、讨论

本研究根据消费者特质形容词的含义,以及小因素和大因素的含义,编写并修订了5694多个测量中国消费者人性结构的项目。经过初步筛选确定了185个项目,又经严格筛选,得到了由150个项目组成、可以同时测量中国消费者人性结构的中国消费者行为量表(CCBS)。

1. CCBS 的特点

CCBS 的编制有几个特点值得一提:①

首先,量表的编制是建立在王登峰等人编制的中国人人格量表(QZPS)清楚、明确的关于中国人人格结构的理论和研究的基础上,根据实证研究的结果进行

---

① 王登峰、崔红:《中国人人格量表(QZPS)的编制过程与初步结果》,载《心理学报》2003年第1期。

的,不带任何研究者的个人主观色彩。

第二,在确定量表的结构时,先初步确立 CCBS 中的"小因素",下一步将确定 CCBS 中的"大因素",验证性因子分析(结构方程线性模型二阶因子分析)将在下一步的研究中得到应用。

第三,CCBS 是第一份完全根据中国消费者的人性结构和行为特点编制的综合性的消费者行为测量工具,在编制过程中,不断修正,突出了原创性和互动性的特点。

最后,因素的命名是根据所含项目的内容进行的,并参照了形容词评定结果的命名,以力求完整地反映因素的含义。

2. CCBS 的价值

本研究只是在福建省大学生的局部范围内初步确定了 CCBS 的"小因素"结构和项目组成,对量表的信度和效度的更深入的研究还在进行中。随着研究工作的深入,CCBS 的应用价值将会日益显露出来。

本研究首次明确了福建消费者人性结构的独特性,为品牌核心价值的提炼提供了参考维度。CCBS 量表告诉我们,品牌核心价值应该定位在最能打动消费者的维度层面,①即"自尊自爱事业型"层面(针对那些以福建大学生为目标群体的品牌),才能实现品牌效益的最大化,从而有效地积累品牌资产。

数据是重要的,但结论更为重要,数据只是对结论的支持,是重要的论据。真正的消费者研究,是超越数据与表格的。在消费者研究中,还需要触及人性的特点,触及到调查者、研究者对人性的体味、洞察力和把握能力。② 在以后的研究中,有待将结合深度访谈的定性研究方法对定量研究的结果加以印证。

---

① 林升梁:《编制中国消费者人性量表(CCBS)的理论构想》,载《广告研究》2010 年第 3 期。
② 曾庆飚:《人性的观察、体味与消费者研究》,载《经济问题探索》2002 年第 10 期。

第六章

中国消费者行为量表(CCBS)验证性因子分析——以福建大学生为例

一、引言

因子分析可分为探索性因子分析(Exploratory Factor Analysis,EFA)和验证性因子分析(Confirmatory Factor Analysis,CFA)。EFA 与 CFA 最大的不同,在于测量变量的理论框架中所扮演的角色不同:EFA 偏向理论的产出,而非理论架构的检验;CFA 通常是依据某个严谨理论的基础上,借助数学程序来确认该理论所导出的计量模型是否合理。① 在量表编制过程中,通常会先进行探索性因子分析,不断尝试,以求得量表最佳的因子结构。当研究者知晓量表是由几个不同潜在因子所构成,为了确认量表所包含的潜在因子是否与理论模型相契合,需要重新搜集数据进行验证,这种因子分析的程序,称为验证性因子分析。它是结构方程线性模型(Structural Equation Modeling,SEM)的一种特殊应用。

在前面叙述的"编制中国消费者人性量表(CCHS)的理论构想"②、"中国消费者行为量表(CCBS)的编制与初步结果"③、"中国消费者行为量表(CCBS)对福建大学生的测试结果"④三篇论文里,笔者以词汇学假设为量表编制的基点,通过对 1850 位福建大学生的初步调查,进一步确认了 CCBS 包含 150 个项目、45 个小因子结构。观察这 45 个小因子,我们发现,小因子(一阶因子)之间可能存在高度关联,如上门推销反感型(第 35 个)、购物推销戒备型(第 36 个)两个因子具有相似意义的构念。这时,可以假定某些一阶因子可以构成更高一阶的因子构念(二阶

---

① Stevens,J."Applied Multivariate Statistics for the Social Science",Mahwah,NJ:Lawrence Erlbaum,1996:98.
② 林升梁:《编制中国消费者人性量表(CCHS)的理论构想》,载《广告研究》2010 年第 3 期。
③ 林升梁:《中国消费者人性量表(CCHS)的编制与初步结果》,载《广告研究》2010 年第 6 期。
④ 林升梁:《中国消费者人性量表(CCHS)对福建大学生的测试结果》,载《广告研究》2011 年第 1 期。

因子),或者说,某些更高阶因子结构可以解释所有一阶因子构念。

二、理论基础与假说形成

王登峰等人编制的 QZPS 由 180 个项目构成,测量中国人人格的七个大因素(外向性、善良、情绪性、才干、人际关系、行事风格和处世态度)和 18 个小因子。[①] 我们从 CCBS 量表的 45 个小因子分析中发现,40 个小因子主观上可以比较清晰地归类到 QZPS 所确立的七大因素当中,如表 6-1 所示。

表 6-1:QZPS 的七大因素和 CCBS 的 45 个小因子对应关系

QZPS 的七大因素	CCBS 的 45 个小因子
因素 1:外向性(活跃、合群、乐观)	活跃热情开朗型、合群购物集体型、抛头露面组织型、个性表现自我型、吸引异性风流型、阳光健康运动型、安全环境缺乏型、消费购物独占型、购物消费内向型、幻想消费乐观型
因素 2:善良(利他、诚信、重感情)	多愁善感善良型、消费诚信重视型、爱心公益导向型
因素 3:行事风格(严谨、自制、沉稳)	挑剔购物精明型、价格敏感口才型、传统媒介接触型、经济消费节约型、理性消费实用型、经济压力拮据型、消费判断经验型、小心谨慎消费型、消费购物炫耀型、爱屋及乌追星型、喜新厌旧消费型、审美西方导向型、注重打折实惠型、满足胃口馋食型、消费购物西化型、精打细算节约型
因素 4:才干(决断、坚韧、机敏)	好奇探索实践型、网络购物导向型、时间紧凑效率型、坚持不懈毅力型、消费购物集中型
因素 5:情绪性(耐心、爽直)	购物情感波动型、直截了当率真型、服务期望满意型
因素 6:人际关系(宽和、热情)	粗放消费宽和型、人际关系送礼型、上门推销反感型、购物推销戒备型
因素 7:处世态度(自信、淡泊)	自尊自爱事业型、购物消费娱乐型、时间充裕休闲型、安分守己平凡型

[①] 王登峰、崔红:《中国人人格量表(QZPS)的编制过程与初步结果》,载《心理学报》2003 年第 1 期。

因此,我们推测 CCBS 量表的 45 个小因子结构可能被包含于 QZPS 量表的七大因素结构当中。基于以上论述,我们提出如下假说:

H1:CCBS 量表的初阶因子 5、9、17、18、19、20、27、37、39、40 可以构成更高的二阶因素"外向性"。

H2:CCBS 量表的初阶因子 23、41、44 可以构成更高的二阶因素"善良"。

H3:CCBS 量表的初阶因子 8、10、14、15、16、21、24、25、28、29、31、32、33、38、43、45 可以构成更高的二阶因素"行事风格"。

H4:CCBS 量表的初阶因子 6、7、22、34、42 可以构成更高的二阶因素"才干"。

H5:CCBS 量表的初阶因子 12、26、30 可以构成更高的二阶因素"情绪性"。

H6:CCBS 量表的初阶因子 3、13、35、36 可以构成更高的二阶因素"人际关系"。

H7:CCBS 量表的初阶因子 1、2、4、11 可以构成更高的二阶因素"处世态度"。

三、数据分析及假说验证

(一)调查方法

本文以福建大学生为调查对象来验证 CCBS 量表的二阶因素结构。采用滚雪球抽样和配额抽样相结合的方式进行抽取样本,抽取的学校有:厦门大学、福建师范大学、福州大学、福建农林大学、集美大学、闽江学院、莆田学院、厦门理工学院、闽南科技学院、三明学院、龙岩学院等 11 所大学。我们采取 Schwab 的建议,抽取的样本量定为 CCBS 测量项目的 10 倍——1500 个。① 通过福建省各所大学教师的帮助,采用集中填写问卷和网络发放问卷相结合的形式,一共发出了 1500 份问卷,收回 1500 份,得到 1500 份有效问卷,回收率 100%。样本的人口统计学特征描述如表 6-2 所示。

---

① Schwab, D. P. " Construct Validity in Organization Behavior", In B. M. Staw&L. L. Cummings (eds.),Greenwich,CT:JAI Press,1980:121.

表6-2：样本的人口统计学特征描述

特征	指标	人数	构成比%	特征	指标	人数	构成比%
性别	女	898	59.9	学校	厦门大学	201	13.4
	男	602	40.1		福建师范大学	250	16.7
可支配支出（元/月）	小于200	101	6.7		福州大学	120	8.0
	200－300	355	23.7		福建农林大学	120	8.0
	300－500	550	36.7		集美大学	100	6.7
	500－800	380	25.3		闽江学院	180	12.0
	800以上	114	7.6		莆田学院	100	6.7
教育程度	大专	55	3.7		厦门理工学院	129	8.6
	大学本科	1230	82.0		闽南科技学院	200	13.3
	硕士	193	12.9		三明学院	42	2.8
	博士	22	1.4		龙岩学院	58	3.8

（二）验证性因子分析

本文使用Amos7.0软件进行验证性因子分析。[①] Amos和Lisrel是SEM分析中最常使用的统计软件，而Amos目前已经成为SPSS家族系列之一，二者数据完全可以互通，因而更为常用。

因子载荷：Standardized Regression Weights为标准化回归系数，在验证性因子分析中也称为因素加权值或因子载荷，标准化的路径系数代表的是共同因素对观测变量的影响。从因子载荷量的数值可以了解观测变量在各潜在变量中的相对重要性，因子载荷量值介于0.50—0.95之间，表示模型的基本适配度良好。[②] 从表6-3、6-4、6-5、6-6、6-7、6-8、6-9中，我们发现，在外向性、善良、行事风格、才干、情绪性、人际关系等六个维度上，观测变量在初阶因子的因子载荷量、初阶因子在高阶因子构念的因子载荷量均比较理想。而处世态度维度的部分因子载荷量没有达到要求。

信度系数：该指标是评价观测变量对潜在变量的因子载荷，及每个载荷在统

[①] Amos7.0学生版的软件一次只能分析8个因子，因比，笔者通过台湾朋友提供的正版软件的分析完成验证性因子分析。

[②] 吴明隆：《结构方程模型—Amos的操作与应用》，重庆：重庆大学出版社2009年版，第245页。

计上是否具有显著性。测量模型的 R2 最好大于 0.5。从表 6-3、6-4、6-5、6-6、6-7、6-8、6-9 中,我们发现,在外向性、善良、行事风格、才干、情绪性、人际关系等六个维度上,观测变量在初阶因子的信度系数、初阶因子在高阶因子构念的信度系数均比较理想。而处世态度维度的部分信度系数没有达到要求。

组合信度(Composite Reliability):根据 Bagozzi 和 Yi 的观点,CR 值越高(应大于 0.6),则每个构念的测量变量之间的组合信度越高。[①] 从表 6-3、6-4、6-5、6-6、6-7、6-8、6-9 得知,在外向性、善良、行事风格、才干、情绪性、人际关系等 6 个维度上,各潜在变量的 CR 值基本都大于 0.8,表明模型基本通过了组合信度检验。

表 6-3:验证性因子分析结果 – 外向性

潜在变量	测量指标	因子载荷	信度系数	测量误差	组合信度	平均变异量抽取值
活跃热情开朗型	VA1	.811	.658	.307	.825	.726
	VA2	.695	.483	.508		
	VA3	.777	.604	.312		
合群购物集体型	VA4	.698	.487	.501	.737	.641
	VA5	.672	.452	.521		
	VA6	.698	.487	.501		
抛头露面组织型	VA7	.782	.612	.306	.857	.748
	VA8	.769	.591	.321		
	VA9	.808	.653	.301		
个性表现自我型	VA10	.843	.711	.286	.889	.759
	VA11	.821	.674	.299		
	VA12	.876	.767	.217		
吸引异性风流型	VA13	.704	.496	.511	.741	.666
	VA14	.699	.489	.502		
	VA15	.687	.472	.514		
阳光健康运动型	VA16	.699	.489	.502	.727	.633
	VA17	.675	.456	.524		
	VA18	.664	.441	.531		

[①] Bagozzi, Richard P., Youjae Yi. "On the Use of Structural Equation Models in Experimental Designs", *Journal of Marketing Research*, 1989, 26(3): 271-284.

续表

潜在变量	测量指标	因子载荷	信度系数	测量误差	组合信度	平均变异量抽取值
安全环境缺乏型	VA19	.679	.461	.529	.713	.595
	VA20	.633	.401	.554		
	VA21	.683	.466	.522		
消费购物独占型	VA22	.787	.619	.310	.842	.731
	VA23	.744	.554	.326		
	VA24	.732	.536	.322		
购物消费内向型	VA25	.694	.482	.510	.812	.706
	VA26	.743	.552	.327		
	VA27	.783	.613	.306		
幻想消费乐观型	VA28	.678	.460	.523	.797	.697
	VA29	.690	.476	.520		
	VA30	.794	.630	.302		
外向性	活跃热情开朗型	.905	.819	.185	.953	.778
	合群购物集体型	.744	.554	.326		
	抛头露面组织型	.877	.769	.216		
	个性表现自我型	.799	.638	.301		
	吸引异性风流型	.689	.474	.519		
	阳光健康运动型	.865	.748	.215		
	安全环境缺乏型	.794	.630	.304		
	消费购物独占型	.801	.642	.303		
	购物消费内向型	.843	.711	.286		
	幻想消费乐观型	.701	.491	.509		

表6-4:验证性因子分析结果-善良

潜在变量	测量指标	因子载荷	信度系数	测量误差	组合信度	平均变异量抽取值
多愁善感善良型	VA1	.876	.767	.207	.885	.700
	VA2	.754	.569	.401		
	VA3	.876	.767	.207		

续表

潜在变量	测量指标	因子载荷	信度系数	测量误差	组合信度	平均变异量抽取值
消费诚信重视型	VA4	.765	.585	.397	.809	.611
	VA5	.776	.602	.521		
	VA6	.789	.623	.367		
爱心公益导向型	VA7	.745	.612	.389	.844	.687
	VA8	.873	.555	.421		
	VA9	.834	.696	.304		
善良	多愁善感善良型	.901	.830	.165	.909	.765
	消费诚信重视型	.844	.712	.298		
	爱心公益导向型	.865	.748	.223		

表6-5：验证性因子分析结果-行事风格

潜在变量	测量指标	因子载荷	信度系数	测量误差	组合信度	平均变异量抽取值
挑剔购物精明型	VA1	.845	.714	.306	.831	.702
	VA2	.766	.587	.400		
	VA3	.734	.539	.412		
价格敏感口才型	VA4	.692	.479	.501	.784	.651
	VA5	.765	.585	.402		
	VA6	.732	.536	.413		
传统媒介接触型	VA7	.803	.645	.376	.831	.702
	VA8	.745	.555	.409		
	VA9	.823	.677	.354		
经济消费节约型	VA10	.888	.789	.268	.863	.759
	VA11	.823	.677	.354		
	VA12	.799	.638	.378		
理性消费实用型	VA13	.743	.552	.420	.810	.692
	VA14	.822	.676	.354		
	VA15	.654	.428	.514		
	VA16	.612	.375	.597		

续表

潜在变量	测量指标	因子载荷	信度系数	测量误差	组合信度	平均变异量抽取值
经济压力拮据型	VA17	.745	.555	.409	.813	.694
	VA18	.775	.601	.389		
	VA19	.764	.584	.403		
消费判断经验型	VA20	.808	.653	.374	.844	.756
	VA21	.795	.632	.314		
	VA22	.787	.619	.365		
小心谨慎消费型	VA23	.798	.637	.361	.839	.711
	VA24	.772	.596	.398		
	VA25	.796	.634	.313		
消费购物炫耀型	VA26	.712	.507	.425	.817	.718
	VA27	.729	.531	.321		
	VA28	.788	.621	.364		
爱屋及乌追星型	VA29	.743	.552	.375	.809	.691
	VA30	.721	.520	.418		
	VA31	.776	.602	.388		
喜新厌旧消费型	VA32	.765	.585	.402	.759	.626
	VA33	.665	.442	.509		
	VA34	.687	.472	.514		
审美西方导向型	VA35	.678	.460	.502	.739	.613
	VA36	.687	.472	.503		
	VA37	.696	.484	.499		
注重打折实惠型	VA38	.679	.461	.529	.753	.523
	VA39	.733	.537	.412		
	VA40	.689	.466	.508		
满足胃口馋食型	VA41	.786	.618	.366	.813	.701
	VA42	.745	.555	.409		
	VA43	.738	.545	.411		

续表

潜在变量	测量指标	因子载荷	信度系数	测量误差	组合信度	平均变异量抽取值
消费购物西化型	VA44	.794	.630	.362	.830	.701
	VA45	.765	.585	.402		
	VA46	.787	.619	.365		
精打细算节约型	VA47	.807	.651	.375	.837	.710
	VA48	.790	.624	.368		
	VA49	.793	.629	.366		
行事风格	挑剔购物精明型	.805	.648	.375	.965	.634
	价格敏感口才型	.834	.696	.341		
	传统媒介接触型	.865	.748	.286		
	经济消费节约型	.756	.572	.406		
	理性消费实用型	.789	.623	.363		
	经济压力拮据型	.815	.664	.342		
	消费判断经验型	.795	.632	.353		
	小心谨慎消费型	.781	.610	.376		
	消费购物炫耀型	.746	.557	.410		
	爱屋及乌追星型	.871	.759	.281		
	喜新厌旧消费型	.763	.582	.403		
	审美西方导向型	.896	.803	.519		
	注重打折实惠型	.765	.585	.402		
	满足胃口馋食型	.801	.642	.378		
	消费购物西化型	.848	.719	.304		
	精打细算节约型	.709	.503	.423		

表6-6:验证性因子分析结果-才干

潜在变量	测量指标	因子载荷	信度系数	测量误差	组合信度	平均变异量抽取值
好奇探索实践型	VA1	.776	.602	.392	.856	.653
	VA2	.789	.623	.387		
	VA3	.856	.733	.207		

续表

潜在变量	测量指标	因子载荷	信度系数	测量误差	组合信度	平均变异量抽取值
网络购物导向型	VA4	.853	.728	.205	.874	.668
	VA5	.732	.536	.431		
	VA6	.842	.709	.212		
时间紧凑效率型	VA7	.813	.661	.356	.810	.611
	VA8	.796	.634	.578		
	VA9	.774	.599	.399		
坚持不懈毅力型	VA10	.773	.598	.399	.915	.718
	VA11	.841	.707	.213		
	VA12	.862	.743	.209		
	VA13	.862	.743	.209		
消费购物集中型	VA14	.871	.759	.201	.894	.689
	VA15	.853	.728	.205		
	VA16	.816	.666	.355		
才干	好奇探索实践型	.813	.661	.356	.940	.735
	网络购物导向型	.864	.746	.208		
	时间紧凑效率型	.918	.843	.186		
	坚持不懈毅力型	.845	.714	.225		
	消费购物集中型	.869	.755	.207		

表6-7：验证性因子分析结果-情绪性

潜在变量	测量指标	因子载荷	信度系数	测量误差	组合信度	平均变异量抽取值
购物情感波动型	VA1	.787	.619	.407	.861	.700
	VA2	.795	.632	.401		
	VA3	.885	.783	.176		
直截了当率真型	VA4	.865	.748	.187	.867	.707
	VA5	.834	.696	.398		
	VA6	.836	.699	.397		

续表

潜在变量	测量指标	因子载荷	信度系数	测量误差	组合信度	平均变异量抽取值
服务期望满意型	VA7	.834	.696	.398	.868	.708
	VA8	.827	.684	.402		
	VA9	.874	.764	.178		
情绪性	购物情感波动型	.912	.832	.161	.933	.743
	直截了当率真型	.885	.783	.176		
	服务期望满意型	.884	.781	.178		

表6-8：验证性因子分析结果-人际关系

潜在变量	测量指标	因子载荷	信度系数	测量误差	组合信度	平均变异量抽取值
粗放消费宽和型	VA1	.847	.717	.348	.883	.699
	VA2	.769	.591	.402		
	VA3	769	.591	.402		
	VA4	.893	.797	.277		
人际关系送礼型	VA5	.887	.787	.287	.888	.702
	VA6	.885	.783	.289		
	VA7	.865	.748	.299		
上门推销反感型	VA8	.899	.808	.211	.883	.699
	VA9	.879	.773	.290		
	VA10	.801	.642	.377		
购物推销戒备型	VA11	.798	.637	.386	.868	.667
	VA12	.877	.769	.292		
	VA13	.858	.736	.301		
人际关系	粗放消费宽和型	.897	.805	.213	.917	.748
	人际关系送礼型	.874	.764	.295		
	上门推销反感型	.875	.766	.333		
	购物推销戒备型	.887	.787	.287		

表 6-9：验证性因子分析结果 - 处世态度

潜在变量	测量指标	因子载荷	信度系数	测量误差	组合信度	平均变异量抽取值
自尊自爱事业型	VA1	.512	.262	.707	.912	.773
	VA2	.497	.247	.721		
	VA3	.485	.235	.733		
	VA4	.474	.225	.745		
	VA5	.449	.202	.801		
	VA6	.784	.615	.398		
	VA7	.454	.206	.799		
	VA8	.784	.615	.398		
	VA9	.876	.767	.267		
	VA10	.784	.615	.398		
	VA11	.786	.618	.389		
	VA12	.565	.319	.666		
	VA13	.565	.319	.666		
	VA14	.579	.335	.624		
	VA15	.846	.716	.288		
购物消费娱乐型	VA16	.784	.615	.392	.855	.698
	VA17	.876	.767	.265		
	VA18	.794	.630	.367		
时间充裕休闲型	VA19	.569	.324	.658	.799	.604
	VA20	.777	.604	.402		
	VA21	.899	.808	.211		
安分守己平凡型	VA22	.845	.714	.289	.785	.597
	VA23	.463	.214	.765		
	VA24	.865	.748	.239		
处世态度	自尊自爱事业型	.476	.227	.712	.750	.565
	购物消费娱乐型	.689	.475	.567		
	时间充裕休闲型	.745	.555	.510		
	安分守己平凡型	.723	.523	.523		

(三)假说检验与讨论

1. 假说检验

从表6-3、6-4、6-5、6-6、6-7、6-8、6-9中我们可以得知,H1、H2、H3、H4、H5、H6假设均成立,但H7不成立。在测量模型适配度的评价方面,研究者所关注的是潜在变量和观测变量之间的关系,这种关系即代表构念测量的效度与信度问题。由于判断假设模型与观察数据是否适配的指标很多,不同适配指标的评估可能对模型支持与否不尽相同,研究者应根据多元法则:"在假设模型的检验上,没有单一指标值可以作为唯一明确的规准,一个理想化的适配指标值是不存在的"。① 就实务而言,研究者主要从卡方值大小、显著性及RMSEA值、ECVI值、SRMR值、GFI值和CFI值等适配指标,来作为判别模型是否达成整体适配程度的决策依据。② 在本研究中,由于各维度的适配指标较多,这里不一一列出。从适配指标来看,除了处世态度维度外,其他六个维度的适配指标均符合要求,表示上述六个维度的假设模型与样本数据可以适配,六个维度各二阶CFA模型均可以被接受。

对于处世态度维度,我们发现,在归类的时候,把自尊自爱事业型单一归在处世态度维度里,是导致这个维度出现拒绝原假设的可能原因之一。从自尊自爱事业型题项当中,我们重新划分了各题项的归属,如表10所示,15个自尊自爱事业型题项主观上可以比较清晰地归类到QZPS所确立的七大因素和各小因素当中。表6-10表明,自尊自爱事业型的题项无法单一归为处世态度维度,它分散在QZPS确立的七个维度当中,因此,在修正中我们把自尊自爱事业型单独列出,并对其他剩下的小因子重新归于处世态度维度,验证性因子分析结果如表6-11所示。

表6-10:自尊自爱事业型题项归属

大因素	小因素		
	1	2	3
因素1:外向性	活跃	合群	乐观(7)
因素2:善良	利他	诚信(1)	重感情(9、10)

---

① Schumacker, R. E., &Lomax, R. G. "A Beginner's Guide to Structural Equation Modeling", Mahwah, NJ:Lawrence Erlbaum Associates, 1996:190.
② Diamantopoulos, A., Siguaw, J. A. "Introducing LISREL: A Guide for the Uninitiated", Thousand Oaks, CA:Sage, 2000:98.

续表

大因素	小因素		
	1	2	3
因素3:行事风格	严谨	自制(3、4、12)	沉稳(2)
因素4:才干	决断	坚韧	机敏
因素5:情绪性	耐性(5)	爽直	
因素6:人际关系	宽和	热情	
因素7:处世态度	自信(6、8、11、13、14、15)	淡泊	

表6-11:验证性因子分析结果-处世态度(模型修正)

潜在变量	测量指标	因子载荷	信度系数	测量误差	组合信度	平均变异量抽取值
购物消费娱乐型	VA1	.791	.626	.382	.890	.685
	VA2	.889	.790	.265		
	VA3	.912	.832	.182		
时间充裕休闲型	VA4	.856	.732	.299	.869	.657
	VA5	.778	.605	.403		
	VA6	.893	.797	.261		
安分守己平凡型	VA7	.843	.711	.289	.858	.649
	VA8	.743	.552	.452		
	VA9	.887	.787	.271		
处世态度	购物消费娱乐型	.889	.790	.265	.883	.675
	时间充裕休闲型	.872	.760	.287		
	安分守己平凡型	.812	.659	.323		

2. 结果讨论

表6-11显示,经过剔除自尊自爱事业型因子后,其他因子的处世态度这个维度的验证性因子分析结果良好,观测变量在初阶因子的因子载荷量、初阶因子在高阶因子构念的因子载荷量均比较理想。由此我们比较谨慎得出这样的结论:

结论一:CCBS量表的44个小因子可以比较良好地归类于QZPS量表所确立的七大维度当中,消费者行为量表的二阶因子与中国人人格量表的二阶因子契合度良好。

结论二:CCBS 量表的自尊自爱事业型(简称:奋斗主义)因子各题项,分散于 QZPS 七大维度之中,可以单独列出。

结论三:CCBS 量表的二阶因子结构由八个维度(大八结构)组成,如图 6-1 所示。

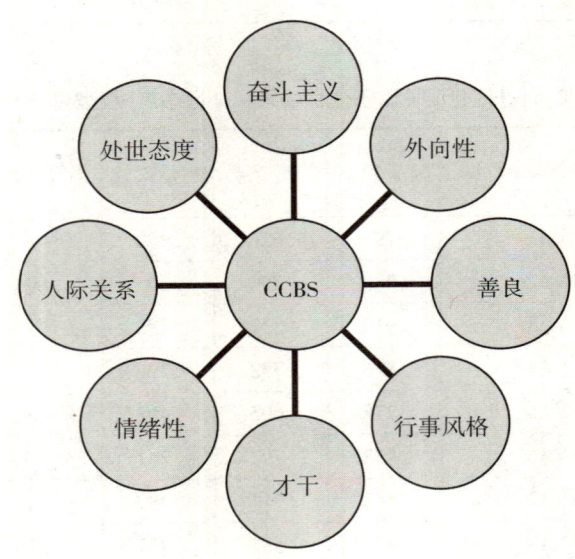

图 6-1:CCBS 量表的二阶因子大八结构

四、理论贡献与管理启示

1. 理论贡献

本研究在王登峰等人编制的 QZPS 理论基础之上,得出中国消费者(福建大学生)八个维度的人性结构,这对完善品牌学与消费者行为学的学科建设具有一定的理论价值,具体表现在以下两点:

第一,CCBS 量表的八大维度是确定品牌核心价值的基石。从图 6-1 我们可以看出,品牌核心价值的确立,应该局限在 CCBS 所确立的八大维度之中。广告是戴着镣铐在跳舞,这个镣铐,就是 CCBS 量表所确立的八大维度。

第二,为消费者细分提供一个崭新的视角。传统的消费者细分主要依靠人口统计学特征来进行,如地理变量、人口变量、心理变量、行为变量等,①在此基础上洞察消费者。然而这种粗浅的消费者划分,没有有效利用消费者信息,无法为企业充分谋利。中国消费者行为量表大八结构的确定,可以为广告界、营销界、企业界提供更为科学、客观、全面的消费者数据,促进相关行业的发展。

2. 管理启示

CCBS 量表所确立的八大维度,为企业营销提供了两个有益的启示:

第一,品牌的建设,首先在于核心价值体系的建设,而核心价值的选择不是盲目的,她应该遵循一定的消费者人性规律。这个规律就是消费者的人性结构,只有在洞察消费者人性结构的基础上,才能做出符合实际的判断。否则,随意的品牌定位,很可能使广告费浪费了一半,或许更多。

第二,品牌延伸,除了行业内外延伸外,在核心价值上的延伸应该遵循"近水楼台先得月"的原则,在同一个大因素的内部小因子之间进行延伸,随意跨越大因素之间的延伸可能导致消费者人性结构认知上的混乱,从而导致企业的失败。

五、研究限制和展望

同其他研究一样,本研究不可避免地存在一些不足,主要体现在以下几个方面,未来研究可以弥补这些不足使研究结论更具普遍意义。

1. 本研究仅调查了福建大学生群体的消费人性结构状况,对于台湾大学生的消费人性结构是否和福建大学生一样或类似,需要进一步研究加以证实或证伪。此外,对于大学生群体之外的消费者人性结构,还需要笔者与其他合作者继续努力研究和完善。

2. 本研究采用的是滚雪球和配额抽样相结合的方法来进行验证性因子分析,这种非随机抽样得来的数据势必对研究结论的普适性构成一定的威胁。样本的学历几乎全部是大学本科及以上人群,无法比较大学生内部高低受教育水平样本之间的差异。有研究指出受教育程度的不同对消费者的行为特征有显著的调节作用,因此不同受教育程度是否影响 CCBS 量表的模型结构还有待将来进一步分析。

3. 在所有的统计推断中,主观判断是没有办法避免的,更何况合理性。② 这

---

① 〔美〕菲利普·科特勒、加里·阿姆斯特朗:《科特勒市场营销教程》,俞利军译,北京:华夏出版社 2000 年版,第 156—188 页。

② Huberty, C. J., & Morris, J. D. "A Single Contrast Test Procedure", *Educational and Psychological Measurement*, 1988(48):77.

是所有推断统计的一般情境。在 SEM 分析中,更需要主观判断及理性的融合,因为 SEM 分析是一个统合的复杂过程。模型的建构需要先验理论的指引,尤其在模型修正时,不能完全依据 AMOS 提供的数据来进行,否则会陷入以数据为导引的技术分析的迷局之中。本研究在分析数据过程中出现的种种问题,也采用了主观判断相结合的办法,这些办法的采用会因人而异,譬如在对小因子的归类上。因此,本研究结果也只是验证性因子分析结果的选择之一,而非唯一的结果。

第七章

中国消费者行为量表(CCBS)对台湾大学生的测试结果

一、样本分布情况

采用配额抽样的方式进行抽取样本,抽取的学校有:台湾东海大学、台湾大学、台北市立教育大学、台湾铭传大学、台湾世新大学、台湾师范大学等6所大学。在数据收集过程中一个关键的问题是样本量的大小,探索性因子分析易受样本量的影响。古阿大格挪力和维尔可发现,在大多数情况下,有150个观测样本就足以进行探索性因子分析。① 但是,要建构中国消费者行为量表(CCBS),面对的总体是13亿差异很大的各省市自治区、各阶层族群,Guadagnoli和Velicer对样本量的看法并不适合本研究的情况。卢梅尔建议样本量与测量项目比例应在4∶1以上,②Schwab建议应至少是10∶1。③ 我们采取Schwab的建议,抽取的样本量定为CCBS测量项目的10倍——1850个。通过台湾省各所大学教师的帮助,采用集中填写问卷的形式,一共发出了1850份问卷,收回1850份,得到1850份有效问卷,回收率100%。样本分布情况如表7-1所示。

表7-1:样本分布情况

学校	样本量(1850)	被调查者
台湾东海大学	200	农学院
	118	管理学院
	127	法律学院

---

① Guadagnoli, E., &Velicer, W. F. "Relation of Sample Size to the Stability of Component Patterns", *Psychological Buletin*, 1988, 103(2):265-275.
② Rummel, R. J. *Applied Factor Analysis*, Evanston, IL: Northwestern University Press, 1970:11.
③ Schwab, D. P. "Construct Validity in Organization Behavior". In B. M. Staw&L. L. Cummings (eds.), Greenwich, CT: JAI Press, 1980:111.

续表

学校	样本量(1850)	被调查者
台湾大学	320	文学院
台北市立教育大学	582	人文教育学院
台湾铭传大学	131	观光系
台湾世新大学	213	新闻传播学院
台湾师范大学	159	艺术学院

二、探索性因子分析

1. KMO 统计量和 Bartlett's 球形检验结果

先判断数据能否进行因子分析。在本研究中,笔者使用 SPSS13.0 对调研数据进行 KMO 测度和 Bartlett's 球状检验,得到 KMO 值为 0.812,Bartlett's 球状检验的显著性水平为 0.000,如表 7-2 所示,说明这些数据适合做因子分析。

表 7-2:KMO 统计量和 Bartlett's 球形检验结果

KMO 统计量		0.812
Bartlett's 球形检验	近似卡方分布	78999.222
	自由度	16788
	显著性水平	.000

2. 中国消费者行为结构的确定(台湾大学生)

约斯夫、卢尔夫和罗纳德(1987)指出,只要萃取特征值大于 1,因子负荷量绝对值大于 0.3,累计解释变异量达 40% 以上,因子分析结果便相当显著;当因子负荷量大于 0.4 则可称为比较显著,大于 0.5 可称为非常显著。[①] 因此,本研究取特征值大于 1,因子负荷量绝对值大于 0.3,作为因子命名的依据。在本项研究中,笔者采用主成分分析法,通过方差最大化正交旋转进行分析,共提取到 45 个成分因子。因子分析的陡阶检验见图 7-1。

对 CCBS 初始表的 185 个项目进行主成分因素分析和最大变异正交旋转,根据所解释的方差百分比和因素的陡阶检验,取 45 个因子是合理的。删除载荷量小

[①] Hair Joseph F. Jr., Rolph E. Anderson, Ronald L. Tatham, and William C. Black,"Multivariate Data Analysis", Fifth Edition. Upper Saddle River, NJ: Prentice Hall, 1998:449.

于 0.30 的 35 个项目之后,剩余的 150 个项目共解释 59.306% 的方差。经正交旋转,45 个大因子上的项目数除了第一大因子有 15 项外,其他的大部分都在 3 或 4 项之间。因子分析的结果进一步确认了 CCBS 的 150 个项目、45 个小因子结构。

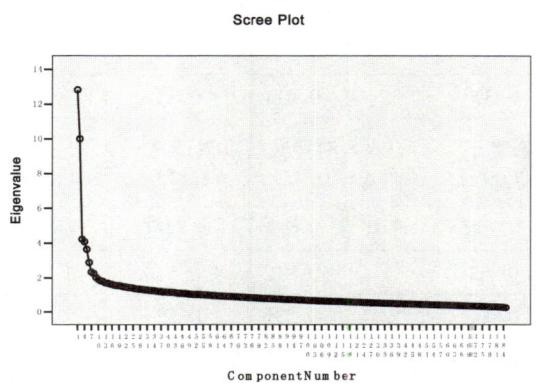

图 7-1:CCBS 因子分析的陡阶检验

3. 信度分析

45 个因子的 Cronbach α 系数均在 0.700—0.909 之间,整个量表的 Cronbach α 系数为 0.866,均超过了可接受水平 0.70,每个题项在对应维度上的相关系数均超过了最低标准 0.30,说明量表具有较好的内部一致性信度。45 个因子的累计解释度达到 59.762%,基本达到了 60%,说明 150 个测项比较良好地归属于 45 个成分因子,且每个测项的因子负荷值均大于 0.3,没有跨因子符合现象,这些数据表明因子分析的结果比较良好。

4. CCBS 探索性因子分析结果(表 7-3)

表 7-3:CCBS 探索性因子分析结果

1 服务期望满意型 (α=0.712,%=3.611)			2 理性消费实用型 (α=0.706,%=3.290)			3 购物消费娱乐型 (α=0.739,%=3.125)		
序号	载荷量	鉴别度	序号	载荷量	鉴别度	序号	载荷量	鉴别度
1	0.784	0.32	1	0.761	0.51	1	0.716	0.46
2	0.560	0.41	2	0.521	0.47	2	0.523	0.34
3	0.411	0.26	3	0.445	0.39	3	0.511	0.41
			4	0.415	0.35			

续表

4 爱心公益导向型 ($\alpha = 0.721, \% = 3.014$)			5 阳光健康运动型 ($\alpha = 0.899, \% = 2.401$)			6 消费判断经验型 ($\alpha = 0.718, \% = 2.151$)		
序号	载荷量	鉴别度	序号	载荷量	鉴别度	序号	载荷量	鉴别度
1	0.721	0.41	1	0.765	0.41	1	0.703	0.46
2	0.720	0.31	2	0.529	0.38	2	0.659	0.42
3	0.551	0.32	3	0.511	0.31	3	0.515	0.34
7 注重打折实惠型 ($\alpha = 0.776, \% = 2.099$)			8 消费诚信重视型 ($\alpha = 0.721, \% = 1.871$)			9 个性表现自我型 ($\alpha = 0.723, \% = 1.771$)		
序号	载荷量	鉴别度	序号	载荷量	鉴别度	序号	载荷量	鉴别度
1	0.802	0.43	1	0.812	0.54	1	0.815	0.42
2	0.800	0.41	2	0.536	0.52	2	0.665	0.42
3	0.571	0.50	3	0.730	0.43	3	0.503	0.53
10 挑剔购物精明型 ($\alpha = 0.759, \% = 1.726$)			11 活跃热情开朗型 ($\alpha = 0.831, \% = 1.707$)			12 小心谨慎消费型 ($\alpha = 0.721, \% = 1.643$)		
序号	载荷量	鉴别度	序号	载荷量	鉴别度	序号	载荷量	鉴别度
1	0.612	0.46	1	0.841	0.43	1	0.716	0.42
2	0.606	0.43	2	0.687	0.42	2	0.499	0.42
3	0.611	0.52	3	0.579	0.36	3	0.455	0.25
13 人际关系送礼型 ($\alpha = 0.813, \% = 1.505$)			14 网络购物导向型 ($\alpha = 0.716, \% = 1.441$)			15 经济消费节约型 ($\alpha = 0.714, \% = 1.301$)		
序号	载荷量	鉴别度	序号	载荷量	鉴别度	序号	载荷量	鉴别度
1	0.711	0.42	1	0.772	0.33	1	0.642	0.36
2	0.632	0.33	2	0.316	0.31	2	0.612	0.34
3	0.561	0.32	3	0.501	0.33	3	0.361	0.33
16 多愁善感善良型 ($\alpha = 0.772, \% = 1.158$)			17 抛头露面组织型 ($\alpha = 0.888, \% = 1.117$)			18 好奇探索实践型 ($\alpha = 0.701, \% = 1.080$)		
序号	载荷量	鉴别度	序号	载荷量	鉴别度	序号	载荷量	鉴别度
1	0.721	0.51	1	0.615	0.41	1	0.712	0.33
2	0.521	0.42	2	0.516	0.42	2	0.525	0.32
3	0.515	0.38	3	0.510	0.45	3	0.431	0.37

续表

19 吸引异性风流型 ($\alpha=0.812, \%=1.069$)			20 精打细算节约型 ($\alpha=0.728, \%=1.037$)			21 消费购物集中型 ($\alpha=0.839, \%=1.009$)		
序号	载荷量	鉴别度	序号	载荷量	鉴别度	序号	载荷量	鉴别度
1	0.753	0.28	1	0.900	0.51	1	0.831	0.42
2	0.611	0.39	2	0.351	0.53	2	0.542	0.56
3	0.591	0.33	3	0.620	0.51	3	0.643	0.43

22 自尊自爱事业型 ($\alpha=0.719, \%=1.005$)			23 消费购物西化型 ($\alpha=0.813, \%=1.004$)			24 消费购物独占型 ($\alpha=0.773, \%=1.001$)		
序号	载荷量	鉴别度	序号	载荷量	鉴别度	序号	载荷量	鉴别度
1	0.691	0.43	1	0.733	0.42	1	0.701	0.51
2	0.722	0.44	2	0.623	0.31	2	0.611	0.43
3	0.681	0.43	3	0.432	0.35	3	0.525	0.38
4	0.642	0.51						
5	0.611	0.45						
6	0.582	0.39						
7	0.511	0.46						
8	0.532	0.44						
9	0.581	0.46						
10	0.542	0.42						
11	0.592	0.46						
12	0.554	0.47						
13	0.532	0.44						
14	0.503	0.47						
15	0.452	0.45						

25 购物推销戒备型 ($\alpha=0.720, \%=0.946$)			26 直截了当率真型 ($\alpha=0.709, \%=0.938$)			27 安全环境缺乏型 ($\alpha=0.811, \%=0.930$)		
序号	载荷量	鉴别度	序号	载荷量	鉴别度	序号	载荷量	鉴别度
1	0.621	0.31	1	0.834	0.55	1	0.963	0.43
2	0.572	0.42	2	0.741	0.53	2	0.342	0.38
3	0.522	0.51	3	0.733	0.47	3	0.743	0.51
4	0.553	0.38						

续表

28 消费购物炫耀型 ($\alpha=0.819, \%=0.927$)			29 满足胃口馋食型 ($\alpha=0.829, \%=0.881$)			30 经济压力拮据型 ($\alpha=0.878, \%=0.849$)		
序号	载荷量	鉴别度	序号	载荷量	鉴别度	序号	载荷量	鉴别度
1	0.881	0.37	1	0.996	0.42	1	0.776	0.31
2	0.561	0.41	2	0.581	0.45	2	0.465	0.42
3	0.662	0.55	3	0.541	0.37	3	0.451	0.28
31 审美西方导向型 ($\alpha=0.791, \%=0.841$)			32 上门推销反感型 ($\alpha=0.791, \%=0.838$)			33 购物消费内向型 ($\alpha=0.776, \%=0.830$)		
序号	载荷量	鉴别度	序号	载荷量	鉴别度	序号	载荷量	鉴别度
1	0.851	0.47	1	0.873	0.33	1	0.591	0.37
2	0.632	0.37	2	0.362	0.37	2	0.481	0.35
3	0.521	0.34	3	0.551	0.36	3	0.451	0.43
			4	0.551	0.34			
34 时间紧凑效率型 ($\alpha=0.719, \%=0.822$)			35 合群购物集体型 ($\alpha=0.836, \%=0.821$)			36 传统媒介接触型 ($\alpha=0.729, \%=0.819$)		
序号	载荷量	鉴别度	序号	载荷量	鉴别度	序号	载荷量	鉴别度
1	0.832	0.53	1	0.891	0.41	1	0.941	0.38
2	0.652	0.65	2	0.533	0.42	2	0.781	0.37
3	0.352	0.37	3	0.523	0.55	3	0.752	0.37
37 购物情感波动型 ($\alpha=0.712, \%=0.811$)			38 坚持不懈毅力型 ($\alpha=0.716, \%=0.809$)			39 安分守己平凡型 ($\alpha=0.711, \%=0.804$)		
序号	载荷量	鉴别度	序号	载荷量	鉴别度	序号	载荷量	鉴别度
1	0.782	0.27	1	0.743	0.55	1	0.752	0.51
2	0.601	0.35	2	0.702	0.52	2	0.703	0.55
3	0.592	0.27	3	0.662	0.53	3	0.364	0.54
			4	0.553	0.33			
40 幻想消费乐观型 ($\alpha=0.826, \%=0.803$)			41 时间充裕休闲型 ($\alpha=0.843, \%=0.800$)			42 价格敏感口才型 ($\alpha=0.909, \%=0.795$)		
序号	载荷量	鉴别度	序号	载荷量	鉴别度	序号	载荷量	鉴别度
1	0.608	0.54	1	0.778	0.51	1	0.734	0.36
2	0.379	0.53	2	0.373	0.53	2	0.366	0.39

续表

3	0.572	0.38	3	0.573	0.38	3	0.391	0.39
43 喜新厌旧消费型 ($\alpha = 0.734, \% = 0.790$)			44 爱屋及乌追星型 ($\alpha = 0.777, \% = 0.788$)			45 粗放消费宽和型 ($\alpha = 0.812, \% = 0.782$)		
序号	载荷量	鉴别度	序号	载荷量	鉴别度	序号	载荷量	鉴别度
1	0.666	0.33	1	0.939	0.54	1	0.878	0.48
2	0.609	0.32	2	0.708	0.52	2	0.536	0.44
3	0.594	0.39	3	0.666	0.54	3	0.771	0.39
						4	0.556	0.33

整个问卷的一致性 $\alpha = 0.766$；累积解释率 59.762%；载荷量取绝对值

三、因子命名

根据各因子覆盖测项的内容及含义，将 1-45 个因子分别简单命名为：1、服务期望满意型、理性消费实用型、购物消费娱乐型、爱心公益导向型、阳光健康运动型、消费判断经验型、注重打折实惠型、消费诚信重视型、个性表现自我型、挑剔购物精明型、活跃热情开朗型、小心谨慎消费型、人际关系送礼型、网络购物导向型、经济消费节约型、多愁善感善良型、抛头露面组织型、好奇探索实践型、吸引异性风流型、精打细算节约型、消费购物集中型、自尊自爱事业型、消费购物西化型、消费购物独占型、购物推销戒备型、直截了当率真型、安全环境缺乏型、消费购物炫耀型、满足胃口馋食型、经济压力拮据型、审美西方导向型、上门推销反感型、购物消费内向型、时间紧凑效率型、合群购物集体型、传统媒介接触型、购物情感波动型、坚持不懈毅力型、安分守己平凡型、幻想消费乐观型、时间充裕休闲型、价格敏感口才型、喜新厌旧消费型、爱屋及乌追星型、粗放消费宽和型。

1. 服务期望满意型

指消费者希望购物时得到尊重。主要表现有：碰到不如意的购买场合，容易发脾气；买东西时很少憋屈自己；认为买东西时发脾气是发泄的一种途径等。

2. 理性消费实用型

指消费者买东西注重实用性。主要表现有：市面上东西都差不多，牌子并不重要；买东西并不看重牌子；买东西更看重产品的质量；认为产品质量和牌子之间并没有必然的联系等。

3. 购物消费娱乐型

指消费者认为购物消费是一种娱乐手段。主要表现有：购物使人感到生活充满了生机和活力；购物是对工作的主要补偿手段；购物让人快乐等。

4. 爱心公益导向型

指消费者喜欢助人为乐。主要表现有：；对献血不介意；认为献血可以给他人提供帮助；如果有人看病急需钱，愿意捐款等。

5. 阳光健康运动型

指消费者活跃、注重健康。主要表现有：喜欢购买跟体育运动有关的物品；为了保持身体健康，经常运动；喜欢穿运动服装等。

6. 消费判断经验型

指消费者很理性、买东西依靠经验推断。主要表现有：一向不注意报纸或电视上的广告；认为报纸或电视上的广告不值得去看；认为报纸或电视上的广告真实性值得怀疑等。

7. 注重打折实惠型

指消费者注重促销信息。主要表现有：喜欢收集各种各样的优惠券、优惠卡；比较注意打折促销信息；使用优惠券或优惠卡会使人更快下购买决定等。

8. 消费诚信重视型

指消费者对诚信很看重。主要表现有：无法容忍购物被欺骗，哪怕只有一次；如果购物被欺骗，会找商家讨说法；如果觉得商家不够诚实，下次就不会再来买东西等。

9. 个性表现自我型

指消费者很有个性。主要表现有：在别人眼里很有个性；总是尝试新发型；喜欢表达自己的观点等。

10. 挑剔购物精明型

指消费者买东西比较认真。主要表现有：挑东西很刻薄、太挑剔；假如找不到满意的商品，宁愿不买等。

11. 活跃热情开朗型

指消费者在购物场合很活跃。主要表现有：买东西时有必要，主动与周围顾客沟通；集体场合，有说有笑，不会冷场；买东西时，喜欢别出心裁地跟人开些玩笑等。

12. 小心谨慎消费型

指消费者买东西很谨慎。主要表现有：购物前总是不怕麻烦别人，经常打听相关信息；总是在了解商品详细信息之后才会购买；很少在不清楚详细信息情况下购买商品等。

13. 人际关系送礼型

指消费者喜欢用礼物作为人际关系的纽带。主要表现有：经常买礼物送人；认为送礼是维持人际关系的一种表现；拜访朋友,应该带些礼物等。

14. 网络购物导向型；

指消费者接受网络购物的方式。主要表现有：上网购物是主要购物；经常上网浏览购物信息；相对传统购物方式,更喜欢网上购物等。

15. 经济消费节约型

指消费者购物比较节约。主要表现有：买东西畏手畏脚,总觉得是多余；买东西花太多钱,总感到不安；觉得买东西适量就好,不要太浪费等。

16. 多愁善感善良型

指消费者很感性。主要表现有：容易被影片中的情节所感动；容易被别人的眼泪打动；看到不幸事情发生,会感到很痛心等。

17. 抛头露面组织型

指消费者喜欢当公众人物。主要表现有：在公众策划场合,常常感到很放松自然；喜欢担任各种策划活动的组织者；喜欢在公众场合露面等。

18. 好奇探索实践型

指消费者对新产品有学习的欲望。主要表现有：当新产品问世,总是感到很好奇,有尝试的冲动；对新产品总是想很快了解其使用方法；商家展示新产品,总是很好奇等。

19. 吸引异性风流型

指消费者喜欢性魅力。主要表现有：喜欢和异性一起出去购物；；和异性购物让人感到愉快；有异性在的购物场合,会表现得很活跃等。

20. 精打细算节约型

指消费者很精明。主要表现有：手机充值,宁愿每次充一点,用完再充；花钱总是很有计划；买东西总是先买一点点,感觉好的话再多买等。

21. 消费购物集中型

指消费者不喜欢经常去商场。主要表现有：总是集中一次买东西；喜欢买捆绑售卖的物品；很少天天去商场买东西等。

22. 自尊自爱事业型

指消费者崇充满男性特质,尚奋斗事业,做事光明正大、野心勃勃,希望得到别人尊重。主要表现有：即使不会被发现,我也从不偷商场东西；买用过的品牌比较让人放心；喜欢抽烟；认为女人不应该在大众场合抽烟；会理智花适当时间购物,不影响学习或工作；重视服务；勤奋工作；觉得人生充满了希望；希望将来有很多钱;喜欢与亲朋好友聚餐;为现有家庭感到骄傲;愿以百分之百的热情投入到每一项工作中;不会轻易放弃自己的理想;希望将来能成就一番大事业;为目标奋斗感到很充实等。

23. 消费购物西化型

指消费者对产品质量要求很高。主要表现有:认为同样的东西,外国制造的要比中国的好;更愿意买西方国家的商品;认为中国制造的商品,质量会差点等。

24. 消费购物独占型

指消费者不喜欢分享。主要表现有:买好的东西,喜欢一个人享用;买到好东西,不喜欢被别人知道;不喜欢把好东西送给朋友等。

25. 购物推销戒备型

指消费者对路边推销很有戒心。主要表现有:路边发传单,经常拒绝接受;不喜欢免费试尝;路上有人推销;从不相信等。

26. 直截了当率真型

指消费者买东西很直接。主要表现有:只要不喜欢该产品,会直截了当拒绝商家的推销;不想购买该产品,会明确表达出来;商家推销的产品有缺陷,会当面说出来等。

27. 安全环境缺乏型

指消费者喜欢熟悉的环境。主要表现有:只有在熟悉的商场,才能比较自然轻松地购物;在陌生的商场,购物时感到拘谨;喜欢去熟悉的商场购物等。

28. 消费购物炫耀型

指消费者喜欢炫耀。主要表现有:不把得意的购物经历说出来会憋得难受;喜欢把买到的好东西给朋友看;为朋友指点如何购物感到快乐等。

29. 满足胃口馋食型

指消费者吃东西很随性。主要表现有:喜欢去小吃店吃东西;喜欢去路边小摊吃东西;喜欢寻找一些偏僻的特色小店吃东西等。

30. 经济压力拮据型

指消费者经济上不富裕。主要表现有:觉得钱总是不够用;银行储蓄很少;很少有感到经济宽裕的时候等。

31. 审美西方导向型

指消费者崇尚西方世界。主要表现有:向往西方女性的美;总体上西方女性比东方女性更漂亮;如果有机会,愿意与西方女性交往等。

32. 上门推销反感型

指消费者对上门推销很有戒心。主要表现有:对上门推销很反感;上门推销的产品不值得信任;不喜欢被上门推销的人所打扰等。

33. 购物消费内向型

指消费者买东西不善打交道。主要表现有:买东西只看不说,一旦看中付钱走人;买东西不中意,会一声不响离开;买东西不善争辩等。

34. 时间紧凑效率型

指消费者买东西讲究效率。主要表现有:性子比较急,买东西一般不会花很多时间;认为花工夫买东西是在浪费时间;跟朋友一起买东西,总想早点买完等。

35. 合群购物集体型

指消费者喜欢和朋友一起去买东西。主要表现有:不喜欢单独购物;喜欢和朋友一起购物;和朋友一起购物使人感到愉快等。

36. 传统媒介接触型

指消费者喜欢接触传统媒介。主要表现有:经常看报纸;经常买书或杂志;经常收听广播节目等。

37. 购物情感波动型

指消费者容易被购物经历所影响。主要表现有:会因为买到好东西而沾沾自喜;买到一件好东西,很容易得意忘形;买到商品的好坏,容易影响心情等。

38. 坚持不懈毅力型

指消费者买东西很有劲头。主要表现有:为买到一件物品,会尽力寻找,不达目的不罢休;买不到计划中的商品,会感到很失落;会通过各种手段去买一件自己想买的商品;会因为要买贵重物品而节约很长时间等。

39. 安分守己平凡型

指消费者不想出人头地。主要表现有:对自己没有很高的期望;觉得做一个普通人就挺好;喜欢安分守己的生活方式等。

40. 幻想消费乐观型

指消费者对未来购物期望很高。主要表现有:喜欢想象自己未来可能拥有的物品;现在买不起的物品,觉得未来可以买到;想象未来可能拥有的物品让人感到快乐等。

41. 时间充裕休闲型

指消费者花很多时间逛商场。主要表现有:经常逛商场,但很少买东西;常常毫无目的去逛商场;经常逛各种各样的商场等。

42. 价格敏感口才型

指消费者买东西时喜欢砍价。主要表现有:容易与商家沟通,一般可以说动商家减价;买东西喜欢讨价还价等。

43. 喜新厌旧消费型

指消费者喜欢新鲜的产品。主要表现有：与其把旧东西拿去修理，不如买新的；旧的不去，新的不来；把旧东西拿去修理更浪费钱等。

44. 爱屋及乌追星型

指消费者喜欢明星。主要表现有：喜欢的明星代言某产品，会爱屋及乌；明星代言某产品影响购买行为；会选择喜欢的明星代言的产品等。

45. 粗放消费宽和型

指消费者购买物品很随意。主要表现有：购物考虑不多，看到想买的东西就买；购物通常没有计划；买到不如意的产品，很少找商家退货；买东西冒冒失失的等。

四、讨论

本研究根据消费者特质形容词的含义，以及小因素和大因素的含义，编写并修订了5694多个测量中国消费者人性结构的项目。经过初步筛选确定了185个项目，又经严格筛选，得到了由150个项目组成、可以同时测量中国消费者人性结构的中国消费者人性量表（CCBS）。

1. CCBS 的特点

CCBS 的编制有几个特点值得一提：①

首先，量表的编制是建立在王登峰等人编制的中国人人格量表（QZPS）清楚、明确的关于中国人人格结构的理论和研究的基础上，根据实证研究的结果进行的，不带任何研究者的个人主观色彩。

第二，在确定量表的结构时，先初步确立 CCBS 中的"小因素"，下一步将确定 CCBS 中的"大因素"，验证性因子分析（结构方程线性模型二阶因子分析）将在下一步的研究中得到应用。

第三，CCBS 是第一份完全根据中国消费者的人性结构和行为特点编制的综合性的消费者行为测量工具，在编制过程中，不断修正，突出了原创性和互动性的特点。

最后，因素的命名是根据所含项目的内容进行的，并参照了形容词评定结果的命名，以力求完整地反映因素的含义。

---

① 王登峰、崔红：《中国人人格量表（QZPS）的编制过程与初步结果》，载《心理学报》2003年第1期。

2. CCBS 的价值

本研究只是在福建省大学生的局部范围内初步确定了 CCBS 的"小因素"结构和项目组成,对量表的信度和效度的更深入的研究还在进行中。随着研究工作的深入,CCBS 的应用价值将会日益显露出来。

本研究首次明确了台湾消费者人性结构的独特性,为品牌核心价值的提炼提供了参考维度。CCBS 量表告诉我们,品牌核心价值应该定位在最能打动消费者的维度层面,①即"服务期望满意型"层面(针对那些以台湾大学生为目标群体的品牌),才能实现品牌效益的最大化,从而有效地积累品牌资产。

数据是重要的,但结论更为重要,数据只是对结论的支持,是重要的论据。真正的消费者研究,是超越数据与表格的。在消费者研究中,还需要触及人性的特点,触及调查者、研究者对人性的体味、洞察力和把握能力。② 在以后的研究中,有待将结合深度访谈的定性研究方法对定量研究的结果加以印证。

---

① 林升梁:《编制中国消费者人性量表(CCBS)的理论构想》,载《广告研究》2010 年第 3 期。
② 曾庆飚:《人性的观察、体味与消费者研究》,载《经济问题探索》2002 年第 10 期。

第八章

中国消费者行为量表(CCBS)验证性因子分析——以台湾大学生为例

一、引言

因子分析可分为探索性因子分析(Exploratory Factor Analysis,EFA)和验证性因子分析(Confirmatory Factor Analysis,CFA)。EFA 与 CFA 最大的不同,在于测量变量的理论框架中所扮演的角色不同:EFA 偏向理论的产出,而非理论架构的检验;CFA 通常是依据某个严谨理论的基础上,借助数学程序来确认该理论所导出的计量模型是否合理。① 在量表编制过程中,通常会先进行探索性因子分析,不断尝试,以求得量表最佳的因子结构。当研究者知晓量表是由几个不同潜在因子所构成,为了确认量表所包含的潜在因子是否与理论模型相契合,需要重新搜集数据进行验证,这种因子分析的程序,称为验证性因子分析。它是结构方程线性模型(Structural Equation Modeling,SEM)的一种特殊应用。

在"编制中国消费者人性量表(CCHS)的理论构想"②、"中国消费者行为量表(CCBS)的编制与初步结果"③、"中国消费者行为量表(CCBS)对台湾大学生的测试结果"④三篇论文里,笔者以词汇学假设为量表编制的基点,通过对1850位福建大学生的初步调查,进一步确认了 CCBS 包含 150 个项目、45 个小因子结构。观察这 45 个小因子,我们发现,小因子(一阶因子)之间可能存在高度关联,如上门推销反感型(第 35 个)、购物推销戒备型(第 36 个)两个因子具有相似意义的构念。这时,可以假定某些一阶因子可以构成更高一阶的因子构念(二阶因子),或者说,某些更高阶因子结构可以解释所有一阶因子构念。

---

① Stevens, J. "Applied Multivariate Statistics for the Social Science", Mahwah, NJ: Lawrence Erlbaum, 1996: 98.
② 林升梁:《编制中国消费者人性量表(CCHS)的理论构想》,载《广告研究》2010 年第 3 期。
③ 林升梁:《中国消费者人性量表(CCHS)的编制与初步结果》,载《广告研究》2010 年第 6 期。
④ 见第七章。

二、理论基础与假说形成

王登峰等人编制的 QZPS 由 180 个项目构成,测量中国人人格的七个大因素(外向性、善良、情绪性、才干、人际关系、行事风格和处世态度)和 18 个小因子。[①] 我们从 CCBS 量表的 45 个小因子分析中发现,40 个小因子主观上可以比较清晰地归类到 QZPS 所确立的七大因素当中,如表 8-1 所示。

表 8-1:QZPS 的七大因素和 CCBS 的 45 个小因子对应关系

QZPS 的七大因素	CCBS 的 45 个小因子
因素 1:外向性(活跃、合群、乐观)	活跃热情开朗型、合群购物集体型、抛头露面组织型、个性表现自我型、吸引异性风流型、阳光健康运动型、安全环境缺乏型、消费购物独占型、购物消费内向型、幻想消费乐观型
因素 2:善良(利他、诚信、重感情)	多愁善感善良型、消费诚信重视型、爱心公益导向型
因素 3:行事风格(严谨、自制、沉稳)	挑剔购物精明型、价格敏感口才型、传统媒介接触型、经济消费节约型、理性消费实用型、经济压力拮据型、消费判断经验型、小心谨慎消费型、消费购物炫耀型、爱屋及乌追星型、喜新厌旧消费型、审美西方导向型、注重打折实惠型、满足胃口馋食型、消费购物西化型、精打细算节约型
因素 4:才干(决断、坚韧、机敏)	好奇探索实践型、网络购物导向型、时间紧凑效率型、坚持不懈毅力型、消费购物集中型
因素 5:情绪性(耐心、爽直)	购物情感波动型、直截了当率真型、服务期望满意型
因素 6:人际关系(宽和、热情)	粗放消费宽和型、人际关系送礼型、上门推销反感型、购物推销戒备型
因素 7:处世态度(自信、淡泊)	自尊自爱事业型、购物消费娱乐型、时间充裕休闲型、安分守己平凡型

因此,我们推测 CCBS 量表的 45 个小因子结构可能被包含于 QZPS 量表的七

[①] 王登峰、崔红:《中国人人格量表(QZPS)的编制过程与初步结果》,载《心理学报》2003 年第 1 期。

大因素结构当中。基于以上论述,我们提出如下假说:

H1:CCBS 量表的初阶因子 5、9、17、18、19、20、27、37、39、40 可以构成更高的二阶因素"外向性"。

H2:CCBS 量表的初阶因子 23、41、44 可以构成更高的二阶因素"善良"。

H3:CCBS 量表的初阶因子 8、10、14、15、16、21、24、25、28、29、31、32、33、38、43、45 可以构成更高的二阶因素"行事风格"。

H4:CCBS 量表的初阶因子 6、7、22、34、42 可以构成更高的二阶因素"才干"。

H5:CCBS 量表的初阶因子 12、26、30 可以构成更高的二阶因素"情绪性"。

H6:CCBS 量表的初阶因子 3、13、35、36 可以构成更高的二阶因素"人际关系"。

H7:CCBS 量表的初阶因子 1、2、4、11 可以构成更高的二阶因素"处世态度"。

三、数据分析及假说验证

(一)调查方法

本文以福建大学生为调查对象来验证 CCBS 量表的二阶因素结构。采用滚雪球抽样和配额抽样相结合的方式进行抽取样本,抽取的学校有:厦门大学、福建师范大学、福州大学、福建农林大学、集美大学、闽江学院、莆田学院、厦门理工学院、闽南科技学院、三明学院、龙岩学院等 11 所大学。我们采取 Schwab 的建议,抽取的样本量定为 CCBS 测量项目的 10 倍——1500 个。① 通过福建省各所大学教师的帮助,采用集中填写问卷和网络发放问卷相结合的形式,一共发出了 1500 份问卷,收回 1500 份,得到 1500 份有效问卷,回收率 100%。样本的人口统计学特征描述如表 8-2 所示。

---

① Schwab, D. P. "Construct Validity in Organization Behavior", In B. M. Staw&L. L. Cummings (eds.), Greenwich, CT:JAI Press,1980:121.

表 8-2：样本的人口统计学特征描述

特征	指标	人数	构成比%	特征	指标	人数	构成比%
性别	女	898	59.9	学校	台湾东海大学	201	13.4
	男	602	40.1		台湾大学	250	16.7
可支配支出（元/月）	小于200	101	6.7		台北市立教育大学	120	8.0
	200-300	355	23.7		台湾铭传大学	120	8.0
	300-500	550	36.7		台湾世新大学	100	6.7
	500-800	380	25.3		台湾师范大学	180	12.0
	800以上	114	7.6		台北大学	100	6.7
教育程度	大专	55	3.7		台湾成功大学	129	8.6
	大学本科	1230	82.0		台湾科技大学	200	13.3
	硕士	193	12.9		台北科技大学	42	2.8
	博士	22	1.4		淡江大学	58	3.8

（二）验证性因子分析

本文使用 Amos7.0 软件进行验证性因子分析。① Amos 和 Lisrel 是 SEM 分析中最常使用的统计软件，而 Amos 目前已经成为 SPSS 家族系列之一，二者数据完全可以互通，因而更为常用。

因子载荷：Standardized Regression Weights 为标准化回归系数，在验证性因子分析中也称为因素加权值或因子载荷，标准化的路径系数代表的是共同因素对观测变量的影响。从因子载荷量的数值可以了解观测变量在各潜在变量中的相对重要性，因子载荷量值介于 0.50—0.95 之间，表示模型的基本适配度良好。② 从表 8-3、8-4、8-5、8-6、8-7、8-8、8-9 中，我们发现，在外向性、善良、行事风格、才干、情绪性、人际关系等 6 个维度上，观测变量在初阶因子的因子载荷量、初阶因子在高阶因子构念的因子载荷量均比较理想。而处世态度维度的部分因子载荷量没有达到要求。

信度系数：该指标是评价观测变量对潜在变量的因子载荷，及每个载荷在统

---

① Amos7.0 学生版的软件一次只能分析 8 个因子，因此，笔者通过台湾朋友提供的正版软件的分析完成验证性因子分析。
② 吴明隆：《结构方程模型——Amos 的操作与应用》，重庆：重庆大学出版社 2009 年版，第 245 页。

计上是否具有显著性。测量模型的 R2 最好大于 0.5。从表 8-3、8-4、8-5、8-6、8-7、8-8、8-9 中,我们发现,在外向性、善良、行事风格、才干、情绪性、人际关系等 6 个维度上,观测变量在初阶因子的信度系数、初阶因子在高阶因子构念的信度系数均比较理想。而处世态度维度的部分信度系数没有达到要求。

组合信度(Composite Reliability):根据 Bagozzi 和 Yi 的观点,CR 值越高(应大于 0.6),则每个构念的测量变量之间的组合信度越高。① 从表 8-3、8-4、8-5、8-6、8-7、8-8、8-9 得知,在外向性、善良、行事风格、才干、情绪性、人际关系等 6 个维度上,各潜在变量的 CR 值基本都大于 0.6,表明模型基本通过了组合信度检验。而处世态度维度的部分组合信度没有达到要求。

表 8-3:验证性因子分析结果——外向性

潜在变量	测量指标	因子载荷	信度系数	测量误差	组合信度	平均变异量抽取值
活跃热情开朗型	VA1	.709	.666	.312	.811	.755
	VA2	.701	.489	.511		
	VA3	.780	.612	.324		
合群购物集体型	VA4	.678	.479	.521	.721	.621
	VA5	.680	.461	.512		
	VA6	.691	.489	.501		
抛头露面组织型	VA7	.777	.609	.308	.832	.728
	VA8	.771	.589	.319		
	VA9	.821	.651	.311		
个性表现自我型	VA10	.838	.709	.309	.846	.753
	VA11	.821	.674	.289		
	VA12	.869	.761	.209		
吸引异性风流型	VA13	.711	.497	.509	.739	.687
	VA14	.700	.499	.499		
	VA15	.667	.469	.509		
阳光健康运动型	VA16	.678	.490	.511	.744	.638
	VA17	.675	.456	.519		
	VA18	.659	.451	.601		

---

① Bagozzi, Richard P., Youjae Yi. "On the Use of Structural Equation Models in Experimental Designs", *Journal of Marketing Research*, 1989, 26(3): 271-284.

续表

潜在变量	测量指标	因子载荷	信度系数	测量误差	组合信度	平均变异量抽取值
安全环境缺乏型	VA19	.666	.511	.531	.718	.599
	VA20	.629	.411	.549		
	VA21	.679	.477	.519		
消费购物独占型	VA22	.719	.611	.309	.841	.725
	VA23	.739	.549	.319		
	VA24	.776	.599	.309		
购物消费内向型	VA25	.689	.490	.511	.811	.712
	VA26	.767	.499	.411		
	VA27	.790	.610	.401		
幻想消费乐观型	VA28	.678	.460	.555	.748	.699
	VA29	.659	.499	.567		
	VA30	.788	.608	.312		
外向性	活跃热情开朗型	.805	.814	.181	.954	.679
	合群购物集体型	.777	.558	.322		
	抛头露面组织型	.878	.766	.211		
	个性表现自我型	.719	.638	.277		
	吸引异性风流型	.659	.489	.319		
	阳光健康运动型	.865	.756	.219		
	安全环境缺乏型	.793	.642	.301		
	消费购物独占型	.808	.637	.322		
	购物消费内向型	.847	.715	.287		
	幻想消费乐观型	.704	.494	.501		

表8-4:验证性因子分析结果——善良

潜在变量	测量指标	因子载荷	信度系数	测量误差	组合信度	平均变异量抽取值
多愁善感善良型	VA1	.811	.761	.202	.815	.701
	VA2	.752	.569	.402		
	VA3	.876	.761	.201		

91

续表

潜在变量	测量指标	因子载荷	信度系数	测量误差	组合信度	平均变异量抽取值
消费诚信重视型	VA4	.765	.582	.397	.801	.612
	VA5	.772	.606	.525		
	VA6	.789	.623	.365		
爱心公益导向型	VA7	.745	.612	.386	.841	.611
	VA8	.872	.553	.427		
	VA9	.832	.691	.308		
善良	多愁善感善良型	.900	.831	.161	.909	.770
	消费诚信重视型	.841	.711	.292		
	爱心公益导向型	.863	.741	.222		

表8-5：验证性因子分析结果——行事风格

潜在变量	测量指标	因子载荷	信度系数	测量误差	组合信度	平均变异量抽取值
挑剔购物精明型	VA1	.811	.711	.302	.815	.717
	VA2	.761	.587	.407		
	VA3	.737	.534	.415		
价格敏感口才型	VA4	.688	.479	.503	.714	.665
	VA5	.763	.585	.404		
	VA6	.734	.532	.413		
传统媒介接触型	VA7	.803	.645	.376	.811	.701
	VA8	.744	.551	.406		
	VA9	.774	.611	.454		
经济消费节约型	VA10	.855	.789	.269	.862	.744
	VA11	.825	.671	.351		
	VA12	.793	.631	.372		
理性消费实用型	VA13	.741	.552	.421	.800	.691
	VA14	.821	.672	.353		
	VA15	.654	.428	.516		
	VA16	.613	.376	.591		

续表

潜在变量	测量指标	因子载荷	信度系数	测量误差	组合信度	平均变异量抽取值
经济压力拮据型	VA17	.724	.551	.401	.811	.688
	VA18	.774	.601	.377		
	VA19	.761	.581	.411		
消费判断经验型	VA20	.802	.656	.355	.799	.723
	VA21	.794	.666	.317		
	VA22	.784	.655	.363		
小心谨慎消费型	VA23	.744	.638	.364	.809	.713
	VA24	.766	.544	.393		
	VA25	.746	.633	.313		
消费购物炫耀型	VA26	.715	.507	.434	.811	.711
	VA27	.724	.531	.326		
	VA28	.761	.623	.363		
爱屋及乌追星型	VA29	.745	.554	.372	.801	.692
	VA30	.733	.524	.413		
	VA31	.773	.606	.386		
喜新厌旧消费型	VA32	.765	.582	.401	.756	.623
	VA33	.665	.442	.524		
	VA34	.687	.472	.513		
审美西方导向型	VA35	.678	.462	.507	.734	.688
	VA36	.687	.475	.501		
	VA37	.696	.484	.493		
注重打折实惠型	VA38	.644	.461	.529	.756	.522
	VA39	.766	.533	.412		
	VA40	.684	.465	.508		
满足胃口馋食型	VA41	.782	.644	.368	.813	.704
	VA42	.742	.552	.405		
	VA43	.732	.546	.416		

续表

潜在变量	测量指标	因子载荷	信度系数	测量误差	组合信度	平均变异量抽取值
消费购物西化型	VA44	.794	.633	.366	.833	.734
	VA45	.763	.585	.405		
	VA46	.783	.614	.363		
精打细算节约型	VA47	.804	.655	.376	.839	.712
	VA48	.793	.623	.365		
	VA49	.791	.622	.363		
行事风格	挑剔购物精明型	.802	.643	.374	.964	.630
	价格敏感口才型	.822	.692	.343		
	传统媒介接触型	.865	.748	.285		
	经济消费节约型	.751	.572	.403		
	理性消费实用型	.783	.655	.362		
	经济压力拮据型	.811	.664	.342		
	消费判断经验型	.792	.632	.353		
	小心谨慎消费型	.782	.611	.374		
	消费购物炫耀型	.744	.556	.414		
	爱屋及乌追星型	.873	.755	.286		
	喜新厌旧消费型	.762	.584	.406		
	审美西方导向型	.855	.804	.519		
	注重打折实惠型	.744	.585	.403		
	满足胃口馋食型	.804	.642	.375		
	消费购物西化型	.847	.719	.306		
	精打细算节约型	.706	.502	.425		

表8-6：验证性因子分析结果——才干

潜在变量	测量指标	因子载荷	信度系数	测量误差	组合信度	平均变异量抽取值
好奇探索实践型	VA1	.745	.642	.352	.816	.651
	VA2	.755	.643	.357		
	VA3	.856	.734	.207		

续表

潜在变量	测量指标	因子载荷	信度系数	测量误差	组合信度	平均变异量抽取值
网络购物导向型	VA4	.853	.758	.205	.811	.661
	VA5	.732	.546	.435		
	VA6	.846	.705	.216		
时间紧凑效率型	VA7	.814	.664	.352	.813	.612
	VA8	.792	.631	.573		
	VA9	.774	.566	.394		
坚持不懈毅力型	VA10	.715	.522	.344	.911	.711
	VA11	.841	.701	.215		
	VA12	.861	.743	.205		
	VA13	.861	.742	.209		
消费购物集中型	VA14	.844	.722	.208	.892	.681
	VA15	.855	.711	.204		
	VA16	.812	.661	.353		
才干	好奇探索实践型	.855	.644	.353	.941	.761
	网络购物导向型	.833	.746	.209		
	时间紧凑效率型	.912	.843	.182		
	坚持不懈毅力型	.843	.713	.222		
	消费购物集中型	.866	.754	.201		

表8-7:验证性因子分析结果——情绪性

潜在变量	测量指标	因子载荷	信度系数	测量误差	组合信度	平均变异量抽取值
购物情感波动型	VA1	.784	.617	.409	.811	.701
	VA2	.795	.637	.406		
	VA3	.883	.786	.155		
直截了当率真型	VA4	.865	.745	.186	.866	.701
	VA5	.833	.644	.395		
	VA6	.832	.696	.394		

续表

潜在变量	测量指标	因子载荷	信度系数	测量误差	组合信度	平均变异量抽取值
服务期望满意型	VA7	.833	.697	.394	.864	.702
	VA8	.822	.685	.403		
	VA9	.871	.764	.179		
情绪性	购物情感波动型	.911	.832	.163	.932	.821
	直截了当率真型	.855	.755	.172		
	服务期望满意型	.883	.783	.174		

表8-8：验证性因子分析结果——人际关系

潜在变量	测量指标	因子载荷	信度系数	测量误差	组合信度	平均变异量抽取值
粗放消费宽和型	VA1	.833	.747	.345	.823	.629
	VA2	.733	.595	.405		
	VA3	769	.596	.407		
	VA4	.894	.792	.275		
人际关系送礼型	VA5	.887	.784	.284	.881	.701
	VA6	.887	.786	.286		
	VA7	.865	.744	.295		
上门推销反感型	VA8	.894	.808	.211	.885	.692
	VA9	.873	.776	.290		
	VA10	.806	.642	.377		
购物推销戒备型	VA11	.793	.637	.389	.864	.663
	VA12	.872	.762	.297		
	VA13	.854	.736	.309		
人际关系	粗放消费宽和型	.844	.811	.212	.915	.729
	人际关系送礼型	.855	.762	.291		
	上门推销反感型	.876	.761	.332		
	购物推销戒备型	.882	.781	.277		

表 8-9：验证性因子分析结果——处世态度

潜在变量	测量指标	因子载荷	信度系数	测量误差	组合信度	平均变异量抽取值
自尊自爱事业型	VA1	.517	.267	.704	.888	.777
	VA2	.496	.245	.726		
	VA3	.484	.235	.735		
	VA4	.476	.225	.745		
	VA5	.446	.206	.801		
	VA6	.784	.617	.394		
	VA7	.456	.205	.795		
	VA8	.783	.615	.398		
	VA9	.874	.763	.262		
	VA10	.783	.612	.392		
	VA11	.782	.613	.333		
	VA12	.544	.319	.663		
	VA13	.565	.319	.666		
	VA14	.579	.335	.624		
	VA15	.846	.716	.287		
购物消费娱乐型	VA16	.784	.615	.396	.856	.694
	VA17	.776	.733	.265		
	VA18	.792	.630	.367		
时间充裕休闲型	VA19	.564	.324	.658	.792	.602
	VA20	.775	.604	.402		
	VA21	.895	.802	.216		
安分守己平凡型	VA22	.846	.716	.283	.784	.591
	VA23	.461	.214	.763		
	VA24	.822	.733	.236		
处世态度	自尊自爱事业型	.479	.224	.713	.739	.420
	购物消费娱乐型	.621	.488	.565		
	时间充裕休闲型	.741	.511	.513		
	安分守己平凡型	.711	.512	.511		

（三）假说检验与讨论

1. 假说检验

从表8-3、8-4、8-5、8-6、8-7、8-8、8-9中我们可以得知，H1、H2、H3、H4、H5、H6假设均成立，但H7不成立。在测量模型适配度的评价方面，研究者所关注的是潜在变量和观测变量之间的关系，这种关系即代表构念测量的效度与信度问题。由于判断假设模型与观察数据是否适配的指标很多，不同适配指标的评估可能对模型支持与否不尽相同，研究者应根据多元法则："在假设模型的检验上，没有单一指标值可以作为唯一明确的规准，一个理想化的适配指标值是不存在的"。[①] 就实务而言，研究者主要从卡方值大小、显著性及RMSEA值、ECVI值、SRMR值、GFI值和CFI值等适配指标，来作为判别模型是否达成整体适配程度的决策依据。[②] 在本研究中，由于各维度的适配指标较多，这里不一一列出。从适配指标来看，除了处世态度维度外，其他六个维度的适配指标均符合要求，表示上述六个维度的假设模型与样本数据可以适配，六个维度各二阶CFA模型均可以被接受。

对于处世态度维度，我们发现，在归类的时候，把自尊自爱事业型单一归在处世态度维度里，是导致这个维度出现拒绝原假设的可能原因之一。从自尊自爱事业型题项当中，我们重新划分了各题项的归属，如表10所示，15个自尊自爱事业型题项主观上可以比较清晰地归类到QZPS所确立的七大因素和各小因素当中。表8-10表明，自尊自爱事业型的题项无法单一归为处世态度维度，它分散在QZPS确立的七个维度当中，因此，在修正中我们把自尊自爱事业型单独列出，并对其他剩下的小因子重新归于处世态度维度，验证性因子分析结果如表8-11所示。

表8-10：自尊自爱事业型题项归属

大因素	小因素		
	1	2	3
因素1：外向性	活跃	合群	乐观(7)
因素2：善良	利他	诚信(1)	重感情(9、10)

[①] Schumacker, R. E., &Lomax, R. G. "A Beginner's Guide to Structural Equation Modeling", Mahwah, NJ: Lawrence Erlbaum Associates, 1996: 190.

[②] Diamantopoulos, A., Siguaw, J. A. "Introducing LISREL: A Guide for the Uninitiated", Thousand Oaks, CA: Sage, 2000: 98.

续表

大因素	小因素		
	1	2	3
因素3:行事风格	严谨	自制(3、4、12)	沉稳(2)
因素4:才干	决断	坚韧	机敏
因素5:情绪性	耐性(5)	爽直	
因素6:人际关系	宽和	热情	
因素7:处世态度	自信(6、8、11、13、14、15)	淡泊	

表8-11:验证性因子分析结果——处世态度(模型修正)

潜在变量	测量指标	因子载荷	信度系数	测量误差	组合信度	平均变异量抽取值
购物消费娱乐型	VA1	.795	.624	.384	.844	.682
	VA2	.883	.790	.266		
	VA3	.912	.832	.181		
时间充裕休闲型	VA4	.854	.734	.296	.863	.652
	VA5	.774	.605	.405		
	VA6	.893	.796	.261		
安分守己平凡型	VA7	.846	.717	.284	.853	.642
	VA8	.746	.554	.456		
	VA9	.884	.733	.271		
处世态度	购物消费娱乐型	.811	.715	.261	.874	.698
	时间充裕休闲型	.822	.735	.288		
	安分守己平凡型	.833	.688	.329		

2. 结果讨论

表8-11显示,经过剔除自尊自爱事业型因子后,其他因子的处世态度这个维度的验证性因子分析结果良好,观测变量在初阶因子的因子载荷量、初阶因子在高阶因子构念的因子载荷量均比较理想。由此我们比较谨慎得出这样的结论:

结论一:CCBS量表的44个小因子可以比较良好地归类于QZPS量表所确立的七大维度当中,消费者人性量表的二阶因子与中国人人格量表的二阶因子契合度良好。

结论二：CCBS量表的自尊自爱事业型（简称：奋斗主义）因子各题项，分散于QZPS七大维度之中，可以单独列出。

结论三：CCBS量表的二阶因子结构由八个维度（"大八"结构）组成，如图8－1所示。

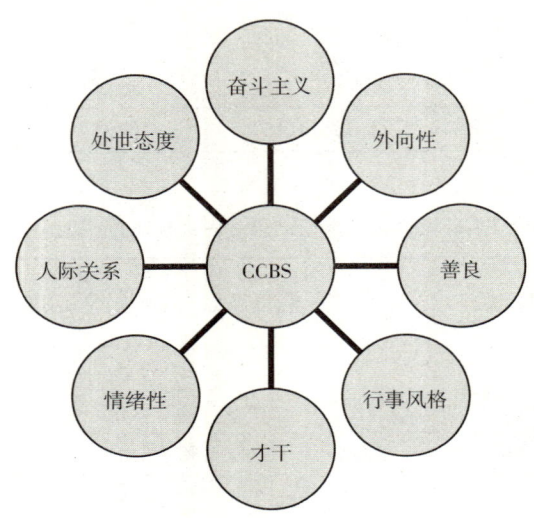

图8－1：CCBS量表的二阶因子大八结构

四、理论贡献与管理启示

1. 理论贡献

本研究在王登峰等人编制的QZPS理论基础之上，得出中国消费者（福建大学生）八个维度的人性结构，这对完善品牌学与消费者行为学的学科建设具有一定的理论价值，具体表现在以下两点：

第一，CCBS量表的八大维度是确定品牌核心价值的基石。从图8－1我们可以看出，品牌核心价值的确立，应该局限在CCBS所确立的八大维度之中。广告是戴着镣铐在跳舞，这个镣铐，就是CCBS量表所确立的八大维度。

第二，为消费者细分提供一个崭新的视角。传统的消费者细分主要依靠人口统计学特征来进行，如地理变量、人口变量、心理变量、行为变量等，①在此基础上洞察消费者。然而这种粗浅的消费者划分，没有有效利用消费者信息，无法为企

---

① 〔美〕菲利普·科特勒、加里·阿姆斯特朗：《科特勒市场营销教程》，俞利军译，北京：华夏出版社2000年版，第156—188页。

业充分谋利。中国消费者人性量表"大八"结构的确定,可以为广告界、营销界、企业界提供更为科学、客观、全面的消费者数据,促进相关行业的发展。

2. 管理启示

CCBS量表所确立的八大维度,为企业营销提供了两个有益的启示:

第一,品牌的建设,首先在于核心价值体系的建设,而核心价值的选择不是盲目的,她应该遵循一定的消费者人性规律。这个规律就是消费者的人性结构,只有在洞察消费者人性结构的基础上,才能做出符合实际的判断。否则,随意的品牌定位,很可能使广告费浪费了一半,或许更多。

第二,品牌延伸,除了行业内外延伸外,在核心价值上的延伸应该遵循"近水楼台先得月"的原则,在同一个大因素的内部小因子之间进行延伸,随意跨越大因素之间的延伸可能导致消费者人性结构认知上的混乱,从而导致企业的失败。

五、研究限制和展望

同其他研究一样,本研究不可避免地存在一些不足,三要体现在以下几个方面,未来研究可以弥补这些不足使研究结论更具普遍意义。

1. 本研究仅调查了台湾大学生群体的消费人性结构状况,对于全国大学生的消费人性结构是否和福建、台湾大学生一样或类似,需要进一步研究加以证实或证伪。此外,对于大学生群体之外的消费者人性结构,还需要笔者与其他合作者继续努力研究和完善。

2. 本研究采用的是滚雪球和配额抽样相结合的方法来进行验证性因子分析,这种非随机抽样得来的数据势必对研究结论的普适性构成一定的威胁。样本的学历几乎全部是大学本科及以上人群,无法比较大学生内部高低受教育水平样本之间的差异。有研究指出受教育程度的不同对消费者的行为特征有显著的调节作用,因此不同受教育程度是否影响 CCBS 量表的模型结构还有待将来进一步分析。

3. 在所有的统计推断中,主观判断是没有办法避免的,更何况合理性。[①] 这是所有推断统计的一般情境。在 SEM 分析中,更需要主观判断及理性的融合,因为 SEM 分析是一个统合的复杂过程。模型的建构需要先验理论的指引,尤其在模型修正时,不能完全依据 AMOS 提供的数据来进行。否则会陷入以数据为导引的技术分析的迷局之中。本研究在分析数据过程中出现的种种问题,也采

---

① Huberty,C. J.,& Morris,J. D. "A Single Contrast Test Procedure",*Educational and Psychological Measurement*,1988(48):77.

用了主观判断相结合的办法,这些办法的采用会因人而异,譬如在对小因子的归类上。因此,本研究结果也只是验证性因子分析结果的选择之一,而非唯一的结果。

第九章

闽台消费者行为比较分析

一、假设一:检验结果与分析

H1:福建省消费者行为存在低阶层面(小因素)的结构,自尊自爱事业型排序第一。(接受)

在第五章中,CCBS量表对福建大学生探索性因子分析的测试结果表明,在45个因子中,自尊自爱事业型位居首位,累积解释率达5.705%。在第七章中,CCBS量表对台湾大学生探索性因子分析的测试结果表明,在45个因子中,自尊自爱事业型位居第22位,累积解释率达1.005%。上述结果表明,福建大学生在消费行为上明显体现自尊自爱事业型,而台湾大学生在消费行为上较少体现自尊自爱事业型,因此接受原假设。

改革开放以来,中国经济高速增长,增长的背后,是中国民众的奋发图强和强烈的爱国意识,表现在消费领域,一方面,消费需求呈现蓬勃发展的态势,另一方面,消费者购物心理表现出自尊自爱事业型的明显特点。具体来说,福建消费者更青睐国产民族品牌和产品,以往崇拜"洋货"的心理大为减弱。因此,在福建大学生消费者行为结构里,自尊自爱事业型名列第一。

1987年台湾"解严"之后,曾经出现过一个时期激情燃烧的岁月,大家以各种方式反抗威权政府,到20世纪90年代中后期,特别是进入21世纪以来,伴随着威权体制的解体,这种对抗式的民间社会逐渐被公民社会所取代。台湾地区的消费特征必然也受到政治多元变动的影响,发展至今民众的消费观念和消费心态日趋成熟和稳定。台湾人均生产总值在2002年就已经达到12872美元,进入世界高收入地区行列。[①] 台湾消费者在购物时,民族因素影响力地位下降,他们更看重商品的服务质量和实用程度,这点可以从第五章台湾大学生消费者行为结构里,服务期望满意型和理性消费实用型排名前两位看出一点端倪。

---

① 石一敏、肖瑞文:《台湾:消费市场现状和未来走向》,载《消费日报》2006年7月6日。

二、假设二:检验结果与分析

H2:福建省消费者行为存在高阶层面(大因素)的大七结构。(部分接受)

在第六章中,CCBS量表对福建大学生的验证性因子分析的测试结果表明,福建消费者行为存在着稳定的结构,CCBS量表的二阶因子结构由8个维度(大八结构)组成,它们分别是:"外向性""善良""行事风格""才干""情绪性""人际关系""处世态度""奋斗主义"。与王登峰制定的常态下的中国人人格量表测试结果不尽相同,验证性因子分析结果修正了原假设提出的"大七结构",把"奋斗主义"单列出来,表明福建消费者行为结构里存在着稳定的"大八结构",如图9-1所示。

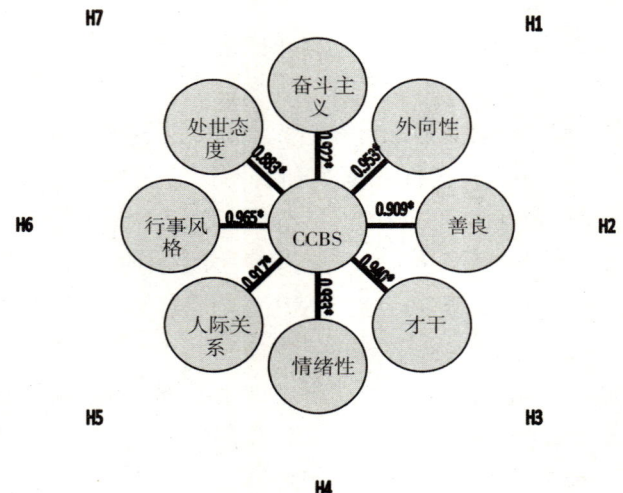

图9-1:福建消费者行为的"大八结构"

究其原因,作为沿海省份,福建省人民在改革开放三十多年的历程当中披荆斩棘,谱写了一曲曲可歌可泣的动人篇章,伴随着中国经济高歌猛进的号角,中国品牌逐渐走向世界,如"海尔,中国造"、"中国人,奇强"等,不管是高科技行业,还是日常用品行业,无不可见中国制造的影子。民族自豪感和国家主人翁感日趋强烈,使奋斗主义形成独有的消费者行为结构之一,表达了消费者在购物过程逐渐增大对民族品牌的信赖与选择。

三、假设三:检验结果与分析

H3:与福建省消费者相似,台湾消费者行为存在高阶层面(大因素)的大七结构。(部分接受)

在第八章中,CCBS 量表对台湾大学生的验证性因子分析的测试结果表明,台湾消费者行为也存在着稳定的结构,CCBS 量表的二阶因子结构由 8 个维度(大八结构)组成,它们分别是:"外向性""善良""行事风格""才干""情绪性""人际关系""处世态度""奋斗主义"。与王登峰制定的常态下的中国人人格量表测试结果不尽相同,验证性因子分析结果修正了原假设提出的"大七结构",把"奋斗主义"单列出来,表明台湾消费者行为结构里也存在着稳定的"大八结构",如图 9-2 所示。

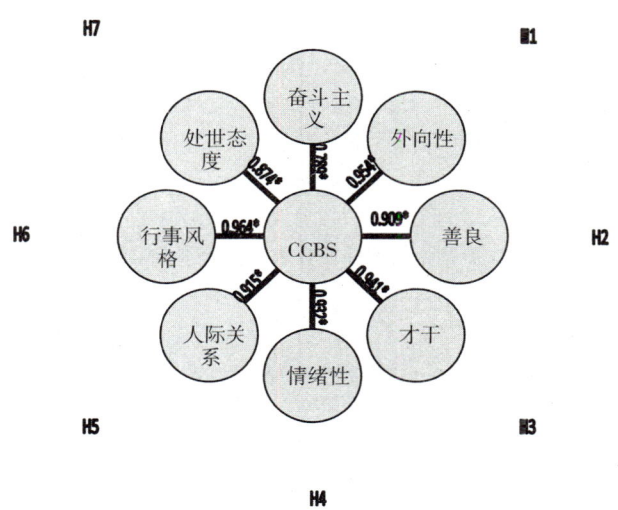

图 9-2:台湾消费者行为的"大八结构"

从 20 世纪 70 年代开始,台湾就因为在短时间内利用国际资本和技术实现经济起飞而被称之为"亚洲四小龙",到 20 世纪 90 年代,台湾地区已经跻身发达国家水平之列,出现了康师傅、明基、顶新等一大批知名品牌,使台湾民众对自身发展充满信心。1997 年亚洲金融危机,使台湾经济蒙受巨大打击,再加上两岸经济往来不能顺畅的情况下,台湾地区经济发展的区域优势无法得到发挥。2000 年到 2008 年民进党成为台湾执政党,台海关系恶化,台湾民众在政治因素影响下,对台湾本土品牌的青睐尤甚。但台湾与西方国家联系紧密,又由于历史原因深受日本文化影响,因此,在消费结构的"奋斗主义"维度上得分系数(0.789)显著低于大陆(0.922)。

四、假设四:检验结果与分析

H4:与福建省消费者不同,台湾消费者行为存在低阶层面(小因素)的独特

性。(部分接受)

在第五章和第七章对福建消费者和台湾消费者探索性因子分析结果得知,在累积解释率排名前九的因子里,福建消费者得分比台湾消费者高的因子有九个:自尊自爱事业型(5.705%)、购物消费娱乐型(3.325%)、粗放消费宽和型(2.822%)、时间充裕休闲型(2.477%)、活跃热情开朗型(2.307%)、好奇探索实践型(2.280%)、网络购物导向型(2.141%)、挑剔购物精明型(2.126%)、合群购物集体型(2.073%)。台湾消费者得分比福建消费者高的因子有八个:服务期望满意型(3.611%)、理性消费实用型(3.290%)、爱心公益导向型(3.014%)、阳光健康运动型(2.401%)、消费判断经验型(2.151%)、注重打折实惠型(2.099%)、消费诚信重视型(1.871%)、个性表现自我型(1.771%)。表9-1显示了福建消费者和台湾消费者排名前九得分较高的因子在CCBS量表中的位置,斜体加粗字体为福建消费者得分较高的因子,宋体加粗字体为台湾消费者得分较高的因子。

表9-1:福建和台湾消费者在CCBS量表中的位置

QZPS的七大因素	CCBS的45个小因子
因素1:外向性(活跃、合群、乐观)	活跃热情开朗型、合群购物集体型、抛头露面组织型、个性表现自我型、吸引异性风流型、阳光健康运动型、安全环境缺乏型、消费购物独占型、购物消费内向型、幻想消费乐观型
因素2:善良(利他、诚信、重感情)	多愁善感善良型、消费诚信重视型、爱心公益导向型
因素3:行事风格(严谨、自制、沉稳)	挑剔购物精明型、价格敏感口才型、传统媒介接触型、经济消费节约型、理性消费实用型、经济压力拮据型、消费判断经验型、小心谨慎消费型、消费购物炫耀型、爱屋及乌追星型、喜新厌旧消费型、审美西方导向型、注重打折实惠型、满足胃口馋食型、消费购物西化型、精打细算节约型
因素4:才干(决断、坚韧、机敏)	好奇探索实践型、网络购物导向型、时间紧凑效率型、坚持不懈毅力型、消费购物集中型
因素5:情绪性(耐心、爽直)	购物情感波动型、直截了当率真型、服务期望满意型
因素6:人际关系(宽和、热情)	粗放消费宽和型、人际关系送礼型、上门推销反感型、购物推销戒备型

续表

QZPS 的七大因素	CCBS 的 45 个小因子
因素 7:处世态度(自信、淡泊)	购物消费娱乐型、时间充裕休闲型、安分守己平凡型
因素 8:奋斗主义	自尊自爱事业型

表 9-1 显示,福建消费者在"才干"(决断、坚韧、机敏)、"人际关系(宽和、热情)"、"处世态度(自信、淡泊)"、"奋斗主义"维度上得分比台湾消费者高,台湾消费者在"善良(利他、诚信、重感情)"、"情绪性(耐心、爽直)"维度上得分比福建消费者高。有学者(Dyczewski,2002)认为,经济程度高的地区,市场对道德的重视程度更高,消费者也表现得更为成熟。中国大陆与台湾隔阂已久,由于经济发展水平不同,在亚文化消费层次上(台湾经济比福建发达,在利他、诚信、重感情、严谨、决断、机敏等小因素上可能得分更高)可能存在差异(原假设)。本研究结果表明,在亚文化消费层次上,台湾消费者在利他、诚信、重感情、耐心、爽直小因素上得分更高,福建消费者在决断、坚韧、机敏、宽和、热情、自信、淡泊、奋斗主义小因素上得分更高。因此,部分拒绝原假设。

王强和伍世代等人(2012)认为,闽台两地地理位置邻接、自然条件相似、社会文化同源,且经济发展阶段具有明显的时序性逆差,即台湾于 1952—1989 年基本完成工业化过程,并于 1990 年后步入后工业化社会,而福建省于 1978 年才进入工业化发展的初期阶段,20 世纪 90 年代中期进入工业化的中期阶段。[1] 谢瑞巧和黄家骅(2002)研究结果表明,人均收入水平较低的地区,消费的食品份额最高;其次是家庭设备用品和交通通讯;再次是衣服、文化娱乐、教育;人均收入水平较高的地区,消费的医疗保健、文化娱乐和教育最为突出。[2] 因此,福建消费者消费结构中食品份额较台湾消费者高,作为感性物品,福建消费者在进行购买决策时,易下决心、易冲动、易尝新,因此,决断、坚韧、机敏、宽和、热情、自信、淡泊、奋斗主义小因素上得分更高。台湾消费者消费结构中医疗保健较福建消费者高,作为与健康息息相关物品,台湾消费者在进行购买决策时,易重诚信、易重爱心、易重情感、易多方比较、因此,利他、诚信、重感情、耐心、爽直小因素上得分更高。

---

[1] 王强、伍世代:《闽台能源消费变化与驱动力对比研究》,载《地理科学》2012 年第 6 期。
[2] 谢瑞巧、黄家骅:《闽台居民消费结构的比较》,载《福建论坛·经济社会版》2002 年第 3 期。

五、管理启示与局限

通过本研究,我们可以得到以下三点管理启示:

第一,福建消费者行为结构中,自尊自爱事业型因子累积解释率最高,在福建地区市场细分或广告诉求时,可以着重在自尊自爱事业型角度加以细分或诉求。台湾消费者行为结构中,服务期望满意型因子累积解释率最高,在台湾地区市场细分或广告诉求时,可以着重在服务期望满意型角度加以细分或诉求。

第二,由于闽台两岸文化同源,福建和台湾消费者行为均存在稳定的"大八"结构,在市场细分或广告诉求时,可以选择以"大八"结构为细分的角度,为传统的人口统计学细分增加了有价值的参照角度。

第三,台湾消费者在利他、诚信、重感情、耐心、爽直小因素上得分更高,福建消费者在决断、坚韧、机敏、宽和、热情、自信、淡泊、奋斗主义小因素上得分更高,因此,闽台消费者行为的亚文化结构是不同的,在跨区域市场营销时,应考量上述消费者不同的行为差异,采取对应的营销策略拓展市场。

尽管本研究通过大量问卷调查与数据分析,得到了上述结论,但由于调查对象仅限于闽台高校大学生,在推断总体方面存在局限,有待后续的研究中进一步得到补充。

第二篇 02
广告创意

第十章

问题引出、编码与假说形成(中国大陆)

一、问题引出

在用内容分析法对广告文化价值观进行量化统计的以往研究中,引用最多的是盛洪提取的 32 种文化价值观指标。Hong Cheng 在 1994 年、1997 年对 Pollay 等人研究成果的基础上,对中国大陆 1982—1992 年间的 572 条期刊广告、1990—1995 年间的 483 条电视广告进行内容分析,提取了中国大陆 32 种文化价值观。① 这些价值观指标为本研究分析四大报纸广告价值观变迁提供了可操作的编码标准,为了进一步提炼上述 32 种文化价值观指标更高维度上的含义,需要借鉴更多学者的研究成果。

盛洪和约翰·C·斯奇维兹认为,所谓"实用性价值观",指强调产品功能特性与品质价值,便利、经济、有效等就属于实用性价值观;所谓"象征性价值观",指暗示人类情感的价值,享乐、个人主义、社会地位等就属于象征性价值观。② 盛洪和约翰·C·斯奇维兹的论述为本研究观察文化价值观变迁提供了一个新的角度。

罗基区量表(RVS)测量被试的价值观。RVS 共 36 题,分两部分:18 个工具价值观和 18 个终极价值观。罗基区抽取出价值观的八个维度:"礼仪自制""洁净快活""广慈博爱""自由幸福""雄才大略""诚实厚道""和美平等""舒适活力"。其信度及效度李维亭(Levitin)提到:再测信度为 0.70,而效度方面具有预测效果。③

霍夫斯塔德在 1980 年、1983 年和 1988 年对分布在 40 个国家和地区的 11.6

---

① Cheng, Hong. "Toward an Understanding of Cultural Values Manifest in Advertising: A Content Analysis of Chinese Television Commercials in 1990 and 1995", *Journalism and Mass Communication Quarterly*, 1997, 74(4):782-783.

② Cheng, Hong & John C. Schweitzer. "Cultural Values Reflected in Chinese and U.S. Television Commercials", *Journal of Advertising Research*, 1996, 36(3):27-45.

③ Miltor Rokeach. *The Nature of Human Values*, New York: The Free Press, 1973:89.

万名 IBM 的员工进行了调查。通过对大量数据的分析,霍夫斯塔德发现民族文化对雇员的工作价值观和工作态度的显著影响主要表现以下五个维度上:"个人主义/集体主义(individualism/collectivism)""权力距离(high/low power distance)""不确定规避(uncertainty avoidance)""阳刚型/阴柔型(masculinity/feminity)""儒家主义(Confucian dynamism i. e., long vs. short – term orientation)"(Hofstede,1980;Hofstede,1983;Hofstede,1988)。①②③

刘世雄在以往价值观研究成果基础上,总结出符合评价东西方文化价值观的 10 个维度,分别是:"人与宇宙""集体主义与个人主义""权力距离""男性化与女性化""不确定规避""时间导向""长期与短期导向""归因导向与成果导向""情绪化与情绪中性""物质主义"。④ 刘世雄的论述为本研究观察文化价值观变迁提供了另一个新的角度。

我们选择改革开放以来(1978—2011)《人民日报》《北京日报》《新民晚报》《广州日报》(均不含海外版)四大报纸广告深层内容变迁作为研究对象,从上述三个角度(40 种文化价值观、"实用性价值观"和"象征性价值观"、东西方价值观)探讨四大报纸广告文化价值观变迁的基本规律,并进一步比较四大报纸广告深层内容变迁的异同。

二、编码

1. 定义

所谓价值观,指对事物的总的看法和根本观点,广告价值观指广告中反映出的对事物的总的看法和根本观点。广告价值观在广告中居于核心地位,它体现了符号"所指"层面的意义,是广告的深层内容。本研究广告定义为:广告主(包括个人、公司和政府机构等)通过付费在媒介上发布信息,传达给受众,以达到促进销售、广而告之或提升形象的目的。本研究囊括了硬广告和软广告。由于图书馆缝订报纸遮盖了中缝广告,因此本研究把中缝广告排除在外。

尽管改革开放后天津牙膏厂在《天津日报》首登商业广告(1979 年 1 月 4

---

① Hofstede, Geert. *Culture's Consequences: International Differences in Work – Related Values*, Beverly Hills, CA: Sage Publications, 1980: 99.
② Hofstede, Geert. "The Cultural Relativity of Organizational Practices and Theories", *Journal of International Business Studies*, 1983(14): 75 – 89.
③ Hofstede, Geert & Michael Bond. "The Confucius Connection: From Cultural Roots to Economic Growth", *Organizational Dynamics*, 1988, 16(4): 9 – 21.
④ 刘世雄:《中国消费区域差异特征分析——基于中国当代文化价值的实证研究》,上海:上海三联书店 2007 年版,第 78 页。

日),我们翻阅报纸发现,如果把书店书刊书评和文娱影视戏剧纳入广告的理解范畴,那么"文革"期间就刊登过许多类似的广告。

2. 编码标准

(1)40种文化价值观

盛洪在1994年、1997年对波利等人研究成果的基础上,对中国大陆1982—1992年间的572条期刊广告、1990—1995年间的483条电视广告进行内容分析,提取了中国大陆媒体32种文化价值观指标,它们分别是:"美貌""集体主义""竞争""便利""礼仪""经济""有效""享乐""家庭""健康""个人主义""休闲""魔力""现代性""自然""整洁""养护""爱国主义""流行""质量""尊老""安全""性""社会地位""技术""传统""独特""财富""才智""工作""年轻""冒险"。①由于研究对象不同以及Hong Cheng的研究是1994年,需要对这些文化价值观指标进行调整,在对《人民日报》《北京日报》《广州日报》《新民晚报》四大报纸广告前测基础上,笔者再添加8种价值观:"送礼""爱情""友情""吉祥""有用""美观""公益""幽默",构成40个文化价值观指标。由于每幅广告一般包含多个价值诉求,在分析每幅广告价值观时,我们指定选取最为明显的前三种价值诉求。编码标准具体如表10-1所示。

表10-1:编码标准

指标	操作性定义
美貌	使用某种产品可以提升个人魅力、优雅和好看度。
集体主义	强调团结,个体是集体的组成部分。
竞争	某种产品采取入侵式比较,区别其他产品。可能明确提及竞争产品的名字,或含蓄标明"第一"以及"领导者"等。
便利	强调方便,容易使用,或售后服务良好。
礼仪	通过使用优雅可亲的语言,表达友好和礼貌。
经济	强调产品廉价、买得起、物有所值。
有效	强调产品具有效力、能取得某种效果。

---

① Cheng, Hong. "Toward an Understanding of Cultural Values Manifest in Advertising: A Content Analysis of Chinese Television Commercials in 1990 and 1995", *Journalism and Mass Communication Quarterly*, 1997, 74(4): 782-783.

续表

指标	操作性定义
享乐	强调产品能带来欢乐,如酒精饮料等带来的美妙感觉。
家庭	强调产品能给家庭生活和家庭成员带来好处。
健康	强调使用该产品能提高身体耐力、活力和力量。
个人主义	强调个体自我满足和自力更生,个体的独特性。
休闲	强调使用该产品能带来舒适、放松和娱乐。
魔力	强调产品不可思议的效果,如迷住男人、魔幻效力等。
现代性	强调新颖、现代、超前、尖端。
自然	通过产品与动物、植物或山水的关联,强调产品绿色环保、人与自然的和谐。
整洁	强调清洁和整齐。
养护	强调乐于助人、同情弱者、惩恶扬善,体现人文关怀。
爱国主义	产品本身能为国家做贡献或使用该产品体现对国家的忠诚和热爱。
流行	强调时尚、潮流或获普遍认可。
质量	强调产品的优质、耐用,通常获得政府认证。
尊老	通过使用长者代言、建议,表达对年长者的尊敬。
安全	强调产品可靠、安全。
性	使用性感模特,或两性背景促销产品。
社会地位	使用该产品可以提升社会地位,传递威严、自豪、品位。
技术	强调产品中的技术含量。
传统	对过去、习俗和规范的体验,如"8年制造经验"等。
独特	强调产品的独一无二,如"唯一供销商"等。
财富	传递财富的重要性,使用该产品可以增加财富。
才智	对知识、教育、智力、技能或经验的尊敬。
工作	对勤奋工作的尊敬,如"我们一直在努力"。
年轻	使用年轻模特、对年轻的崇尚。
冒险	指大胆、勇敢、充满勇气或无畏、刺激,如极限运动、攀岩、冲浪、蹦极等即为典型的例子。
送礼	买一送一、买产品送礼物等。
爱情	产品能为男女双方增进感情。
友情	强调对朋友之间感情的珍惜和重视。

续表

指标	操作性定义
吉祥	祝福，让人吉祥如意。
有用	展示产品信息，表明对消费者有用。
美观	强调产品外观、外形。
公益	强调企业赞助公众活动。
幽默	指广告创意令人发笑。

(2)"实用性价值观"和"象征性价值观"

盛洪和约翰·C·斯奇维兹(1996)曾对文化价值观做实用型和象征型的划分,他们把这两种价值观类型界定为:"实用性价值观"指那些强调产品特性或功用的价值观;而"象征性价值观"则指那些诉诸人类感情的价值观。① 吴辉(2009)认为,"实用性文化价值观"强调商品使用价值方面的特色与优点,包括"质量""独特""便利""节省""功效""科技""健康""安全"等。"象征性文化价值观"则暗示商品具有心理和精神方面的价值,包括"美丽""享乐""休闲""流行""社会地位""财富""智慧""品位""自由""情感""面子""传统""现代感""年轻"等。② 刘俊认为,"实用性价值观"包含:"便利""经济""有效""安全""质量""技术","象征性价值观"包含:"享乐""现代性""流行""性""社会地位""财富"。③

由于"实用性价值观"和"象征性价值观"的界定还没达成共识,本研究在前人分类基础上选择9种"实用性价值观":"便利""经济""有效""健康""魔力""质量""安全""技术""有用";选择17种"象征性价值观":"集体主义""享乐""个人主义""养护""爱国主义""尊老""性""社会地位""传统""财富""才智""年轻""冒险""爱情""友情""吉祥""公益"。在上述分类基础上,我们把40种文化价值观指标归类如表10-2所示。

---

① Cheng, Hong & John C. Schweitzer. "Cultural Values Reflected in Chinese and U·S·Television Commercials", *Journal of Advertising Research*, 1996, 36(3):27-45.
② 吴辉:《中国纸媒广告中的文化符号和文化价值观(1979—2003)——以《新民晚报》和《时装》杂志为个案》,上海:复旦大学博士论文2009年版,第42页。
③ 刘俊:《以〈南方周末〉为例看报纸广告中文化价值观的变迁(1987—2007)》,广州:暨南大学硕士论文2008年版,第18页。

表10-2:实用性价值观和象征性价值观

维度	价值观指标
实用性价值观	便利
	经济
	有效
	健康
	魔力
	质量
	安全
	技术
	有用
象征性价值观	集体主义
	享乐
	个人主义
	养护
	爱国主义
	尊老
	性
	社会地位
	传统
	财富
	才智
	年轻
	冒险
	爱情
	友情
	吉祥
	公益

(3)东西方价值观

刘世雄(2007)归纳出文化价值观的10个维度("人与宇宙""集体主义与个人主义""权力距离""男性化与女性化""不确定规避""时间导向""长期与短期

导向""归因导向与成果导向""情绪化与情绪中性""物质主义")。①

"人与宇宙"反映人们如何看待人类与大自然之间关系的维度,中国人崇尚"天人合一""以和为贵",西方人崇尚"天赋人权""人为万物之灵"。

"集体主义与个人主义"是关于如何处理个人与群体关系的维度,中国人强调"少数服从多数",西方人重视"人权高于政权"。

"权力距离"指社会组织中人们对权力不平等性的任何程度,中国人受到"三纲五常"等级制度的影响,权力距离大,西方人受到"人生来平等"观念的影响,权力距离小。

"男性化与女性化"用来评价某个社会男性或女性占统治地位的程度,中国人"男尊女卑""干得好不如嫁得好"思想比较严重,西方人"男女平等""性解放"思想活跃。

"不确定规避"反映人们对风险的敏感性,中国人"小心驶得万年船",西方人靠"试错"推动创新。

"时间导向"表明一个社会是注重过去、现在,还是将来,中国人认为"姜还是老的辣",西方人"及时行乐"。

"长期与短期导向"由儒家文化引出,中国人属于长期导向,与"克制""忍让"有关,西方人属于短期导向,与"张扬""直率"有关。

"归因导向与成果导向"指称人们看待事物发展是重过程还是重结果,中国人认为"成者为王,败者为寇",西方人实用主义色彩浓厚,认可"归因理论"。

"情绪化与情绪中性"表明情感流露的程度,中国人认为"大丈夫喜怒不形于色",圣经告诉西方人,神创造人类,是要他们得享"喜乐"。

"物质主义"表达对物质的重视程度,中国人重心灵,西方人重享受。

学术界对中国传统文化价值观和西方文化价值观、实用性文化价值观和象征性文化价值观的界定至今还没有形成共识。② Cheng,Hong 和 John C. Schweitzer 认为,典型的中国传统文化价值观有"社会地位""情感""集体主义""家庭""面子""尊老""传统""天人合一"等;典型的西方文化价值观有"享乐""财富""自由""征服自然""竞争""个人主义""现代感""性吸引""年轻"等等。③ 刘俊在总

---

① 刘世雄:《中国消费区域差异特征分析——基于中国当代文化价值的实证研究》,上海:上海三联书店 2007 年版,第 177—193 页。
② 冯捷蕴:《中国大陆的文化价值观:以 2004 年网络广告内容分析为例》,载《现代传播》2004 年第 5 期。
③ Cheng, Hong & John C. Schweitzer. "Cultural Values Reflected in Chinese and U. S. Television Commercials", *Journal of Advertising Research*, 1996, 36 (3):27-45.

结严复、冯友兰、李大钊和陈独秀四位前人论述的基础上,认为东方典型的价值观有"传统""尊老""集体主义""自然"等,西方典型的价值观有"现代""年轻""个人主义""竞争""冒险"等。① 如图10-1所示。

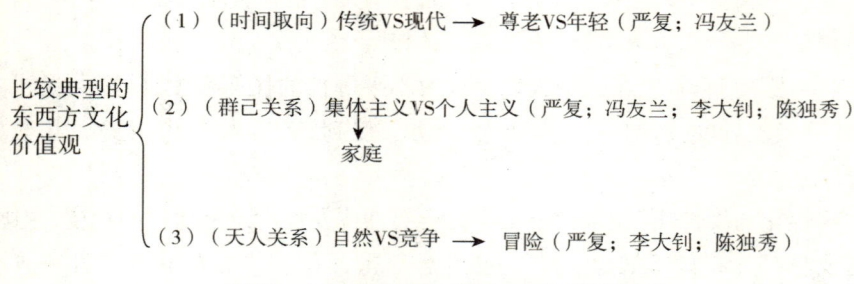

图10-1:比较典型的东西方文化价值观

本研究在前人研究成果基础上,结合刘世雄(2007)归纳出文化价值观的10个维度,选择"自然—技术""集体主义—个人主义""尊老—年轻""养护—竞争""安全—冒险""传统—现代""经济—享乐""流行—质量""礼仪—幽默""公益—财富"作为参照对象进行研究,归类如表10-3所示。

---

① 刘俊:《以〈南方周末〉为例看报纸广告中文化价值观的变迁(1987—2007)》,广州:暨南大学硕士论文2008年版,第18页。

表 10-3：东西方价值观维度

维度	测项	东西方价值观指标	
		东方价值观	西方价值观
人与宇宙	生死由命，富贵在天。顺天者昌，逆天者亡。谋事在人，成事在天。万事皆是命中注定。	自然	技术
集体主义与个人主义	家和万事兴。好东西应该跟大家分享。为团队的成功做出贡献是很应该的。为祖国服务是应该的。	集体主义	个人主义
权力距离	老板永远是对的。家有一老，如有一宝。长幼有序，尊卑有别。儿子应该听老子的话。	尊老	年轻
男性化和女性化	工作中为了别人不得罪人我可以放弃原则。在事业单位工作比在企业要好。我喜欢稳定而不是有挑战性的工作。我不认为名誉、地位、性、财富、权力是我人生的追求。	养护	竞争
不确定规避	拥有长期的职业安全感对我很重要。我喜欢压力小一些的工作。我不太喜欢冒险性运动。小心驶得万年船。	安全	冒险
时间导向	姜还是老的辣。不听老人言，吃亏在眼前。朋友还是老的好。老马识途。	传统	现代性
长期与短期导向	忍一时风平浪静，退一步海阔天空。小不忍则乱大谋。吃得苦中苦，方为人上人。有志者事竟成。成者为王，败者为寇。不管白猫黑猫，抓到老鼠的就是好猫。	经济 流行	享乐 质量

3. 操作性定义

40个文化价值观的操作性定义如下(以该广告第一价值诉求为例):

(1)美貌

美貌:使用某种产品可以提升个人魅力、优雅和好看度。

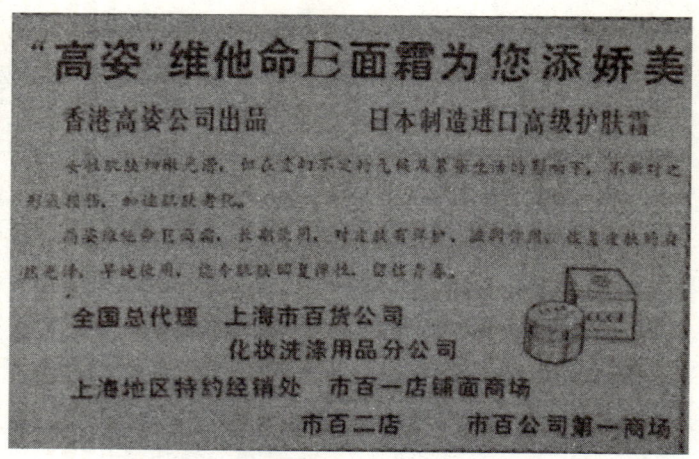

图10-2:美貌(《新民晚报》,1989年1月30日第5版)

(2)集体主义

集体主义:强调团结,个体是集体的组成部分。

图10-3:集体主义(《广州日报》,1994年7月30日第7版)

(3)竞争

竞争:某种产品采取入侵式比较,区别其他产品。可能明确提及竞争产品的名字,或含蓄标明"第一"以及"领导者"等。

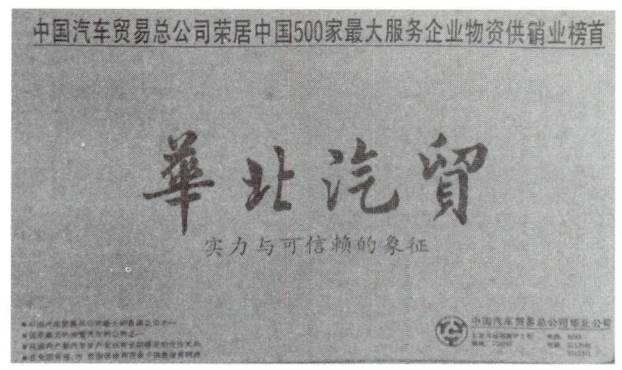

图10-4：竞争(《人民日报》,1992年4月30日第8版)

(4)便利

便利：强调方便,容易使用,或售后服务良好。

图10-5：便利(《北京日报》,1996年4月30日第2版)

(5)礼仪

礼仪：通过使用优雅可亲的语言,表达友好和礼貌。

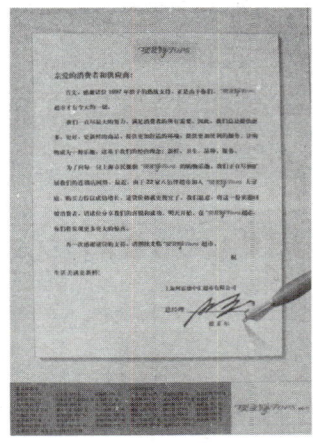

图10-6：礼仪(《新民晚报》,1997年7月30日第16版)

(6) 经济

经济:强调产品廉价、买得起、物有所值。

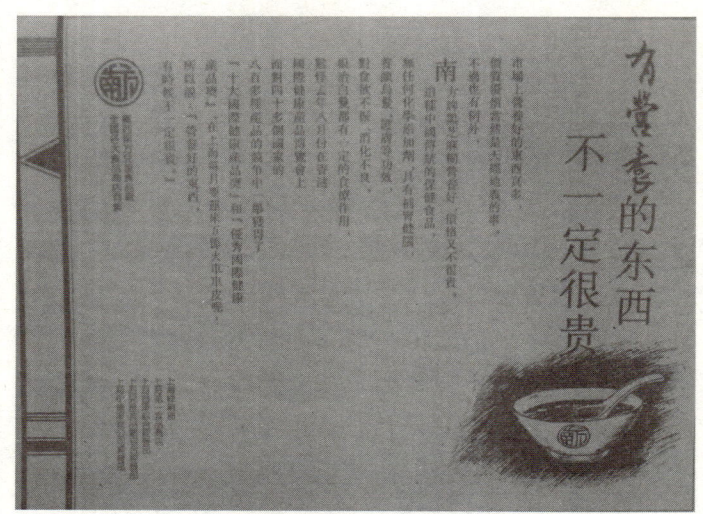

图10-7:经济(《新民晚报》,1993年1月30日第15版)

(7) 有效

有效:强调产品具有效力、能取得某种效果。

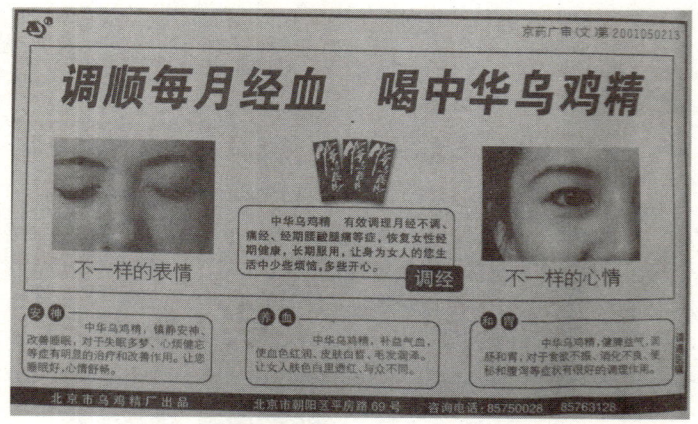

图10-8:有效(《北京日报》,2001年7月30日第12版)

(8) 享乐

享乐:强调产品能带来欢乐,如酒精饮料等带来的美妙感觉。

图 10-9:享乐(《新民晚报》,1995 年 10 月 30 日第 7 版)

(9) 家庭

家庭:强调产品能给家庭生活和家庭成员带来好处。

图 10-10:家庭(《北京日报》,1997 年 1 月 30 日第 4 版)

(10) 健康

健康:强调使用该产品能提高身体耐力、活力和力量。

图 10-11:健康(《新民晚报》,2007 年 1 月 30 日 A1 第 11 版)

(11)个人主义

个人主义:强调个体自我满足和自力更生,个体的独特性。

图 10-12:个人主义(《新民晚报》,1997 年 7 月 30 日第 16 版)

(12)休闲

休闲:强调使用该产品能带来舒适、放松和娱乐。

图 10-13:休闲(《新民晚报》,1993 年 1 月 30 日第 15 版)

(13)魔力

魔力:强调产品不可思议的效果,如迷住男人、魔幻效力等。

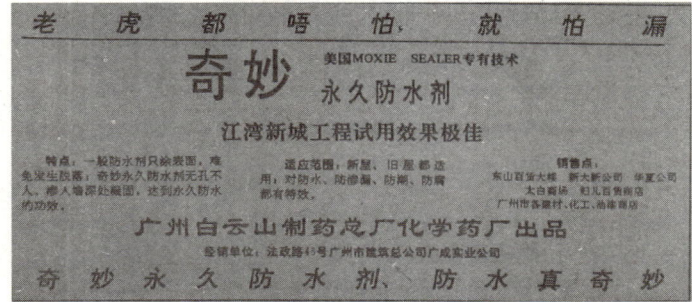

图 10-14:魔力(《广州日报》,1991 年 1 月 30 日第 7 版)

(14)现代性

现代性:强调新颖、现代、超前、尖端。

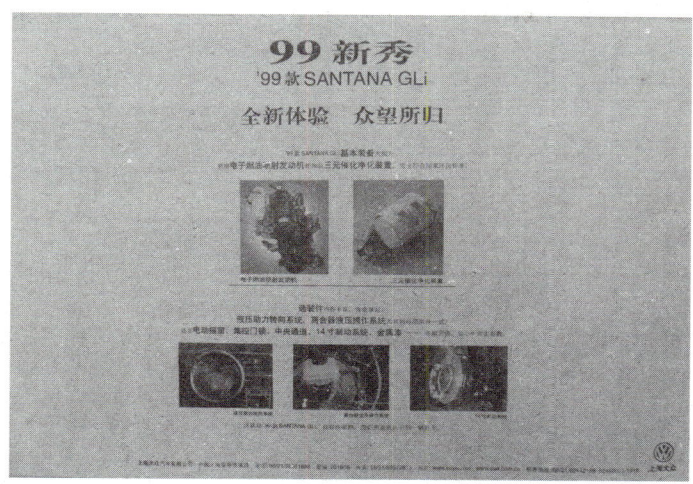

图 109-15:现代性(《北京日报》,1999 年 7 月 30 日第 4 版)

(15)自然

自然:通过产品与动物、植物或山水的关联,强调产品绿色环保、人与自然的和谐。

图 10-16:自然(《广州日报》,2001 年 4 月 30 日 A18 版)

(16)整洁
整洁:强调清洁和整齐。

图10-17:整洁(《北京日报》,1999年7月30日第9版)

(17)养护
养护:强调乐于助人、同情弱者、惩恶扬善,体现人文关怀。

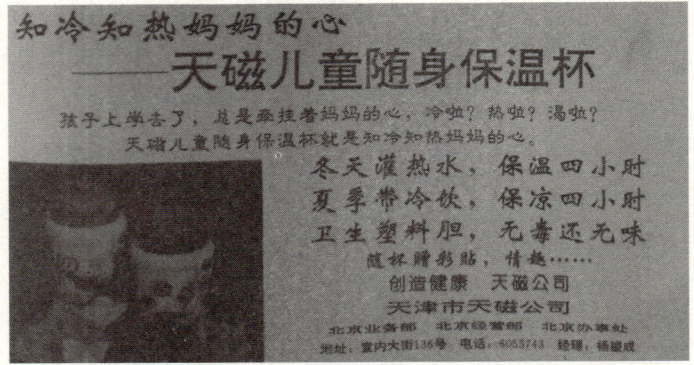

图10-18:养护(《北京日报》,1994年1月30日第3版)

(18)爱国主义
爱国主义:产品本身能为国家做贡献或使用该产品体现对国家的忠诚和热爱。

图10-19:爱国主义(《人民日报》,1995年10月30日第8版)

(19) 流行

流行:强调时尚、潮流或获普遍认可。

图10-20:流行(《新民晚报》,1996年4月30日第23版)

(20) 质量

质量:强调产品的优质、耐用,通常获得政府认证。

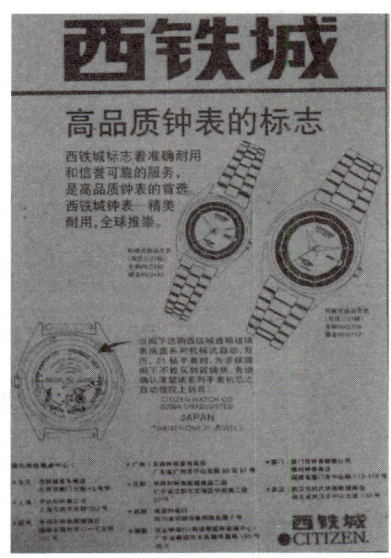

图10-21:质量(《新民晚报》,1994年1月30日第16版)

(21)尊老

尊老:通过使用长者代言、建议,表达对年长者的尊敬。

图 10-22:尊老(《北京日报》,2001 年 4 月 30 日第 12 版)

(22)安全

安全:强调产品可靠、安全。

图 10-23:安全(《北京日报》,1997 年 7 月 30 日第 6 版)

(23)性

性:使用性感模特,或两性背景促销产品。

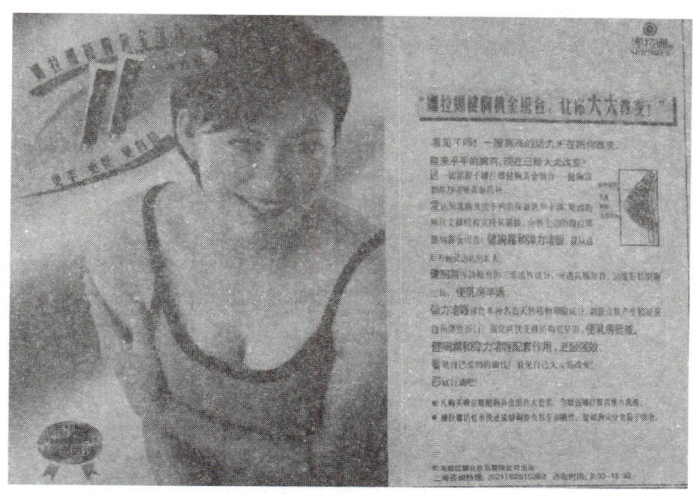

图10-24:性(《新民晚报》,1998年4月30日第31版)

(24)社会地位

社会地位:使用该产品可以提升社会地位,传递威严、自豪、品位。

图10-25:社会地位(《新民晚报》,2002年4月30日第48版)

(25)技术

技术:强调产品中的技术含量。

图10-26:技术(《新民晚报》,1996年10月30日第16版)

(26)传统

传统:对过去、习俗和规范的体验,如"8年制造经验"等。

图10-27:传统(《广州日报》,1992年1月30日第1版)

(27)独特

独特:强调产品的独一无二,如"唯一供销商"等。

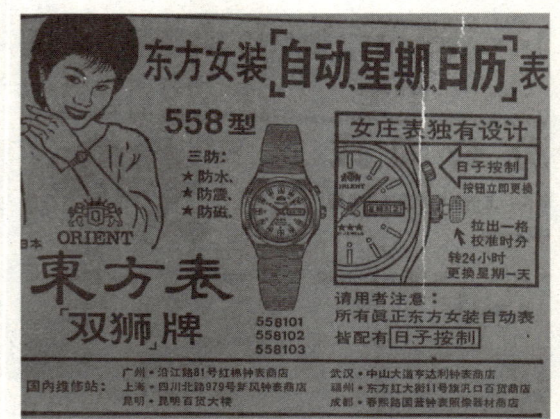

图10-28:独特(《广州日报》,1985年4月30日第3版)

(28)财富

财富:传递财富的重要性,使用该产品可以增加财富。

图 10-29:财富(《广州日报》,2001 年 4 月 30 日 B19 版)

(29)才智

才智:对知识、教育、智力、技能或经验的尊敬。

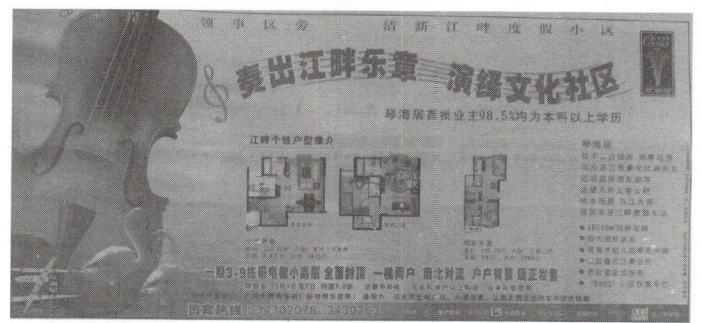

图 10-30:才智(《广州日报》,2001 年 4 月 30 日 A21 版)

(30)工作

工作:对勤奋工作的尊敬,如"我们一直在努力"。

图 10-31:工作(《北京日报》,1996 年 4 月 30 日第 8 版)

(31)年轻

年轻:使用年轻模特、对年轻的崇尚。

图 10-32:年轻(《新民晚报》,1993 年 1 月 30 日第 15 版)

(32)冒险

冒险:指大胆、勇敢、充满勇气或无畏、刺激,如极限运动、攀岩、冲浪、蹦极等即为典型的例子。

图10-33:冒险(《人民日报》,1998年4月30日第16版)

(33)送礼

送礼:买一送一,买产品送礼物等。

图10-34:送礼(《北京日报》,1995年1月30日第2版)

(34)爱情

爱情:产品能为男女双方增进感情。

图10-35:爱情(《北京日报》,2001年4月30日第12版)

(35)友情

友情:强调对朋友之间感情的珍惜和重视。

图10-36:友情(《广州日报》,1996年1月30日第6版)

(36)吉祥

吉祥:祝福,让人吉祥如意。

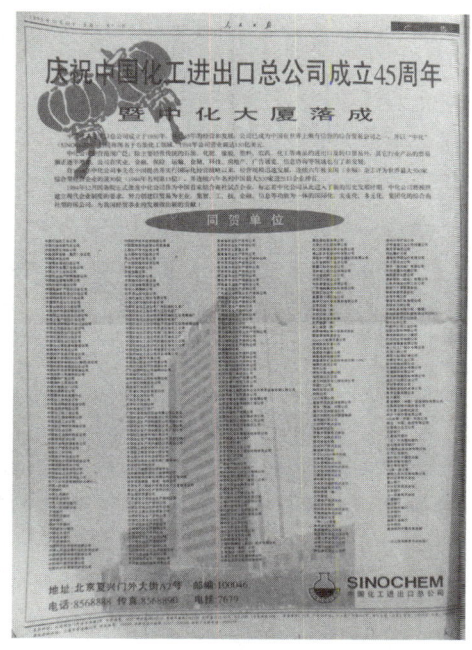

图 10－37:吉祥(《人民日报》,1995 年 10 月 30 日第 16 版)

(37)有用

有用:展示产品信息,表明对消费者有用。

北京市公安交通管理局
关于对人力客运三轮车
采取交通管理措施的通告

为加强本市人力三轮车客货运输业的交通管理,维护良好的交通秩序。根据《北京市道路交通管理规定》并经市人民政府批准,决定自 2001 年 2 月 1 日起,二环路(含)以内通行公共电汽车的道路,7时至22时,禁止人力客运三轮车通行。

特此通告

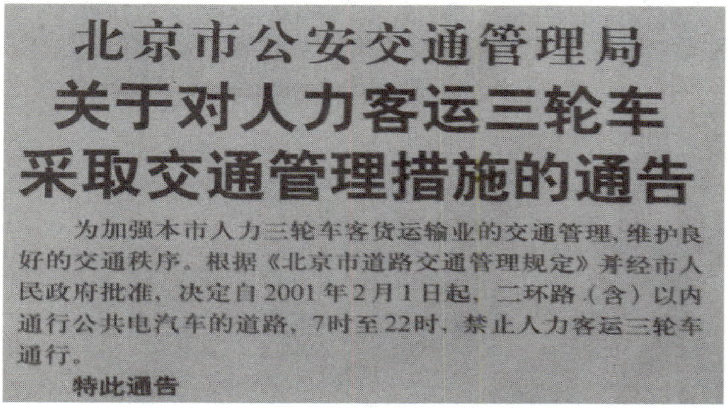

图 10－38:有用(《北京日报》,2001 年 1 月 30 日第 4 版)

(38)美观

美观:强调产品外观、外形。

图10-39:美观(《广州日报》,2001年4月30日A13版)

(39)公益

公益:强调企业赞助公众活动。

图10-40:公益(《人民日报》,2003年4月30日第8版)

(40)幽默

幽默:指广告创意令人发笑。

图10-41:幽默(《北京日报》,2001年10月30日第6版)

4. 统计

本研究所有的编码项目都是由研究主持人(林升梁)与相关专家严格按照抽样要求、本着"客观、真实、科学"的原则,对《人民日报》《北京日报》《新民晚报》《广州日报》四大报纸广告进行前测,在参照厦门大学历年来与内容分析有关的广告硕士论文基础上,不断纠正前人的编码标准而成。遇到模糊的编码,即与相关专家商讨修正,遇到广告的归属无法确定,即与相关专家共同讨论决定,因此内容效度得到了保证。参与编码的另有两位编码员,信度系数达0.86。汕头大学长江新闻与传播学院2010级13位硕士研究生、福建师范大学传播学院09级广告专业本科生、福建师范大学应用科技学院11级广告专业本科生(共124位)也参与了本研究《人民日报》《北京日报》《新民晚报》《广州日报》四大报纸广告价值观的抽样、编码、统计工作。

三、假说形成

本篇针对报纸广告深层内容的变迁,从三个角度剖析四大报纸广告价值观念的变迁:40种文化价值观、"实用性价值观"和"象征性价值观"、东西方价值观。

1. 40种文化价值观

就40种文化价值观的变迁而言,改革开放以来由于受到西方文化的影响,"今天的一切似乎都证明身体在心理和意识形态功能中取得了宗教性的地位。在消费的全套装备中,它比其他一切都要更美丽、更珍贵、更光彩夺目。它在广告、时尚、大众文化中完全出场:卫生保健学、营养学、医疗学统统围绕它小心伺候,青春、美貌、阳刚/阴柔之气的渴望时时萦绕心头,护理、饮食制度、美容、健身实践和身体快感神话成为优质生活不可或缺的内容"①。两性意识的开放,"美貌""性"和"爱情"逐渐登上舞台,成为人们饭后谈资。"传统"文化不断被消解,"家庭"观念弱化,"集体主义"和"爱国主义"意识逐渐淡薄,"个人主义"意识盛行,东西方文化价值观可能呈现此消彼长之势。② 中国现代化进程的加快,"工作""竞争""现代性""冒险"价值观凸显,人们更加强调"便利""有效""魔力""整洁""质量""安全""技术""独特""有用"等功能层面定位。消费意识的独立、行业规则的透明和社会文化的多元导致"流行""吉祥""美观""送礼"等人情价值定位削弱。随着经济水平的提高,人们开始重视"享乐""健康""休闲""自然""流行""财富""年轻",炫富和炫官行为的增多,"社会地位"价值诉求增加,勤劳节俭的"经济"价值观逐渐被抛弃。中国教育的普及,大学生就业难,读好书不一定意味着找到好工作,"才智"价值观可能降低。中国传统文化认为,"兄弟如手足""为朋友两肋插刀""路见不平,拔刀相助""友情""养护"和"公益"价值观可能不断增加。后现代主义的来临,80后和90后对解构权威"幽默"式的崇拜成为反传统一道亮丽的风景线,以"我"为中心的自我意识强烈,"礼仪"和"尊老"在他们看起来似乎不值一提。基于此,本研究提出以下四十个假设:

H_{10-1}:改革开放以来广告中"美貌"价值诉求出现比重不断增加;

H_{10-2}:改革开放以来广告中"集体主义"价值诉求出现比重不断减少;

H_{10-3}:改革开放以来广告中"竞争"价值诉求出现比重不断增加;

H_{10-4}:改革开放以来广告中"便利"价值诉求出现比重不断增加;

H_{10-5}:改革开放以来广告中"礼仪"价值诉求出现比重不断减少;

H_{10-6}:改革开放以来广告中"经济"价值诉求出现比重不断减少;

H_{10-7}:改革开放以来广告中"有效"价值诉求出现比重不断增加;

H_{10-8}:改革开放以来广告中"享乐"价值诉求出现比重不断增加;

H_{10-9}:改革开放以来广告中"家庭"价值诉求出现比重不断减少;

H_{10-10}:改革开放以来广告中"健康"价值诉求出现比重不断增加;

H_{10-11}:改革开放以来广告中"个人主义"价值诉求出现比重不断增加;

H_{10-12}:改革开放以来广告中"休闲"价值诉求出现比重不断增加;

---

① 王晓、付平:《欲望花窗:当代中国广告透视》,北京:中央编译出版社2004年版,第111页。
② 刘俊:《以〈南方周末〉为例看报纸广告中文化价值观的变迁(1987—2007)》,广州:暨南大学硕士论文2008年版,第22页。

H_{10-13}：改革开放以来广告中"魔力"价值诉求出现比重不断增加；
H_{10-14}：改革开放以来广告中"现代性"价值诉求出现比重不断增加；
H_{10-15}：改革开放以来广告中"自然"价值诉求出现比重不断增加；
H_{10-16}：改革开放以来广告中"整洁"价值诉求出现比重不断增加；
H_{10-17}：改革开放以来广告中"养护"价值诉求出现比重不断增加；
H_{10-18}：改革开放以来广告中"爱国主义"价值诉求出现比重不断减少；
H_{10-19}：改革开放以来广告中"流行"价值诉求出现比重不断减少；
H_{10-20}：改革开放以来广告中"质量"价值诉求出现比重不断增加；
H_{10-21}：改革开放以来广告中"尊老"价值诉求出现比重不断减少；
H_{10-22}：改革开放以来广告中"安全"价值诉求出现比重不断增加；
H_{10-23}：改革开放以来广告中"性"价值诉求出现比重不断增加；
H_{10-24}：改革开放以来广告中"社会地位"价值诉求出现比重不断增加；
H_{10-25}：改革开放以来广告中"技术"价值诉求出现比重不断增加；
H_{10-26}：改革开放以来广告中"传统"价值诉求出现比重不断减少；
H_{10-27}：改革开放以来广告中"独特"价值诉求出现比重不断增加；
H_{10-28}：改革开放以来广告中"财富"价值诉求出现比重不断增加；
H_{10-29}：改革开放以来广告中"才智"价值诉求出现比重不断减少；
H_{10-30}：改革开放以来广告中"工作"价值诉求出现比重不断增加；
H_{10-31}：改革开放以来广告中"年轻"价值诉求出现比重不断增加；
H_{10-32}：改革开放以来广告中"冒险"价值诉求出现比重不断增加；
H_{10-33}：改革开放以来广告中"送礼"价值诉求出现比重不断减少；
H_{10-34}：改革开放以来广告中"爱情"价值诉求出现比重不断增加；
H_{10-35}：改革开放以来广告中"友情"价值诉求出现比重不断增加；
H_{10-36}：改革开放以来广告中"吉祥"价值诉求出现比重不断减少；
H_{10-37}：改革开放以来广告中"有用"价值诉求出现比重不断增加；
H_{10-38}：改革开放以来广告中"美观"价值诉求出现比重不断减少；
H_{10-39}：改革开放以来广告中"公益"价值诉求出现比重不断增加；
H_{10-40}：改革开放以来广告中"幽默"价值诉求出现比重不断增加。

2."实用性价值观"和"象征性价值观"

就"实用性价值观"和"象征性价值观"的变迁而言，可以从三个角度来观察：不同时间段角度、不同企业性质角度和不同产品类别角度。盛洪和约翰·C·斯奇维兹在1996年对比中美电视广告中主导地位文化价值观表明，中国电视广告中的"实用性价值观"并没想象中的那么多。①

随着改革开放进程的加速,港澳台企业、合资企业和外资企业采用先进的品牌传播理念,引导中国广告超越产品功能性定位,逐渐向"象征性价值观"靠拢;中国大陆企业广告在其影响下,"象征性价值观"可能呈现不断攀升的趋势。

根据美国 FCB 广告公司的研究成果,FCB 网络矩阵(坐标系)是根据产品特性来划分产品种类的一种方法。在这个网络矩阵中,以"消费者参与程度的高低"为纵轴("高卷入型"为纵轴正方向,"低卷入型"为纵轴负方向),以"是思考型产品还是情感型产品"为横轴("情感型"为横轴正方向,"思考型"为横轴负方向),不同的产品种类分别处于四个象限的不同位置。如图10-42所示。②

高卷入

	象限二 思考型高卷入度 信息提供型(思考型人们) 模型:学习—感觉—行为	象限一 感觉型高卷入度 感觉型(感觉型人们) 模型:感觉—学习—行为	
思考型			感觉型
	象限三 思考型低卷入度 习惯形态(行动型人们) 模型:行为—学习—感觉	象限四 感觉型低卷入度 自我满足型(反应型人们) 模型:行为—感觉—学习	

低卷入

图10-42:FCB 网络矩阵

象限一:高卷入/感觉型。这类商品与个人自尊有着密切联系,注重消费者整体心理感受或自我的表现,而非细节信息。代表产品如珠宝首饰、时尚服饰等。象限二:高卷入/思考型。这类商品指投资较大、风险高的商品(如房产、家电等),消费者在购买决策时参考大量信息。象限三:低卷入/思考型。这类商品包括大多数食物、日用品等,商品带来的风险小,消费者无需对信息进行深度加工。象限四:低卷入/感觉型。这类商品主要指那些满足个人嗜好的商品,如烟酒、饮料等,它们往往不涉及产品功能、属性等差异,更多的是一种自我体验和自我满足。针

---

① Cheng, Hong & John C. Schweitzer. "Cultural Values Reflected in Chinese and U. S. Television Commercials" *Journal of Advertising Research*, 1996, 36 (3):27-45.
② 陶化冶:《基于卷入度的高卷入商品广告策略研究》,载《企业经济》2008年第9期。

对上述四个象限,我们分别选择高卷入/感觉型的"化妆品"(《人民日报》4 条、《北京日报》17 条、《新民晚报》45 条、《广州日报》70 条)、高卷入/思考型的"房地产"(《人民日报》12 条、《北京日报》129 条、《新民晚报》497 条、《广州日报》1812 条)、低卷入/思考型的"洗涤用品"(《人民日报》6 条、《北京日报》29 条、《新民晚报》26 条、《广州日报》50 条)、低卷入/感觉型的"饮料"(《人民日报》5 条、《北京日报》40 条、《新民晚报》17 条、《广州日报》70 条)为例进行研究。刘俊研究发现,相对于低卷入商品,高卷入商品更多诉求"象征性价值观"。①

基于此,本研究提出以下三个假设:

H_{10-41}:改革开放以来广告中"实用性价值观"随时间推移比重不断降低;

H_{10-42}:改革开放以来外资企业广告中"象征性价值观"比重比中国大陆企业多;

H_{10-43}:改革开放以来高卷入度产品的广告更多诉求"象征性价值观"。

3. 东西方价值观

随着中国加入 WTO,中外交流日益活跃,西方价值观对中国人尤其是中国年轻人的影响不言而喻,东方价值观不断受到挑战和侵蚀。刘世雄(2007)归纳出文化价值观的 10 个维度("人与宇宙""集体主义与个人主义""权力距离""男性化与女性化""不确定规避""时间导向""长期与短期导向""归因导向与成果导向""情绪化与情绪中性""物质主义")。基于此,本研究提出以下十个假设:

H_{10-44}:改革开放以来广告中"人与宇宙"维度的东方价值诉求出现比重不断减少;

H_{10-45}:改革开放以来广告中"集体主义与个人主义"维度的东方价值诉求出现比重不断减少;

H_{10-46}:改革开放以来广告中"权力距离"维度的东方价值诉求出现比重不断减少;

H_{10-47}:改革开放以来广告中"男性化与女性化"维度的东方价值诉求出现比重不断减少;

H_{10-48}:改革开放以来广告中"不确定规避"维度的东方价值诉求出现比重不断减少;

H_{10-49}:改革开放以来广告中"时间导向"维度的东方价值诉求出现比重不断减少;

---

① 刘俊:《以〈南方周末〉为例看报纸广告中文化价值观的变迁(1987—2007)》,广州:暨南大学硕士论文 2008 年版,第 46 页。

H_{10-50}：改革开放以来广告中"长期与短期导向"维度的东方价值诉求出现比重不断减少；

H_{10-51}：改革开放以来广告中"归因导向与成果导向"维度的东方价值诉求出现比重不断减少；

H_{10-52}：改革开放以来广告中"情绪化与情绪中性"维度的东方价值诉求出现比重不断减少；

H_{10-53}：改革开放以来广告中"物质主义"维度的东方价值诉求出现比重不断减少。

4. 阶段划分

在广告价值观历时性研究过程中，首先遇到的难题是如何科学、有效划分各个阶段的问题。改革开放30年以来，不同的学者或著作对广告各个历史阶段的划分不尽相同：Xin Zhao 对《人民日报》的划分是1979—1983、1983—1984、1984—1988、1989—1992、1992年以后五个阶段；①刘俊对《南方周末》的划分是1987—1997、1997—2007 两个阶段；②蒋亦斌对《新民晚报》的划分是1978—1985、1985—1992、1993—1998、1998年以后四个阶段；③陈素白对中国流行广告语的划分是1979—1985、1986—1991、1992—1998、1999—2009 四个阶段；④《中国广告猛进史：1979—2003》按广告营业额增长速度，把改革开放30年广告传播分为六个阶段：1979—1982（萌动发展期）、1983—1985（高速发展期，年增长率59.24%）、1986—1991（快速发展期，年增长率34.14%）、1992—1994（超高速发展期，年增长率80.11%）、1995—1997（快速发展期，年增长率32.21%）、1998—2003（稳步发展期，年增长率15.21%）。⑤林升梁通过个案调查划分五个阶段：产品力阶段（1979—1983）、文化力阶段（1984—1993）、媒介力阶段（1994—1997）、营销力阶段（1998—2003）和品牌力阶段（2004—2008）。⑥ 上述划分的角度，多数从时代背

---

① Xin Zhao. "Adeology: Advertising as a Battlefield of Rival Ideology in Transitional China", David Eccles School of Business, the University of Utah, May, 2005: 47 – 113.
② 刘俊：《以〈南方周末〉为例看报纸广告中文化价值观的变迁（1987 – 2007）》，广州：暨南大学硕士论文2008年版，第33页。
③ 蒋亦斌：《当代中国消费观念变迁解读——从广告传播表现看当代中国消费观念变迁》，武汉：武汉大学硕士论文2005年版，第22—35页。
④ 陈素白：《时代变迁中的价值推演：当代中国流行广告语的内容分析（1979—2009）》，载《现代广告·学刊》2011年第11期。
⑤ 国际广告杂志社、北京广播学院广告学院、IAI 国际广告研究所：《中国广告猛进史：1979—2003》，北京：华夏出版社2004年版，第1—2页。
⑥ 林升梁：《30年广告镜像：社会价值观念的嬗变（1979—2008）》，载《广告研究》2009年第6期。

景、宏观事件发生的角度切入,先入为主,采用演绎法而非归纳法,思辨居多,几无实证支持,因而成为百家之谈、缺少可信度。

  为了解决上述难题,同时为了研究方便,笔者在后续的研究中采用并调整了被引用较多的三种阶段划分的拐点(刘俊的三阶段划分法、陈素白的四阶段划分法、林升梁的五阶段划分法)作为参照进行实证研究(研究主题为各阶段广告中体现的价值观的变迁),首先确定哪种划分方法适合四大报纸广告价值观的变迁研究,再从三个角度切入分析四大报纸广告价值观念的变迁:40种文化价值观、"实用性价值观"和"象征性价值观"、东西方价值观。

第十一章

改革开放以来《人民日报》《北京日报》《新民晚报》《广州日报》广告价值观变迁研究

一、引言

法国广告评论家罗贝尔·拉兰说过,我们呼吸着的空气,是由氧气、氮气和广告组成的。的确,广告不仅是社会发展的一面镜子,而且是社会发展的一张晴雨表。作为意识形态的一种形式,广告与经济基础相适应,经济基础的变动是现代广告发生、发展的原动力,它敏锐地感受、反映社会经济状况的细微波动。因此,任何广告都不可能仅仅是经济行为,它在传达产品信息的时候,同时也肩负着传播文化的使命。考察广告在社会发展过程中的地位和作用,不能仅仅停留在经济行为的表层,还应从文化角度予以考察并揭示广告发生发展的哲学基础以及蕴涵其后的政治、经济、文化等背景。

杨宜音(1998)在梳理文化价值观研究状况后称:"共时性分析价值观的变迁相对较多,但历时性分析价值观方面的研究比较薄弱,因为西方社会发展已经很成熟,也很稳定。而中国社会自新中国成立以来发生了翻天覆地的变化,这种急剧的变动为价值观历时性研究提供了很有利的条件。"①

基于此,笔者试图通过对《人民日报》《北京日报》《新民晚报》与《广州日报》四大主流报纸改革开放三十多年来广告的内容分析,从数据中描述现状、发现问题、总结规律,从广告传播角度管窥中国社会价值观念的变迁。

本研究选择改革开放以来(1978—2011)《人民日报》《北京日报》《新民晚报》《广州日报》四大报纸(不含海外版)广告深层内容作为研究对象(抽样方法为等距抽样,每年各抽取四份报纸:1月30日、4月30日、7月30日、10月30日),四大报纸共抽取528份(其中《人民日报》《北京日报》《广州日报》从1978—2011年间抽取各136份,《新民晚报》从1982—2011年间抽取120份②),得到23546条广

---

① 杨宜音:《社会心理领域的价值观研究述要》,载《中国社会科学》1998年第2期。
② 《新民晚报》改革开放以来从1982年开始复刊。

告、30404 种价值诉求,平均每条 1.29 种价值诉求,如表 11 - 1 所示。

表 11 - 1：四大报纸广告总数和平均价值诉求比较

	总数(条)	总价值诉求(种)	平均价值诉求(种)
《人民日报》	1310	1544	1.18
《北京日报》	6595	6684	1.01
《新民晚报》	4989	7695	1.54
《广州日报》	10652	14481	1.36
总计	23546	30404	1.29

统计表明,就广告总价值诉求而言,《广州日报》最多,其次是《新民晚报》,再次为《北京日报》,《人民日报》最少;就平均价值诉求而言,《新民晚报》最多,其次是《广州日报》,再次为《人民日报》,《北京日报》最少。《人民日报》招聘招标启事展销类广告很少,降低了单一诉求的比重,因而平均价值诉求略高于《北京日报》;《北京日报》广告平均价值诉求最少,因其文娱影视戏剧类(1468 条,第一名)和招聘招标启事展销类(470 条,第三名)广告数量繁多,诉求单一;《新民晚报》广告平均价值诉求最多,因其房地产广告较少运用分类广告的形式,而较多运用大版面、多价值诉求的形式;《广州日报》广告招聘招标启事展销类(2074 条,第一名)、房地产(1812 条,第二名)和文娱影视戏剧(818 条,第四名)广告数量繁多,多数以分类广告形式存在,诉求单一,导致其平均价值诉求低于《新民晚报》。总体上看,每则广告的"价值漂浮度"《新民晚报》最高,其次是《广州日报》,再次是《人民日报》,《北京日报》最低,侧面反映出报纸广告经营的精致程度。

二、阶段划分

对于改革开放以来大陆广告价值观变迁的阶段划分,目前采用较多的是三位学者从时代变迁的宏观角度进行主观判断:刘俊的三阶段划分法(1978—1986、1987—1997、1998—2011)、陈素白的四阶段划分法(1978—1985、1986—1991、1992—1998、1999—2009)、林升梁的五阶段划分法(1978—1983、1984—1993、1994—1997、1998—2003、2004—2008)。

对刘俊的划分法、陈素白的划分法、林升梁的划分法进行卡方分析(Linear - by - Linear Association 统计量检验),我们如何知悉上述三种划分法哪种更适合报纸广告价值观的变迁? 在此类统计推断中,要遵守"显著性最多原则"来判断划分法的科学性,即哪种划分法使结果呈现的价值观指标出现最多的统计学上的显著意义($p<0.05$),哪种划分方法就最有效。如果某种划分法导致几个阶段都无显著性指标,那么该划分法就是失败的,因为它把本该有的历时性变迁信息给隐藏起来了,因此,隐藏信息越少,即显著性指标越多,该划分法就越好。[6]

对《人民日报》《北京日报》《新民晚报》和《广州日报》四大报纸广告的三种划分法分别进行卡方分析,《人民日报》Linear-by-Linear Association 统计量检验分别得到 15 个、16 个、17 个文化价值观指标具有统计学上的显著意义,《北京日报》Linear-by-Linear Association 统计量检验分别得到 29 个、33 个、35 个文化价值观指标具有统计学上的显著意义,《新民晚报》Linear-by-Linear Association 统计量检验分别得到 13 个、12 个、18 个文化价值观指标具有统计学上的显著意义,《广州日报》Linear-by-Linear Association 统计量检验分别得到 33 个、33 个、34 个文化价值观指标具有统计学上的显著意义。根据"显著性最多原则",统计表明,上述三种划分法中,改革开放以来(1978—2011)四大报纸广告价值观的变迁具有时段上的一致性,即均认为林升梁的划分法(1978—1983、1984—1993、1994—1997、1998—2003、2004—2008)是最适合的。

一些对象如果有某种稳定的价值表现形式,应该不是偶然的现象,最容易联系的是和文化的形塑有关。我们选择林升梁的划分法进行分析。

三、数据结果与分析

四大报纸广告 40 种文化价值观变迁的比较研究

1. 四大报纸广告价值观显著指标比较

表 11-2:四大报纸广告价值观显著指标比较

文化价值观 (共40个指标)		《人民日报》	《北京日报》	《新民晚报》	《广州日报》	共同显著指标
		17 个显著	35 个显著	18 个显著	34 个显著	6 个显著
1	美貌		*		*	
2	集体主义	*	*			
3	竞争	*	*	*		
4	便利		*	*	*	
5	礼仪	*		*	*	
6	经济	*	*	*	*	*
7	有效		*	*	*	

续表

文化价值观（共40个指标）	《人民日报》17个显著	《北京日报》35个显著	《新民晚报》18个显著	《广州日报》34个显著	共同显著指标 6个显著
8 享乐		*	*	*	
9 家庭		*		*	
10 健康	*	*		*	
11 个人主义	*	*		*	
12 休闲	*	*	*	*	*
13 魔力		*		*	
14 现代性		*	*	*	
15 自然	*	*		*	
16 整洁		*		*	
17 养护	*	*		*	
18 爱国主义	*	*			
19 流行		*		*	
20 质量	*	*	*	*	*
21 尊老		*		*	
22 安全		*		*	
23 性				*	
24 社会地位	*	*		*	
25 技术		*	*	*	
26 传统		*			
27 独特		*	*	*	
28 财富	*	*	*	*	*
29 才智		*	*		
30 工作	*	*		*	
31 年轻		*		*	
32 冒险			*		
33 送礼		*	*	*	
34 爱情		*		*	
35 友情					

续表

文化价值观 （共40个指标）	《人民日报》	《北京日报》	《新民晚报》	《广州日报》	共同显著指标
	17个显著	35个显著	18个显著	34个显著	6个显著
36 吉祥		*	*	*	
37 有用	*	*	*	*	*
38 美观			*		
39 公益	*	*	*	*	*
40 幽默					

注：*表示 Sig.＜0.05，具有统计学上的显著意义。

在40种文化价值观指标里，《人民日报》广告价值观按频数排名前六的依次是："有用""质量""便利""竞争""经济""现代性"；《北京日报》按频数排名前六的依次是："有用""便利""质量""经济""享乐""技术"；《新民晚报》按频数排名前六的依次是："有用""经济""便利""质量""有效""现代性"；《广州日报》按频数排名前六的依次是："有用""经济""有效""健康""便利""质量"。四大报纸广告价值观共通的基因是："有用""质量""便利""经济"，表明四大报纸都以"实用"为广告基调。《人民日报》广告独有的基因是："竞争"和"现代性"，符合《人民日报》广告特有的品质"科学发展观"。《北京日报》广告独有的基因是："享乐"和"技术"，符合《北京日报》广告特有的品质"务实观"。《新民晚报》广告独有的基因是："有效"和"现代性"，符合《新民晚报》广告特有的品质"平民观"。《广州日报》广告独有的基因是："有效"和"健康"，符合《广州日报》广告特有的品质"市场观"。

统计表明（表11－2），在40种文化价值观指标中，《北京日报》和《广州日报》广告价值观显著性指标较多，表明两大报纸在广告价值的变动上更为频繁；《人民日报》和《新民晚报》广告价值观显著性指标较少，表明两大报纸在广告价值的变动上比较平稳。四大报纸广告都涉及的显著性指标有六个，它们分别是："经济""休闲""质量""财富""有用""公益"，表明上述六个指标是改革开放以来广告价值诉求中最易变动的因子。

2. 四大报纸广告价值观显著指标接受原假设情况比较

表11-3:四大报纸广告价值观显著指标接受原假设情况比较

研究假设	检定结果			
	《人民日报》	《北京日报》	《新民晚报》	《广州日报》
H_{4-1}:改革开放以来广告中"美貌"价值诉求出现比重不断增加。				√
H_{4-2}:改革开放以来广告中"集体主义"价值诉求出现比重不断减少。				
H_{4-3}:改革开放以来广告中"竞争"价值诉求出现比重不断增加。				
H_{4-4}:改革开放以来广告中"便利"价值诉求出现比重不断增加。				
H_{4-5}:改革开放以来广告中"礼仪"价值诉求出现比重不断减少。				
H_{4-6}:改革开放以来广告中"经济"价值诉求出现比重不断减少。	√			
H_{4-7}:改革开放以来广告中"有效"价值诉求出现比重不断增加。				
H_{4-8}:改革开放以来广告中"享乐"价值诉求出现比重不断增加。				
H_{4-9}:改革开放以来广告中"家庭"价值诉求出现比重不断减少。				
H_{4-10}:改革开放以来广告中"健康"价值诉求出现比重不断增加。		√		
H_{4-11}:改革开放以来广告中"个人主义"价值诉求出现比重不断增加。				
H_{4-12}:改革开放以来广告中"休闲"价值诉求出现比重不断增加。				
H_{4-13}:改革开放以来广告中"魔力"价值诉求出现比重不断增加。				

续表

研究假设	检定结果			
	《人民日报》	《北京日报》	《新民晚报》	《广州日报》
H_{4-14}：改革开放以来广告中"现代性"价值诉求出现比重不断增加。				√
H_{4-15}：改革开放以来广告中"自然"价值诉求出现比重不断增加。	√			√
H_{4-16}：改革开放以来广告中"整洁"价值诉求出现比重不断增加。				
H_{4-17}：改革开放以来广告中"养护"价值诉求出现比重不断增加。				
H_{4-18}：改革开放以来广告中"爱国主义"价值诉求出现比重不断减少。				
H_{4-19}：改革开放以来广告中"流行"价值诉求出现比重不断减少。				
H_{4-20}：改革开放以来广告中"质量"价值诉求出现比重不断增加。				
H_{4-21}：改革开放以来广告中"尊老"价值诉求出现比重不断减少。				
H_{4-22}：改革开放以来广告中"安全"价值诉求出现比重不断增加。				
H_{4-23}：改革开放以来广告中"性"价值诉求出现比重不断增加。				
H_{4-24}：改革开放以来广告中"社会地位"价值诉求出现比重不断增加。	√			
H_{4-25}：改革开放以来广告中"技术"价值诉求出现比重不断增加。				
H_{4-26}：改革开放以来广告中"传统"价值诉求出现比重不断减少。				
H_{4-27}：改革开放以来广告中"独特"价值诉求出现比重不断增加。			√	

续表

研究假设	检定结果			
	《人民日报》	《北京日报》	《新民晚报》	《广州日报》
H_{4-28}：改革开放以来广告中"财富"价值诉求出现比重不断增加。			√	√
H_{4-29}：改革开放以来广告中"才智"价值诉求出现比重不断减少。				
H_{4-30}：改革开放以来广告中"工作"价值诉求出现比重不断增加。				
H_{4-31}：改革开放以来广告中"年轻"价值诉求出现比重不断增加。		√		
H_{4-32}：改革开放以来广告中"冒险"价值诉求出现比重不断增加。			√	
H_{4-33}：改革开放以来广告中"送礼"价值诉求出现比重不断减少。				
H_{4-34}：改革开放以来广告中"爱情"价值诉求出现比重不断增加。				
H_{4-35}：改革开放以来广告中"友情"价值诉求出现比重不断增加。				
H_{4-36}：改革开放以来广告中"吉祥"价值诉求出现比重不断减少。				
H_{4-37}：改革开放以来广告中"有用"价值诉求出现比重不断增加。				
H_{4-38}：改革开放以来广告中"美观"价值诉求出现比重不断减少。				
H_{4-39}：改革开放以来广告中"公益"价值诉求出现比重不断增加。			√	
H_{4-40}：改革开放以来广告中"幽默"价值诉求出现比重不断增加。				

注："√"表示接受原假设。

统计表明(表11-3),《新民晚报》和《广州日报》广告价值观显著指标接受原假设个数最多,达4个;《人民日报》广告价值观显著指标接受原假设个数紧跟其后,达3个;《北京日报》广告价值观显著指标接受原假设个数最少,仅2个。广告价值观显著指标接受原假设个数的多寡反映了报纸广告价值观的波动与社会价值观波动的一致性程度,因此,《新民晚报》和《广州日报》广告价值观与社会价值观波动的一致性程度较高,其次是《人民日报》,《北京日报》广告价值观与社会价值观波动的一致性程度最低。

(二)四大报纸广告"实用性价值观"和"象征性价值观"变迁的比较研究

1. 四大报纸广告时间角度交叉分析比较

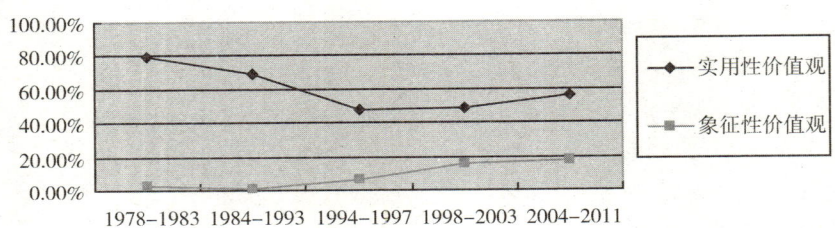

图11-1:《人民日报》广告时间角度交叉分析(百分比)

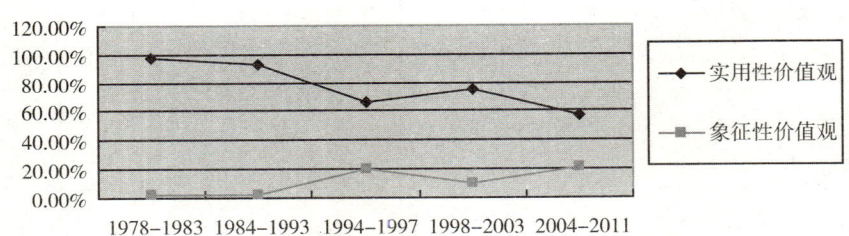

图11-2:《北京日报》广告时间角度交叉分析(百分比)

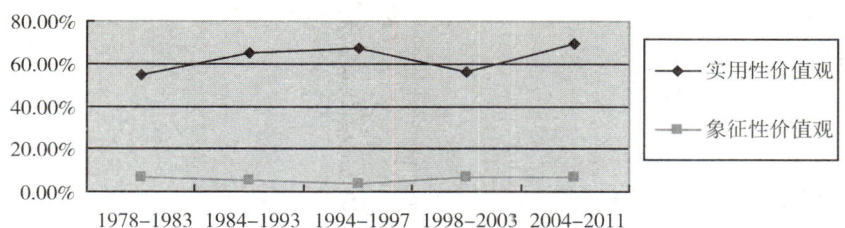

图 11-3:《新民晚报》广告时间角度交叉分析(百分比)

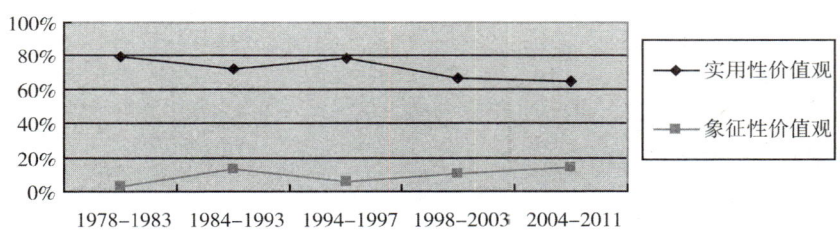

图 11-4:《广州日报》广告时间角度交叉分析(百分比)

"实用性价值观"比重反映报纸广告注重产品功能性价值的程度,"象征性价值观"反映报纸广告注重产品精神性价值的程度。统计表明(图 11-1、图 11-2、图 11-3、图 11-4),四大报纸广告的"实用性价值观"比重在每个阶段都处于绝对优势,表明四大报纸广告都比较注重产品的功能性价值,但"实用性价值观"比重并未随时间推移不断上升。《人民日报》和《北京日报》"象征性价值观"比重在第一阶段和第二阶段都很低,表明两大报纸广告在第一阶段和第二阶段广告理念停留在"市场供不应求"的状态,但到第三阶段、第四阶段和第五阶段,"象征性价值观"比重开始攀升,甚至略高于《新民晚报》和《广州日报》,表明《人民日报》和《北京日报》开始意识到调节广告精神性价值的必要性。

2. 四大报纸广告企业性质角度交叉分析比较

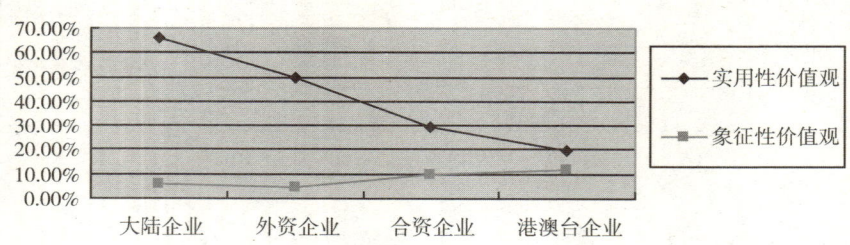

图 11-5:《人民日报》企业性质角度交叉分析(百分比)

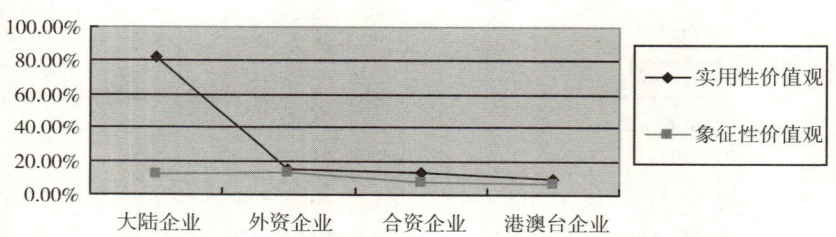

图 11-6:《北京日报》企业性质角度交叉分析(百分比)

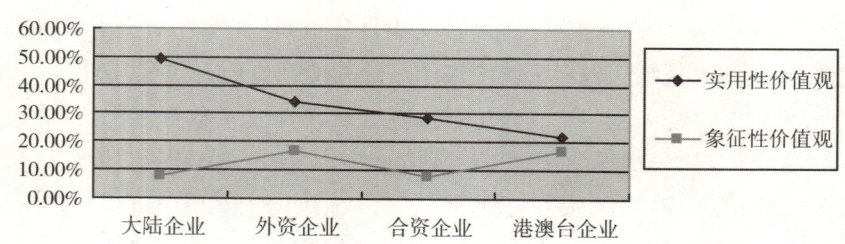

图 11-7:《新民晚报》企业性质角度交叉分析(百分比)

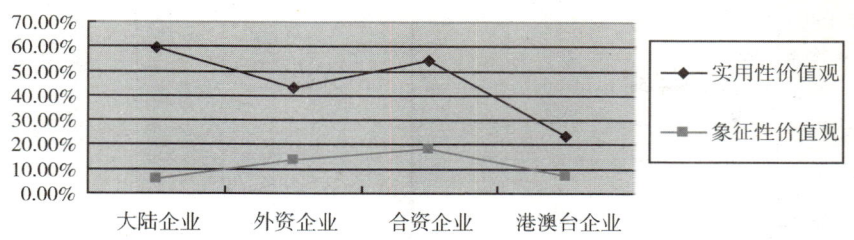

图 11-8：《广州日报》企业性质角度交叉分析（百分比）

统计表明（图 11-5、图 11-6、图 11-7、图 11-8），四大报纸广告不论是大陆企业，还是外资企业、合资企业、港澳台企业，"实用性价值观"比重都处于优势。仅《人民日报》大陆企业广告的"象征性价值观"比重略高于外资企业广告中"象征性价值观"比重，《北京日报》《新民晚报》和《广州日报》外资企业广告的"象征性价值观"比重均高于大陆企业广告中"象征性价值观"比重。四大报纸中港澳台企业广告的"实用性价值观"和"象征性价值观"比重均比较接近。

3. 四大报纸广告产品类别角度交叉分析比较

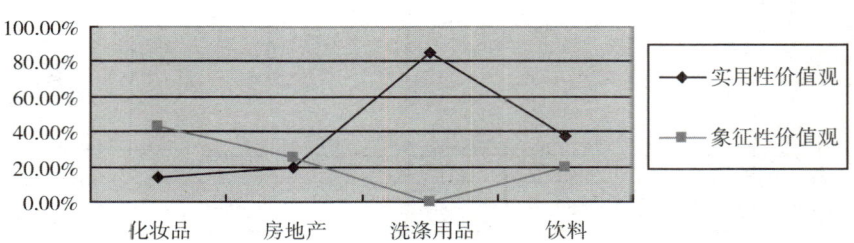

图 11-9：《人民日报》产品类别角度交叉分析（百分比）

155

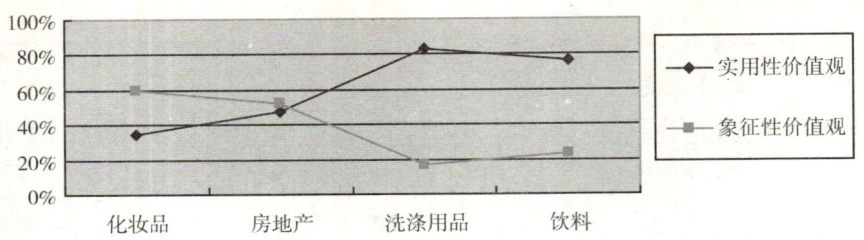

图11-10:《北京日报》产品类别角度交叉分析(百分比)

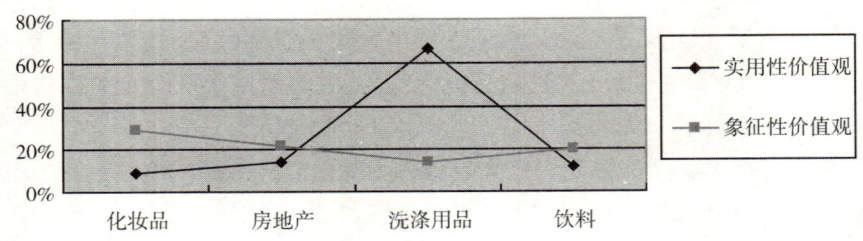

图11-11:《新民晚报》产品类别角度交叉分析(百分比)

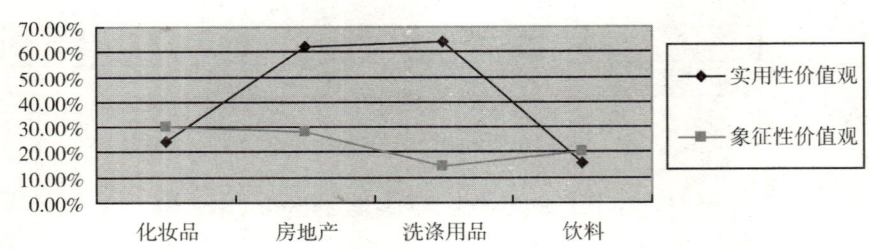

图11-12:《广州日报》产品类别角度交叉分析(百分比)

统计表明(图11-9、图11-10、图11-11、图11-12),就《人民日报》和《北京日报》而言,不论是高卷入/感觉型的"化妆品"还是高卷入/思考型的"房地产","象征性价值观"比重均高于"实用性价值观";不论是低卷入/思考型的"洗涤用品"还是低卷入/感觉型的"饮料","实用性价值观"比重均高于"象征性价值观"。

就《新民晚报》而言,不论是高卷入/感觉型的"化妆品"、高卷入/思考型的"房地产",还是低卷入/感觉型的"饮料","象征性价值观"比重均高于"实用性价值观";对于低卷入/思考型的"洗涤用品","实用性价值观"比重高于"象征性价值观"。

就《广州日报》而言,对于高卷入/感觉型的"化妆品"和低卷入/感觉型的"饮料","象征性价值观"比重高于"实用性价值观";对于高卷入/思考型的"房地产"和低卷入/思考型的"洗涤用品","实用性价值观"比重高于"象征性价值观"。

从"象征性价值观"比重排名情况看,相对于低卷入度产品类别,《人民日报》《北京日报》《新民晚报》和《广州日报》高卷入度产品类别的广告均更多诉求"象征性价值观"。

(三)四大报纸广告东西方价值观变迁的比较研究

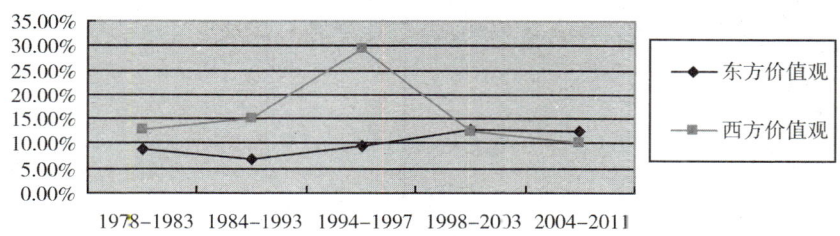

图11-13:《人民日报》东西方价值观维度(百分比)

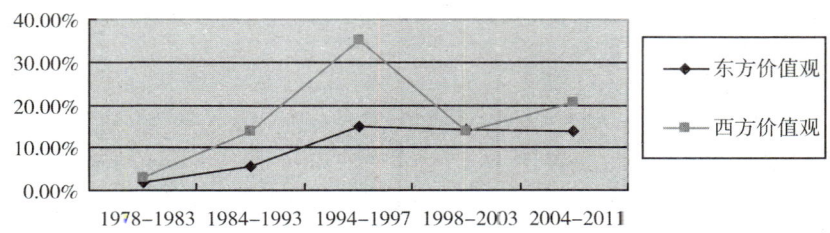

图11-14:《北京日报》东西方价值观维度(百分比)

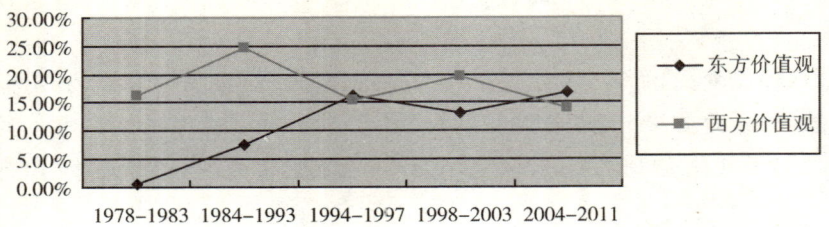

图 11 – 15:《新民晚报》东西方价值观维度(百分比)

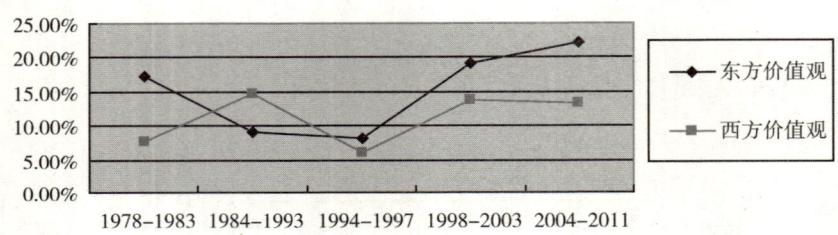

图 11 – 16:《广州日报》东西方价值观维度(百分比)

统计表明(图 11 – 13、图 11 – 14、图 11 – 15、图 11 – 16),四大报纸广告在五个阶段东西方价值观波动中,《人民日报》东方价值观比重有两个阶段超越西方价值观,《北京日报》东方价值观比重有一个阶段超越西方价值观,《新民晚报》东方价值观比重有两个阶段超越西方价值观,《广州日报》东方价值观比重有四个阶段超越西方价值观。《广告日报》广告本土诉求价值最多,这与广州是中国本土广告公司做得最好的城市有关。

从东西方价值观波动的一致性程度我们可以看出四大报纸广告的自由程度:《新民晚报》广告价值观最为自由,仅第一阶段到第二阶段东西方价值观波动趋势一致,显示出《新民晚报》广告调控的痕迹最少;《人民日报》广告价值观自由程度排名第二,第二阶段到第三阶段、第四阶段到第五阶段东西方价值观波动趋势一致,显示出《人民日报》广告调控的痕迹不多;《广州日报》广告价值观自由程度排名第三,第二阶段到第三阶段、第三阶段到第四阶段、第四阶段到第五阶段东西方价值观波动趋势一致,显示出《广州日报》广告调控痕迹较多;《北京日报》并列第三,第一阶段到第二阶段、第二阶段到第三阶段、第三阶段到第四阶段东西方价值观波动趋势一致。

四、小结

通过对《人民日报》《北京日报》《新民晚报》和《广州日报》四大报纸广告深层内容(三个角度:40种文化价值观、"实用性价值观"和"象征性价值观"、东西方价值观)变迁的比较研究,我们可以得到以下启示:

1. 四大报纸40种文化价值观变迁的比较研究

就广告总价值诉求而言,《广州日报》最多,其次是《新民晚报》,再次为《北京日报》,《人民日报》最少;就平均价值诉求而言(每则广告的"价值漂浮度"),《新民晚报》最多,其次是《广州日报》,再次为《人民日报》,《北京日报》最少,侧面反映出报纸广告经营的精致程度。

在40种文化价值观指标中,四大报纸广告价值观共通的基因是:"有用""质量""便利""经济",表明四大报纸都以"实用"为广告基调。《人民日报》广告独有的基因是:"竞争"和"现代性",符合《人民日报》广告特有的品质"科学发展观"。《北京日报》广告独有的基因是:"享乐"和"技术",符合《北京日报》广告特有的品质"务实观"。《新民晚报》广告独有的基因是:"有效"和"现代性",符合《新民晚报》广告特有的品质"平民观"。《广州日报》广告独有的基因是:"有效"和"健康",符合《广州日报》广告特有的品质"市场观"。

《北京日报》和《广州日报》广告价值观显著性指标较多,表明两大报纸在广告价值的变动上更为频繁;《人民日报》和《新民晚报》广告价值观显著性指标较少,表明两大报纸在广告价值的变动上比较平稳。四大报纸广告都涉及的显著性指标有六个:"经济""休闲""质量""财富""有用""公益",表明上述6个指标是改革开放以来广告价值诉求中最易变动的因子。

《新民晚报》和《广州日报》广告价值观显著指标接受原假设个数最多,达4个;《人民日报》广告价值观显著指标接受原假设个数紧跟其后,达3个;《北京日报》广告价值观显著指标接受原假设个数最少,仅2个。广告价值观显著指标接受原假设个数的多寡反映了报纸广告价值观的波动与社会价值观波动的一致性程度,因此,《新民晚报》和《广州日报》广告价值观与社会价值观波动的一致性程度较高,其次是《人民日报》,《北京日报》广告价值观与社会价值观波动的一致性程度最低。

2. 四大报纸"实用性价值观"和"象征性价值观"变迁的比较研究

"实用性价值观"比重反映报纸广告注重产品功能性价值的程度,"象征性价值观"反映报纸广告注重产品精神性价值的程度。四大报纸广告的"实用性价值观"比重在每个阶段都处于绝对优势,表明四大报纸广告都比较注重产品的功能性价值,但"实用性价值观"比重并未随时间推移不断上升。

四大报纸仅《人民日报》大陆企业广告的"象征性价值观"比重略高于外资企业广告中"象征性价值观"比重,《北京日报》《新民晚报》和《广州日报》外资企业广告的"象征性价值观"比重均高于大陆企业广告中"象征性价值观"比重。

从"象征性价值观"比重排名情况看,相对于低卷入度产品类别,《人民日报》《北京日报》《新民晚报》和《广州日报》高卷入度产品类别的广告均更多诉求"象征性价值观"。

3. 四大报纸东西方价值观变迁的比较研究

四大报纸广告在五个阶段东西方价值观波动中,《人民日报》东方价值观比重有两个阶段超越西方价值观,《北京日报》东方价值观比重有一个阶段超越西方价值观,《新民晚报》东方价值观比重有两个阶段超越西方价值观,《广州日报》东方价值观比重有四个阶段超越西方价值观。《广告日报》广告本土诉求价值最多,这与广州是中国本土广告公司做得最好的城市有关。

从东西方价值观波动的一致性程度我们可以看出四大报纸广告的自由程度:《新民晚报》广告价值观最为自由,调控痕迹最少;《人民日报》广告价值观自由程度排名第二,调控的痕迹不多;《北京日报》和《广州日报》广告价值观自由程度排名并列第三,调控痕迹最浓。

本研究结果表明,改革开放以来四大报纸广告价值观的变迁中,不论在每则广告的"价值漂浮度",还是显著指标接受原假设个数,《北京日报》都排名最末;《北京日报》广告价值观显著性指标最多,即在广告价值的变动上更为频繁,而广告中的东西方价值观比重波动最为相似,表明《北京日报》对广告价值观的调控出手最为频繁且最有意识。《广州日报》广告价值观显著性指标较多、接受原假设个数最多,且东方价值观比重有四个阶段超越西方价值观、广告中的东西方价值观比重波动规律相似性程度与《北京日报》并列,表明《广州日报》对广告价值观的调控呈现出最为浓厚的本土文化色彩。《人民日报》广告价值观显著性指标最少,大陆企业广告的"象征性价值观"比重略高于外资企业广告中"象征性价值观"比重,且在每则广告的"价值漂浮度"、显著指标接受原假设个数、东方价值观比重、东西方价值观波动的一致性程度均排名中间位置,表明《人民日报》对广告价值观的调控是温和的、理性的。《新民晚报》广告价值观每则广告的"价值漂浮度"最高,接受原假设个数最多,东西方价值观波动的一致性程度最低,表明《新民晚报》对广告价值观的调控最为宽松。

第十二章

问题引出、编码与假说形成(台湾)

一、问题引出

在用内容分析法对广告文化价值观进行量化统计的以往研究中,引用最多的是盛洪提取的32种文化价值观指标。Hong Cheng 在1994年、1997年对 Pollay 等人研究成果的基础上,对中国大陆1982—1992年间的572条期刊广告、1990—1995年间的483条电视广告进行内容分析,提取了中国大陆32种文化价值观。① 这些价值观指标为本研究分析四大报纸广告价值观变迁提供了可操作的编码标准,为了进一步提炼上述32种文化价值观指标更高维度上的含义,需要借鉴更多学者的研究成果。

盛洪和约翰·C·斯奇维兹认为,所谓"实用性价值观",指强调产品功能特性与品质价值,便利、经济、有效等就属于实用性价值观;所谓"象征性价值观",指暗示人类情感的价值,享乐、个人主义、社会地位等就属于象征性价值观。② 盛洪和约翰·C·斯奇维兹的论述为本研究观察文化价值观变迁提供了一个新的角度。

罗基区量表(RVS)测量被试的价值观。RVS 共36题,分两部分:18个工具价值观和18个终极价值观。罗基区抽取出价值观的八个维度:"礼仪自制""洁净快活""广慈博爱""自由幸福""雄才大略""诚实厚道""和美平等""舒适活力"。其信度及效度李维亭(Levitin)提到:再测信度为0.70,而效度方面具有预测效果。③

霍夫斯塔德在1980年、1983年和1988年对分布在40个国家和地区的11.6

---

① Cheng, Hong. "Toward an Understanding of Cultural Values Manifest in Advertising: A Content Analysis of Chinese Television Commercials in 1990 and 1995", *Journalism and Mass Communication Quarterly*, 1997, 74(4):782 – 783.
② Cheng, Hong & John C. Schweitzer. "Cultural Values Reflected in Chinese and U. S. Television Commercials", *Journal of Advertising Research*, 1996, 36(3):27 – 45.
③ Miltor Rokeach. The Nature of Human Values, New York: The Free Press, 1973;89.

万名 IBM 的员工进行了调查。通过对大量数据的分析,霍夫斯塔德发现民族文化对雇员的工作价值观和工作态度的显著影响主要表现以下五个维度上:"个人主义/集体主义(individualism/collectivism)""权力距离(high/low power distance)""不确定规避(uncertainty avoidance)""阳刚型/阴柔型(masculinity/feminity)""儒家主义(Confucian dynamism i. e. , long vs. short – term orientation)"(Hofstede,1980;Hofstede,1983;Hofstede,1988)。①②③

刘世雄在以往价值观研究成果基础上,总结出符合评价东西方文化价值观的 10 个维度,分别是:"人与宇宙""集体主义与个人主义""权力距离""男性化与女性化""不确定规避""时间导向""长期与短期导向""归因导向与成果导向""情绪化与情绪中性""物质主义"。④ 刘世雄的论述为本研究观察文化价值观变迁提供了另一个新的角度。

我们选择《中国时报》《联合报》《自由时报》(均不含海外版)三大报纸广告深层内容变迁作为研究对象,从上述三个角度(40 种文化价值观、"实用性价值观"和"象征性价值观"、东西方价值观)探讨三大报纸广告文化价值观变迁的基本规律,并进一步比较三大报纸广告深层内容变迁的异同。

二、编码

1. 定义

广告价值观在广告中居于核心地位,它体现了符号"所指"层面的意义,是广告的深层内容。本研究广告定义为:广告主(包括个人、公司和政府机构等)通过付费在媒介上发布信息,传达给受众,以达到促进销售、广而告之或提升形象的目的。

由于台湾报纸中出现较多软文广告和植入式广告,本文把报纸中出现明确企业名称或联系方式的新闻报道归之为软文广告,也纳入进行统计,但植入式广告分辨较难,本文没有纳入统计,另文研究。

台湾政治广告较为发达,政治广告多数为个人或政党形象诉求,即使是负面

---

① Hofstede, Geert. *Culture's Consequences: International Differences in Work – Related Values*, Beverly Hills, CA: Sage Publications, 1980:99.

② Hofstede, Geert. "The Cultural Relativity of Organizational Practices and Theories", *Journal of International Business Studies*, 1983(14):75 – 89.

③ Hofstede, Geert & Michael Bond. "The Confucius Connection: From Cultural Roots to Economic Growth", *Organizational Dynamics*, 1988, 16(4):9 – 21.

④ 刘世雄:《中国消费区域差异特征分析——基于中国当代文化价值的实证研究》,上海:上海三联书店 2007 年版,第 78 页。

广告,攻击他人也是为了提升个人或政党形象,因此,编码时把政治广告归入形象(个人/政党/企业/城市)类别,但可能淹没一些信息,将来可以另文研究。

随着网络在台湾的发展,"资讯"一词在广告版名设置中运用的比较多。人事资讯是台湾报纸分类广告的主力军,其实人事资讯就是招聘广告,可见台湾的就业市场变动比较频繁。在统计版面分布时,本文把整版的分类广告也归之为广告版。

由于图书馆缝订报纸遮盖了中缝广告,因此本研究把中缝广告排除在外。

2. 编码标准

(1)40 种文化价值观

盛洪(1997)在 1994 年、1997 年对波利等人研究成果的基础上,对中国大陆 1982—1992 年间的 572 条期刊广告、1990—1995 年间的 483 条电视广告进行内容分析,提取了中国大陆媒体 32 种文化价值观指标,它们分别是:"美貌""集体主义""竞争""便利""礼仪""经济""有效""享乐""家庭""健康""个人主义""休闲""魔力""现代性""自然""整洁""养护""爱国主义""流行""质量""尊老""安全""性""社会地位""技术""传统""独特""财富""才智""工作""年轻""冒险"。[①] 由于研究对象和研究区域不同以及 Hong Cheng 的研究是 1994 年,需要对这些文化价值观指标进行调整,在对《中国时报》、《联合报》、《自由时报》三大报纸广告前测基础上,笔者再添加 8 种价值观:"送礼""爱情""友情""吉祥""有用""美观""公益""幽默",构成 40 个文化价值观指标。编码标准具体如表 12-1 所示。

表 12-1:编码标准

指标	操作性定义
美貌	使用某种产品可以提升个人魅力、优雅和好看度。
集体主义	强调团结,个体是集体的组成部分。
竞争	某种产品采取入侵式比较,区别其他产品。可能明确提及竞争产品的名字,或含蓄标明"第一"以及"领导者"等。
便利	强调方便,容易使用,或售后服务良好。

[①] Cheng, Hong. "Toward an Understanding of Cultural Values Manifest in Advertising: A Content Analysis of Chinese Television Commercials in 1990 and 1995", *Journalism and Mass Communication Quarterly*, 1997, 74(4):782-783.

续表

指标	操作性定义
礼仪	通过使用优雅可亲的语言,表达友好和礼貌。
经济	强调产品廉价、买得起、物有所值等。
有效	强调产品具有效力、能取得某种效果。
享乐	强调产品能带来欢乐,如酒精饮料等带来的美妙感觉。
家庭	强调产品能给家庭生活和家庭成员带来好处。
健康	强调使用该产品能提高身体耐力、活力和力量。
个人主义	强调个体自我满足和自力更生,个体的独特性。
休闲	强调使用该产品能带来舒适、放松和娱乐。
魔力	强调产品不可思议的效果,如迷住男人、魔幻效力等。
现代性	强调新颖、现代、超前、尖端。
自然	通过产品与动物、植物或山水的关联,强调产品绿色环保、人与自然的和谐。
整洁	强调清洁、卫生和整齐。
养护	强调乐于助人、同情弱者、惩恶扬善,体现人文关怀。
爱国主义	产品能为国家或地区做贡献,使用该产品体现对国家或地区的忠诚和热爱。
流行	强调时尚、潮流或获普遍认可。
质量	强调产品的优质、耐用,通常获得政府认证。
尊老	通过使用长者代言、建议,表达对年长者的尊敬。
安全	强调产品可靠、安全。
性	使用性感模特,或两性背景促销产品。
社会地位	使用该产品可以提升社会地位,传递威严、自豪、品位。
技术	强调产品中的技术含量。
传统	对过去、习俗和规范的体验,如"8年制造经验"等。
独特	强调产品的独一无二,如"唯一供销商"等。
财富	传递财富的重要性,使用该产品可以增加财富。
才智	对知识、教育、智力、技能或经验的尊敬。
工作	对勤奋工作的尊敬,如"我们一直在努力"。
年轻	使用年轻模特、对年轻的崇尚。
冒险	指大胆、勇敢、充满勇气或无畏、刺激,如极限运动、攀岩、冲浪、蹦极等即为典型的例子。

续表

指标	操作性定义
送礼	买一送一,或作为礼物赠送。
爱情	产品能为男女双方增进感情。
友情	强调对朋友之间感情的珍惜和重视。
吉祥	祝福,让人吉祥如意。
有用	展示产品信息,表明对消费者有用。
美观	强调产品外观、外形。
公益	强调企业赞助公众活动。
幽默	指广告创意令人发笑。

(2)"实用性价值观"和"象征性价值观"

盛洪和约翰·C·斯奇维兹(1996)曾对文化价值观做实用型和象征型的划分,他们把这两种价值观类型界定为:"实用性价值观"指那些强调产品特性或功用的价值观;而"象征性价值观"则指那些诉诸人类感情的价值观。[①] 吴辉(2009)认为,"实用性文化价值观"强调商品使用价值方面的特色与优点,包括:"质量""独特""便利""节省""功效""科技""健康""安全"等。"象征性文化价值观"则暗示商品具有心理和精神方面的价值,包括:"美丽""享乐""休闲""流行""社会地位""财富""智慧""品位""自由""情感""面子""传统""现代感""年轻"等。[②] 刘俊认为,"实用性价值观"包含:"便利""经济""有效""安全""质量""技术","象征性价值观"包含:"享乐""现代性""流行""性""社会地位""财富"。[③]

由于"实用性价值观"和"象征性价值观"的界定还没形成共识,本研究在前人分类基础上选择9种"实用性价值观":"便利""经济""有效""健康""魔力""质量""安全""技术""有用";选择17种"象征性价值观":"集体主义""享乐""个人主义""养护""爱国主义""尊老""性""社会地位""传统""财富""才智""年轻""冒险""爱情""友情""吉祥""公益"。在上述分类基础上,我们把40种文化价值观指标归类如表12-2所示。

[①] Cheng, Hong & John C. Schweitzer. "Cultural Values Reflected in Chinese and U.S. Television Commercials", *Journal of Advertising Research*, 1996, 36(3):27-45.

[②] 吴辉:《中国纸媒广告中的文化符号和文化价值观(1979—2008)——以〈新民晚报〉和〈时装〉杂志为个案》,上海:复旦大学博士论文2009年版,第42页。

[③] 刘俊:《以〈南方周末〉为例看报纸广告中文化价值观的变迁(1987—2007)》,广州:暨南大学硕士论文2008年版,第18页。

表 12-2：实用性价值观和象征性价值观

维度	价值观指标
实用性价值观	便利
	经济
	有效
	健康
	魔力
	质量
	安全
	技术
	有用
象征性价值观	集体主义
	享乐
	个人主义
	养护
	爱国主义
	尊老
	性
	社会地位
	传统
	财富
	才智
	年轻
	冒险
	爱情
	友情
	吉祥
	公益

(3) 东西方价值观

刘世雄(2007)归纳出文化价值观的 10 个维度（"人与宇宙""集体主义与个人主义""权力距离""男性化与女性化""不确定规避""时间导向""长期与短期

导向""归因导向与成果导向""情绪化与情绪中性""物质主义")。①

"人与宇宙"反映人们如何看待人类与大自然之间关系的维度,中国人崇尚"天人合一""以和为贵",西方人崇尚"天赋人权""人为万物之灵"。

"集体主义与个人主义"是关于如何处理个人与群体关系的维度,中国人强调"少数服从多数",西方人重视"人权高于政权"。

"权力距离"指社会组织中人们对权力不平等性的任何程度,中国人受到"三纲五常"等级制度的影响,权力距离大,西方人受到"人生来平等"观念的影响,权力距离小。

"男性化与女性化"用来评价某个社会男性或女性占统治地位的程度,中国人"男尊女卑""干得好不如嫁得好"思想比较严重,西方人"男女平等""性解放"思想活跃。

"不确定规避"反映人们对风险的敏感性,中国人"小心驶得万年船",西方人靠"试错"推动创新。

"时间导向"表明一个社会是注重过去、现在,还是将来,中国人认为"姜还是老的辣",西方人"及时行乐"。

"长期与短期导向"由儒家文化引出,中国人属于长期导向,与"克制""忍让"有关,西方人属于短期导向,与"张扬""直率"有关。

"归因导向与成果导向"指称人们看待事物发展是重过程还是重结果,中国人认为"成者为王,败者为寇",西方人实用主义色彩浓厚,认可"归因理论"。

"情绪化与情绪中性"表明情感流露的程度,中国人认为"大丈夫喜怒不形于色",圣经告诉西方人,神创造人类,是要他们得享"喜乐"。

"物质主义"表达对物质的重视程度,中国人重心灵,西方人重享受。

学术界对中国传统文化价值观和西方文化价值观、实用性文化价值观和象征性文化价值观的界定至今还没有形成共识。② Cheng, Hong 和 John C. Schweitzer 认为,典型的中国传统文化价值观有"社会地位""情感""集体主义""家庭""面子""尊老""传统""天人合一"等;典型的西方文化价值观有"享乐""财富""自由""征服自然""竞争""个人主义""现代感""性吸引""年轻"等等。③ 刘俊在总

---

① 刘世雄:《中国消费区域差异特征分析——基于中国当代文化价值的实证研究》,上海:上海三联书店 2007 年版,第 177—193 页。
② 冯捷蕴:《中国大陆的文化价值观:以 2004 年网络广告内容分析为例》,载《现代传播》2004 年第 5 期。
③ Cheng, Hong & John C. Schweitzer. "Cultural Values Reflected in Chinese and U. S. Television Commercials", *Journal of Advertising Research*, 1996, 36 (3):27 - 45.

结严复、冯友兰、李大钊和陈独秀四位前人论述的基础上,认为东方典型的价值观有"传统""尊老""集体主义""自然"等,西方典型的价值观有"现代""年轻""个人主义""竞争""冒险"等。① 如图12-1所示。

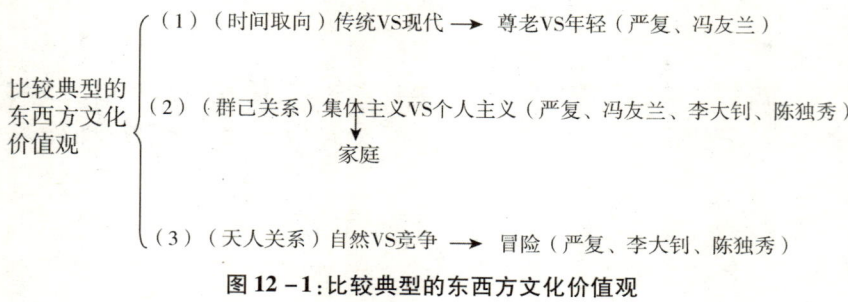

图12-1:比较典型的东西方文化价值观

本研究在前人研究成果基础上,结合刘世雄(2007)归纳出文化价值观的10个维度,选择"自然—技术""集体主义—个人主义""尊老—年轻""养护—竞争""安全—冒险""传统—现代""经济—享乐""流行—质量""礼仪—幽默""公益—财富"作为参照对象进行研究,归类如表12-3所示。

表12-3:东西方价值观维度

维度	测项	东西方价值观指标	
		东方价值观	西方价值观
人与宇宙	生死由命,富贵在天。	自然	技术
	顺天者昌,逆天者亡。		
	谋事在人,成事在天。		
	万事皆是命中注定。		

---

① 刘俊:《以〈南方周末〉为例看报纸广告中文化价值观的变迁(1987—2007)》,广州:暨南大学硕士论文2008年版,第18页。

续表

维度	测项	东西方价值观指标	
		东方价值观	西方价值观
集体主义与个人主义	家和万事兴。	集体主义	个人主义
	好东西应该跟大家分享。		
	为团队的成功做出贡献是很应该的。		
	为祖国服务是应该的。		
权力距离	老板永远是对的。	尊老	年轻
	家有一老,如有一宝。		
	长幼有序,尊卑有别。		
	儿子应该听老子的话。		
男性化和女性化	工作中为了别人不得罪人我可以放弃原则。	养护	竞争
	在事业单位工作比在企业要好。		
	我喜欢稳定而不是有挑战性的工作。		
	我不认为名誉、地位、性、财富、权力是我人生的追求。		
不确定规避	拥有长期的职业安全感对我很重要。	安全	冒险
	我喜欢压力小一些的工作。		
	我不太喜欢冒险性运动。		
	小心驶得万年船。		
时间导向	姜还是老的辣。	传统	现代性
	不听老人言,吃亏在眼前。		
	朋友还是老的好。		
	老马识途。		

续表

维度	测项	东西方价值观指标	
		东方价值观	西方价值观
长期与短期导向	忍一时风平浪静,退一步海阔天空。	经济	享乐
	小不忍则乱大谋。		
	吃得苦中苦,方为人上人。		
	有志者事竟成。		
归因导向与成果导向	成者为王,败者为寇。	流行	质量
	不管白猫黑猫,抓到老鼠的就是好猫。		
	为达目的,可以不择手段。		
	中一百万大奖的人和通过努力工作赚到一百万的人一样让人敬佩。		
情绪化与情绪中性	人要善于控制自己的情绪。	礼仪	幽默
	大丈夫喜怒不形于色。		
	处变不惊方显英雄本色。		
	如果中了一百万大奖,我会不动声色。		
物质主义	人可以什么都没有,但决不能没有钱。	公益	财富
	有钱能使鬼推磨。		
	钱不是万能的,但没有钱是万万不能的。		
	男人有钱必学坏。		

3. 操作性定义

40个文化价值观的操作性定义如下(以该广告第一价值诉求为例):

(1)美貌

美貌:使用某种产品可以提升个人魅力、优雅和好看度。

图12-2：美貌(《联合报》,1988年7月30日第20版)

(2)集体主义

集体主义：强调团结，个体是集体的组成部分。

图12-3：集体主义(《自由时报》,1999年7月30日第13版)

(3)竞争

竞争：某种产品采取入侵式比较，区别其他产品。可能明确提及竞争产品的名字，或含蓄标明"第一"以及"领导者"等。

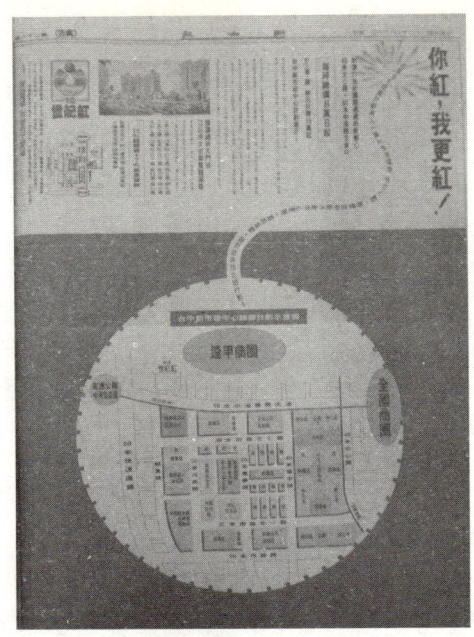

图12-4:竞争(《联合报》,1993年10月30日第28版)

(4)便利

便利:强调方便,容易使用,或售后服务良好。

图12-5:便利(《联合报》,1988年10月30日第21版)

(5)礼仪

礼仪:通过使用优雅可亲的语言,表达友好和礼貌。

图 12-6：礼仪（《联合报》，1990 年 4 月 30 日第 12 版）

(6) 经济

经济：强调产品廉价、买得起、物有所值等。

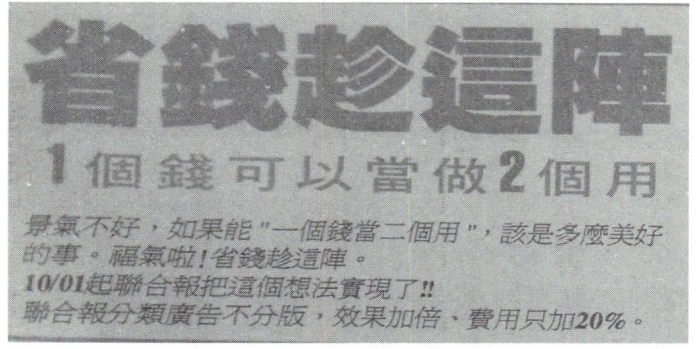

图 12-7：经济（《联合报》，1994 年 10 月 30 日第 35 版）

(7) 有效

有效：强调产品具有效力、能取得某种效果。

图 12-8:有效(《自由时报》,1998 年 7 月 30 日第 37 版)

(8)享乐

享乐:强调产品能带来欢乐,如酒精饮料等带来的美妙感觉。

图 12-9:享乐(《联合报》,1993 年 4 月 30 日第 36 版)

(9)家庭

家庭:强调产品能给家庭生活和家庭成员带来好处。

图12-10:家庭(《联合报》,1990年4月30日第5版)

(10)健康

健康:强调使用该产品能提高身体耐力、活力和力量。

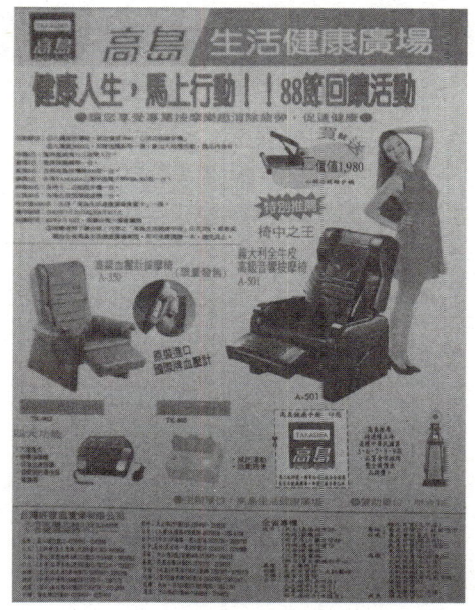

图12-11:健康(《联合报》,1993年7月30日第25版)

(11)个人主义

个人主义:强调个体自我满足和自力更生,个体的独特性。

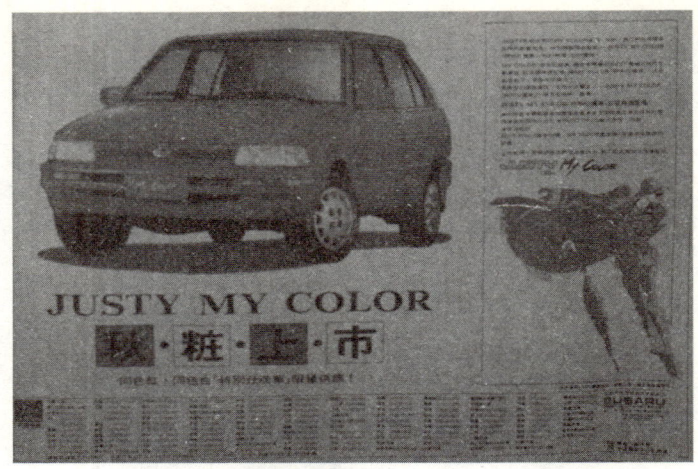

图12-12:个人主义(《中国时报》,1991年10月30日第8版)

(12)休闲

休闲:强调使用该产品能带来舒适、放松和娱乐。

图12-13:休闲(《自由时报》,2001年1月30日第40版)

(13)魔力

魔力:强调产品不可思议的效果,如迷住男人、魔幻效力等。

图12-14:魔力(《联合报》,1992年1月30日第36版)

(14)现代性
现代性:强调新颖、现代、超前、尖端。

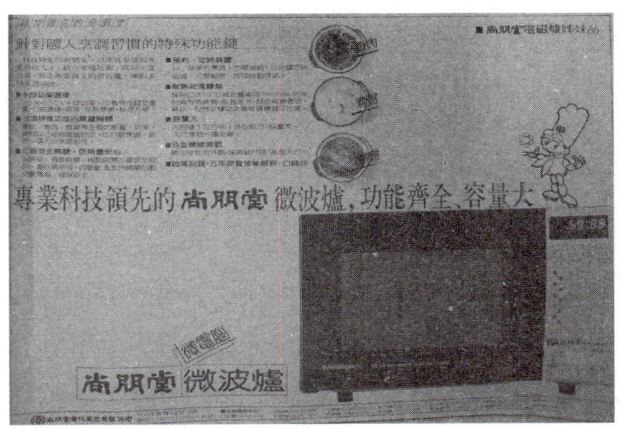

图12-15:现代性(《中国时报》,1988年1月30日第22版)

(15)自然
自然:通过产品与动物、植物或山水的关联,强调产品绿色环保、人与自然的和谐。

图 12 – 16：自然（《联合报》，1989 年 10 月 30 日第 17 版）

（16）整洁

整洁：强调清洁、卫生和整齐。

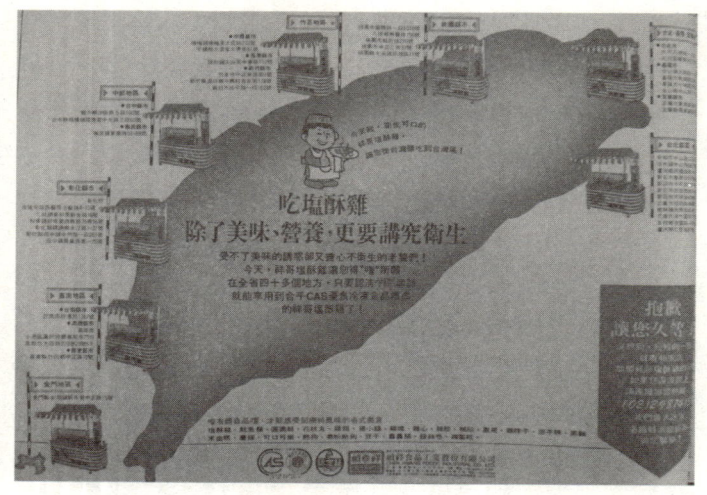

图 12 – 17：整洁（《自由时报》，1992 年 10 月 30 日第 1 版）

（17）养护

养护：强调乐于助人、同情弱者、惩恶扬善，体现人文关怀。

图 12-18：养护(《联合报》,1997 年 1 月 30 日第 7 版)

(18) 爱国主义

爱国主义：产品能为国家或地区做贡献,使用该产品体现对国家或地区的忠诚和热爱。

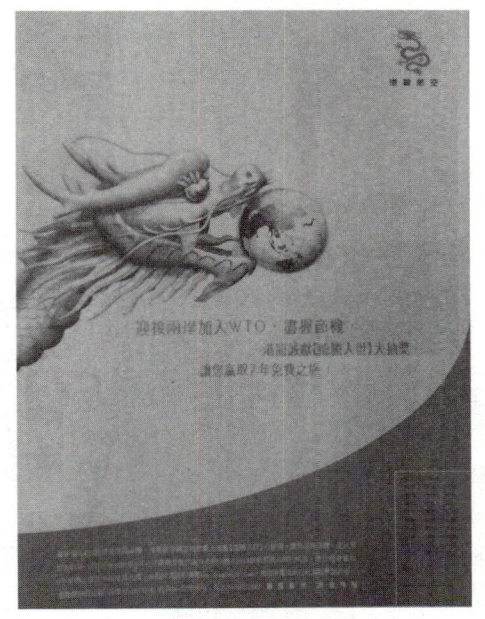

图 12-19：爱国主义(《自由时报》,2002 年 1 月 30 日第 29 版)

(19) 流行

流行：强调时尚、潮流或获普遍认可。

图 12-20：流行（《联合报》，1990 年 7 月 30 日第 20 版）

(20) 质量

质量：强调产品的优质、耐用，通常获得政府认证。

图 12-21：质量（《联合报》，1997 年 4 月 30 日第 39 版）

(21) 尊老

尊老：通过使用长者代言、建议，表达对年长者的尊敬。

图 12-22：尊老（《中国时报》，1993 年 1 月 30 日第 8 版）

(22) 安全

安全：强调产品可靠、安全。

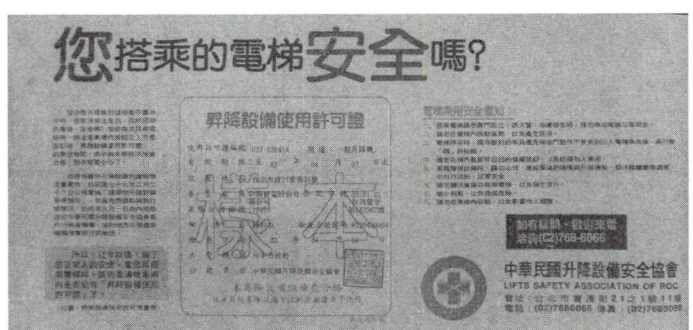

图 12-23：安全（《联合报》，1993 年 4 月 30 日第 1 版）

(23) 性

性：使用性感模特，或两性背景促销产品。

图12-24:性(《联合报》,1993年7月30日第38版)

(24)社会地位

社会地位:使用该产品可以提升社会地位,传递威严、自豪、品位。

图12-25:社会地位(《联合报》,1988年7月30日第20版)

(25)技术

技术:强调产品中的技术含量。

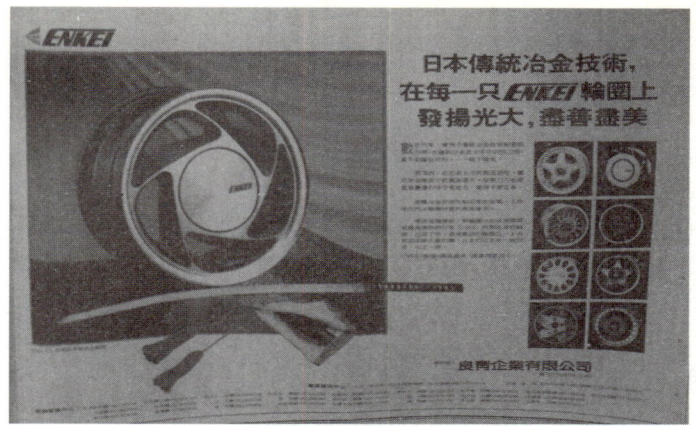

图 12-26：技术（《中国时报》，1989 年 10 月 30 日第 8 版）

(26) 传统

传统：对过去、习俗和规范的体验，如"8 年制造经验"等。

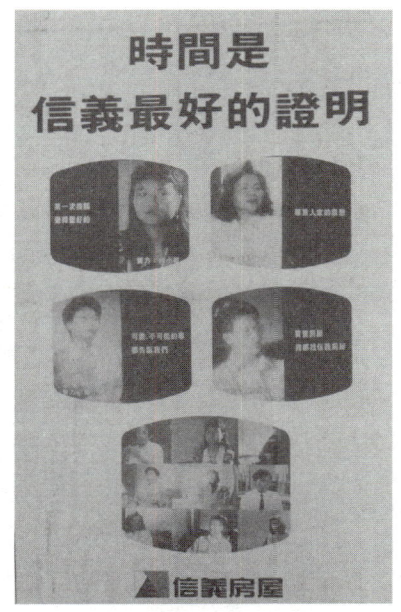

图 12-27：传统（《自由时报》，1995 年 4 月 30 日 F2 版）

(27) 独特

独特：强调产品的独一无二，如"唯一供销商"等。

183

图 12-28：独特（《联合报》，1989 年 10 月 30 日第 32 版）

(28) 财富

财富：传递财富的重要性，使用该产品可以增加财富。

图 12-29：财富（《联合报》，1993 年 1 月 30 日第 12 版）

(29)才智

才智:对知识、教育、智力、技能或经验的尊敬。

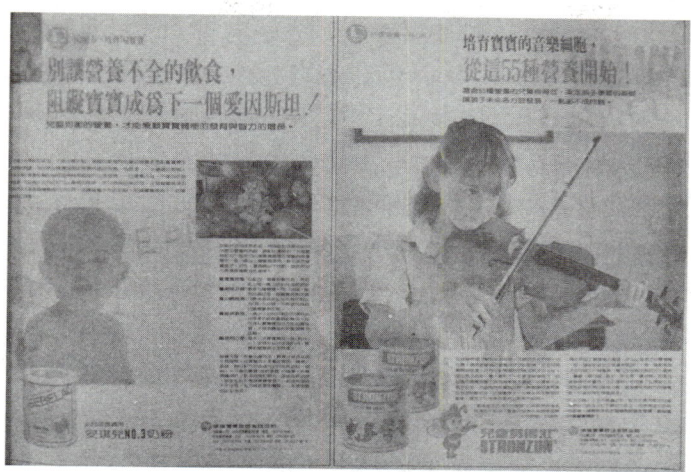

图 12-30:才智(《联合报》,1992 年 10 月 30 日第 44 版)

(30)工作

工作:对勤奋工作的尊敬,如"我们一直在努力"。

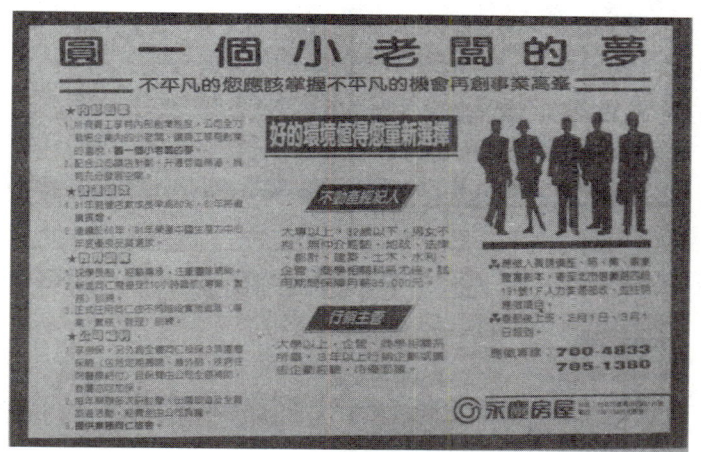

图 12-31:工作(《联合报》,1993 年 1 月 30 日第 46 版)

(31)年轻

年轻:使用年轻模特、对年轻的崇尚。

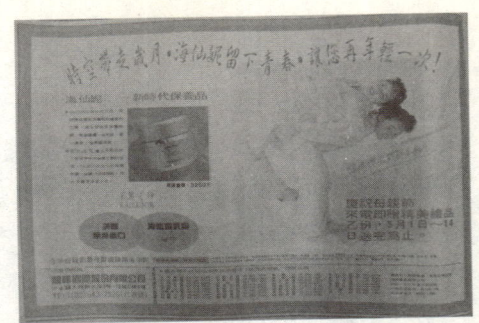

图 12-32：年轻（《联合报》，1995 年 4 月 30 日第 33 版）

（32）冒险

冒险：指大胆、勇敢、充满勇气或无畏、刺激，如极限运动、攀岩、冲浪、蹦极等即为典型的例子。

图 12-33：冒险（《中国时报》，1988 年 7 月 30 日第 17 版）

（33）送礼

送礼：买一送一，或作为礼物赠送。

图 12-34：送礼（《中国时报》，1990 年 4 月 30 日第 8 版）

(34)爱情

爱情:产品能为男女双方增进感情。

图 12-35:爱情(《联合报》,1999 年 1 月 30 日第 30 版)

(35)友情

友情:强调对朋友之间感情的珍惜和重视。

图 12-36:友情(《联合报》,1990 年 7 月 30 日第 23 版)

(36)吉祥

吉祥:祝福,让人吉祥如

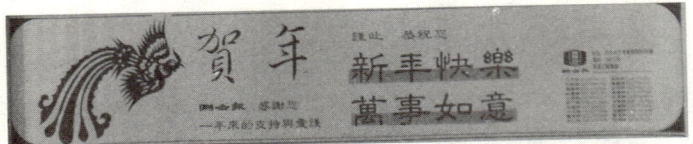

图 12-37:吉祥(《联合报》,1990 年 1 月 30 日第 4 版)

(37)有用

有用:展示产品信息,表明对消费者有用。

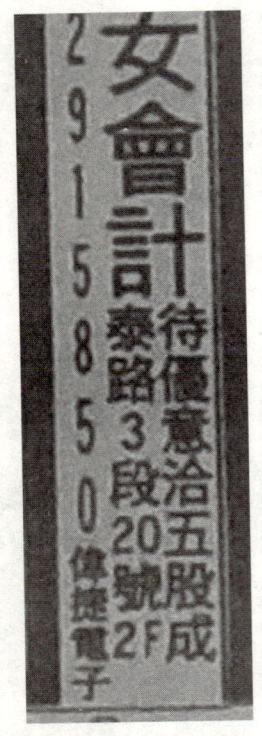

图 12-38:有用(《中国时报》,1989 年 10 月 30 日第 19 版)

(38)美观

美观:强调产品外观、外形。

图12-39:美观(《中国时报》,1994年4月30日A8版)

(39)公益

公益:强调企业赞助公众活动。

图12-40:公益(《联合报》,1991年4月30日第12版)

(40)幽默

幽默:指广告创意令人发笑。

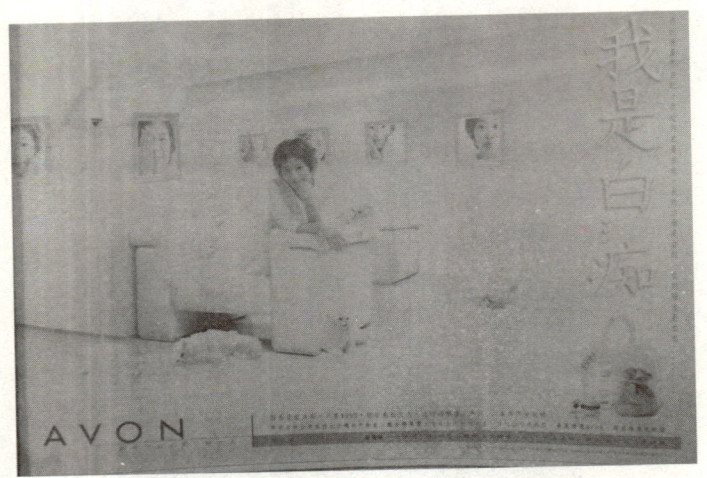

图12-41:幽默(《自由时报》,1999年4月30日第30版)

4. 统计

本研究所有的编码项目都是由主持人严格按照抽样要求、本着"客观、真实、科学"的原则,对《中国时报》《联合报》《自由时报》三大报纸广告进行前测,在参照历年来与内容分析有关的广告文献基础上,不断纠正前人的编码标准而成。遇到模糊的编码,即与相关专家商讨修正,遇到广告的归属无法确定,即共同讨论决定,因此内容效度得到了保证。参与编码的另有两位编码员,信度系数达0.96。传播学院10级广告专业本科生、应用科技学院11级广告专业本科生(共124位)也参与了本研究《中国时报》《联合报》《自由时报》三大报纸广告的抽样、编码、统计工作。

三、假说形成

本篇针对台湾报纸广告深层内容的变迁,从三个角度剖析三大报纸广告价值观念的变迁:40种文化价值观,"实用性价值观"和"象征性价值观"、东西方价值观。

1.40种文化价值观

就40种文化价值观的变迁而言,报业解禁以来由于受到西方文化的影响,"今天的一切似乎都证明身体在心理和意识形态功能中取得了宗教性的地位。在消费的全套装备中,它比其他一切都要更美丽、更珍贵、更光彩夺目。它在广告、时尚、大众文化中完全出场:卫生保健学、营养学、医疗学统统围绕它小心伺候,青春、美貌、阳刚/阴柔之气的渴望时时萦绕心头,护理、饮食制度、美容、健身实践和身体快感神话成为优质生活不可或缺的内容"①。两性意识的开放,"美貌""性"和"爱情"逐渐登上舞台,成为台湾人饭后谈资。"传统"文化不断被消解,"家庭"观念弱化,"集体主义"和"爱国主义"意识逐渐淡薄,"个人主义"意识盛行,东西方文化价值观可能呈现此消彼长之势。② 中国现代化进程的加快,"工作""竞争""现代性""冒险"价值观凸显,台湾人更加强调"便利""有效""魔力""整洁""质量""安全""技术""独特""有用"等功能层面定位。消费意识的独立、行业规则的透明和社会文化的多元导致"流行""吉祥""美观""送礼"等人情价值定位削弱。随着经济水平的提高,台湾人开始重视"享乐""健康""休闲""自然""流行""财富""年轻",炫富和炫权行为的增多,"社会地位"价值诉求增加,勤劳节俭的"经济"价值观逐渐被抛弃。台湾教育的普及,大学生就业难,读好书不一定意味着找到好工作,"才智"价值观可能降低。中国传统文化认为,"兄弟如手足""为朋友两肋插刀""路见不平,拔刀相助""友情""养护"和"公益"价值观可能不断增加。后现代主义的来临,80后和90后对解构权威"幽默"式的崇拜成为反传统一道亮丽的风景线,以"我"为中心的自我意识强烈,"礼仪"和"尊老"在他们看起来似乎不值一提。基于此,本研究提出以下四十个假设:

H_{12-1}:报业解禁以来广告中"美貌"价值诉求出现比重不断增加;

H_{12-2}:报业解禁以来广告中"集体主义"价值诉求出现比重不断减少;

H_{12-3}:报业解禁以来广告中"竞争"价值诉求出现比重不断增加;

H_{12-4}:报业解禁以来广告中"便利"价值诉求出现比重不断增加;

H_{12-5}:报业解禁以来广告中"礼仪"价值诉求出现比重不断减少;

H_{12-6}:报业解禁以来广告中"经济"价值诉求出现比重不断减少;

H_{12-7}:报业解禁以来广告中"有效"价值诉求出现比重不断增加;

H_{12-8}:报业解禁以来广告中"享乐"价值诉求出现比重不断增加;

H_{12-9}:报业解禁以来广告中"家庭"价值诉求出现比重不断减少;

H_{12-10}:报业解禁以来广告中"健康"价值诉求出现比重不断增加;

H_{12-11}:报业解禁以来广告中"个人主义"价值诉求出现比重不断增加;

---

① 王晓、付平:《欲望花窗:当代中国广告透视》,北京:中央编译出版社2004年版,第111页。
② 刘俊:《以〈南方周末〉为例看报纸广告中文化价值观的变迁(1937—2007)》,广州:暨南大学硕士论文2008年版,第22页。

H_{12-12}:报业解禁以来广告中"休闲"价值诉求出现比重不断增加;

H_{12-13}:报业解禁以来广告中"魔力"价值诉求出现比重不断增加;

H_{12-14}:报业解禁以来广告中"现代性"价值诉求出现比重不断增加;

H_{12-15}:报业解禁以来广告中"自然"价值诉求出现比重不断增加;

H_{12-16}:报业解禁以来广告中"整洁"价值诉求出现比重不断增加;

H_{12-17}:报业解禁以来广告中"养护"价值诉求出现比重不断增加;

H_{12-18}:报业解禁以来广告中"爱国主义"价值诉求出现比重不断减少;

H_{12-19}:报业解禁以来广告中"流行"价值诉求出现比重不断减少;

H_{12-20}:报业解禁以来广告中"质量"价值诉求出现比重不断增加;

H_{12-21}:报业解禁以来广告中"尊老"价值诉求出现比重不断减少;

H_{12-22}:报业解禁以来广告中"安全"价值诉求出现比重不断增加;

H_{12-23}:报业解禁以来广告中"性"价值诉求出现比重不断增加;

H_{12-24}:报业解禁以来广告中"社会地位"价值诉求出现比重不断增加;

H_{12-25}:报业解禁以来广告中"技术"价值诉求出现比重不断增加;

H_{12-26}:报业解禁以来广告中"传统"价值诉求出现比重不断减少;

H_{12-27}:报业解禁以来广告中"独特"价值诉求出现比重不断增加;

H_{12-28}:报业解禁以来广告中"财富"价值诉求出现比重不断增加;

H_{12-29}:报业解禁以来广告中"才智"价值诉求出现比重不断减少;

H_{12-30}:报业解禁以来广告中"工作"价值诉求出现比重不断增加;

H_{12-31}:报业解禁以来广告中"年轻"价值诉求出现比重不断增加;

H_{12-32}:报业解禁以来广告中"冒险"价值诉求出现比重不断增加;

H_{12-33}:报业解禁以来广告中"送礼"价值诉求出现比重不断减少;

H_{12-34}:报业解禁以来广告中"爱情"价值诉求出现比重不断增加;

H_{12-35}:报业解禁以来广告中"友情"价值诉求出现比重不断增加;

H_{12-36}:报业解禁以来广告中"吉祥"价值诉求出现比重不断减少;

H_{12-37}:报业解禁以来广告中"有用"价值诉求出现比重不断增加;

H_{12-38}:报业解禁以来广告中"美观"价值诉求出现比重不断减少;

H_{12-39}:报业解禁以来广告中"公益"价值诉求出现比重不断增加;

H_{12-40}:报业解禁以来广告中"幽默"价值诉求出现比重不断增加。

2."实用性价值观"和"象征性价值观"

就"实用性价值观"和"象征性价值观"的变迁而言,可以从三个角度来观察:不同时间段角度、不同企业性质角度和不同产品类别角度。Hong Cheng 和 John C. Schweitaer 在 1996 年对比中美电视广告中主导地位文化价值观表明,中国电视广告中的"实用性价值观"并没想象中的那么多。①

随着市场经济自由化的加速,外资企业采用先进的品牌传播理念,引导台湾广告超越产品功能性定位,逐渐向"象征性价值观"靠拢;台湾企业广告在其影响下,"象征性价值观"可能呈现不断攀升的趋势。

根据美国FCB广告公司的研究成果,FCB网络矩阵(坐标系)是根据产品特性来划分产品种类的一种方法。在这个网络矩阵中,以"消费者参与程度的高低"为纵轴("高卷入型"为纵轴正方向,"低卷入型"为纵轴负方向),以"是思考型产品还是情感型产品"为横轴("情感型"为横轴正方向,"思考型"为横轴负方向),不同的产品种类分别处于四个象限的不同位置。如图12-42所示。②

	高卷入	
思考型	象限二 思考型高卷入度 信息提供型(思考型人们) 模型:学习—感觉—行为	象限一 感觉型高卷入度 感觉型(感觉型人们) 模型:感觉—学习—行为
	象限三 思考型低卷入度 习惯形态(行动型人们) 模型:行为—学习—感觉	象限四 感觉型低卷入度 自我满足(反应型人们) 模型:行为—感觉—学习
	低卷入	感觉型

图12-42:FCB网络矩阵

象限一:高卷入/感觉型。这类商品与个人自尊有着密切联系,注重消费者整体心理感受或自我的表现,而非细节信息。代表产品如珠宝首饰、时尚服饰等。象限二:高卷入/思考型。这类商品指投资较大、风险高的商品(如房产、家电等),消费者在购买决策时参考大量信息。象限三:低卷入/思考型。这类商品包括大多数食物、日用品等,商品带来的风险小,消费者无需对信息进行深度加工。象限四:低卷入/感觉型。这类商品主要指那些满足个人嗜好的商品,如烟酒、饮料等,它们往往不涉及产品功能、属性等差异,更多的是一种自我体验和自我满足。针

---

① Cheng, Hong & John C. Schweitzer. "Cultural Values Reflected in Chinese and U. S. Television Commercials", *Journal of Advertising Research*, 1996. 36(3):27-45.

② 陶化冶:《基于卷入度的高卷入商品广告策略研究》,载《企业经济》2008年第9期。

对上述四个象限,我们分别选择高卷入/感觉型的"化妆品"(《中国时报》84条、《联合报》105条、《自由时报》87条)、高卷入/思考型的"房地产"(《中国时报》877条、《联合报》918条、《自由时报》638条)、低卷入/思考型的"洗涤用品"(《中国时报》10条、《联合报》20条、《自由时报》14条)、低卷入/感觉型的"饮料"(《中国时报》27条、《联合报》28条、《自由时报》16条)为例进行研究。刘俊(2008)研究发现,相对于低卷入商品,高卷入商品更多诉求"象征性价值观"。①

基于此,本研究提出以下三个假设:

H_{5-1}:报业解禁以来广告中"实用性价值观"随时间推移比重不断降低;

H_{5-2}:报业解禁以来外资企业广告中"象征性价值观"比重比台湾企业多;

H_{5-3}:报业解禁以来高卷入度产品的广告更多诉求"象征性价值观"。

3. 东西方价值观

随着解禁后台湾社会自由度的提高,台外交流日益活跃,西方价值观对台湾尤其是台湾年轻人的影响不言而喻,东方价值观不断受到挑战和侵蚀。刘世雄(2007)归纳出文化价值观的10个维度("人与宇宙"、"集体主义与个人主义"、"权力距离"、"男性化与女性化"、"不确定规避"、"时间导向"、"长期与短期导向"、"归因导向与成果导向"、"情绪化与情绪中性"、"物质主义")。基于此,本研究提出以下十个假设:

H_{12-41}:报业解禁以来广告中"人与宇宙"维度的东方价值诉求出现比重不断减少;

H_{12-42}:报业解禁以来广告中"集体主义与个人主义"维度的东方价值诉求出现比重不断减少;

H_{12-43}:报业解禁以来广告中"权力距离"维度的东方价值诉求出现比重不断减少;

H_{12-44}:报业解禁以来广告中"男性化与女性化"维度的东方价值诉求出现比重不断减少;

H_{12-45}:报业解禁以来广告中"不确定规避"维度的东方价值诉求出现比重不断减少;

H_{12-46}:报业解禁以来广告中"时间导向"维度的东方价值诉求出现比重不断减少;

H_{12-47}:报业解禁以来广告中"长期与短期导向"维度的东方价值诉求出现比

---

① 刘俊:《以〈南方周末〉为例看报纸广告中文化价值观的变迁(1987—2007)》,广州:暨南大学硕士论文2008年版,第46页。

重不断减少;

H_{12-48}:报业解禁以来广告中"归因导向与成果导向"维度的东方价值诉求出现比重不断减少;

H_{12-49}:报业解禁以来广告中"情绪化与情绪中性"维度的东方价值诉求出现比重不断减少;

H_{12-50}:报业解禁以来广告中"物质主义"维度的东方价值诉求出现比重不断减少。

4. 阶段划分

在广告价值观历时性研究过程中,首先遇到的难题是如何科学、有效划分各个阶段的问题。对于解禁以来台湾广告价值观变迁的阶段划分,目前仅三位学者从时代变迁的宏观角度进行主观判断。叶凤琴(2008)从台湾媒体变迁角度,认为可以分为四个阶段:1988—1992、1993—1999、2000—2007 和 2008—2013,①闫琰(2007)从世代差异角度,认为可以分为四个阶段:1988—1989、1990—1999、2000—2009 和 2010—2013,②姚春霞(2011)从报业环境变迁角度,认为可以分为三个阶段:1988—2002、2003—2007 和 2008—2013。③ 上述划分的角度,多数从时代背景、宏观事件发生的角度切入,先入为主,采用演绎法而非归纳法,思辨居多,到底谁的划分法更合理些呢?

为了解决上述难题,同时为了研究方便,笔者在后续的研究中采用上述三种阶段划分法(叶凤琴划分法、闫琰划分法、姚春霞划分法)作为参照进行实证研究(研究主题为各阶段广告中体现的价值观的变迁),首先确定哪种划分方法适合三大报纸广告价值观的变迁研究,再从三个角度切入分析三大报纸广告价值观念的变迁:40 种文化价值观、"实用性价值观"和"象征性价值观'、东西方价值观。

---

① 叶凤琴:《对台湾广告发展史的解读》,载《新闻窗》2008 年第 5 期。
② 闫琰:《八十年代以来台湾广告文化特征的符号学研究》,厦门:厦门大学硕士论文 2007 年版,第 1 页。
③ 姚春霞:《从〈中国时报〉透视解严后的台湾报业生态》,载《剑南文学》2011 年第 9 期。

第十三章

报业解禁以来《中国时报》《联合报》《自由时报》广告价值观变迁研究

一、引言

随着台湾经济腾飞、政治生态出现迅猛变化,以及两岸局势的缓和,要求解除戒严的呼声越来越高,1987年7月15日,台湾当局宣布解除戒严。"台湾当局"自1951年起对新闻传播事业发布的多种限制措施即所谓"报禁"政策也于1988年瓦解,办报不再受限制,市场完全开放。数十年来在"报禁"政策下受保护的台湾31家报纸,此后要各凭本事,接受市场的挑战。台湾报业环境很快出现巨大变化,步入崭新的发展期。报业解禁之前《中国时报》和《联合报》两大报业集团独大,已经囊括台湾超过五分之四市场,1992年后《自由时报》加入,成三足鼎立之势,2003年《苹果日报》进入台湾,形成如今四强共分市场的局面。根据台湾"行政院新闻局"《出版年鉴2008》披露,《中国时报》《联合报》《自由时报》和《苹果日报》四大报纸占台湾报纸广告收入总数的78.3%。① 因此,研究报业解禁以来台湾《中国时报》《联合报》和《自由时报》三大报纸(台湾《苹果日报》因创刊于2003年太晚而被排除)广告价值观的变迁,可以折射出台湾社会价值观念的变迁。

所谓价值观,指对事物的总的看法和根本观点,广告价值观指广告中反映出的对事物的总的看法和根本观点。在用内容分析法对广告文化价值观进行量化统计的以往研究中,引用最多的是盛洪提取的32种文化价值观指标。盛洪(1997)在波利等人研究成果的基础上,对中国大陆1982—1992年间的572条期刊广告、1990—1995年间的483条电视广告进行内容分析,提取了中国大陆32种文化价值观。它们分别是:"美貌""集体主义""竞争""便利""礼仪""经济""有效""享乐""家庭""健康""个人主义""休闲""魔力""现代性""自然""整洁""养护""爱国主义""流行""质量""尊老""安全""性""社会地位""技术""传

---

① 胡沈明:《台湾传媒业生态掠影》,载《新闻记者》2010年第5期。

统""独特""财富""才智""工作""年轻""冒险"。① 由于研究对象不同以及 Hong Cheng 的研究是 1994 年,需要对这些文化价值观指标进行调整,在对台湾三大报纸广告前测基础上,笔者再添加 8 种价值观:"送礼""爱情""友情""吉祥""有用""美观""公益""幽默",构成 40 个文化价值观指标。

本文选择报业解禁以来(1988—2013)台湾三大报纸(不含海外版)广告价值观作为研究对象进行内容分析,采用等距抽样(每年抽取四份报纸是:1 月 30 日、4 月 30 日、7 月 30 日、10 月 30 日),共抽取 312 份(《中国时报》《联合报》和《自由时报》各 104 份),得到 23036 条广告、45468 种价值诉求,平均每条广告 1.97 种价值诉求。具体如表 13-1 所示。

表 13-1:三大报纸广告总数和平均价值诉求比较

	总数(条)	总价值诉求(种)	平均价值诉求(种)
《中国时报》	8174	16379	2.02
《联合报》	9501	18153	1.91
《自由时报》	5361	10936	2.04
总计	23036	45468	1.97

二、阶段划分

对于解禁以来台湾广告价值观变迁的阶段划分,目前有三位学者从时代变迁的宏观角度进行主观判断。叶凤琴(2008)从台湾媒体变迁角度,认为可以分为四个阶段:1988—1992、1993—1999、2000—2007 和 2008—2013,闫琰(2007)从世代差异角度,认为可以分为四个阶段:1988—1989、1990—1999、2000—2009 和 2010—2013,姚春霞(2011)从报业环境变迁角度,认为可以分为三个阶段:1988—2002、2003—2007 和 2008—2013。

对叶凤琴的划分法、闫琰的划分法、姚春霞的划分法进行卡方分析(Linear - by - Linear Association 统计量检验),我们如何知悉上述三种划分法哪种更适合报纸广告价值观的变迁?在此类统计推断中,要遵守"显著性最多原则"来判断划分法的科学性,即哪种划分法使结果呈现的价值观指标出现最多的统计学上的显著

---

① Cheng, Hong. "Toward an Understanding of Cultural Values Manifest in Advertising: A Content Analysis of Chinese Television Commercials in 1990 and 1995", *Journalism and Mass Communication Quarterly*, 1997, 74(4): 782-783.

意义($p<0.05$),哪种划分方法就最有效。如果某种划分法导致几个阶段都无显著性指标,那么该划分法就是失败的,因为它把本该有的历时性变迁信息给隐藏起来了,因此,隐藏信息越少,即显著性指标越多,该划分法就越好。[①]

对《中国时报》《联合报》和《自由时报》三大报纸广告的三种划分法分别进行卡方分析,《中国时报》Linear - by - Linear Association 统计量检验分别得到22个、22个、23个文化价值观指标具有统计学上的显著意义,《联合报》Linear - by - Linear Association 统计量检验分别得到24个、24个、27个文化价值观指标具有统计学上的显著意义,《自由时报》Linear - by - Linear Association 统计量检验分别得到21个、18个、22个文化价值观指标具有统计学上的显著意义。根据"显著性最多原则",统计表明,上述三种划分法中,报业解禁以来(1988—2013)三大报纸广告价值观的变迁具有时段上的一致性,即均认为姚春霞的划分法(1988—2002、2003—2007 和 2008—2013)是最适合的。

一些对象如果有某种稳定的价值表现形式,应该不是偶然的现象,最容易联系的是和文化的形塑有关。我们选择姚春霞的划分法,发现三大报纸广告都涉及的显著性指标有 11 个,它们分别是:"集体主义""经济""健康""自然""流行""社会地位""财富""工作""送礼""有用""美观",表明上述 11 个指标是报业解禁以来台湾广告价值诉求中最易变动的共通因子。报纸读者群差异影响广告价值表达,共通因子越多,表明台湾三大报纸广告价值观变迁的趋同性更强、目标读者群更接近、与台湾社会价值观变迁更契合。

按照姚春霞的划分法,我们把《中国时报》《联合报》和《自由时报》三大报纸广告价值观变迁中都涉及的 11 个显著性指标数据合并,以此观察合并之后三大报纸广告价值观的波动情况,如表 13 - 2 所示。

表 13 - 2:三大报纸广告 11 个共通价值观波动情况(百分比)

	文化价值观 (22 个指标显著)	1988—2002	2003—2007	2008—2013
		百分比	百分比	百分比
1	集体主义	0.6%(↗)	0.9%(↘)	0.8%
2	经济	8.9%(↗)	10.3%(↗)	13.4%
3	健康	2.7%(↗)	2.9%(↘)	1.8%
4	自然	1.0%(↗)	1.9%(↗)	2.0%

---

① 林升梁:《报纸广告历时性分析中的阶段划分问题探讨——以〈新民晚报〉三十年(1982—2011)广告价值观变迁为例》,载《广告研究》2012 年第 3 期。

续表

	文化价值观 （22个指标显著）	1988—2002 百分比	2003—2007 百分比	2008—2013 百分比
5	流行	1.1%（↗）	2.0%（↗）	2.7%
6	社会地位	1.1%（↗）	2.7%（↗）	2.8%
7	财富	2.7%（↗）	4.1%（↗）	6.9%
8	工作	4.5%（↗）	4.7%（↗）	6.8%
9	送礼	2.5%（↗）	3.2%（↗）	3.9%
10	有用	28.2%（↘）	10.3%（↘）	9.7%
11	美观	1.0%（↗）	1.6%（↗）	2.4%

注：百分比指某个价值观出现的频数占某个阶段所有价值观出现频数的比例。

从表13-2中，我们发现在三阶段波动中，第一阶段（1988—2002）比重最高的价值观变动指标只有1个："有用"，第二阶段（2003—2007）比重最高的价值观变动指标有2个："集体主义"和"健康"，第三阶段（2008—2013）比重最高的价值观变动指标有8个："经济""自然""流行""社会地位""财富""工作""送礼""美观"。三大报纸广告共通变动的价值观指标折射出台湾社会每个阶段最突出的价值观变动指标。

我们把三大报纸广告40个价值观指标频数合并，发现在三个阶段中，第一阶段（1988—2002）排名前六的价值观依次是："有用"（8362）、"经济"（2641）、"工作"（1545）、"便利"（1412）、"有效"（1338）、"休闲"（1320），第二阶段（2003—2007）排名前六的价值观依次是："有用"（812）、"经济"（806）、"享乐"（445）、"休闲"（431）、"便利"（408）、"工作"（366），第三阶段（2008—2013）排名前六的价值观依次是："经济"（1080）、"有用"（783）、"财富"（551）、"工作"（550）、"便利"（431）、"休闲"和"享乐"并列（355）。三个阶段中，共通的价值观指标是"有用""经济""工作""便利""休闲"，其中显著性指标是"有用""经济"和"工作"。换句话说，在三个阶段中，比重最大、始终贯穿如一、最能体现台湾社会价值观就是"有用""经济"和"工作"，这三个价值观是报业解禁以来台湾社会的总体稳定指标特征。

表13-3归纳出三大报纸广告折射出台湾社会价值观三个阶段的不同特征的关键词：第一阶段（1988—2002）是"有用"，第二个阶段（2003—2007）是"集体主义"和"健康"，第三个阶段（2008—2013）是"经济""自然""流行""社会地位"

"财富""工作""送礼""美观"。结合报业解禁以来台湾社会的总体时代特征,我们把三个阶段分别命名为:产品力阶段(1988—2002)、文化力阶段(2003—2007)和品牌力阶段(2008—2013)。

表 13 – 3:三个阶段最显著的价值观稳定指标(加粗表示)和最突出的价值观变动指标(打√表示)

	文化价值观 (22 个指标显著)	1988—2002	2003—2007	2008—2013
1	集体主义		√	
2	经济			√
3	健康		√	
4	自然			√
5	流行			√
6	社会地位			√
7	财富			√
8	工作			√
9	送礼			√
10	有用	√		
11	美观			√

三、讨论

(一)产品力阶段(1988—2002)

1. 定义

报业解禁以来台湾广告发展的第一个阶段就是产品力阶段(1988—2002)。产品力阶段的关键词是"有用"。

台湾广告产品力阶段指市场供过于求,广告中的产品常常诉求"有用"的功能价值,依靠产品质量在激烈的竞争中取胜。由于"有用"、"经济"和"工作"是报业解禁以来台湾社会的总体时代特征,因此,台湾广告产品力阶段的变动指标"有用"又与稳定指标"经济"、"工作"结合起来,构成台湾广告产品力阶段的独有特征。

2. 稳定指标特征分析

在稳定指标"经济""工作"为关键词的时代背景下,产品力阶段的台湾社会呈现出勤劳节俭的风气。尽管在20世纪90年代台湾进入了高收入时代，但中华传统文化的观念仍深刻影响着台湾社会，尤其是中老年人阶层。1991年开始，台湾的人口结构产生变化，中老年人比重快速增长，逐渐成为影响市场的一股力量，这些中老年人深受中华传统文化的影响，尽管有钱，却很节俭。1993年，台湾的居民储蓄率达到了历史最高点，但居民消费率却迎来了历史最低点。①

20世纪90年代中后期，台湾经济不景气，面对严重的失业问题，台湾人对发展经济、增加就业的呼声愈发高涨，示威游行此起彼伏。在经济下行的压力下，这一时期广告也突出"工作"的价值诉求，社会主流价值观呈现劳动光荣的特点。1996年台新银行推出的"认真的女人最美丽"玫瑰卡系列广告篇，如"女医师篇"通过女医生在工作上的认真、投入，表现出女人有属于自己的一份美；"天山农场篇"塑造了一个坚强的女人形象，她不仅要认真对待自己的工作，同时还要照顾父亲、独立解决生活难题。而同一时期英格兰Johnnie Walker结合台湾社会大背景趁势推出"通往成功的路，总是在施工中"这一励志广告，深刻反映台湾产品力阶段状况，激励台湾民众走出困境。在广告中，Johnnie Walker将其理解为任何追求梦想的地方，比如不论在足球场、竞技场、海洋中、大街上，只要坚持自己的梦想，努力奋斗，任何地方都是"通往成功的路"。

3. 变动指标特征分析

这个时期台湾消费者关心的依然是购买商品的功能特点，广告主为了迎合消费者的需求，多数广告诉求采取单刀直入的方式宣传产品的"有用"，如大量简单展示产品信息的广告，有些广告仅仅出现品牌的名称和联系方式。广告中"有用"价值诉求的使用，经常与经济实惠相连接，如"童叟无欺、货真价实、包君满意、物美价廉"等频频进入消费者的视野。不乏从产品自身的性能和能给消费者带来利益进行广告诉求，如"够气派，最省电"的美国爱玛冰箱等。

自20世纪80年代下半期以来，海峡两岸的贸易额迅速扩大，1992年突破百亿美元大关，2007年超过1000亿美元。虽然两岸贸易很不平衡，台湾产品质量超出大陆很多，但是随着双边贸易总量的扩大，大陆产品在台湾市场也越来越多。台湾消费者对台湾本土生产的产品有一定的信心，而对中国大陆产品质量不放心。② 这与台湾更为成熟的市场经济、台湾企业更自觉遵守市场规则、台湾企业之间的商业信誉更良好有关。产品力阶段台湾产品诉求"有用"，在当时当地的市场环境下是有效的，这个阶段台湾产品的质量闻名遐迩，畅销东南亚与欧美国家，

---

① 黄德、胡永亮:《台湾地区消费变动及其特点分析》，载《消费经济》2006年第4期。
② 张远鹏:《台湾市场的大陆产品质量分析》，载《亚太经济》2010年第2期。

无不靠自身产品过硬的功能品质,其广告可信度也较高。

(二)文化力阶段(2003—2007)

1. 定义

报业解禁以来台湾广告发展的第二个阶段就是文化力阶段(2003—2007)。文化力阶段的关键词是"集体主义"和"健康"。

台湾广告文化力阶段指以"有梦最美,希望相随"口号打动台湾选民的陈水扁赢得2000年台湾地区领导人选举,终结了国民党长达半世纪的统治,达成台湾史上首次"政党轮替"。之后,陈水扁改以"政治挂帅",重台湾本土意识形态、轻经济建设的"权谋政治",以"我是台湾人"为广告口号,不惜制造族群对立,一贯宣扬"台独"。由于陈水扁刻意制造"族群"分裂,导致台湾政治纷争不断,经济下滑,民生问题已成为台湾该阶段至为突出的问题。由于"有用""经济"和"工作"是报业解禁以来台湾社会的总体时代特征,因此,台湾广告文化力阶段的稳定指标"有用""经济""工作"与变动指标"集体主义""健康"结合起来,构成台湾广告文化力阶段的独有特征。

2. 稳定指标特征分析

在稳定指标"有用""经济"和"工作"为关键词的时代背景下,文化力阶段的台湾社会仍然呈现出勤劳节俭的风气。但文化力阶段台湾社会勤劳节俭的原因和心态与产品力阶段迥然不同,这是对台湾逝去经济辉煌的一种挣扎。民进党上台8年来,由于管理能力低下,岛内经济大幅下滑,中国台湾已自蒋经国时期的四小龙之首,沦为四小龙之末。台湾经济过去的所得分配被认为相当平均,但从2001年已逐渐显现不平均的现象,例如1997年为5.3倍;2001年为6.39倍。[1]台湾出现贫者愈贫、富者愈富、中产阶级溃散的"M型社会"主要是因为民进党贪污无能所造成,台湾的政治不安定,整天弄一些没有营养的"台独"议题来搬弄是非。

在经济压力下,创办于1985年的台湾中兴百货公司,在1988年开始定位于精英群体,台湾意识形态广告公司曾经为中兴百货所推出的广告"三日不购物便觉面目可憎,三日不购衣便觉灵魂可憎""衣服是这个时代最后的美好环境""时尚经济学不是自由竞争,而是抢先寡占市场"等一系列后现代主义消费主张曾经喧嚣一时,但中兴百货公司也于2008年黯然谢幕。其根本原因在于台湾M型社会导致中产阶级失去竞争力,沦落为下层阶级,而中兴百货没有随时而动,仍然以高

---

[1] 赖泽涵:《台湾经济、社会与文化的变迁》,台北:威仕曼文化事业股份有限公司2008年版,第365页。

高在上的姿态自闭于精英圈子当中,无视台湾经济下滑下的街头文化和草根诉求,最终败走麦城。在工作压力下,台湾社会的"外食族"愈来愈多。久津公司顺势推出波蜜果菜汁,其广告"老外篇"中棒球选手张志家出演的"三餐老是在外,人人叫我老外",充满着对台湾社会工作快节奏的无奈和调侃,引起忙碌并被压抑着的台湾现代人的共鸣,令台湾消费者印象深刻。

3. 变动指标特征分析

(1) 集体主义

文化力阶段的集体主义指许多产品利用台湾本土意识形态进行广告,广告诉求中更多表现为"我是台湾人"的族群意识,因此,台湾文化力阶段诉求的集体主义从中华民族的范畴看,属于"小集体主义"。台湾"本土意识"并不等同于"台独意识",本质上是中国历史中常常能看到的一种"乡土意识"。从长远讲,随着两岸人民的互相了解,"台湾本土意识"最终会与"大中国意识"互相包容。这种意识正如连战所说的"我既是台湾人,又是中国人"。

中华文化是台湾广告业发展的基础。台湾的广告往往擅长以感性细腻的手法来阐释广告,正如台北街头各种商家店面上五花八门、由右向左书写的繁体字招牌:民国年号、公元纪年,以及一些建筑上悬挂的灯箱广告和电影戏剧的大型宣传海报,使这座城市呈现出纷繁多样的同时,也让人仿佛置身于"新中国成立前"。其无时不在透露出中华传统文化中的"忠孝仁爱"、"情义无价"的积淀,尤其在广告文案的表现上,也能将古文诗词的"华丽唯美"运用得极为巧妙。①

(2) 健康

2000 年随着台湾"政党轮替",许多泛绿读者转向《自由时报》,在几乎独占泛绿读者的情况下,《自由时报》的发行量和阅报率在台湾排名跃升前二(另一为《苹果日报》),而《中国时报》和《联合报》退居三四名。与泛蓝相比,泛绿的政治主张之一—强调照顾基层民众和弱势群体利益、重视绿色环保和健康生态议题、认同社会福利政策等,得到普通民众支持。陈水扁执政台湾 3 年,可以说是泛绿阵营十分活跃的 8 年。

"泛绿军"名称的由来,主要是因为民进党"绿色台湾"的党旗。泛绿指的是台湾本土党派,主要因为台湾的山都是绿色的,绿色代表台湾本土的特色。从历史根源看,"泛绿军"最初的主力正是那些投身绿色革命、提倡绿色健康环保的"绿党"。这也说明了为什么民进党"当政"八年,台湾报纸广告中的健康环保意识会

---

① 邱志勇:《消费艺术:电视广告象征符号的建构》,台北:辅仁大学硕士论文 1999 年版,第 1 页。

凸显起来。

台湾社会对健康的重视,可以从盛行的素食风和庞大的素食群中管窥。台湾广告中诉求健康环保的产品主力军是保健品,这与台湾工作节奏快、生活压力大、人口老龄化、亚健康人群越来越多密切相关,台湾人期望通过传统的"药食同源"、"以食为疗"改善健康状况。由于台湾健康保健品市场发展较早,市场相对成熟,产品需求量也比较大。据尼尔森公司在台湾岛内的一项最新调查显示,超过四分之一的台湾人每天必吃健康保健食品,2013 年台湾健康保健食品市场达 840 亿新台币。①

(三)品牌力阶段(2008—2013)

1. 定义

报业解禁以来台湾广告发展的第三个阶段就是品牌力阶段(2008—2013)。品牌力阶段的关键词是"经济""自然""流行""社会地位""财富""工作""送礼""美观"。

台湾广告品牌力阶段指 2008 年 5 月马英九"上台"后,中国国民党重新"执政",和平发展成为两岸关系的主题,台湾逐渐摆脱陈水扁时期分裂族群的"小我"集体主义的影响,开始走上发展经济的正轨。但是,由于陈水扁八年"执政"对台湾经济的拖累,台湾社会在品牌力阶段表现出两极分化、思潮对立、M 型社会等典型特征,这些特征实际上是由于台湾经济根基不稳而被国际资本强行提前拉入品牌角力舞台的必然结果。品牌力阶段台湾广告中充斥着经济与财富、自然与工作、送礼与美观、流行与社会地位等之间的种种对立与冲突,这些对立与冲突也是台湾社会矛盾的映射,根本上考验着国民党能否重新对台湾沉疴多年的经济问题进行妙手回春式的诊治。

2. 稳定指标特征分析

在稳定指标"有用""经济"和"工作"为关键词的时代背景下,品牌力阶段的台湾社会仍然呈现出勤劳节俭的风气。但品牌力阶段台湾社会勤劳节俭的原因和心态与产品力和文化力阶段迥然不同,这是对现实的无奈和对未来的迷惘。台湾国民党"当政"时期一直坚持经济的均衡发展,从而较为有效地控制了通胀波动幅度。尽管马英九"上台"后为挽救台湾经济做出努力,以自由、开放为主轴,推动岛内金融服务、教育创新、智慧物流、国际健康、农业加持五大重点,并推动两岸签

---

① 《百度百科·台湾保健品》,http://baike.baidu.com/link? url = BPrL4y2YVvegLwcmELB3q6oz8GPfbIFV7LfSeInWBueO7tO5PeBnulkdxRDqUObvs7EktD0LfXULrWm3U3LvMq,2013 - 06 - 18.

订"服务贸易协定",但仍受民进党相当大的阻力,经济成效并不佳。

台湾的经济不景气,导致各大银行间的恶性竞争,纷纷推出现金卡和信用卡,诱使人们奢侈消费,而办卡的审核极为宽松,每张卡可透支达几十万新台币,甚至有的卡还不设上限,循环利息高达20%。有许多年轻人初生牛犊不怕提前消费,大买奢侈品,透支高达几十万甚至几百万新台币,而收入除掉开支外却基本只够还利息,就此被银行套牢,从此给银行打工。台湾有几十万甚至上百万"卡奴",因为还不起银行高额利息而被逼跳楼的不在少数。此外,台湾《联合报》"社论"指出:台"内政部"日前公布房价所得比,台北市荣登全球买房第一难,民众平均要15年不吃不喝,才能买到一间安身立命的房子,已经超越了香港。① 台湾"房奴"的压力可谓全球最高,发生在台湾的一个惨剧,是说台湾台北县的房奴林先生一家,因为无力承担房贷而五口集体烧炭自杀。在"卡奴"和"房奴"的双重压力下,台湾人民不得不省吃俭用、卖力工作,广告中"有用""经济'"工作"诉求的产品往往更能打动他们的心。

3. 变动指标特征分析

(1)经济—财富

台湾广告表现呈现出两极矛盾。以空调行业为例,近年来,由于人类过多使用高碳能源,导致环境恶化,联合国环境规划署由此提出个人"低碳生活方式",台湾人民也开始呼吁"低碳经济,低碳生活",创造"绿能环境"。日本大金空调适时推出"用大金,省大金"的广告语,获得巨大成功。近几年台湾电力负荷大,为了节省空调用电,台湾提高电价,以提醒居民节约用电。这与人们经济实用的消费观点不谋而合,于是,一大批定位于节能省电功能的空调产品应运而生:双级变频、全直流变频、精确变频等等,各种专业技术也许字面上表达不一样,但是共同的目标就是让消费者使用起来更加省电、省钱。但同时,这些空调越省电,价格就越贵。穷人在购买空调时,虽然会关注是否省电,但空调的价格被摆在了首位。从长期看,买高技术含量的贵空调,固然更划算,问题是在房奴眼里,紧迫的不是未来,而是当下。当富人在悠闲地挑选贵重空调,享受着新科技带来的实惠,穷人只能囊中羞涩,反复掂量着哪种空调自己更可能买得起。广告本意是要让穷人得到实惠,结果却是富人优先享受。

(2)自然—工作

受2008年美国次贷危机影响,台湾经济衰退,进入萧条期,导致台湾民众失业率激增、薪资不涨反降,影响了台湾民众的可支配性收入。而台湾房价却丝毫

---

① 未名:《台岛民众也成房奴 15年才能买间房》,载《联合报》2014年4月23日。

不顾台湾经济的衰退,仍然肆无忌惮地飙升,台湾普通民众就算不吃不喝努力工作一辈子也都买不起一套房子。在此背景下,台新银行的"一点一点累积更好的自己"系列广告吸引了备受房价困扰的台湾民众,广告告诉他们,可以通过努力工作,向台新银行分期贷款买房、租房。又如大众银行推出的《马校长的合唱团篇》,广告中马校长代表的是辛苦耕耘一生的劳动者,他十五年来兢兢业业,在自己的工作岗位上克勤克俭,对自己的学生认真负责。该时期台湾广告中经常充斥着"我们一直在努力"等与工作有关的价值诉求,这与台湾社会工作压力大有很大关系。在累感不爱(网络流行语,指"很累,感觉自己不会再爱了")的台湾社会,许多人开始想逃避身边的种种禁锢。在台湾 M 型社会里,世俗的身份认同一直压迫着台湾人,除了政治上被宣扬的族群分裂外,台湾人承受更多的是资本主义社会对金权的崇拜。这种金权崇拜在西方社会对个人的压迫没有那么明显,因为西方国家的血缘关系并不像东方这样浓厚。但在台湾,由于中华传统文化的影响仍然深刻,这种以血缘为主要纽带的台湾社会,亲人变成压迫个人自由意志的主要帮凶。亲人之间谈论最多的,就是对金权的崇拜,而从不问金权的来源是否正当,这种笑贫不笑娼无形中强加给个人,浸透到个人的志愿、职业、婚姻等方方面面,使个人不得不为亲人的这些"刻板成见"而努力。在台湾社会中,名实严重分离,人与人之间缺乏信赖,互动缺乏诚意,有的只是短利的互相利用关系,运用手腕欺骗或压榨,加以生存竞争激烈,人活在这样的社会中,倘若没有焦虑、挫败,而且还会天真地相信别人,那才真是"有问题"。对精神医生、心理学家,甚至社会学家而言,这些问题的化解都已超乎他们的能力范围。事实上,面对这样的整体社会与文化系统的问题,即使是掌握有政党权力的政客往往也束手无策。①

台湾社会人际关系迅速次级化、距离化和片段化,陌生人成为生活中的多数,和陌生人的往来成为生活的主要活动。血缘和地缘关系的重要性逐渐式微,调查表明,越来越高比例的受访者认为即使亲人和邻居也不能相信。② 当 M 型社会所导致的下层往上层流动的难度越来越大,阶级固化越来越明显,亲人之间的感情关系被破坏殆尽,许多台湾人开始放弃了这种社会向上流动的努力,转向随遇而安、回归自然的心态。实际上,那些侥幸爬到社会金字塔顶尖的成功人士,内心也十分渴望回归原始自然的生活状态,只是高强度生活的惯性使他们像吸毒一样欲罢不能。他们何尝不明白工作的目的不是为了工作,而是为了生活。但是,资本

---

① 叶启政:《台湾社会的人文迷思》,台北:东大图书股份有限公司 1995 年版,第 195 页。
② 张苙云、吕玉瑕、王甫昌:《九〇年代的台湾社会:社会变迁基本调查研究系列二》下,台北:"中央研究院社研所筹备处" 1997 年版,第 297—298 页。

主义的侵蚀和残酷的社会现实使得台湾人越是卖力工作,就越产生向往自然的生活状态,却越难以达到这种自然状态的吊诡逻辑当中。

(3)送礼—美观

台湾广告中"送礼"的价值诉求十分频繁,如"森田药妆,买一送一""台湾果啤,买一赠一"等,甚至连大宗物品如房地产也不乏充斥着"买三房送花园"这样的广告。这与台湾浓厚的送礼文化密切相关,在台湾政坛,送礼也是最"正常"不过的事,尤其在"立法院"。台湾政坛送礼有一套规矩,即所谓的"三不、四要"。"三不"是"不收厂商礼、不收记者礼、不收不明礼";"四要"是"三节'要'去打点、夫人'要'给妆点、长官'要'用心点、诚意'要'多一点"。广告中的"送礼"能够打动台湾民众,除了文化因素外,恐怕经济因素也是一个重要的考量。台湾人在经济下滑、物价上涨的年代,在生活上不得不精打细算,那些诉求"买一送一"的打折广告,即使排队几个小时,许多台湾人也乐此不疲。在送礼广告的表象下,是台湾社会民众对商品物美价廉的一种期待。

台湾美学经济也十分发达,奢侈品广告中"美观"的价值诉求也很多,如阿瘦皮鞋"You A. S. O beautiful"广告中,精心的美学设计赋予阿瘦皮鞋不同款式的不同气质;针对女性上班族的 Effie 系列优雅、干练而有魔力;针对少女的 Beso 系列淑女、轻盈而又不失稚气;针对儿童的 Aso 童鞋舒适而又可爱;针对年轻人的 Frano 系列大方而又不失精美;针对海外的 L&J 系列高端而大气。台湾现阶段美学经济的发达表明,台湾由 OEM 纯代工制造业经济体,转向 ODM 设计代工制造业经济体。我们看到,美国是目前综合国力最强的国家,但在奢侈品这个行业,却完全不敌法国和意大利,甚至也比不上英国和瑞士。这说明要形成奢侈品这个行业,不只需要有钱,还要有钱的时间够长,浸染成一种文化和生活方式。消费奢侈品只能是一种风气,无法形成一种文化,要形成文化就要等有能力生产奢侈品并形成品牌和产业,那代表整个社会从生活方式和工艺都到了一定水平,这背后有很多条件要达到,除了富裕还要有时间积累。① 在那之前,只能说是高消费人士,而不是高端人士,高端人士也未必是高消费人士。而透过应用商品美学(如广告)的精致包装,商品投射了阶级品位,这种阶级品位可以愤怒人与人之间的情感,并透过个人或集体的意义诠释,建构了特殊的商品文化与价值观。②

---

① 詹伟雄:《美学的经济:台湾社会变迁的60个微型观察》,北京:中信出版社2005年版,第29—30页。
② 孙秀蕙、冯建三:《广告文化》,台北:扬智文化事业股份有限公司1995年版,第79—80页。

(4)流行—社会地位

台湾流行文化有其历史累积的特殊资产,过去像邓丽君那样的影响作用,在当年封闭的大陆,"小邓"带头便攫取了大陆人心。"台湾当局"对于电影、对所谓的"文化创意产业",多少有些象征性的奖励政策。目前,中国台湾已经同日本、韩国共同构成了偶像剧市场当之无愧的三足鼎立。在台湾广告中,卡乐芙(又名colorful,寓意五彩缤纷)染发霜就是这样一种契合大众流行的产品,"玩发由我做主,出色有目共睹",广告描绘了一幅染发效果好、色彩鲜明、持久靓丽、经济实惠的图景,它价格低廉,可以自己制作、自己享用、简单有效,满足了台湾普通阶层追赶时尚流行的心理。

与中国大陆类似的是,在以草根为主要特征的流行文化中,与其形成鲜明反差的是代表社会地位的精英文化。由于台湾中产阶层趋于消失,整个社会分裂为相互隔绝、差异鲜明的两个部分——上层社会和底层社会,经济财富及各类资源越来越多地积聚于上层社会或少数精英分子手中,而弱势群体所能分享到的利益越来越少,他们与社会上层精英分子的社会经济差距越拉越大,从而形成与上层社会相隔绝的底层社会。① 中产阶级急速消失,形成贫富极端对立的两极。台湾近年来贫富差距的扩大,虽然尚未达到极度危险的边缘,但已经对中产阶级的政治心理产生严重影响。当他们的收益曲线下滑,而这种下滑的趋势又长期得不到改善,就会滋生对现存社会合法性的质疑,导致产生改变现有政治的冲动,包括在制度层面和过程层面的变革。这种政治变革的冲动一旦与中下阶层长期存在的对政治的不满情绪相结合,就容易对政治稳定产生消极影响。②

四、小结

报业解禁以来台湾社会整体的变化速度是有目共睹的。解禁以来的一些开放措施,使原本定于一尊的价值思想观念顿时解除其束缚力,各式各样的价值取向和观点如百家争鸣纷纷出笼,一时之间让人觉得乱象丛生、无所适从。③

台湾广告的发展从产品力阶段到文化力阶段,再从文化力阶段到品牌力阶段的转变,反映了台湾社会的基本诉求:当经济快速发展时,执政党虽然解决了民生问题,但忽视民权问题,百姓的精神需求得不到满足,执政党也会成为在野党,产

---

① 孙立平:《断裂:20世纪90年代以来的中国社会》,北京:社会科学文献出版社2003年版,第59—67页。
② 李鹏:《台湾社会阶层关系现状及其对政局的影响》,载《台湾研究集刊》2012年第3期。
③ 张笠云,吕玉瑕,王甫昌:《九〇年代的台湾社会:社会变迁基本调查研究系列二》(下),台北:"中央研究院社研所筹备处"1997年版,第174—175页。

品力阶段的国民党正是如此；当政客投机取巧通过台湾本土族群的"小集体主义"煽动民粹主义来迎合部分民众的民权诉求，经济发展下滑，民生问题得不到解决，执政党同样会沦落为在野党，文化力阶段的民进党正是如此；不管是民生，还是民权，归根结底都要在中华民族"大集体主义"的伟大旗帜下进行。

　　当前，品牌力阶段的广告不仅折射台湾社会价值观念的对立与冲突，而且还不断加剧这种对立与冲突。当广告中"经济"与"财富"、"自然"与"工作"、"送礼"与"美观"、"流行"与"社会地位"并存，这种反差和矛盾加深了台湾M型社会的两极分化。缺乏雄厚的经济基础和健康的经济结构是台湾当前社会思潮分裂的根源，这种经济根源已经压倒了陈水扁时期的政治因素，成为台湾民众最关心的问题，这也是为什么马英九能够"上台"的重要原因。但是，马英九面临的是一个复杂的台湾社会，广告折射出来的台湾社会种种乱象，虽然因经济而起，反映在社会思潮中，却极易蔓延至政治，导致社会的混乱。"台湾当局"需要有足够的智慧和警惕来应对未来。

第十四章

海峡两岸广告业发展简史比较研究[①]

作为社会发展的一面镜子,中国大陆广告的悠久历史和重要程度,远远超乎我们通常的认识。最原始的商业广告是原始社会末期以叫卖和实物为主的广告;随着科技文化(印刷术、美术、手工艺品等)的发展,城市商店广告以商标、牌号为主;近代印刷术的大量运用,报刊广告使广告生存空间大大增加;电讯科技的出现,特别是广播电视互联网络的出现,广告以前所未有的速度发展。由于各种原因,我国大陆广告业真正意义上的起步是在十一届三中全会之后,分四个阶段:复苏期(1979—1981)、调整与发展期(1982—1993)、规范化管理运作期(1993—2002)、整合期(2002年以来)[②]。20世纪50年代以来,台湾地区的广告业经历多次巨大的变动和转型,从一无所有到相当成熟,也可分为四个阶段:萌芽期(20世纪50—60年代)、成长期(20世纪70年代)、融合期(20世纪80年代)、成熟期(20世纪90年代以来)[③]。下面对大陆和台湾广告业发展的四个阶段作个横向梳理与比较。

一、复苏期(中国大陆1979—1981)和萌芽期(台湾地区20世纪50—60年代)

中国大陆广告业开始复苏,经过三年的短暂恢复,至1981年年底全国有广告经营单位1160家,广告从业人员16160人,广告营业额已达1.18亿人民币。三年来的复苏较初期在各项指标上均增长十倍以上。[④]

这一时期中国大陆广告业表现出的特点有:

1. 媒体引领广告业复苏第一步,并在之后的广告业发展中扮演重要角色。1979年1月4日,《天津日报》率先恢复商业广告;1月14日,《文汇报》率先发表

[①] 本文写作过程中得到陈培爱教授指导。
[②] 赵洁:《广告经营管理术》,厦门:厦门大学出版社2000年版,第23—32页。
[③] 陈培爱:《中外广告史》,北京:中国物价出版社2002年版,第10—15页。
[④] 范鲁彬:《中国广告业二十年统计资料汇编》,北京:中国统计出版社2000年版,第6—10页。

"为广告正名"文章,进一步为广告业复苏做舆论准备;同月28日,上海电视台在黄金时间播出中国大陆第一条电视广告——上海药材公司的"参桂补酒"广告,12月间中央广播电台开始播放广告;1981年1月8日,北京《市场报》首登征婚广告,迈出艰难一步;同年4月15日,中国大陆第一份广告类杂志——《中国广告》杂志正式出版发行。

2. 广告公司表现活跃。1979年8月批准成立中国大陆改革开放以来第一家广告公司——北京市广告公司;同年10月27日,北京、上海、南京三家广告公司在上海召开全国13家广告单位第一次广告经验交流工作会议;1980年11月28日,在广州召开22个大中城市广告单位第二次广告工作会议。两次会议均取得丰硕成果。

3. 广告法规初步拟订,各种广告组织风起云涌。1980年8月,由国家经委牵头,国家工商行政管理总局参加,开始起草《广告管理暂行条例》;同年11月28日,在广州召开22个大中城市广告单位第二次广告工作会议通过筹建"中华全国广告协会"的提议;1981年2月25日,中国第一家广告经营单位联合体——中国广告联合总公司在京成立;1981年12月10日,辽宁省广告协会成立,是我国建立的第一个地方广告协会。

20世纪50年代,台湾地区刚从日本的铁蹄下挣脱出来,百业待兴。50年代—60年代,台湾地区的产品以出口为主,广告业处于萌芽时期。1959年,温春雄成立了台湾第一家广告公司——东方广告社;1961年,台湾广告公司、华商广告、国华广告相继成立。至此,综合广告代理业正式踏入台湾的社会、经济舞台,透过媒体逐渐扮演对消费者沟通、说服的重要角色。同年,国华广告首先和日本电通公司有业务合作契约;1965年电通在台北设立支局,业务活动交由国华和台湾广告公司推动,自此,广告公司正式踏入媒体代理的领域。1966年,第五届亚洲广告会议在台北举办,使得政府首长注意到广告的力量,也开始了解广告对媒体的影响力,以及广告对消费者、对经济成长的影响力。宽松的政策环境使得台湾广告业顺利走出婴儿期,广告总量从1961年2.14亿台币增加到1970年的14.488亿台币。

20世纪50年代—60年代,台湾的广告公司陆续成立的原因是:①

1. 1947年政府制定奖励外人投资条例,这一条例使台湾走向工业社会,使得台湾的广告界——广告公司、广告媒体、广告主产生一个同步发展的情形。

2. 1949年台湾广告媒体和广告厂商,到东京参加第二届亚洲广告会议,受到

---

① 赖东民:《30年广告情》,台北:台湾英文杂志社1994年版,第34—45页。

当时电通社长吉田秀雄的影响。回到台湾以后,在50年代末陆续设立广告公司。

二、调整与发展期(中国大陆1982—1993)和成长期(台湾地区20世纪70年代)

1982年,中国大陆广告业开始起飞。这一年国务院正式通过第一部广告法——《广告管理暂行条例》,各种广告学术会议及广告展如火如荼,广告营业额达1.5亿元人民币。1983年中国大陆广告业步入高速发展时期,至年底广告经营单位、广告从业人员和广告营业额分别较上年增长44.1%、93.6%、56%。1984年全国广告经营继续高速发展,至年底广告经营单位、广告从业人员、广告营业额分别较上一年增长74.2%、35.6%、56%。1985年是中国广告业连续高速发展的第三年,至年底广告经营单位、广告从业人员、广告营业额较上一年增加48.4%、35%、65.7%。1987年4月8日日本电通和法国扬·罗必凯在沪联合组建电扬第256个办事处,成为中国大陆第一个外企广告公司。这一年全国广告营业额突破10亿人民币大关,达11.12亿。

1988年,中国大陆广告业发展已十年,广告经营单位达到一万家以上;广告从业人员超过11万;广告营业额累计达15亿人民币,年增长达40%以上。1993年被誉为中国广告年,至年底全国广告经营额超百亿元,达到134亿,较上年增长97.6%;广告经营单位较去年增长90.4%,实增1.5万家;广告从业人员较上年增长60.2%,实增12.6万人;均创历史新高。①

1982—1993年,中国大陆广告业持续发展,这个时期表现出来的特点有:

1. 经济的发展带动企业的发展,竞争的日趋激烈迫使企业不惜重金投放广告,1991年是企业公开征集广告用语最多的一年,也是明星、名人踏入广告界最多的一年,名人促销大战极为激烈。随着广告业变得有利可图,由于缺乏法律法规的约束,出现了大量虚假广告、各种广告公司鱼目混珠、竞争不公平等问题纷纷暴露。

2. 各地广告协会雨后春笋般纷纷成立,中国广告代表团开始与国际广告会议频频接触。1983年7月19日,厦门市广告协会成立,成为我国最早建立的市级广告协会,同年12月27日,中国广告协会成立,之后五年间中国广告协会分别成立了五个专业指导委员会:电视工作委员会、广播工作委员会、广告公司委员会、报纸工作委员会以及学术委员会,各地共成立20个省市级广告协会。中国广告代表团还参加了第29届世界广告会议、第5届世界户外广告会议、阿拉伯广告大会

---

① 范鲁彬:《中国广告业二十年统计资料汇编》,北京:中国统计出版社2000年版,第12—15页。

亚洲广告协会联盟第 15 次会议,在北京人民大会堂举办了首届第三世界广告大会。

3. 广告行业继续快速增长,广告公司呈现多元化,广告教育实现零突破。早期广告公司多是从美术装潢公司转变而来,偏向路牌、灯箱、海报等的制作,还无法提供全面的服务,到 20 世纪 90 年代初期私人广告公司大量涌现,还出现大企业的家族广告公司以及机大众传媒所办的广告公司。另外,海外广告公司自 1988 年起,特别是 90 年代初期,在中国复关在即的前景激励下,纷纷以合资或自设办事处的形式进军中国。厦门大学新闻传播系广告学专业(1983 年)实现中国大陆广告教育零的突破,广告教育迎来大发展的春天。

4. 随着跨国广告公司进军中国市场,中外广告交流大大加强,中国本土广告公司学习吸收国外先进经验,不断成长。激烈的竞争推动中国大陆广告业迅速走向成熟,并造就了大批广告公司和广告人才,广告经营水平和创作水平有了很大的提高。从 1987 年开始,北京、上海、广东三足鼎立,成为中国大陆广告最为发达的三大阵营。

20 世纪 70 年代,台湾当局在内外压力下,决定实行经济自由化政策,由此推动了经济的惊人发展,同时也带动了广告业的繁荣和发展。1971 年台湾地区广告投资总额仅 14.99 亿台币,到 1981 年已达 113.75 亿台币,广告量平均每年以两位数增长。① 这个时期台湾地区广告业的发展呈现以下四个特点:

1. 广告公司迅速成长,大量杰出人才投入广告业,广告技术不断创新,广告代理业发展逐渐正常化。

2. 与国外广告界仅限于技术和业务上的合作,无外资介入,1981 年以前广告代理业完全由国人自营。

3. 由于经济的高速发展,客户对广告专业化程度要求越来越高,本土广告公司纷纷向欧、美、日学习先进的广告技术和经营管理模式。

4. 国外广告理论和行销理论的引入,使广告公司扩大了服务范围,提高了服务水准,整体上得到了锻炼,为 20 世纪 80 年代迈向国际化奠定了坚实的基础。

三、规范化管理运作期(中国大陆 1994—2001)和融合期(台湾地区 20 世纪 80 年代)

1994 年 10 月 27 日,第 34 号主席令正式公布《中华人民共和国广告法》,自 1995 年 2 月 1 日起施行,从此中国大陆的广告业被纳入规范化、法制化的管理模

---

① 樊志育:《中外广告史》,台北:台北三民出版社 1989 年版,第 67—78 页。

式。1998年在东南亚发生经济风暴,我国政府进行宏观调控,又出现百年不遇的洪灾,广告业发展速度减缓。即便如此,中国大陆广告业仍每年保持两位数增长,1998年在亚太地区成为仅次于日本的第二大广告市场,2000年全国广告经营单位达70747户,广告从业人员达641116人,广告营业额达712.66亿元人民币。①这一时期中国大陆广告业有以下几个特点:

1. 政府将广告业纳入法制管理的正常轨道,随着第一部《广告法》的颁布,与广告密切相关的法律、规章及广告单行法纷至沓来,广告法规和广告管理体系初步形成。部分大城市和地区开始全面推行广告代理制,使广告业逐渐走向专业化、科学化和现代化。

2. 广告媒体迅速发展,媒体价格不断上涨。新媒体的发明为广告业注入新的活力,网络广告、短信广告等新的广告形式这种更具互动性的媒体正越来越深地纳入广告领域。随着中国大陆市场化水平的提高,媒体成为稀缺资源,1994年孔府家酒以3099万元成为中央电视台黄金时段第一届标王;1995年秦池酒以6666万元成为中央电视台黄金时段新标王;1996年秦池酒开出3.212亿元蝉联标王的桂冠……但媒体广告价格的上升并没有减少需求,反而导致全国广告营业额的高速增长。

3. 中国广告代表团频频参加国际广告赛事,中国企业广告首次走出国门,广告教育踏上新台阶。1995年4月28日,"三九药业"大型中文路牌广告首次走出国门,在美国纽约曼哈顿时代广场亮相;1995年5月12日,广东白马广告公司获得第36届基奥国际广告大赛平面设计银奖;1995年6月,厦门大学首招广告硕士生;1997年1月31日,梅高广告公司获得美国"纽约节"96AME国际大奖医药保健奖银奖;1998年3月7日,亚太广告节桂林华顿广告公司和上海电扬广告公司获得铜奖;同年10浙江华林广告公司获得瑞士举行的98梦特勒国际广告节金奖;1999年9月,首届中国广告协会"学院奖"在厦门举行。②

80年代台湾地区人均收入渐渐跃居世界前列,使台湾成为国际广告公司猎取的对象,反过来促使台湾地区广告业大步与国际接轨,形成了这个阶段有名的"洋土"纷争的融合期。

这个时期台湾地区广告业表现出以下特点:

1. 台湾地区广告业在国际化的冲击下,承受着正面和负面的双重压力。1986年,台湾宣布经济自由化和国际化,使得外国厂商可以100%在台湾设立分公司,也

---

① 《中国广告年鉴·中国广告业大事记》,北京:北京新华出版社1998—2000年版。
② 《中国广告年鉴·中国广告业大事记》,北京:北京新华出版社1998—2000年版。

可由外国人担任负责人。制度的开放,使得国际性广告公司随着外国厂商进入台湾,自 1986 年至 1988 年,将近 10 家世界大型的广告公司来台投资,甚至成立 100% 拥有分公司,这些广告公司所代理的广告,占台湾总广告量约 60%。竞争的加剧,一方面加快了台湾地区广告业的成熟,重视广告人才的培养、广告新观念的导入、广告表现的多样化、高科技的采用和严谨的成本观和计费标准等等,另一方面也带来了负面影响,如经营成本的急剧上升、互抢客户、人员跳槽现象严重等等。

2. 1981 年,经过近 20 年的努力,台湾的广告作品在国际上获得肯定,联广公司作品——黑松广告影片,获得日本 ACC 最高奖。自此以后,台湾的作品不断在国际上得奖,如坎城、CLIO、IFA 等。

3. 在台湾,广告表现受到国外的影响有两波:一是 60 年代日本的影响,一是 20 世纪 80 年代美国的影响。台湾有日本式与美国式的广告表现,却缺少中国式的表现,变成台湾广告界近年来热烈探讨的问题。1989 年,在台北举办了世界华文广告会议,世界各地迎来 250 位与会人士,共同探讨华文广告的本质、现况与未来,引起热烈反响。

四、整合期(中国大陆 2002 年以来)和成熟期(台湾地区 20 世纪 90 年代以来)

2002 年,是我国加入世界贸易组织后的第一个年头,按照中国加入 WTO 的承诺,2002 年 1 月 1 日之后,允许外资控股;2004 年 1 月 1 日之后,允许外国企业在中国设立外资独资企业。① 2004 年 9 月,第 39 届世界广告大会在北京举行。广告服务市场的开放必然导致我国广告业的大变革,主要表现在以下几点:

1. 随着国外知名广告公司的进入,中国大陆广告业在优质客户、市场份额、新兴业务和人才资源等方面的竞争大大加剧,跨国广告集团可能兼并大批本土广告公司,但这并不意味着中国本土广告公司无路可走。本土中小广告公司可以结合自身优势与市场竞争环境,准确定位,在专业化和特色化上下功夫,力求在某一领域或某一环节上做得最好。

2. 关税的降低将吸收大量的国外企业来华发布广告,越来越多的国外知名企业将成为新的广告主;同时,随着外商独资、控股广告公司的出现和合资广告公司数量的增加,国外先进的广告经营理念将推动我国广告业整体水平的提升。本土广告公司通过融资,进行集团化运作,中国的强势媒体或大企业集团也可能会投资打造本土的广告航母。

---

① 中国广告协会学术委员会:《中国广告业生态环境——2002 年全国广告学术研讨会论文集粹》,北京:中国工商出版社 2003 年版,第 101—110 页。

3. 优势的广告公司将在优化资源配置、知识创新和资本运营等方向进行战略拓展,与管理咨询业、营销策划业、公关业、调查业、媒体传播业进行相互补充和相互整合。

台湾地区20世纪90年代以来经济遭受世界经济不景气的冲击,也波及广告业。广告公司开始重新自我思考,自我定位,广告业日趋理性和成熟,主要表现在:

1. 台湾地区广告公司完全被纳入全球广告体系。台湾广告业视国际合作为时尚,其他行业也不甘落后,激起国际合作的狂潮。交流的增加,大大提高了台湾广告设计制作的技术水准;电脑的应用,促使广告作业朝科学化方向发展;广告人素质的提升也反过来提高了广告业的社会地位;良好的广告经营制度使台湾广告业日趋繁荣。

2. 台湾广告业经历了以广告创意为导向、以市场调查为导向之后,进入一个以广告效果为导向的时代。一个够水准的广告公司,不但讲求广告创意,重视市场调查,更对广告效果研究视为争取业务的秘诀。而广告主对广告效果的要求也日趋严格,深信广告若无效果或无法衡量其效果,无异于将大把钞票付之流水,所以重视广告效果的广告公司必定兴旺。

3. 海峡两岸广告界相互交流升温。1990年3月30日,福建省广告公司通过香港洲际在台湾《自立晚报》上刊登福建闽东电机集团广告,这是40年来首次在台湾出现的大陆广告,引起巨大反响;同年4月11日,应中国广告协会邀请,以台湾联广赖副董事长为团长,国华广告公司蔡总经理为副团长的代表团来大陆参观访问,4月28日,又一拨台湾广告业考察团来大陆进行为期两周的考察;1991年11月25日,《国际广告》、福建电视台和台湾《动脑》杂志在福州召开"海峡两岸电视广告研讨会",1993年8月1日再次举行;1994年7月20日,国家工商行政管理局、国务院台湾事务办公室联合发出《关于加强海峡两岸广告交流管理的通知》;1995年3月31日,海峡两岸广告交流办公室在京正式成立并开展业务工作;1996年1月18日,台湾文化大学广告学系、福建省广协、台湾《动脑》与《旅行家》杂志联合主办"96两岸广告研讨会"在台湾新光摩天大楼举行;2002年5月,第11届时报广告金犊奖颁奖典礼在北京大学百周年纪念堂举行,这是金犊奖首次在台北、北京两地同时举办;2003年12月31日,台湾当局不允许大陆物品、劳务、服务等产品在台湾从事广告活动的禁令正式解除;2005年,金犊奖复决审首次由台北移至北京举行……①

---

① 《中国广告年鉴·中国广告业大事记》,北京:北京新华出版社1998—2000年版。

五、小结

考察现有文献,台湾广告业发展至今不过短短四十多年的历史,其间广告量及从业家数随着经济成长逐年攀升,但比较正式及快速成长只有二十几年而已,可以说是一个新兴行业,其每个阶段的演变过程与历史经验对正在走向世界的中国大陆广告业,具有重要的借鉴意义。

20 世纪 70 年代,广告在台湾开始蓬勃发展起来,至今,台湾已有大小广告公司 3 万多家,几十万广告从业人员,广告的年营业额已经占到了 GDP 的 2.5% 到 3%。由台湾举办的广告金像奖也已经成为亚太地区具有广泛影响力的广告奖项。而祖国大陆从 1979 年恢复广告业以来,目前广告正处于整合期,蓄势待发。现在祖国大陆已有 8 万多家广告公司,广告从业人员 75 万人,广告年营业额超过 1000 亿元人民币,占 GDP 的 0.9% 左右。

台湾广告业的发展是从依赖到自立自主的过程,在依赖的环境下积累出自身产业的技术、经济与能力,而发展的力量是受到跨国公司的牵引。虽然受到外在世界的冲击与竞争,但也从这个环境中完成模仿、学习与合作。由于独特的历史脉络,透过当地的社会制度环境,与企业本身的努力,造就出台湾广告业的运作特色,如她的社会经济网络关系、企业组织规模的压缩与二极化、广告技术的跨国引进,以及人力结构等当地的运作特色,使得本地广告业纳入全球经济的运作中,呈现着全球运作的特性。

综观台湾广告业目前面临的主要问题是:①

1. 台湾广告市场规模有限,经济规模不足,人才与资金都缺乏,影响服务效率与水准。

2. 部分广告主及国际广告集团将重心移往中国大陆,影响广告经营与利润愈来愈薄,广告量可能出现衰退。

台湾地区已有不少广告公司以大陆人头为掩护,早就在大陆设立广告公司,只是无法开立发票,必须买大陆的小广告公司发票。中国大陆广告业 2004 年先对香港、澳门广告公司开放,并允许设立百分之百的独资企业,而到 2005 年 12 月 10 日将会按 WTO 承诺全面开放,台湾广告文化可到大陆扎根,大陆市场的舞台很大,对台湾本土广告公司来说,是非常有吸引力的。

---

① 台湾《动脑》杂志编辑部:《2002 年台湾综合广告代理商排行榜》,载《动脑》2002 年第 5 期。

03

第三篇

妈祖传播

第十五章

妈祖传播研究现状与趋势

一、前言

从2006年国家把莆田市"湄洲妈祖祭典"列为第一批国家级非物质文化遗产开始,"妈祖热"就风起云涌。2009年联合国将"妈祖信俗"列入世界非物质文化遗产,成为中国首个信俗类世界遗产,标志着妈祖文化成为全人类共同的文化遗产。同年,《莆田市城市总体规划(2008—2030年)》确定莆田市的城市性质为"湄洲湾港口城市,世界妈祖文化中心"。2013年,莆田学院成立妈祖文化研究院,标志着"妈祖研究热"也开始兴起。

尽管有关"妈祖研究"发展迅猛,单中国知网上与"妈祖"篇名有关的文献就达1792篇,在国家图书馆、莆田学院和福建师范大学图书馆上与"妈祖"书名有关的文献至少有252本。但是在翻阅研究文献时,我们发现,尽管文学、宗教学、考古学、人类学、社会学、历史学、艺术学等学科的学者均从不同角度研究妈祖,但大量文献集中在妈祖起源和发展的角度,宗教学和历史学的观照居多,少有文献从传播学角度对妈祖进行考察,这可能是制约该领域进一步发展的原因之一。伴随着文化创意产业的兴起,传播学角度的研究必不可少,越来越多的传播学者也可以介入妈祖研究,成为"妈祖学"研究的生力军之一。本文对国内外"妈祖传播"领域的研究成果进行梳理、综述,为后人提供该领域比较全面的研究脉络与发展趋势。[1]

二、国外妈祖传播研究现状与趋势著作

亚马逊官方网站搜索"Mazu",查找到3本书名相关的国外著作。[2] *Chinese*

---

[1] 检索时间:2016年4月14日,全文同。本文写作过程得到许佳宁的帮助,特此感谢。
[2] 亚马逊官网 https://www.amazon.cn/s/ref=nb_sb_noss?__mk_zh_CN=%E4%BA%9A%E9%A9%AC%E9%80%8A&url=search-alias%3Daps&field-keywords=MAZU,2016-4-14。

Goddesses, *Including*: *Guanyin*, *Immortal Woman He*, *Mazu* (*Goddess*), *N Wa*, *Chang'e*, *Long Mu*, *Meng Po*, *Xihe* (*Deity*), *XI Wangmu* 一书,详细介绍了中国观音、何仙姑、妈祖、女娲、嫦娥、龙母、孟婆、西河、西王母等九位女神。*Articles on Folk Saints*, *Including*: *Eva Peron*, *Emiliano Zapata*, *Pancho Villa*, *Pablo Escobar*, *Little Saint Hugh of Lincoln*, *Margaret the Virgin*, *Dominguito del Val*, *Mazu* (*Goddess*), *Companions of Saint Nicholas*, *Wilgefortis*, *Santa Muerte* 一书,详细介绍了阿根廷伊娃·贝隆、墨西哥埃米利亚诺·萨帕塔、墨西哥潘丘·维拉、哥伦比亚巴勃罗·埃斯科瓦尔、美国小圣休米、林肯、苏格兰玛格丽特公主、中国妈祖等、墨西哥死亡圣神等11位民间圣徒。*Articles on Mazu Belief*, *Including*: *Mazu*(*Goddess*), *Thian Hock Keng*, *Thean Hou Temple*, *Yueh Hai Ching Temple*, *A – Ma Temple*, *Thien Hau Temple*, *Los Angel* 一书,详细介绍了妈祖庙、天后宫、粤海清庙、妈阁庙、天后庙等七个妈祖信仰有关的场所。

我们发现,上述三本著作都是在2011年由同一家出版社Hephaestus Books出版,偏向人物介绍科普性质,学术性均不强,尽管与妈祖有关,但很少涉及妈祖传播方面的内容。

(二)论文

在 WEB OF SCIENCE 数据库检索里键入"Mazu"题名进行查找,结果为18篇,剔除重复与无关文献,得到526篇有效文献。最早的论文是2007年韩国学者 Gao Huilian 在 *The Journal of Chinese Historical Researches* 上发表的 Emperorfest and Mazu temple in Chosn Dynasty 一文,她认为,妈祖信仰是中韩两国文化共同体,通过对天津妈祖会和仁川妈祖会比较,她发现两者有许多相似之处,这些痕迹在《朝鲜王朝实录》里也有记载。①

我们发现,在国外18篇与妈祖有关的论文中,来自韩国的论文有12篇,中国的论文有2篇,其他国家的有4篇,表明韩国学者比较重视妈祖研究的国际化。但在传播学角度研究妈祖的论文,还有所欠缺。

三、大陆妈祖传播研究现状与趋势

(一)著作

中国大陆迄今为止已出版妈祖传播方面的著作仅1本,莆田学院文化与传播学院院长孟建煌教授(2014)的《妈祖文化传播导论》(厦门大学出版社)一书,该

---

① Gao Huilian. "Emperorfest and Mazu temple in Chosn Dynasty", *The Journal of Chinese Historical Researches*, 2007(10):223 – 252.

书从传播学角度分析了妈祖文化传播的要素、类型、符号,并从人际传播、大众传播和新媒体传播三个层面深入探讨妈祖文化的传播方式。该书为莆田学院开设的妈祖文化传播人才培养特色班提供了很好的教材基础。考虑到妈祖传播方面的著作很少,下面我们集中对相关论文进行梳理。

(二)论文

1. 研究对象

在中国期刊网检索里键入"妈祖传播"篇名进行查找,得到95篇相关文献,剔除10篇报纸文献,得到85篇论文,其中学术期刊论文70篇、硕士学位论文3篇、博士学位论文1篇、会议论文11篇。最早的文献是1985年周世跃的《妈祖信仰及其在台湾的传播》,该文就妈祖信仰的起源、发展以及它在台湾的传播与影响等问题进行探讨,认为妈祖信仰是台湾民众在克服自然灾害和争取民族解放过程中的精神支柱,反映了台湾同胞根在大陆。①

2. 文献来源

文献来源主要分为新闻传播类期刊、会议论文类、大学学报、博士论文、硕士论文、其他6类。在85篇相关文献中,其中新闻传播类期刊文章有10篇、会议论文类文章11篇、大学学报类期刊文章28篇、博士论文1篇、硕士论文3篇、其他32篇(含宗教类期刊3篇、历史类期刊5篇、台湾专业期刊6篇)。如表15-1所示。

表15-1:大陆关于"妈祖传播研究"文献来源

来源名称	有效篇数	有效百分比
新闻传播类	10	11.8%
会议论文类	11	12.9%
大学学报	28	32.9%
博士论文	1	1.2%
硕士论文	3	3.5%
其他	32	37.7%
总计	85	100%

表15-1中我们可以看出,其他类和大学学报类文章数量最多,反映了妈祖传播研究的多学科性,会议论文类其次,表明妈祖传播研究的学术研讨会比较兴

---

① 周世跃:《妈祖信仰及其在台湾的传播》,载《台湾研究集刊》1985年第4期。

盛。新闻传播类期刊较少,硕士和博士论文均来自专门史、古代史、历史地理学和农业推广专业,表明新闻传播学者尚未重视妈祖传播研究。

从第一作者单位看,来自莆田高校或相关机构的有 30 篇,来自福建省外的有 25 篇,来自福州的有 12 篇,来自泉州的有 11 篇,来自厦门的有 7 篇,表明莆田(尤其是莆田学院)是妈祖传播研究的生力军,省外的研究集中在省外、海外的妈祖传播。在研究方法上,资料梳理、考古和思辨最多,采用历史地理学和内容分析法进行研究的各有 4 篇,田野调查的质化研究方法论文有 2 篇,符号学论文 1 篇,表明在妈祖传播研究领域,实证研究方法还很欠缺,阻碍妈祖学学科的建立和发展。此外,我们发现 70 篇期刊文献中,来自中文核心期刊要目总览的有 12 篇,占 17%,说明该领域论文高层次期刊的发表还有待提高。

3. 研究主题

在对 85 篇"妈祖传播研究"论文的标题及内容进行判断后,可以得出学者的研究兴趣所在。笔者对这些文章进行归类,得出不同时期的传播、不同地域的传播、不同媒介的传播、不同策略的传播、不同元素的传播、不同作用的传播等 6 个研究主题的分布。其直观表示如图 15 - 1 所示:

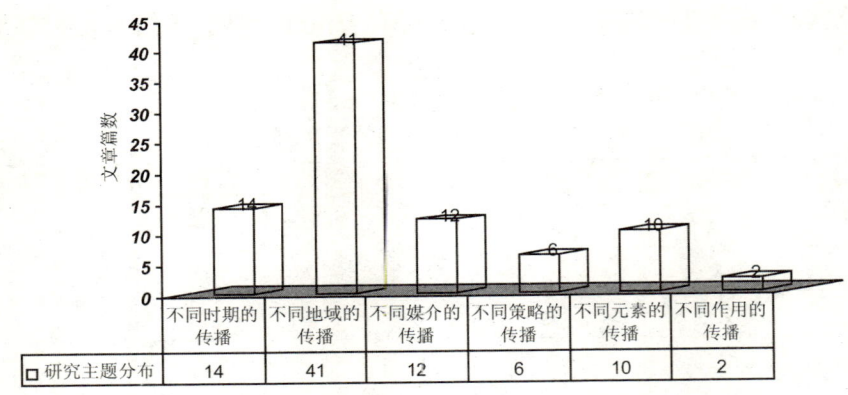

图 15 - 1:大陆关于"妈祖传播研究"主题分布

从图 1 统计结果可以看出:大陆对"妈祖传播研究"中,非常重视不同地域的传播,其次是不同媒介的传播,再次是不同时期的传播,接着是不同元素的传播、不同策略的传播,而对不同作用的传播关注最少。

(1)不同时期的传播

85 篇文章中有 14 篇主要探讨不同时期的妈祖传播,如李少园(1997)的《论宋元明时期妈祖信仰的传播》一文,认为宋元明时期妈祖信仰的传播经历了两宋在莆田的发源和在闽南的普及、元朝七次赐封"天妃"的繁荣期和明朝海外远播拓展期。①

（2）不同地域的传播

85篇文章中有41篇主要探讨不同地域的妈祖传播,如郑衡泌(2006)的《妈祖信仰传播和分布的历史地理过程分析》硕士论文,通过历史地理学的考察,发现妈祖信仰相对成熟,但又区别于严密的宗教组织;两宋时期特定的历史条件和闽海恶劣的自然环境促成对妈祖信仰地位的提升、元代的海槽和明代的漕运、清朝统一台湾的需要等,给予妈祖信仰巨大的发展舞台。②

（3）不同媒介的传播

85篇文章中有12篇主要探讨不同媒介的妈祖传播,如杨杨(2011)的《网络传播的妈祖文化差异:基于网络文本的内容分析》一文,通过词频分析软件对海峡两岸与妈祖相关的4个代表性网站进行内容分析,结果发现网站上海峡两岸传播妈祖文化的特征是不同的,大陆偏向宏观的政治交流功能,台湾偏向微观的文化创意产业功能。③

（4）不同策略的传播

85篇文章中有6篇主要探讨不同策略的妈祖传播,如帅志强(2010)的《打造世界妈祖文化品牌的传播策略》一文,认为妈祖品牌传播存在进一步改善空间,如品牌定位、传播对象和传播范围等,应采取CIS,进行整合营销传播。④

（5）不同元素的传播

85篇文章中有10篇主要探讨不同元素的妈祖传播,如吴晓红(2011)的《试析非语言符号在妈祖文化传播中的作用》一文,从体态语言、副语言、服饰语言、环境语言等非语言符号角度讨论妈祖文化传播的四种元素与应用。⑤

（6）不同作用的传播

85篇文章中有2篇主要探讨不同作用的妈祖传播,如蔡天新(2015)的《古丝绸之路的妈祖文化传播及其现实意义》一文,还原了妈祖文化在古代丝绸之路中

---

① 李少园:《论宋元明时期妈祖信仰的传播》,载《福建论坛(文史哲版)》1997年第5期。
② 郑衡泌:《妈祖信仰传播和分布的历史地理过程分析》,福建师范大学硕士论文2006年版,第5页。
③ 杨杨:《网络传播的妈祖文化差异:基于网络文本的内容分析》,《第二届海洋文化与社会发展研讨会论文集》2011年版,第231—241页。
④ 帅志强:《打造世界妈祖文化品牌的传播策略》,载《莆田学院学报》2010年第6期。
⑤ 吴晓红:《试析非语言符号在妈祖文化传播中的作用》,载《武汉纺织大学学报》2011年第5期。

的作用,认为妈祖传播对促进新丝绸之路、推动"一带一路"具有重大的现实意义。①

4. 研究趋势

本研究所收集的85篇大陆关于"妈祖传播"文献的发表年份分布如图15-2所示:

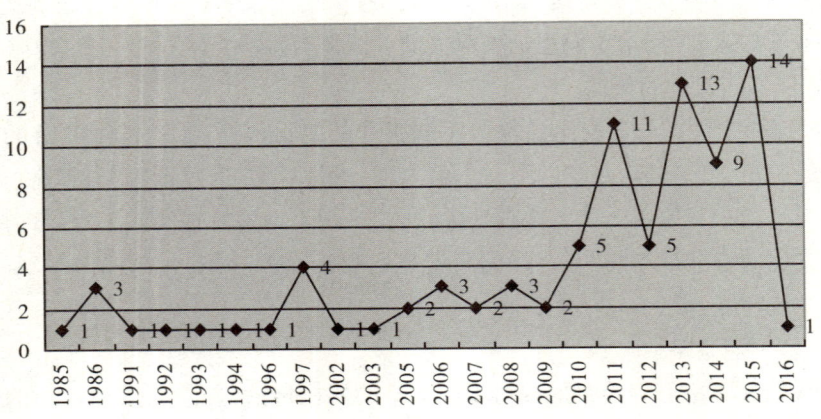

图15-2:大陆关于"妈祖传播研究"年份分布

从文献数量的变化趋势图可以看出,大陆关于"妈祖传播研究"呈现出以下特点:

(1)总的来看,"妈祖传播研究"年度数量总体呈现不断攀升趋势。1985年到2009年共15年的研究总篇数仅为27篇,2010年以后开始明显增长,说明2010年开始是"妈祖传播研究"的活跃期,是一个转折点。由于2016年研究文献尚未收录完全,因此文献数量目前看起来还比较少。

(2)如果按照抛物线的拐点来划分"妈祖传播研究"的阶段,则可以分成两个阶段:第一阶段从1985到2009年,研究数量相对较少;第二阶段从2010到2015年,年度数量总体呈现锯齿状上升趋势,从2010年的5篇增长到2015年的全时段波峰14篇。

研究趋势变化的可能原因是:2009年发生了两件与妈祖有关的大事件,一是联合国将"妈祖信俗"列入世界非物质文化遗产,二是莆田市政府将莆田市定位为

---

① 蔡天新:《古丝绸之路的妈祖文化传播及其现实意义》,载《世界宗教文化》2015年第6期。

"世界妈祖文化中心"。上述两个事件产生的"妈祖热"使越来越多学者加入到"妈祖传播研究"的队伍中来。

四、小结

从以上分析我们可以看出以下几点：

首先,国外有关妈祖传播研究的文献匮乏,中国大陆目前在论文上较多,但来自新闻传播学者的论文不多,学源呈现多样化趋势。研究者以莆田高校和相关机构为主力,实证研究匮乏,核心期刊论文较少。

其次,在研究主题上,不同地域的妈祖传播研究最多,不同时期的妈祖传播研究也较多,但是有关妈祖如何传播、传播什么、通过什么传播以及传播影响的研究相对较少,后期应加强这些研究。

最后,在研究趋势上,总体呈现锯齿状上升趋势,这与妈祖受到国家和国际重视有关,新闻传播学者应抓紧宝贵的历史机遇,从传播学角度为妈祖学的快速发展提供强有力支撑。

第十六章

妈祖文化传播的研究历程、研究对象和研究方法

传播学创立者施拉姆曾说,我们研究传播时,我们也研究人与人的关系以及与他们所属的集团、组织和社会的关系。美国社会学家库利认为,传播指的是人与人的关系赖以成立和发展的机制。美国学者皮尔士认为,传播即观念或意义(精神内容)的传递过程。① 因此,传播作为人类社会的一个过程,作为一种社会现象,在人类社会无时无处不存在,正是因为传播,人类的文化和思想才得以永无停止地延续和传承。

《简明不列颠百科全书》指出文化传播是"文化从一个群体到另一个群体散布的过程"。妈祖文化作为中华民族文化的瑰宝,妈祖信俗作为妈祖文化的重要组成部分,2009 年,妈祖信俗被联合国科教文组织列入"人类非物质文化遗产代表作名录",成为全人类共同的精神财富。妈祖文化的传播现象已经成为众多文化传播现象关注的重点。从时间维度看,妈祖文化传播历经古代、近代、现代,绵延千年而历久弥新。从地域维度看,妈祖文化传播正是由南方群体向北方群体,由国内民众向海外大众传播扩散的过程。妈祖文化已经传播到三十多个国家,妈祖信众达 2 亿多,世界各地妈祖宫庙近万座。妈祖文化传播影响极为深远、传播范围尤其广泛、传播方式极为丰富、传播效果特别突出。因此,从传播角度,对于妈祖文化传播现象进行全面化系统化地研究具有非常重要的理论和现实意义。

一、妈祖文化传播的研究历程

"文化"是一个非常广泛而又复杂的概念,至今尚未统一的说法。据统计,有关"文化"的各种不同的定义至少有两百多种。普遍认为文化是指人类在社会历史实践过程中所创造的物质财富和精神财富的总和。文化遗产包括物质文化遗产和非物质文化遗产。物质文化遗产指不可移动文物,具有历史、艺术和科学价值。非物质文化遗产则是以非物质形态存在的,例如,传统表演艺术、民俗活动、

---

① 郭庆光:《传播学教程》,北京:中国人民大学出版社 1999 年版,第 3 页。

礼仪等。

妈祖,原名林默,又称林默娘,莆田人,传说出生于宋建隆元年(960年),卒于雍熙四年(987年),在世28个春秋。历史上妈祖确有其人,多家古籍均有记载。妈祖在中国众神祇中创下诸多之最,如历代官方对其尊称最多,竟达16个,民间对其尊称最多,多达一百多个,历代皇帝赐封最多,达36次之多,字数最多,达64个字。

"妈祖文化"一语由大陆学者最早提出并使用,它是"妈祖信仰"一语的延伸和衍化。根据文化的内涵和外延特征,妈祖文化是以妈祖传说(神话)、宫庙、祭祀等为主要载体,由妈祖信仰为主旨而发生、衍生的各种文化元素交融发展而形成的中国文化中的一种特色文化。其内容博大精深,涉及社会、政治、宗教、经济、民俗、建筑、文献、文学、艺术、民俗体育、医学、军事、外交、航海史、移民史等众多领域。例如,那些和妈祖相关的壁画、建筑、碑刻、绘画、艺术、祭具等载体均属于妈祖文化的物质文化遗产。此外,妈祖信仰活动、祭奠仪式、朝会、巡游等属于妈祖文化的非物质文化遗产。

文化传播是"人们社会交往活动过程产生于社区,群体及所有人与人之间共存关系之内的一种文化互动现象。如果作为人的社会活动过程的一个方面而言,文化传播就是社会传播,是人对文化的分配和共享,沟通人与人的共存关系"①。文化传播作为一种社会传播现象,它突破种族、地域、时空等限制,将文化作为一种传播内容,在人与人之间的实现传承和扩散。借鉴文化传播的定义,妈祖文化传播主要是以妈祖信仰为主的文化互动现象,是以信众为主要群体的传播过程。妈祖文化传播源远流长,历经一千多年,其传播足迹遍及世界三十多个国家,2亿多人。据台湾相关数据显示,自大陆分香来台后妈祖分灵之多,已超过2000多宫。可见,妈祖文化传播在台湾范围极其广泛,台湾妈祖文化信众数量尤其之多。

(一)妈祖文化传播

妈祖文化传播追本溯源,先起于妈祖其人其事广为人知,妈祖生前为人为事在百姓心目中塑造了良好的形象。雍熙四年(987年)农历九月初九,在她28岁时因在海上救人而献出年轻的生命。岛上渔民为了纪念这位美丽、善良和乐于助人的好姑娘,特地在岛上建庙并奉为海神,希望世世代代学习妈祖精神多做好事,也希冀妈祖继续保佑百姓航海平安。1123年,因为保护路允迪出使高丽,当时的朝廷首次将"顺济"庙额赐给妈祖庙。官方组织推动了妈祖精神颂扬。宋元以后,随着闽南海上贸易和渔牧事业的发展,以行船谋生的船工渔夫亦逐渐增多。他们

---

① 周鸿铎:《文化传播学通论》,北京:中国纺织出版2005年版,第18页。

面对反复无常的大海,唯有从祈求神明庇护中得到一些精神安慰,妈祖信仰随之传开,历代皇帝对妈祖的褒封也逐步升级。

从地域来看,妈祖信仰从福建莆田传播向南到达泉州、漳州及广东的潮汕地区,至北向环渤海地区传承传播。而妈祖庙通过人口迁移及分灵的方式在妈祖信众区逐渐兴建起来,这些妈祖宫庙的建成年代和具体时间也侧面反映了妈祖信仰向南、至北的传播路径。在这些妈祖宫庙中,影响较大的有湄洲妈祖祖庙、泉州天后宫、长岛庙岛显应宫、天津天后宫,以及蓬莱阁天后宫、烟台天后宫、烟台天后行宫、锦州天后宫、营口天后宫等。① 据明人笔记《琅琊代醉编》记载,洪武初年,"海运风作,漂泊粮米数千石于落祭,万人号泣待死,大叫'天妃',则风回舟转,遂济直沽"。这是一则天妃救海难使漕运平安到达直沽的传说,据说天津的名称由此而来。实际上,从中国南端的北部湾到辽东半岛北端的丹东都有历史悠久的妈祖信仰。

妈祖信仰在台湾、香港、澳门的传播都是从中国东南沿海一带传去的。妈祖娘娘一直被台、港、澳渔民和航海者奉为海上保护神,尤其在台湾同胞心目中占据非常重要的地位,影响也最为深刻。一千多年来,特别是自宋徽宗以后历代帝王对妈祖的信奉,加上宋朝的护国庇民、元朝的漕运保泰、明代郑和与王景弘下西洋及清代施琅平定台湾等,使妈祖信仰在台、港、澳的传播更加广泛。在此三地的传播过程中,妈祖文化在台湾传播影响最广泛。据2012年4月"内政部"各宗教教务概况最新公布的统计数据显示,2011年底,台湾登记的寺庙11968座,道教宫庙9361座,占78.22%。还有3342座教会、教堂和未登记寺庙、神坛。妈祖庙宇名称不一,有天妃宫、天后宫、妈祖庙、天后寺、天后祠、圣母坛、文元堂、朝天宫、镇澜宫、安澜厅、双慈亭、中兴宫厝等。台湾早期分灵妈祖之所以被称为"开台妈祖",是因为其起源多与闽籍移民开发宝岛紧密关联。自古以来,移居台湾的民众东渡前总要到妈祖庙进香,据台湾相关数据显示:自大陆分香来台后妈祖分灵之多,已超过2000多宫。

福建海内外移民区大大小小的寺庙作为中华文化载体,传播着中华文化,维系着闽人移民与故土的联系。② 妈祖文化在海外的传播主要与闽粤迁移、经商、出海等活动有密切关系。众所周知,中国在海外的华侨主要来自闽粤二省,但从

---

① 王芷萱:《妈祖文化在环渤海地区的历史传播与地理分布》,青岛:中国海洋大学硕士学位论文2008年版。
② 胡佳林:《台湾妈祖信仰文化传播的社会整合功能》,http://www.chinamazu.cn/mzdg/wx-sj/xslw20130412/9111.html,2013-5-15。

发展历程来说,福建人去海外更早,早期海外的华侨,以闽人占绝对优势。在明清两代,福建官府与民间几乎完全控制航海领域。由福建人掌握驾船技术,占据了南方航海领域内不可动摇的地位。福建人的妈祖信仰也是航海技术的一部分,当周边水手向福建人学习驾舟之术时,自然地将妈祖文化吸收融入本乡土文化之中,久而久之,水手们成为妈祖文化的最佳传播者。特别是出国华侨感受之程度尤烈,他们经历着风涛之险、羁旅之苦、境遇之难、前途之忧、思乡之切、怀念之痛、希望之深等,这在客观上激发了华侨的团结奋斗精神和民族自强意识,自觉不自觉地把自己的命运和故国的命运更加紧密地维系在一起。这是妈祖信仰在海外得到广泛传播的深层动因。在这里,妈祖是保护神、万能神,也是祖先和土著人的象征,是寄托情思的所在和维系血脉的纽带,更是一种生存和生活的精神支柱。郑和七次下西洋(1405—1433年)前后经历了28年,《明史》记载郑和航海访问国家与地区达37个。但不同古籍记载数目差异较大。现经近人考证为55个国家和地区。郑和下西洋(1405—1433年)有力地促进了妈祖文化在海外的传播。

由于闽人迁移东南亚诸国与郑和下西洋,妈祖信仰在民间传播的进一步扩大,再加上这些流寓定居国外的华侨,他们唯一的出洋道路就是渡尽风涛之险,传统习俗加上切身体会,必定使他们更加虔诚地信仰妈祖,因而进一步扩大了妈祖信仰在华侨中的影响。

(二)妈祖文化传播的研究历程

妈祖信仰从产生到发展已经历了一千多年,最早对妈祖信仰展开研究的是日本学者。早在民国初,日本学者伊能嘉矩就在东京帝国大学《人类学杂志》第303卷上发表了题为《台湾汉人信仰之海神》的文章,其中有大半篇幅介绍了妈祖信仰,从而开创了现代意义上的妈祖研究。中国学者从20世纪20年代末开始注意到妈祖研究的价值。1929年,顾颉刚和容肇祖同时在中山大学《民俗》第41、42期合刊上发表了题为《天后》的文章。同年,《民俗》还先后发表了周振鹤的《天后》和容肇祖的《跋天后》。后来,许多学者大多围绕天妃、天后进行考证研究。20世纪50—80年代,因种种社会因素,大陆学者撰写的妈祖学术论文很少,倒是台湾于此期间有关妈祖的研究论文不断问世。

自1986年莆田举办首次学术研讨会以来,已先后在莆田、深圳、泉州、厦门、天津、上海、台湾、澳门等地举办过三十多次的学术研讨会。专家们围绕妈祖文化的方方面面展开了越来越深入的探讨。20世纪80年代,开始出现围绕妈祖信仰传播角度的文章,厦门大学教授朱天顺先生的代表作《妈祖研究论文集》,收集的很多文章都体现了这个方面。通过中国知网,以"妈祖信仰传播"作为关键词查询,总计有17篇相关的文献,大多围绕妈祖信仰传播的历程、条件、范围、影响等方面进行研究,如《妈祖信仰的起源及其在宋代的传播》《清代以后妈祖信仰传播的主要历史条件》和《元明时期促进妈祖信仰传播的主要社会因素》等。部分文献围绕妈祖文化传播的影响进行研究,特别是妈祖文化对于福建沿海、台湾海峡民众、海外侨胞以及其他东南亚人们的人生观和价值观产生的深远影响。总体来看,这些妈祖文化研究著作大多集中在文献资料、史料考证、宗教仪式及两岸关系方面的研究和探讨,学者们分别从宗教学、历史学、旅游学、人类学、民俗学等视角对这一全球华人共同的信仰文化做出各自学科的解读。

近年来,部分学者开始从妈祖文化传播的角度来研究妈祖文化,大多围绕从传播涉及的要素和妈祖文化与媒介之间的关系进行研究。其中,《大众传媒视角下的妈祖文化传播》一文提到,要根据大众媒体的多种传播方式的新特点对妈祖文化加以宣传,探讨提高妈祖文化影响力的传播途径和焦点,推动妈祖精神发扬光大,同时带动妈祖发祥地莆田的经济发展。《打造世界妈祖文化品牌的传播策略》一文提到,为了让妈祖文化品牌走向世界,进一步增强妈祖文化品牌传播的效果,应该统一标识系统、积极开展公关活动、注重营造品牌关系、采取整合营销传播策略。硕士论文《媒介图景中的妈祖文化》选取妈祖文化作为民间文化在现代媒介图景中传播的典型范例,详细分析妈祖民俗文化符号在文化认同中形成的意义,并指出在现代媒介图景中,媒介对于文化的传播是一柄双刃剑。通过对妈祖文化的传播学分析,以期为媒介更理性地发挥其文化传承、文化认同功能,以及其他民间文化在媒介图景中的健康传播提供一些参照。还有《妈祖文化传播主体流变述评》《妈祖文化在新媒体传播中的内容形态转型策略》等文章结合传媒主体、媒介与妈祖文化传播的关系进行研究。

总体来说,从传播学科对妈祖文化进行研究,目前还是起步阶段,因此比较缺少前人研究成果。从传播角度研究妈祖文化,必须立足运用传播理论知识和人类传播规律总结阐述妈祖文化传播现象。

二、妈祖文化传播的研究内容

传播学是研究社会信息系统及其运行规律的科学。传播学的学科性质属于社会科学和应用科学。作为社会科学,传播学始终研究人以及人在社会信息系统中的主体活动。作为应用科学,传播学研究应该为发现和解决社会传播实践中的问题提供较为合理的方法。[①] 传播学研究的目的就是促进社会信息系统良性运行。因此,传播学研究的焦点内容分别是传播主体、传播内容、传播媒介、传播受

[①] 郭庆光:《传播学教程》,北京:中国人民大学出版社1999年版,第11—12页。

众、传播制度。妈祖文化传播的研究内容可以从传播学学科研究取向寻找路径。传播学奠基人之一拉斯韦尔采用"5W"模式概括了传播的基本过程,任何信息的传播都符合这个过程。妈祖文化传播同样遵循这个传播法则,因此,关于妈祖文化传播研究的内容可以依据这个过程由表及里展开,主要涉及如下几个方面:

(一)妈祖文化传播者研究

传播者指主动发出信息的人和机构。在传播要素分析中,传播者又称信源,可以是个人,也可以是群体或组织。根据施拉姆—奥斯古德传播模式,传播者又称为编码者,受传者又称为译码者,传播者和受传者角色是互换的。对于传播者的研究,就是将传播者看作是位于传播起点的个人、组织、社会的混合体,而后依据由小到大的分析层次加以观照、思考。

妈祖文化传播者的研究主要围绕作为传播主体是哪些类型的人和哪些机构。妈祖文化传播可以分为有意识传播阶段和无意识传播阶段,每个阶段所承担的传播主体有异。在无意识传播阶段,海员、移民等作为重要的传播者,并且普通民众以讲故事的形式,将妈祖形象传承给了下一代,普通民众是主要的传播者。在妈祖文化推广阶段,传播主体发生了新的变化,相关机构传播妈祖文化也具有类似特点。对于妈祖文化传播者的研究,着重从传播主体的特征、动机、观念等出发,研究他们的人口统计学属性,重点把握妈祖文化能够在海峡两岸世代相传,必然存在传播学中所提及的共同语义空间,通俗地说就是共同基础,因此有必要研究妈祖信仰者的地域特征、心理、价值观念等方面存在的共同因素。

(二)妈祖文化传播的媒介研究

传播媒介主要是指人类传播活动中运载和传递讯息的物体,是连接传受双方的中介物。包括传播信息过程中的载体、渠道、中介物、工具和技术手段。传媒媒介还可以指从事信息的采集、选择、加工、制作和传输的组织或机构。如媒介组织,媒介机构。传播媒介作为传播过程的重要因素,它连接着传播者和受传者,影响了传播的范围和速度,是信息传播必不可少的。传媒媒介研究主要分析这些媒介的传播属性,涉及传播范围、传播速度、传播影响的感觉器官、传播保存性及其他附加功能。此外,传媒媒介对于社会和人们的影响也是传媒媒介研究的重要内容。

妈祖文化作为一种信仰扩散行为,妈祖文化世代相传离不开传播媒介。妈祖文化传播过程中,实物媒介作为妈祖文化传播的"烙印物",能够在时空变迁过程中再现这些精神。妈祖文化传播借助宫庙、赐匾、题匾、雕像等实物,为妈祖文化传播打下了烙印,成为妈祖文化传播的记录者。人自身作为媒介在妈祖文化传播中起了关键作用,它扮演了接力手的角色,将妈祖精神、妈祖故事、妈祖仪式代代相传。在妈祖文化的传播中,有着多种不同角色的人群,从一代帝王将相到平民百姓,从艺人、文人到商人,此外,不论是移居海外的移民还是漂泊不定的海员,都在妈祖文化的传播扮演者重要的角色。在妈祖文化的传播中,各类不同的人群以其特有的方式传播妈祖文化。在大众传播阶段,印刷媒介、电子媒介、网络媒介对于妈祖文化的传播起到了巨大的推动作用,这些媒介凭借复制性、渗透性、权威性等优势必将引起妈祖文化传播的扩散性和全球性。随着传播技术的变迁,新媒体将以数字化、互动式、参与式等方式传播妈祖文化,能够加剧妈祖文化传播的速度和范围,进一步增强妈祖文化传播效果。

研究妈祖文化传媒的媒介,主要分清妈祖文化传播的几大类型媒介,结合这些媒介的特点,分析这些媒介在传播妈祖文化过程中所起的作用。运用麦克卢汉的媒介即讯息、媒介即人体的延伸、冷热媒介等重要理论,分析这些媒介对于妈祖文化传播产生的影响,对于妈祖文化传播群体的感官和心理产生的影响。

（三）妈祖文化传播的符号研究

从符号角度看传播,传播离不开符号,符号是意义的表达形式,符号和意义合二为一。文化传播是由无数的符号构成的,符号成为文化展示自身的载体,文化的创造和传承都是以符号为媒介的。符号学创始人皮尔士对符号所做定义,符号是能够被用来在某方面代表其他的任何事物——中对符号涉及的范围给予了界定,就是说,凡是人类社会中存在的一切有意义的事物都可以是符号;人与人之间传播或者是文化传播的目的是进行意义的交流,意义内容是无形的,传播的过程只有借助具体可感的物质形式,借助于符号,它们所传达的意义才可能为受众所理解,因此,人与人之间的传播活动首先表现为符号化和符号解读过程。① 语言学家索绪尔对于符号的结构进行专门研究,指出符号由能指和所指两部分组成,能指是指符号的形式本身,能被人感知的部分。所指是指符号所代表的意义。在传播学中,符号分为语言符号和非语言符号,研究妈祖文化传播的符号着重关注非语言符号系统,如仪式、习惯、服装、饮食和消费方式等构成文化体系的各种表征。传播符号的研究主要运用符号学分析方法和理论,探讨符号象征性互动意义,研究符号对于传播的作用和影响。

根据符号学能指和所指内容,深入围绕妈祖文化传播的非语言符号,研究其能指的表现方式和类型,通过这些形式探析其深层的含义,利用符号学的知识分析妈祖文化传播将推动人们进入研究的新视角,特别是运用符号学理论,要把握分析妈祖文化传播中的象征符号含义。妈祖文化传播符号研究可以从妈祖文化

---

① 郭庆光:《传播学教程》,北京:中国人民大学出版1999年版,第4页。

传播涉及的仪式、文字、书画、雕像、服饰等传播符号入手,并且阐述这些符号在妈祖文化传播过程中所传递的深层含义。尤其这些符号对于当今妈祖文化精神的阐述起了怎样的作用。

(四)妈祖文化传播的效果研究

根据拉斯韦尔概括的传播三大功能,文化传承是传播的基本功能。文化依赖传播活动延续和发展,文化传播反作用于社会和民众。主要可以从妈祖文化对于信众生活观和社会价值观念的影响,这类研究涉及传播效果的三个层面,包括认知、态度、行为层面。同时,效果也可以从时间概念,分为短期效果和远期效果。因此作为妈祖文化传播的效果研究可能从时间和层面两方面把握,应用心理学、传播学、社会学为主要学科背景,围绕信众在认知世界、理解世界、解读世界等方面受到妈祖文化的影响,尤其在行为层面妈祖文化如何影响受众改造世界。

随着社会的变迁和妈祖信仰文化多元化的传播,其社会功能也在不断地演进,新时期的妈祖信仰文化突显出新的社会整合功能。本书研究从妈祖文化作为维系海外华人华侨的桥梁和纽带、妈祖文化传播过程中对华人群体圈的构建所起的作用,研究妈祖文化传播与当地政治、经济、文化等方面的影响,特别是妈祖文化对于海峡两岸关系的重要作用,并进一步考察妈祖文化传播的效果以及受到哪些因素影响。

(五)妈祖文化传播的类型研究

根据信息传播的范围通常将人类传播的类型分为人内传播、人际传播、群体传播、组织传播、大众传播等。针对妈祖文化传播的特点,可以划分人际传播视角下的妈祖文化传播、组织传播视角下的妈祖文化传播、大众传播视角下的妈祖文化传播、实物传播视角下的妈祖文化传播、新媒本环境下的妈祖文化传播等,本领域的研究着重总结各类型传播的特点、在实际传播过程中的表现、有哪些具体的类别、传播发展的趋势等。

三、妈祖文化传播的研究方法

研究方法作为人类认识世界的手段,是对人类思维方式的一种系统化的完善过程。这个过程不仅仅是对研究者的一种训练,更重要的是人类认识自身的一种方式。研究方法是解释理论世界和经验世界的途径和路数。借助研究方法进行研究,可以对抽象事物和现象进行观察、总结,获得相应的结论。

传播研究是对传播现象和传播事实做出解释和阐述的理论性的科学探求,以帮助人们对传播规律和传播学知识加以了解和认识,是一个客观的、系统的、经验的、具有累积性的过程。① 依据研究的深度和对传播现象的提示程度,研究可以是描述性研究也可以是分析性研究。描述性研究试图勾勒出某个传播现象的现状或对调查对象的态度。分析性研究主要是分析原因为主的一种方法。

(一)民族志传播学研究妈祖文化

根据民族学理论,民族志即民族学家对被研究的民族、部落、区域的人之生活(或文化)的描述与解释,英文对应词是"ethnography",词源出自希腊文 ethnos(民族)和 graphein(记述)。早在20世纪60年代,"民族志传播学"的概念就已经被提出,著名学者德尔·海默思(Dell Hymes)被认为是民族志传播学的奠基人。民族志传播学成为传播学的一个新分支,并为传播研究的理论和方法都做出了重大贡献。"简言之,民族志传播包含了两大特征,首先,它让我们注意到需要新鲜的第一手资料,需要直接考察语言在情境背景中的使用,以揭示适合于语言活动的模式,这些模式在单独的对语法、对人格、对宗教、对亲属关系及其他类似物的研究中是无法被揭示的;其次,它必须把一个社区(community)作为语境(context),把传播习惯作为一个整体来进行考察,这样,任何特定的传播渠道及符码(code)的使用都是作为社区成员所依赖的共享资源的一部分而发挥作用的。"②

运用民族志传播学研究妈祖文化要求研究者深入妈祖宫庙和妈祖信众的生活,并且忘记自己作为研究者身份,真正融入研究对象。例如深入湄洲岛、港里村及其他各地广泛地了解信众生活状态,妈祖仪式活动,通过实地观察、深度访谈、聊天等方式记录所观察的内容。运用民族志传播学研究妈祖文化主要是通过一系列与主题相关的问题来回应妈祖文化传播的机制和规律等问题。

(二)定量方法研究妈祖文化传播

传播学意义上的研究方法,总体而言可以分为定量研究和定性研究。定量研究是指确定事物某方面量的规定性的科学研究,就是将问题与现象用数量来表示进而去分析、考验、解释从而获得意义的研究方法和过程。定量研究是一种对事物可以量化的部分进行测量和分析,以检验研究者自己关于该事物的某些理论假设的研究方法。量化研究代表性的方法有问卷调查、内容分析、实验法等。从操作程序层面来看。定量研究有一套完备的操作技术,包括抽样方法(如随机抽样、分层抽样、系统抽样、整群抽样)、资料收集方法(如问卷方法、实验法)、数字统计

---

① 黄晓钟、杨效宏、冯钢主编:《传播学关键术语释读》,成都:四川大学出版社2005年版,第205页。
② 蔡骐、常燕荣:《文化与传播——论民族志传播学的理论与方法》,载《新闻与传播研究》2002年第2期。

方法(如描述性统计、推断性统计)等。由于妈祖文化传播主要是以信仰传播现象,运用传播学研究方法对此类文化现象分析,应该选择有针对性、可操作性、适合性的研究方法。就目前来说,妈祖文化传播的定量研究方法主要运用内容分析研究妈祖文化。

所谓内容分析,美国学者贝雷尔森对其下的一个定义是最具代表性的:指对具体的大众传播媒介的讯息,尤其是针对文字形式的报纸或杂志内容所做的分析,是一种客观地、系统地和定量地描述的研究方法。内容分析基本步骤包括选择研究对象、抽样、确定样本、确定类目和分析单元、统计分析、得出结论等。内容分析通常运用分析妈祖文化传播的具体内容。例如有关妈祖文化报道的内容分析、媒介中的妈祖形象分析等都可以运用此类方法进行分析。结合针对《湄洲日报》妈祖文化的报道进行内容分析,按"篇"编码,以"篇"为单位,基本单位样本是讯息,主要涉及五个变量,分别是报道内容类别、报道体裁、稿件来源、图文状况、稿件版面位置。在抽取样本中,完成以上单元的相关统计。

(三)定性方法研究妈祖文化

定性研究多以语言和符号作为分析客体和分析工具,通过话语分析凸显语言隐含的社会结构和内在的含义,达到研究传播所具有的社会结构、社会控制功能及传播所体现的社会发展目的。定性研究在自然情境下采用多种资料收集方法对社会现象进行整体性探究,使用归纳法分析资料和形成理论,通过与研究对象互动对其行为和意义建构获得解释性理解的一种活动。定性研究方法的代表有实地观察法、焦点小组法、深入访谈法和个案研究法等。

定性方法研究妈祖文化主要以观察和访谈为主,重点探讨妈祖文化群体所形成的人际网状结构特点,以及透过这些结构分析背后形成的关系,这类分析可以深入探讨妈祖文化传播对于其他社会群体关联。

四、妈祖文化传播的研究意义

传播学研究主要以社会信息系统的运行作为主要对象,通过研究传播现象和事件,促进社会信息系统良性运作,达到整个社会信息运转的畅通,从而促进社会和民众的良性互动。

传播学本土化和在地化一直作为传播学发展的重点。妈祖文化是中华民族优秀的传统文化,研究妈祖文化的传播可以作为传播学本土化的极好尝试,对于弘扬和传承中华民族传统文化有着极为重要的意义。

(一)开辟妈祖文化研究的新视角

目前,妈祖文化的研究涉及历史、宗教、民俗学、人类学、哲学、社会学、文化学、考古学、神话学等许多领域,特别是从民俗学、人类学等学科角度研究妈祖文化是重要的研究角度。通过运用传播理论系统化理论化研究妈祖文化传播,全面展开妈祖文化传播机制、传播渠道与影响研究,尤其是结合妈祖文化传播类型,探讨其特征,进一步提出改进妈祖文化传播的效果的方法与技巧。以传播理论探讨妈祖文化传播现象,突破了以往传统的研究,能够主要扩充妈祖文化研究的视野。对于妈祖文化传统机制进行系统化研究,基本涵盖了传播几个基本的过程,这包括妈祖文化的传播主体、渠道、效果等要素。能够较全面深入地理解妈祖文化传播。

(二)揭示妈祖文化传播规律

妈祖文化传播历经上千年时间,作为一种文化传播现象,既有文化传播的共性,也有文化传播的特性。围绕妈祖文化传播进行研究,在认识妈祖文化传播与其他非物质文化传播一般规律的基础上,主要应该发现妈祖文化在传播方式、传播内容、传播载体等方面,对妈祖信仰和妈祖精神的表达、传递、接受进行研究。与此同时,探讨传播主体和对象的心理、社会、个性特征,深入揭示妈祖文化信仰主体的传播动机和接触心理特征,尤其台湾妈祖信众占总据台湾人口的70%以上,以及台湾信众对于"妈祖"的虔诚和信仰的忠贞,探寻其深刻的心理动机。

本研究是新闻传播学为理论基础,从新闻报道的角度研究妈祖文化的报道特色和报道突破点,就研究角度来说有一定的新颖性。目前,地方报纸生存环境特别艰难。地方报纸在硝烟弥漫的新闻资源争夺战中,应该扬己之长,充分利用具有浓郁的本土特色的地域文化资源。做强做大地方文化报道是报界密切关注的问题,本研究将为地方文化报道提供一定的理论思路和实践经验。同时,充分利用地方报纸这一传播渠道,发挥地方报纸传承文化、打造地方文化品牌的功能。因此,如何挖掘地方文化新闻资源?如何增强地方报纸文化报道的效果?这些话题对于地方报纸增强传媒竞争力,改善地方文化宣传都有非常现实的意义。

(三)促进妈祖文化的保护和传承

《国家"十二五"时期文化改革发展规划纲要》明确提出,加强非物质文化遗产保护传承,对濒危项目和年老体弱的代表性传承人实施抢救性保护,对具有一定市场前景的非物质文化遗产项目实施生产性保护,对非物质文化遗产集聚区实施整体性保护。①

妈祖信俗在2009年被联合国教科文组织保护非物质文化遗产政府间委员会

---

① 《国家"十二五"时期文化改革发展规划纲要》,http://www.ce.cn/culture/gd/201202/16/t20120216_23076264.shtml,2012-2-16.

列入"人类非物质文化遗产代表作名录",有关妈祖文化的保护与传承问题成为各界人士广泛关注的焦点。尤其是妈祖信俗的保护与传承的重要性和紧迫性日益加强,许多关于妈祖信俗在保护与传承过程中存在的问题就渐渐地浮出水面。

　　研究妈祖文化传播正是针对这些问题,探讨利用人际渠道、实物渠道、大众渠道、组织渠道等传播妈祖文化,通过总结这些传播渠道在传播妈祖文化过程中特点,结合妈祖文化传播新的媒介生态环境,提出如何有效地运用组织渠道,发挥新媒体时代的新媒体传播妈祖文化的优势,提出如何改进传播内容和传播形态,有效地促进妈祖文化传播。因此,妈祖文化传播研究的问题具有理论性,也有非常强的针对性,研究妈祖文化传播,提出有效地传播方式,能够进一步促进妈祖文化的传承和保护。

第十七章

妈祖文化传播的类型

一、妈祖文化传播概述

妈祖是我国古代的海神,自宋以来,其影响遍及我国沿江沿海及东南亚各国,成为世界上独树一帜的文化景观。

妈祖文化肇始于宋朝的福建莆田湄洲岛,以妈祖信仰为核心,是广泛流传世界各地的一种集神话、传说、故事、祭典、民俗、艺术、信仰与审美为一体综合性的文化形态。认真研究妈祖文化形成和传播路径,对于继承妈祖文化遗产,弘扬中华民族优秀传统文化,具有重要的文化意义。

从文化传播角度来看,妈祖文化的传播体现了人们对事物本质追根探源的吁求;从认识论角度看,妈祖文化之所以生生不息,客观上说明了妈祖文化本身具有满足人们求真的认识价值。同时,妈祖文化之所以能够形成并得到广泛传播,这不但说明了妈祖文化的独特性,更蕴含了妈祖文化人文价值的普遍性和共同性。①

妈祖文化的传播与任何人类文明的传播一样,也经历了由近及远、由疏到密、由国内到国外的运行过程。妈祖文化的传播得益于中国海洋事业的发展。随着中国航海者的活动路线向外传播,在帆桨所及的濒海临江和岛屿上,编结成了一个纵横交叉、涵覆广泛的妈祖祠庙网络,并逐渐演进成一种为国内外整个华人社会所特有和普遍接受的航海文明。传播路径自南向北往江、浙、皖、鲁、津传播,南线沿泉、漳、潮、汕、海南、台湾、香港、澳门及东南亚地区的传播。

(一)妈祖文化的传播得益于中国海洋事业的发展

妈祖文化的起源,与我国航海事业的发展息息相关。我国航海业的历史十分悠久,自汉代开始,由于开辟了历史上有名的海上"丝绸之路",绵延两千多年的中

---

① 薛永武:《试论妈祖文化形成和传播的社会心理机制》,《新浪博客》,http://blog.sina.com.cn/s/blog_4c1cf8730102e51k.html. 2012 - 07 - 06.

外贸易和东西方交流,成为贯穿中国古代社会发展的主线。海外交往势盛而时久。至迟在隋唐时期,航海技术已相当成熟,与日本、朝鲜及南亚各国的海上往来已十分频繁。宋、元、明三代,海上航运已十分发达,至元朝后期,国内沿海港口亦日益兴盛起来,通过海上的对外贸易已涵盖了东亚、南亚、澳洲的大片区域,逐步进入黄金时期。期间,既有元朝南粮北运千重帆影相望的繁荣,更有郑和七下西洋万里海疆变通途的壮举。

但是,尽管中国当时的造船和航海技术相当发达,由于没有气象预测,海上气候变化万千,一片小舟如沧海一粟,当狂风暴作时,在威力无比的海洋世界面前,人类的行为还是显得极其渺小,甚至微不足道,所以,祈求于神灵护佑,便是很自然的事情了。至宋初莆田湄洲湾出现了年轻貌美,勇于在海上冒险救人的林默,死后被人们祈奉为女海神,这是航海史发展的必然结果。

妈祖是海上航行的保护神,妈祖文化沿广东、福建至京津及东北的海上漕运航线传到渤海湾沿岸,并与地方文化相融合,与城市发展形成良性互动,妈祖文化迅速得以传播,逐渐成为当地的民众信仰,以致"航海者祀之极为虔诚,一般人民亦渐信仰,妈祖遂成为掌司各事之神"。

(二)妈祖文化在世界范围内的传播

妈祖,作为护航海神,在中国民间,特别是东南沿海地区,信众非常广泛,自宋以来,历经元、明、清等几代传播迄今已历一千余年。祭奉妈祖的宫庙,在中国沿海各省、市,例如潮州、莆田、汕头、泉州、漳州、雷州、湛江、海南,以及浙江、江苏、天津、山东等地区都有妈祖庙。特别是随着元明清之间航海交通的日益发达,妈祖信仰也随着华人足迹遍及全球,其中包括日本、东南亚各国、加拿大、美国乃至法国巴黎、丹麦、南美的巴西等。

1. 妈祖信仰在大陆

妈祖信仰从福建莆田湄洲岛沿海传播向南到达泉州、漳州及广东的潮汕地区,至北向环渤海地区传承传播。而妈祖庙通过人口迁移及分灵的方式在妈祖信众区逐渐兴建起来,从这些妈祖宫庙的建成年代和具体时间也侧面反映了妈祖信仰向南、至北的传播路径。在这些妈祖宫庙中,影响较大的有湄洲妈祖祖庙、泉州天后宫、长岛庙岛显应宫、天津天后宫,以及蓬莱阁天后宫,烟台天后宫,烟台天后行宫,锦州天后宫,营口天后宫等①。

---

① 王苧萱:《妈祖文化在环渤海地区的历史传播与地理分布》,青岛:中国海洋大学硕士论文2008年版。

(1) 莆田湄洲妈祖祖庙

湄洲妈祖祖庙坐落在"妈祖信俗遗产地"莆田市湄洲岛。湄洲岛因形似蛾眉而得名,湄洲妈祖祖庙在世界妈祖文化现象当中拥有至高无上的地位和影响力,是建设年代最久远的妈祖庙。据《莆田县志》记载,林默"羽化升天"的同年,雍熙四年(987)邑人立通贤灵女庙于湄洲岛。这座通贤灵女庙即今天的湄洲妈祖祖庙,是世界上第一座祭祀妈祖林默的庙宇。

(2) 泉州天后宫

泉州天后宫是中国首个被列为全国重点文物保护单位的妈祖庙,始建于宋庆元二年(公元1196年)。它位于泉州市区天后路,占地面积约13亩,建筑面积五千多平方米,庙内除了保存较完整的大殿、后殿等古建筑外,近年来又陆续修复了山门、戏台、钟鼓楼、东西长廊、梳妆楼等多处建筑,是现存妈祖庙中规模较大、年代较久远的一座,建置于宫内的闽台关系史博物馆收藏有大量的珍贵历史文物和民俗文物。

泉州天后宫对妈祖信仰在海外的发展与传播具有重要的意义。历史上,妈祖信仰由于渔民的不断向外迁移和贸易活动而远播世界各地。

(3) 长岛庙岛显应宫

庙岛,是位于渤海与黄海分界处的一个小岛,是海路连接山东半岛与辽东半岛重要位置,其重要的地理位置决定了庙岛作为海上交通上的地位。庙岛显应宫,亦名天后宫,俗称"海神娘娘庙",据曲金良、周秋麟所著的《中国海洋文化》①中介绍:庙岛显应宫始建于北宋宣和五年(1123年),是当时中国北方地区第一座妈祖庙,标志着妈祖信仰与妈祖文化北移的开始。但在目前可考的史料中,并没有明确的记载能够印证这一说法。

(4) 蓬莱阁天后宫

蓬莱城,即现在的蓬莱市,坐落在渤海与黄海的分界线的南端,城北有丹崖山,依山就势建有蓬莱阁,是中国四大名楼之一。蓬莱阁始建于宋代,原是一幢单独的阁楼。占地近两万平方米的古建筑群。

蓬莱阁中供奉了三组"神仙"塑像。其中就有海神妈祖娘娘,殿内的妈祖全身座像,左右有卧具、床、盥洗具等,当年渔民都以高贵的实物进献。每逢旧传阴历正月十六日为天后诞辰,届时游人纷至,香火甚盛,称为"庙会"。人们纷纷前来进香膜拜、求签许愿、捐香火钱,各地渔村组织戏班、秧歌队到天后宫赛演,至今仍以为俗。

---

① 曲金良、周秋麟:《中国海洋文化》,北京:海洋出版社2006年版,第122页。

(5) 烟台天后宫

原位于烟台市老市区中心地段的天后宫(俗称"大庙"),今天虽然荡然无存,但其在一代代烟台人心中所形成的普遍的"大庙"情结,却一直挥之不去。"先有大庙,后有烟台",道出了大庙在老烟台人心目中的地位。它曾经的辉煌和其周围的繁华,在人们心中留下了抹不去的痕迹。

(6) 烟台天后行宫

烟台天后行宫其前身是福建会馆,也是供奉和祭祀天后圣母海神娘娘的重要场所。清嘉庆年间,烟台"海运兴盛",福建各埠的船帮商贾纷纷来这里经商,经常往来于烟台芝罘港湾,曾在这里避风获救,认为这是妈祖保佑,便在烟台商业中心区建立了福建会馆,馆内奉祀妈祖神位。据资料显示,烟台天后行宫建筑上所用的石雕、木雕等,都是由泉州一带的能工巧匠精雕细琢后,从海上运往烟台,安装工作也是由这些南方匠人完成的。其雕刻技法精湛细腻,圆雕、浮雕、深浮雕、透雕等,各显千秋;其雕刻题材无所不包。

(7) 天津天后宫

天津历史上有十六座天后宫,其中小直沽天妃宫,也称作西庙,俗称"娘娘宫",坐落在天津旧城东门外的三岔河口西岸,是天津十六座天后宫中年代最久、规模最大的一座,有"先有天后宫,后有天津城"之说。

(8) 锦州天后宫

锦州天后宫又称天后行宫,坐落于锦州市广济寺塔北侧,始建于清雍正三年(1725年),后世又多次维修和扩建,现存的宫内建筑多为清光绪十年(1884年)所建。如今的天后宫,已从福建湄州祖庙分灵过来。锦州天后宫的前身是三江会馆。据史料记载,当时有许多来自江、浙、闽的客商来锦州经商,为了方便商业交往,这些客商就在锦州建了一个商贸洽谈的会馆,即三江会馆。这些商人大多是做海上生意,特别信奉妈祖,后来为祈求天后娘娘的保佑就集资建起了天后行宫。显而易见,妈祖信仰的传播与海上贸易密切相关,而这些传播者多为江、浙、闽一带的南方人士。

(9) 营口天后宫

营口天后宫,全称为天后行宫,因该庙坐落在埠内西部,建筑面积宽阔,故人们习惯称之为"西大庙",流传至今。其遗址位于现辽河大街西端、渔市街道办事处境内。该庙布局严整,四面砖墙围砌,坐北朝南。如今天后宫已成为集贸市场,仅剩遗迹被定为市级文物保护单位。

2. 妈祖信仰在台、港、澳

台湾、香港、澳门的民间信仰大部分是从中国东南沿海一带传去的。如妈祖娘娘、道教的关帝圣君、慈航真人、清水落石出祖师、保生大帝等等。妈祖娘娘一直被台、港、澳渔民和航海者奉为海上保护神,尤其在台湾同胞心目中占据非常重要的地位,影响也最为深刻。一千多年来,特别是自宋徽宗以后历代帝王对妈祖的信奉,加上宋朝的护国庇民、元朝的漕运保泰、明代郑和与王景弘下西洋及清代施琅平定台湾等,使妈祖信仰在台、港、澳的传播更加广泛。

（1）台湾

台湾早期分灵妈祖之所以被称为"开台妈祖",是因为其起源多与闽籍移民开发宝岛紧密关联。自古以来,移居台湾的民众东渡前总要到妈祖庙进香,并在海船上奉祀妈祖神位,经历惊涛骇浪平安抵台后,或置设神堂,或建立宫庙长年拜祭。而后来台的大陆移民,或从福建祖庙恭请神像、香火,或直接从先前传入台湾的开基寺庙分灵,带到他们新开垦的土地奉祀。据台湾相关数据显示:"自大陆分香来台后妈祖分灵之多,已超过二千多宫"。福建海内外移民区大大小小的寺庙作为中华文化载体,传播着中华文化,维系着闽人移民与故土的联系。①

在台湾,比较有影响大妈祖宫庙有鹿港天后宫、北港朝天宫,大甲镇澜宫、新港奉天宫、台南大天后宫等。

据台湾"内政部 各宗教教务概况"2012年4月公布最新统计数据显示:2011年底,台湾登记的寺庙11968座,道教宫庙9361座,占78.22%。还有3342座教会、教堂和未登记寺庙、神坛。妈祖庙宇名称不一,有天妃宫、天后宫、妈祖庙、天后寺、天后祠、圣母坛、文元堂、朝天宫、镇澜宫、安澜厅、双慈亭、中兴宫厝等;奉祀的妈祖,因来自大陆不同的地方而有不同的称呼,可见,台湾妈祖庙规模已非常壮观。

（2）香港

在香港众多的庙宇中,妈祖庙中数量最多、分布最广的要算天后庙。整个香港地区的天后庙有60处左右。比较著名的天后庙,分布在香港岛的赤柱、香港仔、铜锣湾、筲箕湾;九龙的油麻地、土瓜湾;新界的马湾岛、荃湾、茶果岭、北佛堂、长洲、坪洲和林村等处。

香港的天后庙大多是在清朝兴建或重建的,其中历史最悠久的是位于西贡的北佛堂天后庙,始建于宋代,至今已有七百多年的历史了。据《林氏族谱》记载,宋朝时福建莆田一个名叫林长胜的人,举家迁往今日九龙黄大仙附近的彭蒲围（今钻石山附近的大磡村）,一连几代都以行船为生。因为受到妈祖神灵的保佑,便在

---

① 胡佳林:《台湾妈祖信仰文化传播的社会整合功能》,人民网,http://media.people.com.cn/GB/40628/6557486.html,2007-11-21.

南佛堂建立了祭祀林氏大姑的神庙。这个林氏大姑便是后来人们所称的天后。其后,林松坚的儿子林道义又在北佛堂修建了祭祀林氏大姑的神庙。这就是北佛堂天后庙的由来。这座宋代的天后庙几经重建,至今犹存,当地人称其为"大庙"。

(3)澳门

澳门的妈祖信仰的出现时主要是因为林氏家族传播的结果,因为妈祖为林姓的莆田女子,澳门的林氏宗亲会——林西何堂,也以供奉妈祖为凝聚力,形成传播妈祖文化的载体。该堂创立于清光绪年间,已逾百年的历史。改革开放后,妈祖文化在澳门迅速扩展开来。1998年10月,澳门福建同乡总会主办了澳门妈祖雕像开光大典这尊由120块汉白玉石装嵌组成的妈祖雕像高1999米,重1060吨,是世界上最高的妈祖圣像、它象征着1999年澳门回归开光那天。庆典隆重。参与典礼的信徒有三万多人,澳门还从莆田湄洲妈祖祖屋虔请一尊天后神像云澳门奉祀,盛况空前,从而增进了莆澳之间妈祖文化交流。

2003年10月,澳门最大的妈祖庙——天后宫举行隆重的落成典礼,有来自内地、台湾和东南亚地区的妈祖信众2000多人参加庆典,进一步传播妈祖文化。

3. 妈祖信仰在琉球、日本

古琉球天后宫。据文献记载,传入琉球的时间是在14世纪的明洪武年间(1368—1398)。据2010年3月长崎县文化·体育振兴部㠯出版日文版《有关妈祖调查研究报告书》公布,日本现有50处奉祀或收藏妈祖神像的场所,其中以长崎和鹿儿岛数量最多。

海神天后的东渡日本。中国与日本来往极早而且历史非常悠久。

日本长崎市内的有三大唐寺——南京寺、漳州寺和福州寺。日本长崎的妈祖堂的最大特点是由商人"商会"先建妈祖堂,然后把它拓建为佛祖和妈祖合祀的寺庙,把妈祖奉祀在寺庙中。而其目的在于祈求生意兴隆、海上平安。同时,利用神祇的节日活动加强与日本团结,对日本的民俗起着深远的影响。后来日本商船上也安放了中国妈祖的神龛,作为海上航行的护船神。

4. 妈祖信仰在东南亚

妈祖的信仰,也随着华侨的南渡遍布于南洋各地。在马来西亚、新加坡、泰国、印尼、越南、菲律宾等地,都建有供奉妈祖的庙宇。其中以马来西亚和新加坡比较典型。例如,在马来西亚马六甲的青云亭、宝山亭、槟榔屿的观音亭(广福寺)都有奉祀妈祖。在新加坡的天福宫,林盾港亚妈宫、林氏九龙堂等,也都供奉妈祖。马来西亚、新加坡等各地的地缘协会馆内也都兼祀妈祖。

在越南西贡,祭拜妈祖的天后宫多建在会馆之内。例如,广东人的穗城会馆和广肇会馆,均供奉妈祖神像;福建人建立的福建会馆,也供奉妈祖。此外,供奉

245

天后的还有潮州会馆、义安会馆、琼府会馆等。

在泰国曼谷有七圣妈庙、天后宫,主祀妈祖,素叻它尼府建有天后圣母庙,洛坤建有天后宫、天后庙,越粒府建有天后圣母庙,信武里府建有天后宫,普吉府建有三山天后宫,巴真府建有天后宫,叻丕府建有天后圣母宫,等等。

在缅甸,创建于清道光十八年(1838)的丹老天后宫(又称丹老水月宫)是缅甸华侨最早建立的庙宇,由当地华侨社团共同管理,后经过四次重修,如今已成为缅甸四大古庙之一。

在新加坡,1810年已有设于天福宫的妈祖祭坛。后来,经扩建,由小庙变为大庙,1841年落成后,主祀妈祖。1857年,在琼州会馆所在地,侨胞及当地华人携手又修建了一所天后宫。此外,新加坡还有义顺西河公司天后宫、浮罗乌敏半港天后宫、金榜山亭天后宫、木山圣母宫、云峰天后宫、后港联合庙天后宫,均主祀妈祖;一些华侨会馆和华侨社团,如永春会馆、兴安会馆、宁阳会馆、琼州会馆、三和会馆、福建林氏九龙堂、电船公会、摩托船联合会、星洲炭商公会等,也奉祀妈祖。

在马来西亚,清康熙十二年(1673),由马六甲华侨郑芳扬倡建的青云亭虽然主祀观音,但在其右侧也供奉天上圣母(妈祖)。乾隆六十年(1795),华侨蔡世章创建宝山亭,主祀三保公,其左侧奉祀天上圣母(妈祖)。在马六甲供奉妈祖的庙宇还有天福宫、清华宫、琼州会馆天后宫、永春会馆天上圣母殿等。此外,还有吉隆坡天后宫、槟城广福宫、怡保马来皇路天后宫、彭亨瓜拉立卑天后宫、柔佛麻坡琼州会馆天后宫、沙巴山打根琼州会馆天后宫、沙捞越古晋安会馆天后宫等。据统计,马来西亚约有妈祖宫庙200座。

在印度尼西亚,最早建立的是雅加达天后宫(创建于1751年),后曾多次重修,并改称女海神庙。此外,在印尼其他很多地方也都建有奉祀妈祖的庙宇如泗水福安宫、杜板慈灵宫、岩望慈德宫、南旺慈惠宫和天后宫、三宝垄妈祖庙、坤甸三口洋天后宫、曼帕瓦天后宫、邦戛天后宫、棉兰天后宫、苏拉威西天后宫等。可以说,奉祀妈祖的庙宇遍及印尼各大岛屿。

在菲律宾,吕宋岛南部的天上圣母宫创建于1572年,为晋江华侨所建。在描东岸省,有妈祖天后宫;在宿务,建有妈祖庙;在首都马尼拉,华侨华人建立的福清宫、保安宫、隐尼寺、凤里庵等庙宇,均奉祀妈祖,甚至连描东岸省的天主教堂内也供奉有妈祖神像。据统计,截至20世纪60年代,菲律宾华侨华人奉祀妈祖的天后圣母庙或妈祖庙已达100多座。

妈祖文化由南至北,再由北沿"东方海上丝绸之路"传到朝鲜半岛和日本等东北亚国家,最终北上穿过白令海峡,到达北美洲地区。应该说,妈祖崇拜是一种文化现象,妈祖文化已成为整个人类文化的组成部分。这种以"和平、勇敢、关爱"为核心的妈祖文化,已受到越来越多的世人的关爱与敬仰。①

二、妈祖文化人际传播

许多学者对传播的定义进行过深入探讨,美国学者皮尔士认为:传播即观念或意义(精神内容)的传递过程。中国人民大学新闻学院郭庆光教授提出:传播是社会信息的传递和运行。因此,传播是人类社会的一个过程,是一种社会现象。《简明不列颠百科全书》对文化传播的定义是,"文化从一个群体到另一个群体散布的过程。"妈祖文化传播正是由南方群体向北方群体、由国内民众向海外大众传播扩散的过程。渠道作为传播过程的重要因素,它连接着传播者和受传者,影响了传播的范围和速度,是信息传播必不可少的。

许多文化传承理论认为,教育、教堂、人际影响等在人类社会没有进入大众传播阶段一直是作为文化传承的重要渠道。时至今日,大众传播对于文化传承发挥起了主渠道的作用,然而人际渠道在文化传播过程中仍而发挥着不可替代的作用。尤其是妈祖文化传播在前期阶段主要借助人际传播渠道,通过人际交往和互动,发挥人际渠道的"意见领袖"的作用,不断传承和扩散妈祖文化。

(一)妈祖文化与人际渠道

国内外学者对人际传播的概念做出了许多不同的论述,其中薛可、余明阳等人认为"人际传播从广义上来看,是个体与个体、个体与群体、群体与群体之间通过个人性媒介(包括非面对面时所使用的个人性通信媒介,如电话、手机、信函等和面对面时使用的自身感知器官)进行的信息交流,以实现信息传递和达到彼此理解或产生共鸣的目的。"人际传播是面对面的信息沟通和情感交流活动,也是由两个个体系统相互连接组成的新的信息传播系统。它是社会生活中最常见、最直观、最丰富的一种传播现象。人际传播既包括交流关于环境变化的有价值的信息,也包括交换有关特定问题的看法和意见,还包括沟通人与人之间的感情。它大致分为面对面的传播以及借助某种有形的物质媒介的传播。"人际传播的社会功能是多方面的,它是社会成员交流信息的重要渠道,是实现社会协作的重要纽带,也是传承社会文化的重要工具。"②妈祖文化由南向北、由沿海向内地、由国内向海外等区域的传播过程中,人际传播起了关键作用。③

---

① 王苧萱:《妈祖文化在环渤海地区的历史传播与地理分布》,青岛:中国海洋大学硕士学位论文 2008 年版。
② 郭庆光:《传播学教程》,北京:中国人民大学出版社 1999 年版,第 84 页。
③ 薛可:《人际传播学》,上海:同济大学出版社 2007 年版,第 160 页。

每个人都是信息的发出者,同时又是信息的接受者,相互交流的群体都在相互影响着。人际传播过程中,人体的感官参与度高。在直接性的人际传播活动中,无论是面对面的交往方式,还是间接性的人际传播活动,人体全部感觉器官都可能参与进来,接收信息和传递信息。相对于其他的大众传播方式,人际传播的信息反馈量大、及时迅速。传播者可以迅速获悉对方的信息反馈,随时修正传播的偏差。传播对象也会对你的情感所打动,主动提供反馈意见。信息传播的符号在人际传播中相对较多,它的传播形式灵活,内容丰富。人际传播可以使用语言和大量的非语言符号,如表情、姿势、语气、语调等等,往往许多传播信息都是通过非语言符号获得的。在妈祖文化传播的渠道中,利用人际传播的方式,就会提高传播的效率。在妈祖文化的传播中,有着多种不同角色的人群,从一代帝王将相到平民百姓,从艺人、文人到商人,此外,不论是移居海外的移民还是飘忽不定的海员,都在妈祖文化的传播扮演者重要的角色。在妈祖文化的传播中,各类不同的人群以其特有的方式传播妈祖文化。

妈祖文化通过人际传播可提高可信度。受中国传统文化的影响,中国人在传播方式上往往青睐于人际传播。他们在传播中注重感情的培养,形成礼尚往来的交往方式,在无数次交往中,逐渐培养深厚的感情,形成彼此信任的纽带。因此在中国人心目中,喜欢并且接受人际传播的方式。妈祖文化通过人际传播可增强双向沟通。其双向交流的直接性能迅速了解信息接受者的态度,可以随时调整信息内容,满足对方需求,增强说服力,使信息接受者理解和认同妈祖文化。

(二)妈祖文化人际传播类型

1. 政府官员身体力行

从中国的政史看,历代皇帝对妈祖进行过赐封,而且逐渐升级。宋、元、明、清四个朝代14个皇帝先后对妈祖褒扬诰封36次,从"夫人""天妃""天后"直至"天上圣母",已达到无以复加的地步。宋朝"国家抉祀百神",对于民间祠庙的赐额封号,先赐庙额,后封神号,妈祖第一次得到朝廷确认始自宋宣和五年(1123)赐庙额,真正被封为"夫人"则从南宋绍兴二十六年(1156)开始。元朝对妈祖的褒封有五次。元仁宗褒封妈祖为护国庇民广济明著天妃的诏书是:"受人利物,仁克著于重溟,有移祸为福之方……"明朝实行海禁政策,到了清代,朝廷宣扬妈祖神威的声势和规模大大超过宋、元、明三个朝代,为巩固清朝政权,他们利用妈祖信仰在当时人民生活中已根深蒂固,而且信仰范围已扩及东南沿海和大江南北。宋、元、明历代官吏,凡是进行与航海有关的国事都要祭祀妈祖,以祈求平安。明代郑和七次率领船队下西洋,前后达三十年之久。这期间,郑和等人先后八次到湄洲祖庙奉祀妈祖,将出使西洋的成就归功于妈祖神灵的护佑。康熙五十八年,妈祖被列入清朝地方的最高祭奠,地方官员必须亲自主持春秋二祭,行三跪九叩礼,国家祀典也将其列入其中,妈祖一时成了万民敬仰的"海上女神"。

从历代皇朝来看上至皇帝,下到普通官员对妈祖的重视,对妈祖文化的传承起到了身先为范的作用。今天,在妈祖文化传承方面政府依然起着举足轻重的作用。如2006年南京下关区政协提九届四次会议上,民革下关区总支和部分政协委员联名提出举办妈祖文化节的提案,从此催生了南京妈祖文化民俗节。2005年,全国政协副主席、中华妈祖文化交流协会会长张克辉普多次访问妈祖故乡湄洲岛,一直以来,他积极鼓励文艺工作者能创作出以妈祖为题材的文艺作品。后来,他开始编写《情系湄洲岛》。2009年7月27日,中共中央政治局常委、全国政协主席贾庆林在北京会见了台湾妈祖联谊会代表团。贾庆林高度评价了台湾妈祖联谊会对弘扬中华妈祖文化、促进两岸关系发展的积极作用,同时指出妈祖文化是两岸同胞的共同财富,两岸同胞共同继承和弘扬妈祖文化,推动推动两岸关系和平发展。官员们身体力行,宣传妈祖文化的重要性,起着示范作用,带动妈祖文化的传播,激起人民对妈祖文化的学习和继承,是妈祖文化的重要传播者。

2. 海员渔民朝拜祈求

古代,海员承担着和平外交的重任,促进了中外关系的发展。例如声名远扬的郑和下西洋,在三十几年的时间内,郑和率领着庞大的船队七次下西洋,历访亚非四十多个国家。期间历尽了各种惊涛骇浪,与海寇搏战,每次遇险时,海员们都会祈求妈祖的庇护。时至今日,许多海员出海前,都行叩拜之礼,把妈祖作为精神支柱。

妈祖之所以被尊称为女神,始于渔民。渔民们主要通过自身的服饰传承妈祖文化。妈祖有许多种不同服饰,体现了妈祖文化的内涵。湄洲女特有的服饰统称为"妈祖服",其独特的蓝衫、半截红裤、帆船发髻,展示着深厚的文化内涵。妈祖神像自明清以来,一直就有冕旒秉圭、常服、披发跣足仗剑三种不同的服饰。渔民们效仿这些服饰,将裤子制成双色。红的代表吉祥,黑色表示思念,蓝色则喻为大海。当丈夫出海时,妻子就那样穿着,表示对丈夫的忠贞、思念,若丈夫过世,半截红裤则成全黑。而发展到今天,虽然日常生活中这种装扮已比较少见,但每逢妈祖节日时,岛上的妇女仍会以那一身特殊的打扮来朝拜妈祖,增添节日的喜庆,传达对妈祖的特殊感情。而这些服饰就成了渔民们对妈祖文化传承的方式之一。

民间侍奉妈祖的主要群体就是渔民和船工。他们除了用海产品以及其他用面粉制作的神兽贡品外,在许多宫廷中还珍藏为数众多的船模,这是航海者和船工奉献给妈祖的贡品。古代有一种航海习俗,新船下水出航时,必须同时制作一只模型供奉在妈祖庙内。向妈祖供奉船模有两种原因,一是在古代,木船航行海上常常遇到风险,一旦发生险情,航海者往往祈求妈祖保护,化险为夷。二是古代船工在制造新船时,先制作一个模型,送到庙里让杯珓占卜。正是由于这种供奉习俗,在妈祖庙里留下大量的船模。山东长岛庙岛与妈祖庙的古船模多达三百五十多只,包括福船、沙船和民族英雄邓世昌供奉的"威远号"军舰模型。这些船模成为研究我国古代造船历史的重要资料。现存一批妈祖庙古建筑,如福建泉州、山东、江西景德镇、广东澄海、贵州镇远和宁波庆安会馆等天后宫,从庙宇结构造型到各类雕刻构件,都是极为珍贵的古代建筑艺术精品。此外,各地妈祖庙还保存一些特殊的科技文物。如莆田涵江天后宫存有一幅明代星图,是研究我国古代利用星图定向航海的难得的实物资料。天津天后宫所存的灭火"水机",是迄今发现最早的机械消防器材之一。这些遗留至今的物质文化遗产也成了传播妈祖文化的重要载体。可见在人际传播妈祖文化的过程中,船员以及渔民在自身所处的领域,也通过各种形式的风俗习惯在侍奉妈祖的同时,对妈祖文化传承起到了不容小觑的作用。

3. 艺人文人诉之作品

在妈祖文化中,音乐、戏剧是很重要传播方式,这些演绎戏剧、音乐的艺人们,对妈祖文化的传播起着重要的作用。妈祖文化中的音乐主要表现形式有戏曲、庆典乐曲以及一系列以妈祖为主题的现代通俗歌曲。这些艺人中有很大部分是莆仙戏、莆田十音的创作人群,例如莆仙戏《妈祖女神应笑慰》《妈祖出石门望大海》,莆田十音《北台妆》《荔枝楼》《凤和子》等。此外,童声合唱《妈祖妈祖》,罗大佑制作的鹿港妈祖音乐专辑,彭丽媛演唱的《妈祖》等传颂了妈祖文化。

"传闻利泽至今在,已死犹能效国功"——这是宋代状元黄公度的诗句;"但见舳舻来复去,密俾造化不言功"——这是宋代学者陈宓的诗句;"普天均雨露,大海静波涛"——这是元代诗人张翥的诗句;"扶危济弱俾屯亨,呼之即应祷即聆"——这是明成祖永乐皇帝的题诗。历代政治家、思想家和文学家十分重视妈祖的教化功能和这种民族认同的信仰作用,希望使之成为促进国家昌盛、民族团结、民生富饶的动力。人们按自己的愿望和理想,把妈祖塑造成慈悲博爱、护国庇民的女神,其目的是为了教化子孙后代和弘扬民族精神。

另外,关于妈祖文化的文献资料,对妈祖文化的传承是不可或缺的。目前,仅直接记载妈祖信仰的历史文献资料最保守的估计超过 100 万字。它涉及经济、政治、军事、外交、文学、艺术、教育、科技、宗教、民俗、华侨、移民等领域的许多课题,内容相当丰富,史料价值很高。这些文献的编纂者,来自各方面的文人,就成了妈祖文化的又一重要传播者。他们著书、发表论文,呈现他们的研究成果,有的写诗题词歌颂妈祖精神,利用个人的影响传播妈祖文化,并将这种影响扩展到更多的个人之间。我国著名的历史学家顾颉刚、客肇祖先后发表了多篇关于《天后》的论文,在学术界引起反响。台湾学者李献璋自20世纪60年代起,经过20年的研究,终于写成了《妈祖信仰研究》一书,成为妈祖研究第一部学术性较高的专著。如冰心老人生前为汕尾妈祖石像题写"天后圣母"等。① 自20世纪80年代起,台湾、澳门、厦门等地掀起了妈祖研究热潮,举办多次妈祖文化学术研讨会,出版了《海内外学人论妈祖》《妈祖研究论文集》《妈祖研究资料汇编》《妈祖文献资料汇编》《妈祖信仰与祖庙》《湄洲妈祖》等近百余篇学术专著。著书、传教、讲学、学术交流是文人间传播妈祖文化的主要方式,使人们真正认识妈祖文化的历史渊源。由此可见,人际传播对于妈祖文化的传播具有深刻的影响。

4. 商人移民异地传播

莆田崇尚开放,远在古代,莆田就大量接受了北方移民,同时,莆田人也用于走南闯北,形成了对外开放和交流的良好传统。近现代,又有大量莆仙人漂流过海,到海外谋生,留学,考察,与我国的港澳台地区和世界各地建立了密切的联系。独具特色的"海上和平女神"湄洲妈祖及其信仰传播所形成的妈祖文化,更是成为扩大莆田对外交往的重要桥梁与纽带。

据《高丽史》有关记载,从998年到1279年宋朝海商约有150次之多前往高丽贸易,每次人数都有数十乃至上百之多。② 元朝年间,政治中心北移,促进了南北经济往来,尤其是供朝廷漕粮,海运得到了进一步的发展。古代,商人通过海上贸易,借助交通和漕运传播妈祖文化。然而,航海是具有相当的危险性的,生命和财产在浩瀚无边的大海上随时可能受到威胁。从事海上贸易的商人们,一心希望能够得到神明的庇佑,逢凶化吉,避免海难的发生。因此,人们心中拯救海难,保佑航海平安的海神妈祖,自然而然成了商人们顶礼膜拜的保护神。他们走到哪里,妈祖就到哪里,妈祖文化就传播到哪里。

妈祖文化的外传,跟人口的前移也有着十分密切的关系。中国人出国谋生的历史可以追溯到唐宋时期,那时候就有华人在海外侨居。唐宋以后,由于政治、社会等原因,莆田兴化不断有人外迁。明清以来,从福建移居台湾,日本和东南亚的人数不胜数。到清代,不少人漂洋过海到海外谋生路,他们相信在茫茫的大海中会得到妈祖的保护,因此在出航前都要先祭祀妈祖。妈祖文化随着这些人口的外迁,也得到传播。同时,身在异国的华侨僧侣思乡之情,他们从故乡的妈祖庙中

---

① 叶林:《妈祖——渔民创造的女神》,载《源流》2007年第6期。
② 全海宗:《论丽宋交流》,《中韩关系史论集》,金善姬译,北京:中国科学出版社1997年版,第266—272页。

分灵妈祖神像,带到侨居国供奉。随着他们财富的增加,兴建庙宇。移民在离开家乡时,都会祈求妈祖庇佑一路平安,随身带着妈祖像、妈祖神符或其他的妈祖信物。当达移居地时,人生地不熟,许多毫无预知的困难都可能遭遇。在这种情况下,移民们发挥中华民族的凝聚力,患难与共,共同信奉的妈祖成了精神纽带,维系着广大海外移民的感情。

5. 林氏族人迁移传播

妈祖文化人际传播与林氏子孙迁徙有着十分密切的关系。林氏素有"闽林遍天下"之称,林氏人士不仅在福建作为重要群体。根据统计资料,大陆林姓人口约为1416万,林氏排在第16位,在中国南方林氏排在第4位,福建省林姓人口全约472万,占全省总人口14.8%,排在第一位;广东省林氏约311万,浙江省约184万,台湾地区林氏约200万,韩国约100万,其他地区约500万,在全球约2000多万。

以上这些地区都是作为妈祖文化信仰的重要地点,林氏族人作为妈祖文化传播和扩散重要的渠道,这点可以通过妈祖庙宇集聚地和建立者作为有力的证据。比如莆田市人仙游县金井村全村人口近4000人都是九牧林姓,他们所建的书庄宫供奉的就是祖姑妈祖。还有如泉州的天后宫、揭阳乔林天后宫、陆丰虎岛天后宫、澎湖天后宫、天津天后宫等基本上都是林氏族人在迁徙传播过程中所建。根据妈祖庙在内陆分布以及建立的情况看,把妈祖信仰传播到内陆的主要媒介之一是航运业的业者,当然,这包括船主与船工。其次的一支传播力量就是林姓移民了。① 林氏族人主要通过兴建妈祖宫,供奉妈祖,并且一直延续妈祖信仰的相关仪式。早期,很多林氏人士为了生计,漂洋过海,前往他国异乡发展,在这个过程中,他们都将"好运""平安""逢凶化吉"寄托于妈祖,待这些人士安定发展以后,他们深感受妈祖恩惠"显灵"而兴建妈祖庙。这可以说是传播的动机。在今天,林氏族人延续了这个信仰,妈祖庙已经也成了维系林氏人士的群体性和整体性的重要纽带。

除此以外,在众多的妈祖信徒中,有很大部分的人是普通的老百姓。这些平民百姓会通过对妈祖的朝拜传播着妈祖精神。妈祖的朝拜礼仪也是妈祖文化的一部分。朝拜礼仪包括上香、跪拜、叩首、祷告、祈福等内容,每一个动作,每一个姿势,每一个表情都有严格的规范,这种信仰规范正是世代相传,使得妈祖文化也得到广泛的传播。

---

① 石奕龙:《论闽粤内陆的妈祖信仰与航运业及林姓的关系》,载《莆田学院学报》2008年第2期。

(三)妈祖文化人际渠道传播的特点

人际传播妈祖文化的传播全体占据了主导的地位。政府官员、海员渔民、艺人文人、商人移民这几大类群体对于妈祖文化传播在人际渠道方面发挥了重要的角色作用。传播者在社会影响中建立了一个舆论领袖的地位,在这种情形下,通过各种肢体或者语言等不同形式传播妈祖文化。在人际传播过程中,信息接收者首先对这些传播者产生了一种依赖或者信任的心态,继而在传播过程中产生了一种强烈的主观感情色彩。例如在政府官员的传播过程中,普通民众在没有其他外来文化的侵扰下,单一地接受着来自官方的信仰传播信息,于是就受到一定思维定式的影响,久而久之就形成了妈祖信仰的根基。另一方面,民众对于政府官员在心目中首先建立了一个权威的形象,导致其本身就存在一定的受支配心理,服从并且接受权威的传播者所散发出的信息。

人际传播妈祖文化的载体形式多样,传播内容丰富。人际传播妈祖文化的过程中,各类传播群体可以利用各种表达方式或者表达载体对受众产生潜移默化的影响。不同的接受人群对于不同的传播载体有着自身独立的见解以及自由的接受意志。人际传播的渠道,传播者可以根据环境的改变,自行添加各种感情因素,对受众进行晓之以理动之以情的传播形式。另外,不同的传播载体,也使得受众不再单一乏味地接受信息。丰富的内容使得受众对于传播信息保持着不同的新鲜感,从而使信息不至于被停滞接收。在文人的传播方式上,利用各个时代人们所喜闻乐见的方式进行人际传播,宋代的时候,诗词复兴,大街小巷词韵味儿十足,这个时候,颂扬妈祖文化的传播渠道就很容易使民众接受,并且津津乐道。在口口相传中,自然就起到了一股不容忽视的力量。

人际传播妈祖文化会根据时代的演变进行相应的更新。在朝代的更替中,在时代的不同传播环境下,如果一成不变地以同样的形式进行传播,那么这些传播信息很快就会为时代所淘汰。只有根据时代的演变,不断创新传播的形式才能在时代的浪潮中树立一定的传播地位。传播的时间变化的同时,传播的空间也会随之变化,在变化中要想达到足够的传播效果,就必须根据受众的心理变化,采取不同群体接受的方式进行变化,从而引起受众者产生心理共鸣,并且成为新一代的传播者,将妈祖文化不断地传承延续。现如今,在妈祖诞生地莆田乃至其他国家的不同地区都会举行"妈祖文化旅游节"的传承活动,而同样的活动仪式以及内容在没有改变的情况下,传承者会根据不同时代的不同接受群体对传播的形式进行相应程度的改变。正是由于在形式上有所创新,得到受众的心理接受,才能使文化节的传播得到更多地区妈祖文化组织的响应,并且参与进这一种传播的渠道中。

人际传播在妈祖文化传播中的作用随着时代的发展产生了重要的主导地位。在妈祖文化传播中,正是由于人际传播的特点,才能够使之更好地传承并且发扬。随着社会的发展,传播技术的变迁,人际传播的形式朝着多元化和开放化发展。例如人才交流、学术交流和经济往来等社会活动的不断增加,给人们主动参与和自愿组合各种人际关系创造了条件,传播内容与形式也逐渐多元化,人际间的沟通和交流内容扩大到社会生活的各个方面,人际交往的纽带由一元转向多元,妈祖传播活动也要求新的形式,例如近年举行的天下妈祖回"娘家"、妈祖金身巡游等活动,不仅促进了异地信众间的交流,而且有利于妈祖文化突破地域的限制,实现全球化的传播。

(四)运用人际传播促进妈祖文化传承

人际传播作为基本的传播类型,人际传播活动的开展是在一定社会关系中进行传播活动的。正如《荀子·王制》所曰:"人能群,彼不能群也。"[1]这说明妈祖文化传播过程中不能脱离人际关系,正是以一定的群体进行妈祖文化传播活动。尤其妈祖文化很重要的组成部分就是妈祖信仰,人际传播是信仰传播的重要渠道。妈祖文化一千多年的传承得力于人际传播,因此,应该进一步运用人际传播的优势,推进妈祖文化的传承和保护。

利用人际传播中意见领袖作用。意见领袖是传播学奠基人拉扎斯菲尔德在《人民的选择》提出的。意见领袖主要指在信息传播过程能够影响受众做出意见,并且施加一定影响的人。通常分为在某一专门领域的单一型意见领袖和多领域的复合型意见领袖,从传播妈祖文化的人群来看,意见领袖对于扩散妈祖信仰起了关键性作用,像政府官员、艺人文人、商人海员等人群中意见领袖在传播妈祖文化过程起了突出作用。因此,发现广泛分布在人际传播中的各个领域的意见领袖,充分调动他们的参与性,利用他们的示范作用,能够对妈祖文化传播的影响流起重要作用。

根据人际传播的新趋势采取相应措施。传统上意义上的人际传播主要是指以人体自身为媒介、尤以语言为主要手段、以动作或者表情等为辅助手段的传播方式。在传播技术飞速发展的时代新背景,人际传播的形式越来越频繁地被运用于大众传播当中。新媒体时代发展使得大规模传播不断导致内容被非语境化、信息符号被大量复制的过程中,表达新传播理念、凸显个体个性特征的人际传播在大众传播中具有举足轻重的地位。此外,由于网络、手机等新型人际传播工具的出现,新技术的嵌入给传统人际传播带来新的模式,如何在人际渠道传播妈祖文

---

[1] 荀子:《荀子·王制》,北京:中华书局1954年版,第104页。

化过程中,充分运用新技术,增强传播的速度、突破传播的界线,满足妈祖文化信仰人群的心理,增强人们主动传递信息、表达意见的欲望,才能更好地增强传播效果,才能更好传播妈祖文化。

在新时代新趋势的情形下,人际传播妈祖文化需要注入一股新生的力量。如果只是保守陈旧地运用旧时代的思维方式对其进行传播,那么传播文化便会陷入瓶颈期。在这种情况下,只有不断调整人际传播的各方面的形式才能达到有效的传播效果。在各种信仰妈祖文化的群体中,必须要树立一种与时俱进的态度,建立一个信仰的标杆,合理地利用人际传播的各种渠道,身体力行地对传播方式进行相应的调整以及整合,从而使妈祖文化传承得以延续。

三、妈祖文化大众传播

在妈祖文化早期的传播中,口口相传、身体力行的人际传播是最重要的传播渠道。随着宋、元、明、清几个朝代对妈祖的不断褒封以及湄洲妈祖祖庙于公元1023—1032年的扩建、航海家郑和的两次奉旨来湄屿主持御祭仪式并扩建庙宇,宫庙的祭祀礼仪等群体组织传播也成为其传播的主要方式之一。然而,随着妈祖信仰传播范围的扩大,特别是2009年妈祖信俗的成功申遗,各地借由妈祖文化而产生的交流不断增多,涉及领域也从宗教扩展到文化、经济、政治等领域,此时仅仅倚重人际传播、群体传播这些具有地域局限的传播方式已不能充分发挥妈祖文化的积极作用,在大众传媒普遍介入社会生活的今日,大众传播已成为传承妈祖文化的主渠道。

(一)妈祖文化与大众传播

所谓大众传播,就是专业化的媒介组织运用先进的传播技术和产业化手段,以社会上一般大众为对象而进行的大规模的信息生产和传播活动。① 斯坦利·巴兰和丹尼斯·戴维斯更是直接指出,"当某个组织采用一项技术作为媒介与大规模的受众进行沟通时,大众传播就发生了。"②

我们生活在一个大众传播时代,报刊、广播、电视等大众传播媒介渗透到社会的各个阶层和角落,小到个人的衣食住行、工作、学习和娱乐,大到社会的政治、经济和文化,无一不和大众传播有着密切的关系。大众传播的信息像空气一样弥漫在我们的社会生活当中。然而,并不是所有的事件都能够进入传播领域成为大众

---

① 郭庆光:《传播学教程》,北京:中国人民大学出版社1999年版,第111页。
② 〔美〕斯坦利·巴兰、丹尼斯·戴维斯:《大众传播理论》,曹书乐译,北京:清华大学出版社2004年版,第10页。

传播的信息,因为"大众传播是有组织的传播活动,是在特定的组织目标和方针指导下的传播活动。"① 只有符合大众传播特定的组织目标和方针的物事才能进入传播领域。而妈祖文化正是符合的内容之一。

妈祖信仰自北宋肇始至今已逾千年,历史悠久,文化积淀丰厚。千百年来,人们对妈祖的信仰从未间断,传播范围越来越广,信仰人数越来越多。据《世界妈祖庙大全》提供的最新数字,目前,全世界已有妈祖庙近5000座,信奉者近2亿人。一水之隔的台湾,与福建语言相通,习俗类同,妈祖信仰十分普遍,台胞三分之一以上信仰妈祖,台湾全岛共有大小妈祖庙510座,其中台南一地即有116座。② 随着妈祖信众的增多,于是在海峡两岸及其周边地区就形成了一个"妈祖信仰圈",它凝聚的是台湾社会对大陆社会文化向心性和台湾民众远离故土而产生的精神寄托诉求。③

随着妈祖信仰的传播,借由妈祖信仰而产生的交流不断增多,涉及领域也从宗教扩展到文化、经济、政治等领域。妈祖文化已成为加深两岸民族感情、增强两岸文化交流和促进两岸经济贸易往来的桥梁和纽带,在海峡两岸交往中发挥着独特的文化优势。

与此同时,传播学巨擘拉斯韦尔早在1948年就提出:大众传播媒介具有环境监测、社会协调和社会遗产传承三大功能。这里的社会遗产自然包括非物质文化遗产。妈祖文化不仅是中华民族优秀传统文化的珍贵遗产,也是非物质文化遗产,是大众传播理应传承的社会遗产之一。

然而,笔者分析莆田学院妈祖文化资料库中的相关资料发现,在相当长的一段时间内,妈祖文化很少出现在大众媒介上。要论妈祖文化大规模借助大众媒介进行传播,则要追溯到1987年。

1987年,妈祖的诞生地——莆田在湄洲妈祖祖庙举办了"妈祖千年祭"的盛大活动,数以千计的台胞涌上湄洲岛参拜妈祖,形成了挡不住的"海峡潮",开启了海峡两岸大规模的民间情感文化交流;与此同时,莆田还举办了妈祖千年祭学术研讨会,与会的专家、学者着重对妈祖文化的内涵和外延进行了研讨,"妈祖文化"一词也是在该研讨会上由上海师范大学林金文教授率先提出并得到多数人的认可。至此,由妈祖故里掀起的妈祖研究热从最初的福建省开始扩散到全国乃至全世界有华人的地域。"妈祖千年祭"带来的政治和文化上的变化使妈祖一下子成

---

① 郭庆光:《传播学教程》,北京:中国人民大学出版社1999年版,第112页。
② 《百度百科·妈祖》,http://baike.baidu.com/view/21337.htm#sub21337,2012-12-28.
③ 邵长虎:《论海峡两岸宗教文化传承之根》,载《哈尔滨学院学报》2010年第3期。

为大众媒介关注的焦点,与妈祖相关的新闻频频出现于报纸、广播、电视等新闻媒体上。

(二)大众传播媒介传承妈祖文化

邵培仁教授指出,媒介,就是指"介于传播者与受传者之间的用以负载、传递、延伸特定符号和信息的物质实体",它包括书籍、报纸、杂志、广播、电视、电影、网络等及其生产、传播机构。① 依据邵培仁对媒介的定义,结合实际情况,我们可以把报道与传承妈祖文化的大众传播媒介划分为报刊(报纸和期刊)、广播电视和网络三大类。这些媒介是如何传播妈祖文化的,在不同的时期又有怎样的特点呢?

1. 报刊

包括报纸和期刊。报纸以新闻的形式向受众告知新近发生的事实,期刊用研究成果告诉人们事件的意义,它们都是大众传播传承妈祖文化的重要渠道。

如前所述,1987年是妈祖文化大规模借助大众媒介进行传播的关键的一年,因此,笔者以1987年为界点,将报刊传承妈祖文化的时期分为1987年之前、1987年及1987年——至今三个不同的阶段。

(1)1987年之前

1987年之前,与妈祖有关的事件已经是一些报纸的报道对象,这些报纸大部分集中在台湾地区和妈祖故里——莆田。

台湾地区的很多报纸对与妈祖相关的事件都较为关注,其中报道力度最大当属由王效兰创办的《民生报》。《民生报》是一份在台湾发行的中文报纸,于1978年2月18日创刊,内容主要是以民生、体育、影剧消息为主,属联合报系旗下。俗称"吃喝玩乐报"。② 1982年,《民生报》分别于妈祖诞辰前后即5月13日、16日、18日、20日、21日、22日、25日、28日和6月4日共9天在其副刊上陆续发表了九篇《大甲妈祖回娘家》系列报道,对历时8天7夜的大甲妈祖与北港朝天宫"合火"参拜的进香、祭祖大典等仪式进行了详尽的报道。

莆田报纸对妈祖新闻的关注是在1983年建市后,主要有《莆田乡讯》《兴化政协报》两家。《莆田乡讯》是1957年根据福建省侨务部门要求做好华侨的"三讯"(口讯、家讯、乡讯)工作的指示精神创办的,"文革"期间停刊,1983年复刊。复刊当年,《莆田乡讯》只有两篇报道涉及妈祖,内容是旅游(《三万多游客瞻仰湄洲妈祖》,5月15日)和考古(《妈祖庙陶钵在台出土》,10月1日)。之后,其报道数量

---

① 邵培仁:《传播学导论》,杭州:浙江大学出版社1997年版,第223—226页。
② 《维基百科·民生》,http://zh.wikipedia.org/wiki/%E6%B0%91%E7%94%9F%E5%A0%B1,2012-12-31。

逐年攀升。1985年,围绕妈祖诞辰1025周年,乡讯在当年的5月8号刊上除了预告性新闻之外,还做了《关于海神妈祖》《妈祖的姓名与封号》《妈祖出游》《湄屿潮音》《天后宫在世界各地》等报道,较为系统地介绍了妈祖生平、仪式等相关事宜。值得一提的是,1986年,乡讯在对妈祖诞辰1026周年做了常规报道之余,还秉承"《莆田乡讯》就是海内外莆田乡亲(包括非莆田籍的各界朋友)了解莆田的一个窗口。……是政府投递的一种家书情怀,一张当地的名片"①的报道定位,直接在新闻标题中将妈祖与海峡两岸统一联系起来(《海峡两岸盼统一 和平女神架金桥——莆田举行学术讨论会等活动纪念妈祖诞辰一千零二十六周年》,6月15日。),为第二年"妈祖千年祭"的报道定下了基调。《兴化政协报》在1987年之前的报道尽管只有三篇,且都集中在1986年,但其中的《高龄九十三 离乡七十载:印尼老华侨林先生谒拜妈祖》和《试谈妈祖与"三胞"工作》都跳出了其他报纸报道妈祖时以消息为单一体裁、生平祭典为主要内容的窠臼,分别用特写和述评两种不同的新闻体裁直接点明妈祖在联系全世界华人方面所起的文化纽带作用。

除了莆田和台湾地区的报纸外,其他报纸也有零星报道,如《福州晚报》(《郑和修建湄洲天妃宫》,载于1985年4月29日)、《人民日报》。《人民日报》在1961年8月13日的报道中也涉及妈祖,内容是广州番禺涌口大队的未婚女子在农历3月23日过"娘妈诞"(《娘妈诞》,作者林遐)。但刊登的版面是第七版文艺副刊版,读者将其等同散文看待,产生的影响不大。

纵观这个时期报纸的报道,不管是台湾地区的还是大陆的报纸,在报道内容上,大都是进香等妈祖祭祀仪式、生平和收妖等与妈祖相关的传说,时间多集中于每年的妈祖诞生日农历三月二十三和羽化升天日九月初九前后,报道形式也是以单一的短消息为主。

在期刊上,这个时期还未出现研究妈祖学术的专业性期刊,专家学者的研究成果要么发表在报纸上,如前所述的《郑和修建湄洲天妃宫》就发表在《福州晚报》上,要么发表在各地区的史志之类的刊物上。这个时期的妈祖学术研究者,多集中于台湾地区和福建省,因此,相应的,他们的成果也是发表在如《高雄文献》《台湾风物》《福建地方志通讯》《同安文史资料》等刊物上。

(2)1987年

对社会生活的描述是媒介内容的通常主题。1987年,随着"妈祖千年祭"盛大活动的举办,各家报纸对妈祖的报道量骤增,《莆田乡讯》高达33篇。从三月至

---

① 莆田乡讯编辑:《手写体〈莆田乡讯〉:网络时代的集体家书——兼答倪云同学问》,载《莆田乡讯》2009年3月10日。

六月连续四个月,《莆田乡讯》分别刊登了《莆田各地天后宫分布情况表(一~四)》四篇报道,紧接着又陆续有《天后宫在台湾》《天后宫在香港》《天后宫在新加坡》等关于天后宫在世界各地的分布情况的报道;之后又在八、九月份做了《一个中国城,两个妈祖庙——访美散记》和《全世界与妈祖有血缘关系的地名》的新闻。长期以来,学者们一直在探讨媒体具有为公众构建事务的潜在功能,即议程设置功能。斯蒂芬·李特约翰认为,议程设置分为两个层面,第一个层面建立起了具有重要意义的总体性事务;第二个层面则决定了这些事务中的哪些方面是重要的。①《莆田乡讯》将与妈祖相关的事项作为一项具有重要意义的事情来报道,无疑将妈祖设置成了广大受众的重要议程。与此同时,《莆田乡讯》在报道中重点突出"一个中国城""与妈祖有血缘关系"等要素,实际上是在隐晦地告诉受众尤其是妈祖信众,因妈祖而产生的同根同源才是这些事务中最重要的,此暗示与举办"妈祖千年祭"盛大活动的初衷暗合。

如果说《莆田乡讯》在报道妈祖是全世界华人的联系纽带方面只是采用了"用事实说话"的新闻手段的话,那么《兴化政协报》则是明了地传达了这种声音,在《弘扬妈祖文化 两岸共架桥梁:纪念妈祖逝世一千周年述评》中用感人的场景描写直接表述了政府的立场。

然而,《莆田乡讯》《兴化政协报》等报纸毕竟只是莆田地区的媒体,发行量有限,影响力也不大,要真正弘扬妈祖文化,全面发挥妈祖作为全球华人联系桥梁的作用,还是要靠影响巨大的世界级媒介。在这方面,《人民日报》扮演了重要的角色。10月19日,《人民日报·海外版》发表了《海神妈祖在海内外》的消息,为"妈祖千年祭"造势;11月7日,纪念妈祖千年祭活动仪式举行之后,记者张安南又撰写了《海峡两岸同胞携手捐资 莆田湄洲岛将建妈祖石雕像》的消息和《妈祖足迹遍天下——访湄洲祖庙董事会董事长林文豪》的通讯。美联社记者凯瑟琳、尼尔也赶来采访。同时,光明日报、华声报、中央人民广播电台和本省、本市新闻单位都及时报道。许多从台湾和海外赶来的信众现场观后,无不心服口服,从此引发台胞纷纷涌到湄洲朝圣热潮。②

伴随着湄洲朝圣热潮的,还有该时期妈祖学术研究研究热,出现了研究妈祖的专门性书刊。福建人民出版社将各专家学者的研究成果汇集出版成《妈祖研究资料汇编》《海神天后东渡台湾》,时任湄洲妈祖祖庙董事长的林文豪主编了《湄

---

① 〔美〕斯蒂芬、李特约翰:《人类传播理论》,史安斌译,北京:清华大学出版社2004年版,第371页。
② 林元伯、陈宠章:《林文豪先生的"妈祖缘"》,载《湄洲日报》2011年11月3日。

洲妈祖》，新界民报出版了《庆祝己巳年天后宝诞会景巡游特刊》，这些书刊不仅展示了当时的研究成果，也将妈祖文化中深层次的含义传承给广大受众。更难能可贵的是，新界民报的《庆祝己巳年天后宝诞会景巡游特刊》还留下了当时巡游的珍贵画面。

尽管这个时期的报刊报道都达到了历史新高，但报刊上出现的内容，虽然脱离了早期的进香收妖的报道，但仍然集中在宫庙分布、同根同源等领域，对妈祖精神的核心——大爱精神则很少触及。报纸上的报道体裁，也仍是以短消息为主，虽然出现了《人民日报》访林文豪的通讯，但数量还是非常有限，与之相关的能还原现场场景的图片也较少，与妈祖相关的个人、群体甚至是组织，都只是被动地接受媒体的采访。妈祖文化要大规模地利用大众传媒进行传承还有很长的一段路要走。

(3) 1987年——至今

1987年之后，全中国乃至全世界对妈祖都有了重新认识，妈祖也渐渐成为全国各地媒体的报道对象，各地对妈祖的报道与研究数量剧增，也呈现出新的特点。

首先，报道主体有了巨大的变化。从报道单位的性质来看，之前的媒体大多是福建地方性的报纸，如今，中央级的报纸也渐渐地加入这个行列，报道妈祖的媒体从地方到中央一应俱全，地方的有福建省委机关报《福建日报》、莆田的市委机关报《湄洲日报》《莆田晚报》《海峡都市报》《福建画报》等，中央的有《人民日报》、新华社、中新社等。中央级媒体粗线条勾勒妈祖精神，更大范围地传播妈祖文化；地方级媒体则在细节上展示妈祖的仁、义、和，更贴近妈祖的大爱精神，各级媒体各尽所能，共同传承妈祖文化。此外，从报道者来看，出现了专门报道妈祖文化的新闻记者。比如《湄洲日报》，采写与妈祖有关的记者都是陈建平。这些报纸和记者，紧紧围绕妈祖展开各种报道活动，譬如妈祖故乡的党报《湄洲日报》，突出妈祖文化特色，开辟妈祖专版，紧紧围绕莆田党委和政府每年举办的湄洲妈祖文化研讨会、海峡论坛、妈祖旅游节、摄影节、妈祖文化活动周、妈祖文化国际沙雕节、妈祖诞辰纪念等大型活动进行策划报道。①

其次，报道内容更加丰富。进香收妖一度是媒体报道的主题。然而，随着时局的变迁特别是妈祖的成功申遗，妈祖文化的内涵已更加丰富，像过去单纯靠烧香拜佛的狭隘迷信仪式，已不能吸引人们从精神上自觉自愿的信仰，更不可能在异国他乡发挥本民族的文化辐射功能。② 因此，在传播内容上，不但报道必要的

---

① 吉峰：《妈祖文化传播主体流变述评》，载《科技信息》2012年第14期。
② 蒋维锬：《妈祖文化在世界的传播与影响》，载《莆田通讯》2008年第2期。

祭祀仪式,还注重其在两岸交流中的作用,很多媒体更是自觉地加入了与妈祖相关的文学、戏剧、音乐、美术及其他创意产业等方面的内容,大大地丰富了妈祖文化的内涵。

再次,报道的时间更为灵活。随着妈祖文化旅游节的举办、妈祖信俗的成功申遗和海峡论坛的顺利举行,媒体的报道时间由原来的集中在妈祖诞生日农历三月二十三和羽化升天日九月初九两个大节日前后变成既在重大事件中报道两岸直航、旅游文化节,在节日中报道元宵请"娘妈"、妈祖回娘家,也在日常生活中报道妈祖故里建设、湄洲岛旅游等新闻,形成了大节日隆重报道、小节日一般报道、日常生活常规报道的报道态势,更为灵活,报道量也更多。

最后,报道体裁也往多元化方向发展。报道体裁有消息、通讯和新闻摄影等。消息要求迅速简明地叙述新近发生的事实,侧重报道事情的概貌而无需讲述详细的经过和细节,通讯则要求具体、生动、形象地反映人物、事物或社会现象,侧重刻画人物性格、再现细节等场景,新闻摄影则大大缩短受众与新闻事件的距离,将新闻事件直接呈现在受众面前。因此,同一事件的报道中,消息只能勾勒出一个大致的轮廓,告诉受众新闻事件的时间、地点、人物等五要素,至于事件的来龙去脉、血与肉、枝蔓与细节,则需要通讯与新闻摄影来具体填充。1987年前,由于设备限制等其他方面的原因,妈祖新闻在报道体裁分布上,消息始终占据着主导地位,通讯也是寥寥无几。如今,这种情况已大大改观,特别是重大事件,大部分的新闻报道都能做到图文并茂。

历经数十载,报纸在报道妈祖文化新闻上尽管已发生巨大的变化,但大众传媒是有组织的传播活动,他们的报道者在选择新闻时要考虑自身的媒介定位和组织目标,因此,采访报道的主动权、话语权始终掌握在报道者手中,妈祖文化虽然符合他们的选择标准,但具体到采访对象,他们仍然只能是被动地接受采访。

2. 电视

相对于报纸而言,电视上的内容要庞杂的多,因为报纸版面上的内容,除了新闻,就是广告,而在电视这个载体上播出的,除了广告新闻外,还有电视剧、电影、音乐等。因此,尽管电视发展的历史很短,但妈祖在电视这个大众传播平台上展示出来的,注定要比报纸上精彩。

(1) 新闻类节目

同报纸一样,妈祖文化最初也是以新闻的形式出现在电视上的。电视上的妈祖新闻,除了反映事态的消息外,还有挖掘背景、突出风貌的专题报道。消息如2012年12月28日和29日分别在中央电视台《新闻联播》和CCTV13播出的预告性新闻《开年大戏〈妈祖〉弘扬妈祖文化》等,专题类节目则如在CCTV探索·发现播出的纪录片《新搜神记——海神妈祖》上中下三集,片中对妈祖的生平、传说故事、妈祖精神等做了详细的解说。此外,在 2012 年 6 月份湄洲岛举办第四届海峡论坛·妈祖文化周开幕之际,以"寻访乡土古韵,领略传人风采,繁荣先进文化,构建和谐社会"为宗旨的央视《乡土》栏目走进湄洲岛拍摄专题片,于 8 月份初在央视七套播出后获得好评,该期《走进湄洲岛》专题片荣获当月收视率第一。因此,这次(2012 年 11 月初)原班人马再次走进湄洲岛,将对湄洲岛美丽的自然滨海风光、浓厚底蕴的妈祖文化、淳朴的乡土风情进行全方位、多层次的拍摄,为海内外妈祖信众详细地介绍美丽的湄洲岛。① 据介绍,该专题片约 30 分钟,分上下两集,将于明年年初在央视七套播出。这些专题纪录片将妈祖文化系统形象地呈现给电视观众。

(2) 直播类节目

电视媒体还充分发挥其形象性的特征,对一系列与妈祖有关的庆典或以妈祖文化为背景的晚会等进行直播。2006 年 9 月底,中央电视台还携手台湾东森电视台等多家电视媒体,直播台湾信众朝拜妈祖仪式,向海内外观众介绍妈祖文化的渊源以及福建、妈祖故乡莆田的发展和对台经济、文化交流情况。2009 年 9 月 20 日,央视在湄洲岛天后广场举办"今宵月更圆———2009 中央电视台中秋晚会"。演出现场以妈祖祖庙新殿建筑群为背景,用美轮美奂的灯光效果将祖庙山和演出舞台融为一体。该节目于当年 10 月 3 日中秋节晚黄金时段在 CCTV-3 和 CCTV 音乐频道并机播出。2010 年,由中央电视台和福建省委宣传部、福建省对外文化交流协会主办的晚会《相聚湄洲岛》4 月 26 日在湄洲岛举行并于 5 月 6 日妈祖诞辰 1050 周年纪念日晚 8 时在央视一套播出,时长 90 分钟。演出以"相聚湄洲岛"为主题,分为和平颂、民族根、同胞爱、华夏情、走向复兴五个篇章,两岸四地同胞和全球华人华侨相聚湄洲岛,共庆妈祖诞辰 1050 周年,同贺妈祖信俗申遗成功。② 这些节目大大地提升了妈祖文化的地位和知名度。

(3) 影视

近年来,一系列围绕着妈祖文化创作的艺术影视作品逐渐引起了人们的广泛关注。2007 年 7 月 27 日,电影《妈祖》上映。该电影以朴实的视角,诠释一代女神的诞生及其成长经历。同年上映的还有由央视国际电视总公司、福州威洋影视文化传播公司、中华妈祖文化交流协会联合拍摄并在央视戏曲频道播出的 6 集越剧电视连续剧《妈祖》,著名戏曲作家郑怀兴选取了《妈祖的传说》中的八则传说作

---

① 郑育俊、少庭:《央视〈乡土〉再次走进湄洲岛》,载《侨乡时报》2012 年 12 月 4 日。
② 谢丹:《湄洲岛心连心演出 6 日晚 8 时中央一套播出》,载《东南快报》2010 年 5 月 4 日。

为创作素材,进行了四年的艰苦创作,将妈祖的形象在人与神两界之间反复梳理,努力刻画着能够为广大受众所接受的生动感人的林默娘形象。2009年上映的22集电视连续剧《湄洲岛奇缘》是有关妈祖文化的最近的一部电视剧,其中不少场景如朝拜妈祖、向妈祖祈福等都显示出了信众对妈祖文化的尊崇;还有通过描述海上和平女神妈祖护国佑民的传奇故事,以展现立德、行善、大爱的妈祖精神为题材的28集大型历史传奇电视连续剧《妈祖》已在2010年农历三月二十三妈祖诞辰1050周年庆典上举行开拍仪式。①

在这些影视作品中,阵容最大的是2013年的开年大戏《妈祖》。《妈祖》由著名演员刘涛、严宽、林心如等领衔主演,以林默娘从凡人到海神的变化为主线,以30多个妈祖民间传说展开剧情,着力讲述了妈祖济世救人、护国庇民的大爱功德,旨在传承妈祖精神,弘扬妈祖文化。由众明星化身为妈祖及相关人物,不仅能让民众深刻理解妈祖的生平及事迹,也让妈祖的形象更形象、丰满。

电视媒体传播内容的丰富性和传播形式的多样化使观众能更形象、全面地理解妈祖文化。然而,同报刊一样,电视上的新闻,即便是电视剧、电影,都是在一定媒介组织目标下的产品,报道什么,或不报道什么,如何报道,传播的主动权仍然掌握在报道者或导演手中,采访对象所能发挥的能动性不大。这种情况的根本改观,还要依靠网络媒体。

3. 网络

1995年5月,张树新创立第一家互联网服务供应商———瀛海威,中国的普通百姓开始进入互联网络。短短十来年时间,互联网就因其即时性、海量性、全球性、互动性和多媒体性等特点而被称为是继报纸、广播、电视三大传统媒体之后的"第四媒体"。作为全球华人联系桥梁的妈祖文化,在互联网络迅速发展的今天,充分发挥网络媒体的优势,结合自身特点进行传播。

(1)门户网站

门户网站有新闻网站和商业网站。新闻网站如人民网、新华网等在现实中都拥有大型媒体,其新闻要么来源于主办媒体,要么转载自其他新闻媒体;而商业网站如搜狐、新浪、腾讯等现有的法律法规不允许其自采新闻,对新闻来源有严格的限定,其新闻也主要依靠转载。因此,从某种意义上说,门户网站上的新闻实际是就是各大媒体的延续。而与媒体同时延续的不仅仅是新闻内容,还有新闻价值选择标准。因此,不管是新闻网站还是商业网站,延续新闻媒体的新闻价值选择标

---

① 陈淑媛、徐丽娟:《大众传媒视角下的妈祖文化传播》,载《安庆师范学院学报》2010年第10期。

准,妈祖文化新闻都是报道内容之一,这些网站充分利用网络特性,发挥海量性等特征,以建子频道、专题集纳等形式报道对妈祖文化进行报道。

在现有的网站下建立子频道是门户网站报道妈祖文化的重要方法之一。2004年,中华妈祖文化交流协会和新华网福建频道联手,共同创办了"新华网 妈祖在线"网站(http://www.fj.xinhuanet.com/mazu/xh_lyhd.htm),下设妈祖文化、妈祖文化旅游节、中华妈祖文化交流协会等栏目,发挥网站海量性和多媒体性的优势,以视频、图片和文字信息等形式刊载妈祖文化方面的新闻。尽管该网站的内容只更新到2006年7月5日,但不可否认,它是网民了解妈祖的一个窗口。莆田第一门户网站的莆田新闻网不但直接以湄洲妈祖像为LOGO,也独立开设妈祖频道(http://www.ptxw.com/mzpd/)。妈祖频道里不仅有"妈祖音乐""妈祖生平""妈祖信俗"等内容,还别具一格地设有"在线朝拜",同妈祖信众进行互动;与此同时,还有"湄洲风采"的图片集和"视频资讯"的视频集。网民只要通过浏览妈祖频道,就可尽知莆田妈祖事。

遇到重大新闻,以专题新闻的形式将相关内容集中在特定主题之下也是门户网站报道妈祖文化常用的一种手段。妈祖诞辰、海峡论坛、妈祖文化节等都是门户网站设立专题的内容。2012年6月16—22日,依托福建"五缘"文化优势的第四届"海峡论坛"在福建召开,新华网福建频道就以专题新闻的形式进行报道,将相关新闻分别放于"新华聚焦""两岸合作""观点·解读"和"民间交流"等栏目中,还有数量庞大的精彩图片和视频报道。莆田新闻网、东南网分别专题报道了第十四届中国湄洲妈祖文化旅游节;中国台湾网、人民网则分别对第四届和第六届中国·天津妈祖文化旅游节进行了专题报道。用专题新闻的形式报道妈祖文化事件,让受众系统、动态地了解妈祖文化。

除此之外,在日常新闻中报道妈祖文化,是大部分门户网站最常规的做法。中国新闻网和人民网尽管没有专门开设与妈祖相关的频道,但均在台湾、港澳、华人、侨界等频道中登载与妈祖文化有关的新闻。因网站上可不受版面等的限制,大部分新闻会辅以配图,尤其是中新网,图片更为丰富,有时一条新闻会同时辅以多张图片,让网民在了解妈祖文化动态的同时也大饱眼福。网易、新浪等商业网站也是将妈祖文化新闻置于文化或社会频道中进行报道。

尽管门户网站以各种形式各有侧重点地报道了妈祖文化新闻,然而,如前所述,门户网站也是新闻媒体的延续,新闻网站也好,商业网站也好,决定其传播内容的,仍然是媒体。在此种情况下,出现在这些网站上的妈祖要么与两岸交流有关,要么与妈祖诞辰相涉,对于能展现妈祖文化核心内容的立德、行善、大爱精神的妈祖身世与传说等则很少涉及,这对系统了解妈祖文化是远远不够的。专门的妈祖网站的出现,极大地改变了这种情况。

(2)妈祖网站

妈祖网站,顾名思义是指由各地妈祖宫庙、信众等创办的以宣传妈祖文化精神为核心的网站。此种网站有两大创办主体:妈祖文化组织机构和各地妈祖宫庙组织。

天下妈祖网(http://www.mazuworld.com/)和中华妈祖网(http://www.chinamazu.cn/)是妈祖文化组织机构创办的妈祖网站中最有代表性的两个。天下妈祖网由中华妈祖文化交流协会与福建电子音像出版社联合主办,2008年9月18日开通。它以"用妈祖文化弘扬妈祖精神、用妈祖精神传播妈祖文化"为宗旨,运用现代传媒技术,通过文字、图片、视频等多种形式,反映妈祖文化在全球传播的情况及其丰富的内涵,联系全球两亿多妈祖信众,共同致力于人类和谐家园的打造。① 中华妈祖网则是由中华妈祖文化研究院、湄洲妈祖祖庙、台湾北港朝天宫、台湾鹿港天候宫和厦门博鼎智文公司联合主办,是妈祖文化传播交流第一门户网站。各地妈祖宫庙组织创办的则有湄洲妈祖董事会开办的湄洲妈祖祖庙网(http://www.mz-mazu.org.cn/)台湾大甲镇澜宫网(http://www.dajiamazu.org.tw/)和台湾鹿港天后宫网(http://www.lugangmazu.org/)。在这些网站上,既有普通门户网站上刊载的与妈祖文化相关的新闻资讯,也有妈祖研究、宫庙分灵、圣苑灵音、香客留言等妈祖文化交流、史料研究和在线祭拜等方面的介绍。妈祖网站的开办,既能及时迅速地传递妈祖文化新闻,满足普通受众的新闻需求,又能传播妈祖的大爱精神,传送各地宫庙的情况,满足妈祖信众的需要。

(三)大众传媒在妈祖文化传播中的作用

1. 大众传播的媒介特性促进了妈祖文化的传承

大众传媒凭借其先进的传播手段和技术,能够打破时间和空间的限制,对于延长妈祖文化的传承时间、扩展妈祖文化的传承范围、丰富妈祖文化的传承内涵起到了其他传播方式所望尘莫及的作用。

报刊等印刷媒介以笔录的方式将焚屋引航、甘泉济师等妈祖显灵传说等内容保存下来,并凭借大众传播媒介的属性进行大量复制传播,将这些优秀的民族文化宝藏带到人们面前。妈祖音乐、妈祖祭典、仪式等被以影像的方式记录下来,妈祖文化精神内涵在这些具象的、物化的图像、视频中得到了较好的保存。而网络媒体则将这些内容传送到全世界的各个角落,拓宽了妈祖文化的传播范围。正是因为大众媒介对妈祖文化遗产的记录与传播,人们可以更方便快捷地接触到更多

---

① 陈建平:《天下妈祖网亮相》,载《福建日报》2000年8月6日。

的妈祖文化,各地区之间的妈祖文化内涵也相互交融,并可能催生出新的文化样式。

2. 大众传播的议程设置功能引发了社会各界对妈祖文化的关注和重视

之前由于种种原因,妈祖文化发挥的作用有限,故而对其保护也没有形成一定的社会舆论环境,1987年之后,大众媒介则适时担负起了传播非物质文化遗产的重任。一方面,媒介通过大量报道向公众介绍了妈祖文化内容和样式,引起公众的注意和兴趣。如介绍妈祖诞辰,报道妈祖的祭祀仪式等;另一方面,大众媒介通过对湄洲妈祖文化旅游节、海峡论坛等的集中报道,为受众设置了议题,继而使社会各界关注并重视妈祖文化。

3. 大众传播报道片面化,呈现出单调、变异的趋势报道

大众传媒在保护和传承妈祖文化中发挥了极大的积极作用,但也现在报道片面化、流于表面,缺乏深度和广度等问题。

在市场经济条件下,作为"经济人"的传媒在报道内容的选择上难免被自身在生产和消费环节中的特点所影响,在很大程度上要考虑到经济效益,"把新闻卖给受众,然后把受众卖给广告主"①。媒体在报道妈祖文化时,也难以逃脱这一规律。要想被媒体关注,必须能够吸引大众足够的"眼球",只有能够吸引大众的眼光,才能引起媒体的注意。具体到妈祖文化上,大众传媒在对其进行选择性报道的时候,关注点常常是妈祖文化中相对于主流话语而言奇特、别具一格的部分,并通常对这些部分通过醒目的标题、极富噱头的描述等手段予以放大。在信息大众化传播过程中,"当一个信息被'放大'时,就意味着它引起了共鸣,即无意识的认同,它因此而产生了一种新的意义:成为大众心理归宿的符号"②。如在报道妈祖文化时,经常将报道的重点放在祭典、显灵、信众祭拜等内容上,这种报道方式固然吸引了公众的注意力,使得越来越多的人关注甚至追捧妈祖文化,但由此造成的后果却很严重,使公众片面、狭隘地理解妈祖文化,置妈祖文化的精髓和文化意蕴于不顾。因此,在大众传播时代,探讨一种积极、有效的报道方式对于保护和传承妈祖文化是极为重要的。

四、妈祖文化组织传播

(一)妈祖文化组织传播概述

自从有了人类社会,组织便成为基本的社会现象存在着,家庭、社区、学校、企

---

① 邵志择:《新闻学概论》,杭州:浙江大学出版社2003年版,第45页。
② 高小康:《大众的梦》,上海:东方出版社1993年版,第28页。

业、政府……都是人类形形色色的组织形态。组织就是有序化的人群。人类社会就是各种各样组织的综合架构。人群称得上是组织,首先要有既定的共同的目标,其次要有协调的统一的系统,再次要有具有普遍约束力的为组织成员共同遵守的规范。因此,我们可以将组织定义为"人们为了实现特定目标,通过一系列活动与环境系统相互渗透、相互影响,而形成相应结构关系的社会群体",更精确地说,"组织是社会中相似个体为完成个体不能实现的目标而结成的有目的的组合,是以社会职能职业集团为主要特征的严密的实体性的组合"。①

尽管人类有着不同的种族和肤色,有着不同的历史和文化,但都共同生活在不同的社会组织中。作为流传几个世纪的民俗——妈祖文化,正是在各种各样的组织传播下发展至今为全球华人所关注。不管是最初靠海为生三五成群渔民对于妈祖显灵的口口相传,还是渐渐演进的宫庙组织,都显示出组织在一种文化系统当中的生命力。

不进行组织传播活动的组织就不成其为组织。组织是躯体,传播就是循环器官;传播不畅,组织就要衰亡。说组织的首要职能就是传播并不为过,组织传播活动就这样渗透在人类社会活动的各个方事实上,组织就是有序化的人群。人类社会就是各种各样组织的综合架构。人群称得上是组织,首先要有既定的共同的目标,其次要有协调的统一的系统,再次要有具有普遍约束力的为组织成员共同遵守的规范。妈祖文化的传播从传统时代非正式群体间的人际传播发展至今,作为世界文化遗产之一,各方致力于妈祖文化传播的群体正向有序的组织化发向发展。

一个时代的文化传播的性质和水平,不在于传播什么,而在于怎样传播,用什么媒介手段进行传播,(对于妈祖文化的传播来说,更重要的是各级团体是如何进行沟通交流的,使这一文化遗产能够健康和谐地代代相传)文化传播的每一个阶段,都受到特定媒介的支配,而新的传播方式和技术的兴起都毫无例外地因其文化的变革而改变。②

在传统社会,人们理解认知的社会文化系统主要是家庭、邻里、村落、社区及其相互间的礼俗文化,人与人之间主要进行面对面的交往和沟通,在整个交往过程中自觉或不自觉地接受家庭、邻里、村落、社区及其相互间的文化意义和价值,在潜移默化中建构起了自己的价值观念。

在传统社会,人们的价值意识建构主要是通过群体参与获得的。人们在家

---

① 张国才:《组织传播理论与实务》,厦门:厦门大学出版社2002年版,第26页。
② 周鸿铎:《文化传播学通论》,北京:中国纺织出版社2005年版,第31页。

庭、邻里、村落和社区等社会群体参与过程中,一方面进行理解、领悟和认知,另一方面获得文化的价值意识。在现代社会,文化传播不仅跨越时间和空间,也跨越各种社会共同体。人们获得某一种文化价值信息,并不是只在一个共同体内部传播,或者由一个共同体传播到另一个共同体,而是许多社会共同体同时获得同一文化信息,即改变了过去一对一或一对多的传播方式,转而形成多点辐射、互相影响的多对多的传播方式。大量的文化信息都是通过大众媒介跨越社会共同体来传播,使人们直播感受和感知文化传播的价值和意义。因此,现代社会人们的价值意识构建方式在一定程度上是超越社会共同体的,是通过非群体性参与而获得的。

(二)妈祖文化组织传播的分类

组织有许多类型。政治组织有国家、政党、政府、军队等;经济组织包括工厂、农场、商店、公司等;文化组织有学校、科研机构、医院、社团等。所有这些组织都有严密的分工和岗位责任。组织不同于集群,为了进行复杂的劳动,必须实行分工,建立各部门和各岗位的明确目标和责任,以利于相互协作,提高工作效率。组织还有严格的领导体系。组织的形成和运转,都要依靠领导体系来调节,否则就会出现混乱或瘫痪。组织中角色一旦空缺,就必须有人替代和补充,因为组织的严密性使得每个角色和岗位都有独特的作用,不能轻易废止。在组织中,各部门是彼此互相依赖、制约的,组织的单个部门很难发挥作用,一个部门的工作好坏常常决定于和其他部门的合作状态。

1. 组织内的传播网络

组织中人们分别占据一定的职位,担当一定的角色,结成稳定的关系网络。在组织中,信息的流动往往也顺着组织中的关系网络,形成传播的组织网络(这里简称传播网络)。传播网络是一个动态的概念。网络不是固定不变的一个,而是动态的多重的。传播网络可能小到只包括两个人,也可能大到覆盖整个组织。网络的性质和范围受到多种因素的影响。例如,角色关系、信息流动的方向、流动的系列性质、信息的内容、传播的目的等,都影响传播网络的范围和性质。

组织传播的一个重要方面,是组织内传播。组织内传播的过程,也是组织维持其内部统一、实现整体协调和整体运作的过程。这个过程的结构,取决于组织本身的结构。组织结构包括正式结构和非正式结构两个方面,组织内传播同样也体现了这个特点,组织中的传播网络也是由正式网络和非正式网络构成。正式网络是由组织规定、计划的传播渠道,非正式网络是不由组织规定、计划的传播渠道。

信息沿着正式网络流动时,受到正式角色关系的影响。信息沿着非正式网络流动时,主要不受组织内正式角色关系的影响,流动的速度、方向主要决定于传播者相互之间的非正式关系。信息沿着正式网络流动,称为正式传播。信息沿着非正式网络流动,称为非正式传播。

正式网络是组织规定的传播渠道。正式网络根据组织中的角色关系确定下来。组织中的上下级关系决定了组织中有上行传播和下行传播。组织中的横向的角色关系决定了组织中有横向传播。组织中的正式传播网络反映了组织的工作角色关系网络。有人将传播定义为"通过讯息进行的社会互动",将传播视为社会互动的一种形式。确实,传播行为不仅反映了人们社会互动的方式,而且本身就是社会互动的一种形式。组织中的正式的工作角色关系决定了组织中人们社会互动的基本方式,因此,组织的工作角色网络也就决定了组织内传播的正式网络,而后者也就反映了前者。

2. 宫庙的组织传播

2011年8月16日,莆田妈祖宫庙普查工作正式启动。经过半年多的普查,仅莆田市境内发现至少有各类妈祖宫庙880处。这些组织看上去民间色彩浓重,有很强的随意性,但内部的组织却有着麻雀虽小五脏俱全的作用。妈祖宫庙是妈祖信俗最重要的基本载体,也是妈祖信众最重要的活动场所。2009年9月,"妈祖信俗"被联合国教科文组织列入《人类非物质文化遗产名录》,成了中国首个信俗类世界级非物质文化遗产。这些其业务范围涉及教育、科技、文化、卫生、环保、公益、慈善等社会生活的方方面面,能在各地流传沟通,正是这些宫庙组织在起着脉络疏通的作用。

最早的组织形式:要探讨妈祖信仰在华侨华人中广泛传播的原因,首先必须明确妈祖为什么会成为中国人民海上的保护神。我国东南沿海一带,特别是闽粤地区,山多田少,自古以来,人们便以海为田,以渔为业,与海洋发生了密切的联系。在自然科学知道有限、航海技术尚不发达的时代,梯航于大海,生命维系于变幻无常的惊涛骇浪,人们慑服于自然界的威胁,便产生了战胜艰险海洋的愿望,冀望有神灵来保护他们航海的安全。宋代,社会经济有了长足的发展,对外交通贸易更加繁盛,因而人们的这种愿望更加强烈。出生于北宋年代的林默,幼而聪颖,可操巫术,行医治病,并曾涉风涛之险于海上救人。当地的人们对她的义举善心十分崇敬,在她去世后,盖起祠庙来祭祀她,希望她继续保护他们的海上安全。这种信仰,起初只局限于湄洲屿上,后来便超出了这个范围,传到泉州以至东南沿海一带。对林默最初信仰的出现,迎合了当时人们幻想能有神灵来保护他们航海安全的愿望,特别是偶尔他们化险为夷,并与一些自然现象产生巧合之时,更使他们以为是妈祖前来救护,于是,海神应运而生。湄洲岛在林默去世一百年后建造了第一座妈祖庙,揭开了对妈祖信仰的序幕。

(1)中国大陆妈祖宫庙管理模式

中国大陆的妈祖宫庙管理模式,目前五花八门、形形色色,这些组织机构的不管采取何种模式,基本是正式的渠道。组织内传播的正式渠道,指的是信息沿着一定组织关系(部门、职务、岗位以及其隶属或平行关系)环节在组织内流通的过程。其传播形式可分为两种,即横向传播和纵向传播。一般来说,横向传播是指组织内部的个人与个人之间、部门与部门之间因组织需要按照组织程序所进行的传播,双向性强,互动渠道畅通;纵向传播有单向流动的性质,根据信息的流向,又区分为下行传播(如上级向下级下达命令指示)以及上行传播(如上级向下级或群众收集情况或者下级或群众向上级反映意见)。显然,组织传播的纵向横向、上行下行之分是由于组织系统的运行自身就存在不同方向,组织传播是以组织系统的运行为基础的。

正式渠道主要有以下一些模式:

a. 独立的宫庙董(理)事会管理模式

成立宫庙董事会(或理事会、管委会),这是目前中国大陆采用较多的妈祖宫庙管理模式。如莆田湄洲妈祖祖庙,设立有"湄洲妈祖祖庙董事会";莆田文峰宫成立有文峰宫管委会;龙岩长汀天后宫成立有汀州天后宫理事会。

b. 依托政府相关机构的管理模式

一些妈祖宫庙本身不设独立管理机构,而是依托于政府设立的相关机构进行管理。其中有的隶属于博物馆,有的隶属于文化局,也有的隶属于旅游局,还有的归城市园林管理局等。如天津天后宫其发展历程由于与城市发展有非常密切的联系,就依托天津民俗博物馆,在馆中设立天后宫管理委员会,实际是作为政府事业单位来管理收入,收支两条线,收入归政府,开支由政府下拨。每年开展活动,由政府牵头和支持,天后宫负责具体操作。

此外,妈祖文化的传播方式同时也包括组织内传播的非正式渠道。

非正式渠道,指的是制度性组织关系以外的信息传播渠道。非正式渠道中的讯息流动,不是出于组织理性的安排,而是组织中人际互动的结果。这样的传播方式具有随机性、偶然性和个人性。

非正式渠道中的传播主要有两种形式:组织内的人际传播,如组织成员工作之余的交谈、单位内外的各种私人交往等等;以及非正式的小群体传播,如各种自发的革新小组、兴趣小组或联谊会中的信息交流等等。在妈祖文化的传播过程中,最基本的其实正是由于这种非正式渠道传播中形成的网络,在历次的庆典活动中,首先是各宫庙的工作人员利用自身所在社区的人际关系,召集有共同文化信仰的居民,这些居民同样对妈祖信仰保持较高的热情,大多为女性,这些女性大多属于中老年,这个年龄层的女性,一旦接受任务,便能安排妥当本身生活当中的事宜,有些仍然要靠经营小商铺过生活的,也能为妈祖这两三天的活动,关闭小铺,暂停家中的事务,义务参与其中。

非正式渠道中的传播是一种摆脱了组织的制度性结构压力的一种传播活动,因此,它具有以下几个特点:

交流的信息广泛。其内容不仅涉及组织或工作任务本身,而且包括个人私事、兴趣、时事等广泛的自由话题。在这些群体的汇集中,各个宫庙的人聚集在一起谈论一年来与自身及妈祖相关的各种话题。

交流的双向平等性。在非正式渠道的传播中,上司和部下都作为普通一员参加,没有地位高低。交流大都以面对面方式进行,每个人都有机会阐述自己的观点。

本意交流和感情交流的成分多。由于非正式渠道的传播具有自由性和平等性,人们更倾向于说真话,许多在正式渠道不便表明的观点和态度,都能够以某种方式表达出来;同时,非正式传播渠道中有大量充满人情味的内容,是组织成员相互沟通感情的重要纽带。它不一定具有目的,常常是随机传播,但是传播速度快,形式不拘,渠道多元,不受组织的时间安排限制,小道传播速度非常快。

这种非正式渠道的传播方式,也可以看作是横向传播或平等传播,是在组织权力系统中处于同层次的人们或单位之间的讯息(或信息)流动。早在1916年法国的"古典组织理论之父"法约尔就提出组织被称为"跳板"的传播方法。所谓"跳板",是指在组织中同层次的人们之间和部门之间的沟通联系。这种组织内同级部门或成员之间互通情况、交流信息的活动,其目的是为了相互之间的协调和配合。在横向传播中,传播双方不具有上下级隶属关系,平等的协商与联络是传播的主要形式。横向传播是否活跃,对组织具有重要的意义。如果横向渠道不畅,轻则会带来各部门、岗位之间的相互推诿、互不合作,严重影响组织的办事效率;重则会造成各部门、各成员之间各自为政,形成种种隔阂、矛盾、冲突,甚至形成独立王国,破坏组织的有机统一。因此,在一个组织内,横向传播也必须得到制度的保证。

水平传播固然节时高效,但由于没有经过上级管理层,无法确保上级对下级的控制权。假设在一个组织中,不同部门之间可以随意进行水平传播,事事不必请示各自的上级管理层,组织行为就无法得到有效的控制。整个组织的权力结构就会崩溃。组织传播所具有的指挥功能和控制功能,依赖上行和下行传播。而水平传播主要起信息通报、告知、交流的作用,并不具有指挥的功能。

无限制的水平传播还可能引起另一个问题。假设组织中可以自由地进行水平传播,各个部门将收到过多的来自其他部门的信息。而先上行、后下行的传播方式须经过某个上级管理层的过滤,就减轻了信息过量传播的弊病。无限制的水平传播可能破坏组织的权力系统和造成信息过载的毛病。因此,在组织中,水平传播往往受到一定的限制。

非正式传播发生于组织内外的人际传播和非正式群体传播过程中。非正式传播过程具有四种方式,非正式传播网络是不规则的。从传播的过程来看,小道传播方式包括单线式、流言式、随机式和集束式。单线式较少见,流言式、随机式和集束式更常见。

单线式。一个人只传递给另一个人,依次逐个传递下去。

流言式。一个人将信息传递给群体全体成员。

随机式。个人随机地传递信息,部分人不一定涉及传播过程。

集束式。一个人将信息传递给有选择的少数人。

在组织中,非正式传播的促进因素是信息特征、传播情境条件和传播者的动机。常见的具体的因素包括:信息与传播者利益相关,引起人们的强烈情感和情绪;信息涉及熟人,引起兴趣和关注;是新的消息,引起关注;是其他人尚不了解的信息;传播者个性喜好传播消息;环境允许传播此类消息,人们可以自由交流。

任何组织都存在非正式传播。非正式传播弥补了组织正式传播的不足,满足了人们分享信息和交流信息、交流情感的需要。但是,非正式传播的消息可能不够真实,甚至有可能是恶意的谣言。总之,非正式传播是利弊并存。从组织管理的需要来说,对于组织正式传播渠道不便传播的消息可以借助非正式传播渠道。非正式传播的问题主要是信息失真、泄密和谣传。

(2) 中国港澳台地区的宫庙组织管理情况

a. 财团法人管理委员会

采用这种方式的比例较高。根据《台湾妈祖宫庙通讯名录》显示,设管委会的管理有 828 家,如嘉义新港奉天宫、彰化南瑶宫、嘉义朴子配天宫等。

b. 财团法人的董事会。

根据《台湾妈祖宫庙通讯名录》显示,设董事会管理的有 238 家,如云林北港朝天宫、台中大甲镇澜宫、云林西螺福兴宫等。

c. 其他以炉主、宫主等作为管理者的形式。

中国香港特区的宫庙组织管理情况:多属职业化经营,由个人承包经营,如新界元朗的青山道天后宫、香港新界元朗的大树下天后古庙,还有西贡佛堂门天后宫等。

中国澳门特别行政区的天后宫管理模式也自具特色,如澳门妈祖阁是由机修大师以佛家身份主持,而路环岛叠石山妈祖文化村天后宫则是由开发商投资开发,目前以股份形式存在。①

(3)海外妈祖宫庙管理模式

海外的妈祖宫庙主要是以会馆形式或宫馆合一形式存在。因此妈祖宫庙管理隶属于会馆管理。会馆一般设管理阶层,主事者以华侨成功人士为主,主持一些重要活动,日常一般聘请有工作人员处理事务。随着会馆天后宫的发展,也有当地一些非华侨人士参与天后宫管理工作。目前,日本现存的一些天后宫与东南亚一些国家天后宫,基本上都是以会馆形式存在,如日本长崎福建会馆天后宫,就是由金门籍出身的近代侨领陈世望孙子、泰益号陈家第四代的陈东华担任理事长。马来西亚雪兰莪琼州会馆天后宫设立执委会,下设基金会、福利部和互助部等。美国及其他国家的会馆天后宫,也是以此管理模式存在着。②

(4)民间成立的自组织

经过不断探索,妈祖文化已经形成了一套适合妈祖文化发展、行之有效民间组织管理体制,可见,我国的体制生活共同体,同时也是利益和文化心理共同体。妈祖文化各种组织的构成要素、特征和维系纽带相互作用,使这些组织具有一种系统性质的自组织机制和能力,即不需要外部力量的强制性,通过自身就可以自我整合、自我协调、自我维系,进而实现妈祖文化传播有序化的机制和能力。

任何一种文化都是一个社会或一个国家的一部分,因此文化公共管理体系要纳入各个城市和国家政治体制和公共管理体系之中,并服从后者的管理。同时,这些组织又属于非政府,非市场的领域,还需要自我管理和自我协调,这就离不开自组织机制做保障如果说秩序是社区共同体良性运行和发展的条件,那么自组织则是其内在的实现机制。自组织机制更符合社区共同体的本性。从总体上和发展趋势上着眼,社区共同体的自组织优于被组织:文化自组织研究,涉及自组织与被组织的关系问题,如前所述,社区建设在初期离不开政府的推动,社区公共生活和公共事务的管理也离不开政府的介入,但作为相对独立的社会生活共同体,社区公共生活有序化的基础也是自组织,而不应该是他组织或被组织;文化的和谐、可持续发展的内在机制也是自组织,而不是他组织或被组织。③

---

① 周金琰:《妈祖宫庙管理模式探论》,载《莆田学院学报》2012年第4期。
② 周金琰:《妈祖宫庙管理模式探论》,载《莆田学院学报》2012年第4期。
③ 杨贵华等:《自组织:社区能力建设的新视域》,北京:社会科学文献出版社2010年版,第13页。

民间的许多妈祖宫庙,采用民间自我约束的管理模式,但不少实际成为个人管理模式,如由投资者自己管理,这种管理模式直截了当,不必有许多牵扯,是其优势。但把宫庙当作企业投资,往往因投资者到处筹资甚至借贷,希望从中获利而变味,以营利为目标,也失去妈祖宫庙作为信众精神家园的本意。更为可忧的是一旦企业出现问题甚至倒闭,必然直接影响妈祖宫庙的发展甚至存在。如江苏无锡太湖,地理位置得天独厚,历史文化积淀丰厚,著名的太湖养育了其流域千千万万的儿女,历史上就有妈祖庙。数年前,有一民营企业家,有心把历史上的妈祖文化发掘出来,斥巨资修建了妈祖庙,并在日常管理上也采取了许多措施,但企业由于没有及时处理好政府行政部门与基层单位关系,加上其他多种因素,导致了企业破产,最终波及天后宫,使之处于无人管理的尴尬境地。

还有的民间妈祖宫庙采用轮流管理模式,当轮值者作为轮值主管时,大兴土木,大力修缮宫庙,开展一些活动,之后留下债务。下任人员接任时,每天都在应付讨债者。如广东沿海一些天后宫就出现这种情况。在一些宗族问题较严重的乡村,也有采取分片区主管方式,这种轮流管理模式,带有一定的公平性,可防止神权世袭垄断。但分片区轮值,一旦经济利益过分集中于某一方负责,因有些开支项目持不同的意见会滋生矛盾和意见,造成不和谐现象。可见这种轮流执政的弊端也是显而易见的。宫庙轮流管理,管理人员文化水平低,管理水平难以如意,管理人员更换频繁,缺乏连续性,容易存在短视行为,缺乏长远计划,对宫庙的发展是不利的。如莆田乡村一些妈祖宫庙,就因农村宗族问题,宫庙管理者频繁换人。

总之,正式渠道中的传播体现了组织成员作为"组织人"的特点,而非正式渠道中的传播则体现了他们作为"社会人"的特点。非正式渠道恰恰能弥补正式渠道的缺陷和不足。加强和疏通非正式传播渠道,在组织内部营造一个积极、健康、活跃的人文环境,能够增进成员的一体感和向心力,使他们在组织中的行为更加建立在自觉自愿的基础上,而每个成员的良好精神状态和积极性的发挥,也必将对组织目标的实现产生巨大的推动作用。

组织系统的力量并不只限于在组织内部发生作用,所以组织传播除了在组织内部进行的传播活动外,还包括组织与组织外的特定对象之间进行的有特定目的的传播活动,其中有的是组织同与之存在着管辖关系的个体之间的传播行为,如行政管理机关向被管理人发出审检通知书、学校向考生寄发应考通知、法院向当事人送达法律文书(下行传播),公民到政府机关举报(上行传播);有的是有特定权利义务关系的组织与组织之间的传播行为,如相互独立的企业之间开展商务活动而互通信息(横向传播)等。这些跨组织的传播活动,仍然有赖于组织的力量推动和保证,属于组织传播。

3. 文化品牌传播中的组织传播

组织传播的另一个重要方面,是组织外传播。组织外传播的过程,是组织与其外部环境进行信息互动的过程,它包括信息输入与信息输出两个方面。不仅是企业组织如此,对民间信仰组织来说,组织外传播及其主要形态存在以下若干方面。

(1) 组织的信息输入活动

信息输入,是组织为进行目标管理和环境应变决策而从外部广泛收集和处理信息的活动。以企业组织为例,企业的目标是从事生产,生产的产品是否为消费者所需要、能否在市场上销售出去,直接关系到生产活动的成败;同时,消费者需求和外部市场是不断变化的,能不能及时把握这些变化并根据变化的情况来调整生产活动,同样会对企业的生存和发展产生重大影响。因此,企业组织必须建立有效的信息输入渠道。

妈祖文化组织的信息输入渠道是多方面的。凡是与外部保持联系的部门和员工,可以说都是企业组织伸出的信息触角,都担负着一定的信息收集功能。报刊、广播、电视等大众传媒以及互联网络等等也是重要的信息来源。在各个宫庙或政府组织中,一般都设有专门从事信息收集和分析活动的部门,如调查室、计划部、市场调查部或营销部等等。

现代社会已经进入信息时代,在市场竞争激烈、环境瞬息万变的条件下,能否拥有一个迅捷可靠的信息系统,是制约一个组织生存和发展的关键。

(2) 组织的信息输出活动

组织的信息输出活动也是多方面的。从广义上来说,组织任何与外部有关的活动及其结果都带有信息输出的性质,例如,企业组织生产和销售的产品,员工的形象、精神面貌甚至公司的建筑物等等,都携带并输出着丰富的信息。现代社会,组织的宣传活动大致可分为三种类型:公关宣传、广告宣传和企业标识系统(CIS)宣传。

a. 妈祖文化传播的公关宣传

"公关"是公共关系的简称,是英语中 Public Relations 的对译词,通常缩写为PR。公共关系,指的是社会组织与周围社会环境中的其他组织、机构、团体以及公众的关系和联系;公关宣传,则是指组织为了与其所处的社会环境建立和保持和谐关系而进行的各种宣传活动。

在妈祖文化的组织传播中,公关宣传是现代社会任何文化传播少不了的环节。"公关"是公共关系的简称,是英语中 Public Relations 的对译词,通常缩写为

PR。公共关系,指的是社会组织与周围社会环境中的其他组织、机构、团体以及公众的关系和联系;公关宣传,则是指组织为了与其所处的社会环境建立和保持和谐关系而进行的各种宣传活动。在历次的妈祖节日中,为吸引更多信众,要把活动的时间地点形式等方式传递各方,各宫庙组织大多都会成立这样的部门做专职工作。

b. 广告宣传

广告是一种以付费形式利用各种媒体进行的大面积宣传活动,也是社会组织尤其是企业组织广泛采用的一种信息输出方式。现代组织从事的广告活动大致可分成两类,一类是非商业广告,如公益广告、意见广告以及通过媒体发布的各种公告等;另一类是商业广告,以企业组织为主体。商业广告依其目的可分为企业形象广告和促销广告两种;以媒体而论,则可进一步分为报刊广告、影视广告、音声广告、现场促销广告(即 POP, Point of Purchase 的缩写)、屋外广告、交通广告、邮寄广告等等。在现代市场经济条件下,广告是企业组织参与激烈的市场竞争的主要手段。广告不仅可以提高企业和商品的知名度,扩大企业影响,而且具有直接的促销效果。因此,现代企业都非常重视广告宣传,一般大中型企业都设有专门的广告部,系统地制定广告战略,并为此投入大量资金。

c. 妈祖文化的标识系统

妈祖旅游文化的企业标识系统宣传。企业标识系统是英语 Corporate Identity System 的对译词,简称 CIS,有时也译为"企业表征系统"。CIS 活动指的是企业组织使用统一的象征符号系统来塑造、保持或更新企业形象的活动,所采用的象征符号一般为具有独自特色的视觉图案(包括社名、社色等),它可以印制在社旗、社徽、制服、办公用具和各类产品及其包装上,以保持企业的视觉形象统一。社歌则是一种听觉标识。企业标识系统一般由三个要素构成:一是企业理念与价值标识,二是行为规范标识,三是视觉或听觉形象标识。CIS 活动是组织内传播和组织外传播的统一。一方面,创建企业标识系统需要经过企业内部人员的广泛参与和讨论,围绕它的三个要素达成普遍的共识和合意;另一方面需要向外界大力宣传这些标识,使之得到社会的认知和理解。CIS 宣传,主要是利用普遍接触和重复记忆机制来系统塑造企业形象的宣传活动,其效果非常显著。在现代社会里,除了企业以外,其他机构、团体等社会组织也都普遍开展了 CIS 宣传活动。①

作为得天独厚的文化资源,旅游业者纷纷推动打造妈祖文化旅游品牌。妈祖文化旅游节迄今已开办九届。2011 年 11 月 31 日,以"妈祖文化旅游,合作互利共

---

① 张国才:《组织传播理论与实务》,厦门:厦门大学出版社 2002 年版,第 26 页。

赢"为主题的湄洲妈祖文化旅游品牌推广大会举行,会上两岸及港澳的旅游业者共同签署《妈祖文化旅游圈战略合作湄洲宣言》,希望加强区域合作,合力打造妈祖文化旅游经济合作圈,推动妈祖文化交流与传播上升到新的层次。宣言提出,打造妈祖文化旅游品牌。深入挖掘海峡两岸妈祖宫庙及其周边地区、周边港口城市的民俗人文、自然风光等旅游资源,合作研究制定海峡妈祖文化旅游发展行动计划。此外宣言提出,加强区域旅游经济合作。要互为市场、互为腹地、互送客源,逐步统一妈祖文化旅游的标识、口号、主题,轮流在各地联合举办妈祖文化旅游年等活动,构建以莆田湄洲岛为中心的妈祖文化旅游经济圈。要树立区域旅游整体形象,积极组织当地旅行商和媒体到合作方考察旅游线路,互相参加合作各方举办的旅游交易会和博览会,及时发布各地旅游产品资讯等信息,策划适合自驾车、旅游团队的妈祖文化旅游线路和产品。

(三)妈祖文化组织传播的特性

组织要依靠传播协调各种关系。组织的正常运行,各部门各班组的协调,良好的公共关系,都要通过组织的多种渠道的传播来实现。从传播学的角度看,组织是传播的结果,传播是组织存在的基础。没有传播就没有组织。组织形成的过程是传播的过程,组织的延续和发展也是传播的过程。

1. 组织传播的功能

从组织内部、外部传播的区分,组织传播的功能包括两大方面:

(1)内部互动功能。组织内部人们相互交往和相互影响,离不开组织传播。组织成员之间的互动有效性,依赖组织传播获取和传递信息。

(2)外部互动功能。组织与外部环境的互动的有效性,依赖组织传播。有效的组织传播是组织主动适应环境变化的必要条件。

对组织传播的功能,也可以着重从组织内部管理角度来分析,主要分析传播对组织管理的作用。这些作用主要包括:

(1)工作功能。组织作为一个社会集合体,总是有工作目标和工作任务的。经济组织为社会生产产品或提供服务,事业组织为社会提供服务。任何组织总有工作系统。任何有关组织工作系统的信息是工作信息。妈祖文化的各种组织,包括各宫庙、文化中心的工作信息传播对组织工作系统的运行是必不可少的要素。

(2)维持功能。维持是指保持组织内部的日常运行。人体完成一些外部任务的前提就是人体本身要维持生命的正常运转。与人体一样,组织是一个整体,需要管理才能维持正常运行。组织是一个分工协作的系统。要使组织井然有序地运行,需要管理。管理的主要职能包括计划、组织、指挥、协调和控制。有关组织管理的信息构成组织的维持信息。维持信息的传播保证组织正常运行。因此,在妈祖文化团体的各个组织内部,同样需要一个核心维持组织的正常运转。

(3)社会关系功能。社会关系是人们在生产、生活实践活动中结成的相互关系的总称。社会关系是人与人的关系,有关人们的情感、态度、需要、动机、自我意识、士气、人际关系等各种信息的传播对维持和发展组织内部人们的社会关系至关重要。良好的人际关系是组织内聚力的条件之一,是实现组织目标的重要资源,对组织成员身心健康也具有重要意义,与组织中人们的社会关系直接有关的信息叫作社会关系信息。①

总之,组织是人们组成的,需要通过互动、传播协调人与人的关系,整个组织才能协调运转。

2. 组织内传播的媒体形式

组织内传播也是通过多种多样的媒体或形式进行的,各种媒体都有自己不同的功能特点。这些媒体主要包括:

(1)书面媒体。指以文字形式书写的文件、报告、信件等等。书面媒体的好处是信息保真性强,可以防止因传递环节过多而发生变形和转义现象,也可以防止解释的随意性。因此,组织内的重要信息如规章制度、正式决议等等,通常都采用书面形式,但是,书面材料的形成需要花费时间,传递速度慢,如果事无巨细都要求采用书面媒体,势必带来形式主义和文牍主义的危害。

(2)会议。会议是复数的个人聚集同一场所进行议事的一种传播形式。组织中的会议,包括布置工作、收集反映、讨论协商等各种类型,一般都有明确的议题。会议是组织传播的常见形式,其优点是传播面积大、面对面的会场气氛能使与会者集中精力关注特定的问题。但是,会议要讲究质量和效果,过多过滥和议而不决的拖沓会风同样会影响组织的工作效率。

(3)电话。现代组织的各部门、各岗位之间,一般都由电话系统相互连接(包括有线和移动电话)。电话是一种简单、灵活、快捷而且具有双向互动性的媒介,可以用于多种传播目的。但是,电话仅仅传递声音信息,具有一定的局限性。同时,电话传播的是口头信息,如果传播环节过多,容易造成信息的变形和失真。

(4)组织内公共媒体,例如一些大企业的社内报、闭路电视系统等等。这些媒体以组织全员为对象,信息内容广泛,从组织目标、宗旨、规章制度的宣传到组织内外的动态新闻;从有关组织活动的论文、建议到个人的诗歌、散文创作;从组织成员的趣闻逸事到丰富多彩的娱乐活动,几乎无所不包。组织内公共媒体除具有工作上的指导意义外,更重要的功能是在组织中创造出一种浓郁的人文氛围,活

---

① 张国才:《组织传播理论与实务》,厦门:厦门大学出版社2002年版,第26页。

跃组织成员生活,增强成员对组织的感情和向心力。不过,创办这些媒体需要一定的资金、人力和物力,所以一般中小型组织多采用简报或通讯刊物形式。

(5)计算机通信系统。计算机通信系统不仅与外部连接,执行着涉外信息传播的功能,而且是组织内传播的综合性基础设施。它的系统信息处理量大、速度快、效率高,集多媒体功能于一身,能够处理文字、图形、音声、静止画面、动画、影像等多种形式的信息,信息处理的准确性高,实时传播性强,双向互动渠道畅通,其发展使组织传播正在发生革命性的变革。

组织传播中使用的媒体还有许多,例如电传、复印设备等等,但是,无论媒体传播多么发达,它们仍然取代不了面对面的人际传播的作用。

3. 妈祖组织传播与身份认同

"身份"的原有语义首先是指向内存的统一、协调及其持续。就人来说,强调的是人格、心理品质的确定性、统一性和稳定性。"身份就是一个个体所有的关于他这种人是其所是的意识"。① 马克思有过一个说法:"……人起初是以别人来反映自己的。名叫彼得的人把自己当作人,只是由于他把名叫保罗的人看作是和自己相同的。"② 正是由于意识到同一性与差异性,人们才会有关于自己和他人的认识,也才会就自己的特性与他和一定社会群体的关系进行界定……社会心理学强调,人是在和他人的交往中成为个性的。在个性中积累的一切又成为交往的基础。人从中吸取生活兴趣、社会理想和价值定向和由其他人构成的环境,心理学研究称为"参照团体"。在复杂的经验中,属于两种或以上相反的"参照团体"或"参照环境"的人,会体验到严重的心理冲突。从而使身份所要求的内在自洽状态遭遇破坏并迫切要求重建。

在组织当中的每个妈祖信众,他们的文化水平参差不齐,但这不影响作为有意识的人类思想自身身份归属的意思,因此身份总是和关于身份的意识及其表达联系在一起。而这一点之所以重要,是由于当代社会结构的急骤调整,信息传播增多和文化参照频繁,人类关系分化重组、再构造、再确认要求的极度强化,使得"我(们)是谁"疑问,不仅是抽象的哲学问题,而且成为直接关系到社会文化的中心结构和边缘成分、主流和支流的重新定位,多数和少数、群体和个人权力再分配诉求的实际问题。

特纳(John C. Turner)和塔吉费(Henri Tajfel)已经发展出关于群体影响的一个模式,他们称之为社会认同模式(social indentification model)。这个模式指出,

---

① 吴予敏:《多维视界:传播与文化研究》,北京:北京大学出版社2002年版,第377页。
② 《马克思恩格斯全集》二十三,北京:人民出版社1972年版,第67页。

社会群体(social group)的定义应该是拥有共同的成员。按照这种概念,群体的成员彼此之间不需要有直接的关系,这个群体也不必有一个结构。对群体成员身份的认同主要是一种认知的过程,这个过程通常是人们在回答"我是谁?"这样一个问题时产生的。这个问题可以根据个人所属的或所确认的群体的立场来回答。因此,一个人从其赞赏和确认归属的群体中获得一种社会认同感。不仅如此,这种社会认同感似乎并不经常起作用而是不时地在某种特定的情境中出现,又在某种特定的情境中消失。一旦它出现,个人的言行会试图与他或她所属社会类别的规范一致,并配合相关的情境行动。①

社会认同模式以某些显著的方式改变了我们对群体的看法。第一,群体成员重要的一种分类,是根据认知的反应("我是谁")而不是情感的("我是否喜欢这些人")。第二,它认为,这种人对社会类别的自我定位不仅是一种微弱的联系,而是他们自己心中认为重要的一种群体成员的感觉。第三,它认为,这种对社会类别的认同过程可能产生重要的后果。个人将这种成员的类别看得很重,因为这与他们是谁的概念相联系。

妈祖的各种仪式活动每年都在重复举行,为何人们总是乐此不疲,并有持续进行的信念? 其实,即使是在高度重复的群体行动类型中,也没有什么东西是一成不变的。每一种情况都必须以个人行为重新开始。不管一次会计集体行动多么协调一致,它仍然是植根于个人的人为选择:是群体生活中的社会过程创立并维护规则,而不是规则创立和维护群体生活。

人们需用文化来构筑界线把自己与他人区分开来,通过共享的文化象征符号,如语言、宗教、神话、信仰、价值体系等将人们整合在共同体当中,从而保持民族认同的凝聚性。在这方面电视媒介发挥着巨大的作用。一方面电视媒介构成亿万人共享的文化资源(如各种新闻、电视剧等),为所有人赋予了共同的历史,对调动大众参与国家生活日程起着举足轻重的作用;另一方面,电视使人们获得先前只有亲身到场的人才能获得的"准互动"体验,在增进象征意义上的国家的统一,将个人及其家庭与国家核心生活联系起来,赋予受众一个自我和国家的形象方面电视媒介起到了不可替代的作用。因而在现代社会,大量仪式被电视创造和"发明"出来,创造仪式也是为了恢复和传承历史,尤其宗教仪式传播既能为那些具有不同政治和社会背景的人,在合法性和历史经验方面提供了竞争的空间,同时也成为动员一切社会力量,用以建构民族文化认同和文化身份的重要象征资

---

① 〔美〕沃纳·赛佛林、小詹姆斯·坦卡德:《传播理论:起源、方法与应用》,郭镇之等译,北京:华夏出版社2002年版,第56页。

源和文化资源。

基于文化认同与身份认同的信念,妈祖信仰文化对各个组织中的信众产生了以下作用:

(1)作为一种民间信仰,妈祖精神已成为一种文化积淀植入妈祖信徒的深层心理中。在信仰妈祖时人们相生双重情感——敬仰和畏惧,敬重妈祖为善为良,畏惧自己的不良行为会遭到妈祖的惩罚而自生一种无形的、潜在心理压力和心理定势。这从某种程度上促使妈祖信徒调整自己的行为与社会群体行为规范趋同一致。

(2)释解平稳人们的心理压力

社会是复杂的,人们生活在社会中难免会碰到各种各样的矛盾和心理焦虑,甚至是难以预测的挫折。一般人表现出的负面反应是攻击、冷漠、幻想和退化等方式,其中幻想手段是以非现实的虚构方式来解决问题。信徒大多寄幻想于妈祖,希望通过香火的缭绕诉说心里的希望,求得妈祖的庇佑,从而在心理上获得一种依赖、补偿或平衡,增强克服困难的信心与勇气,转变生活态度,追求更积极、更健康、更美好的东西。节庆、祭祀仪式等形式,一方面娱神,另一方面更是娱人,既调适人的生活现状和心理压力,又使得社会和谐有序。①

(3)妈祖信仰文化对社会群体的效应

封建社会时期的安民功能——妈祖文化信仰从北宋起至今已有一千多年的历史,无论是先后36次渐次升格的封号还是不同显灵传说而产生的御祭仪式,无论是神佑北宋时期给事中路允迪顺利出使高丽,或是庇护元朝漕运的安全,护佑明代的郑和七次下西洋抑或是清代显灵攻取澎湖!妈祖信仰文化都迎合了封建统治阶级发展海上贸易,安定民心,抵御外侵的政治需要这也说明封建文明社会的全部活动,包括政治的、经济的和文化的。

(4)整合社会群体力量的中介 由于其独特的历史发展条件和传播范围,对现代社会的信奉者而言,妈祖既是神祇,又是民族文化的象征从20世纪70年代后期起,到湄州祖庙朝拜、"寻根谒祖"旅游考察的海外信徒络绎不绝,妈祖扶危救困、和平博爱的精神在世界范围内得到广泛的弘扬,遍布于世界的外籍华人,其民族性并未因国籍的变化而消失,相反,在许多华人群聚落地,天后宫是他们社群的组织核心,如新加坡的"兴安会馆""南洋莆田会馆""新和平戏班"以及"美国唐人街"等。可以说,妈祖信仰文化已构成了华人社区和华族网状组织的精神核心。

---

① 黄秀琳、林剑华:《妈祖信仰文化社会功能的人类学分析》,载《哈尔滨学院学报》2005年第11期。

第十八章

海洋生态文明视域下妈祖信俗传承的途径

恩格斯《自然辩证法》写道:"美索不达米亚、希腊、小亚细亚以及其他各地的居民,为了得到耕地,毁灭了森林,但是他们做梦也想不到,这些地方今天竟因此而成为不毛之地。"这段话充分论证了生态衰则文明衰,生态兴则文明兴。党的十八大报告明确提出,面对资源约束趋紧、环境污染严重、生态系统退化的严峻形势,必须树立尊重自然、顺应自然、保护自然的生态文明理念,把生态文明建设放在突出地位,融入经济建设、政治建设、文化建设、社会建设各方面和全过程,努力建设美丽中国,实现中华民族永续发展。这一伟大战略部署标志着我国进入生态文明新时代。生态文明是人类继原始文明、农业文明、工业文明之后的一种新的更高层次的文明形态。海洋生态文明是生态文明重要组成部分。

海洋生态文明建设是我国实施海洋强国战略的重要内容,妈祖素以"海上保护神"著称于世,妈祖文化是海洋文化的重要组成部分。在大力推进海洋生态文明建设战略背景下,深入研究妈祖信俗的保护和传承具有重大理论意义和现实意义。

一、海洋生态文明与妈祖信俗传承

海洋是地球的"心脏",吸纳百川之水。地球上各种地理形态体现着自然之美,也是维持生态平衡的关键。随着建设海洋强国上升为国家战略,海洋生态文明建设更是重中之重。陈建华从生态文明建设的总体需要出发,阐述了海洋生态文明建设是实现经济和社会科学、协调、可持续发展的必然要求,他认为海洋生态文明建设主要包括海洋生态意识文明、海洋生态行为文明、海洋生态道德文明、海洋生态制度文明和海洋生态产业文明等主要方面。[1] 刘健认为,作为一种生态文

---

[1] 陈建华:《对海洋生态文明建设的思考》,《海洋开发与管理》2009年第4期。
[2] 刘健:《浅谈我国海洋生态文明建设基本问题》,《中国海洋大学学报(社会科学版)》2014年第2期。

明形态,海洋生态文明具有丰富的内涵,可以概括为"六因子论",即海洋意识、海洋产业、海洋行为、海洋环境、海洋文化和海洋制度六个因子。笔者认为,海洋生态文明是人类与海洋和谐相处所表现出来的生态智慧、生态伦理、生态行为、生态文化等。

妈祖信俗的许多内容与海洋生态文化是密切关系。妈祖信俗传承对于传播海洋生态文明意识,尤其在培养人们树立尊重海洋、顺应海洋、保护海洋的生态文明理念具有重要影响,对于我们科学开发海洋,实现海洋可持续发展具有重要意义。

二、妈祖信俗传承的内容

妈祖信俗就是妈祖的信仰与习俗,就是以崇奉和颂扬妈祖的立德、行善、大爱的精神为核心,以妈祖宫庙为主要活动场所,以庙会、习俗和传说为表现形式的民俗文化。妈祖信俗传承的主要内容包括:故事传说、民间习俗和祭祀仪式三大系列。

1. 故事传说

妈祖来自民间,信俗源于民间,因此有关妈祖的故事传说深深地植根于现实生活,从口口相传到现代化的传播方式向四处散播。据《天妃显圣录》及相关文献资料记载,有关妈祖的故事传说可谓是不计其数,这些故事传说大致上可归纳为以下六类:

第一类:涉及妈祖身世的——有"妈祖诞降""湄屿飞升""窥井得符"等。

第二类:涉及妈祖具有超能力的——有"莱屿长青""救父寻兄""挂席泛槎""铁马渡江"等。

第三类:涉及妈祖降妖除魔的——有"降伏二神""收服二怪""驱除怪风""收服晏公""收高里鬼"等。

第四类:涉及妈祖海上护航的——有"化草救商""神女救船""庇佑漕运""保护使节"等。

第五类:涉及妈祖抵抗外来侵略,维护祖国和平统一的——有"甘泉济师""佑助收艇""澎湖助战""天妃助战""神助擒寇""神助宋师"等。

第六类:涉及妈祖普济万民的——有"祷雨济民""神助修堤""圣水救疫""恳请治病"等。

2. 民间习俗

妈祖的民间习俗是妈祖信众们在日常生活中敬奉妈祖并逐渐形成的一种风俗习惯,并在千年的传承中,渐渐地固定下来。相关的民间习俗主要有:演戏酬神、妈祖元宵、谢恩敬神、妈祖游灯、妈祖服饰、圣杯问卜、换花求孕、佩戴香囊、诞辰禁捕、妈祖彩车、大门贴符、颈项佩玉、托看小孩、妈祖挂胆共十四项。其中,妈祖元宵,这一民俗是在元宵节举行的,但妈祖元宵与中国传统的又有一定的区别。中国传统的元宵节是正月十五,大家一起吃汤圆;而妈祖元宵是从正月初八开始到正月十八为止,这一习俗仅见于福建莆田地区,每当此时各家各户都会恭请妈祖神像参加元宵活动。妈祖服饰包括妈祖髻和妈祖装,相传妈祖髻是妈祖身前设计的,发髻呈船帆状,头上有发卡、发笈、红绳以及银钗,这些都代表着不同的寓意,组合在一块,代表整艘船,寓意着一帆风顺;妈祖装是妈祖生前最爱的服饰,上衣是中式的海蓝色斜大襟,海蓝色象征着大海,裤子是红黑拼接的宽腿直筒裤,裤子的红色和黑色分别代表着吉祥和思念,民间妇女常借此以祈求平安。

3. 祭祀仪式

妈祖祭典是妈祖信俗的重要组成部分,祭典习俗历史悠久且影响深远。祭典的形式就是举行祭祀仪式,对妈祖的祭祀仪式可分为两种:一种是宫庙祭祀,另一种是家庭祭祀;其中宫庙祭祀又分为庙会祭祀和日常祭祀两种。庙会祭祀需举行祭祀大典。据资料记载,妈祖祭祀始于宋代,到清朝乾隆年间被归为国家祭典,隆重的祭祀场面带着庄严与恢宏。历史上,妈祖祭祀的最高形式是郊祭,郊祭就是帝王们在京郊举行祭天祭神的一种形式。郊祭始于宋高宗,但这一祭祀方式后来由于中国封建帝制的消亡而终结了。现在传承下来的是庙祭,庙祭就是人们在妈祖诞辰、妈祖升天之日或其他重大事情在妈祖庙举行的祭祀仪式。随着时代的变化,妈祖庙祭的形式也在不断变化着,从最初的"三献仪式"——"初献、亚献、终献"到现在的祭祀七步骤——仪程、司祭、祭器、祭品、仪仗、祭乐、祭舞,全程大约45分钟。

日常祭祀则是信众在平常到妈祖庙向妈祖金身行礼,时间一般是在农历每月的初一和十五,祭祀的内容有:上香、摆供品、行跪拜礼、献花以及放鞭炮、烧金帛、题缘金等。近年来的许多台湾同胞和海内外人士自发组织的来湄洲岛祖庙的朝拜,均属日常祭祀。

家庭祭祀是祭祀仪式中最平常的一种祭祀方式,它是妈祖信众在自家中设妈祖神像,且每逢农历初一、十五或有关妈祖的一些重大节日进行焚香、进供、叩拜的一种方式。

三、妈祖信俗传承面临的问题

妈祖信俗蕴含着丰富的内容,产生了世界性的影响,并发展成一种世界性的文化现象,引起各国学者的关注,随着妈祖信俗的传播与发展,许多关于妈祖信俗在保护与传承过程中存在的问题也渐渐地浮出水面。

妈祖自诞生之日起关于她的故事传说也纷至沓来,不同的版本有不同的记载,据《天后志》记载有十五则,而《天妃显圣录》记载则有十八则。这些妈祖故事传说在古代都是口口相传的,这种口口相传的主要缺点就是不易记载、易变味、易流失,有的甚至已经失传。随着科学技术的发展,传播方式的现代化,传统的口口相传逐渐的被抛弃,取而代之的现代化的一系列传播方式。面对现代化的传播方式,又出现了一些问题,如何利用传播媒介、如何加工这些素材、传播到哪里等等之类的问题。

妈祖的民间习俗共有十四项之多,但随着社会的进步和人们生活水平的提高,有多项习俗已经消失或即将濒临消失。如托看小孩这一习俗可以说自妈祖诞生后就已经形成了,以前湄洲渔民每每出海作业无人照看小孩时就把孩子放在妈祖祖庙托妈祖照看,这种习俗不复存在了。其他的一些习俗,由于受到现代科学观念的冲击,也是岌岌可危,如"谢恩敬神"这一妈祖习俗被当成封建迷信被抛弃。

自古以来祭祀仪式就是非常庄重神圣的,祭祀过程有着严格的规范,但随着人们思想观念的现代化,对祭祀这一传统的东西已有许多仪式发生了变异,这对妈祖信俗的保护和传承造成一定的障碍,不利于妈祖信俗这一非物质文化遗产传承下去。

四、妈祖信俗传承的途径

妈祖信俗在千年的传承的过程中,给我们留下了丰富的遗产,有妈祖原始档案、志书、碑记、壁画、匾额、诗词、散文、书法、戏曲、原始建筑等等,但这些遗产中有些已经消失了,或正在走向消亡,因此对妈祖信俗的保护与传承我们应该立足于以保护为基础,以传承为目的,具体措施如下:

(一)国家政府主导型传承

1. 政府出台并完善妈祖信俗保护的法律法规,在妈祖信俗成功申遗后,福建省莆田市政府对妈祖信俗的保护和传承都颁布或出台了一些法律法规,但这些法律法规总体上而言是比较笼统且模糊的,要真正实施起来却没有方寸和尺度,指导性不强,如此一来,保护与传承的效果也不能达到预期的要求。因此对于法律法规的修订应是全方位、多角度并做到因地制宜、量体裁衣。

2. 建立一套行之有效的工作机制,如设立天后宫管理委员会、妈祖信俗研究会,并以天后宫管理委员会和各地文化局为具体的工作单位,组成非物质文化遗产保护和传承领导小组,专门负责天后宫的日常管理和发展工作。认真做好妈祖信俗的普及工作,开展妈祖信俗的研究。

3. 政府应鼓励和支持社会各界参与妈祖信俗的保护与传承。鼓励、支持公民、法人和其他社会组织依法开展有关妈祖信俗的保护、传播与传承活动；鼓励、支持教育机构开展有关妈祖信俗知识的普及活动；例如传承人传承是非物质文化遗产保护与传承的主要方式，妈祖信俗的传承也离不开这种传承方式。为了确保妈祖信俗传承人不断层，应该加大传承人的资助力度。目前莆田市已确定了36位传承人，但在传承人的选择上还不够规范化，以后在传承人的选择上不仅要扩大地域的选择范围，也要扩大年龄的选择范围，并分别针对传承人设立专业的课程，经过专业的培训，以达到一个合格传承人的要求。

4. 政府参与或支持妈祖信俗产业，在生产和经营中传承妈祖信俗。特别是十七大提出，大力发展文化产业，鼓励文化创意大繁荣大发展，各地都将妈祖信俗的传承和妈祖信俗的生产和经营结合起来，在产业发展中传承。目前，主要以旅游、手工艺品、图书出版、影视产业等方面都将产业和传承合二而为，尽管在推动妈祖信俗产业化的过程中，许多产业的实施都以传承妈祖文化作为动机，但我们还是要警惕妈祖信俗的生产和经营活动与妈祖信俗的精髓和本原相距甚远。例如在开发妈祖服饰文化，应以遵循自然生态环境为前提，市场主流还应是原生态的妈祖服饰产品，适当的对其进行改良和创新。

（二）民间组织参与型传承

妈祖信俗来自民间，形成于民间，妈祖信俗的生命力和持久力正是得力于在民间的兴盛以至长久不衰。同时，从妈祖信俗传播的历程来看，主要传播者还是普通民众，很大程度上妈祖信俗的延续依赖于民众的参与。因此，从传承的效果来看，只有充分发挥民众的主动性和积极性，妈祖信俗才能薪火相传。从目前来看，民间组织参与型传承的方式主要通过妈祖庙宇董事会来运作，尽管这种方式属于民间自发，不具有官方色彩，但有很强的组织性和群体性。

民间组织参与型传承的方式通过一定的机构，对妈祖庙宇加强管理，组织祭、祀、庆典活动，传播妈祖信俗，例如在妈祖诞辰和羽化升仙日开展的一系列活动，这些活动参与人群虽然都是普通百姓，但都是由妈祖庙宇组织民众参与的。这种民间组织参与型方式的传承有利于形成群体传承的效应，尤其是部分民间"意见领袖"的参与，具有很强的示范和带动效应，能够加快妈祖信俗在族群中传播的速度和保持妈祖信俗的代代延续。民间组织参与型传承也有利于形成一定的传承规范，有利于推进传承活动的组织化和规范化。

（三）自然传承

妈祖信俗从民间来，在民间生，能够在历史的长河中长久不衰，是自然生长的结果。这种传承方式在妈祖信仰活动中自始至终相伴，仪式活动的代代相传、故事传说口口相传都是自然传承的结果。这种传承方式最适合民间信仰的传播特点,能够保持妈祖文化原生态和自然发展。对于非物质文化遗产的传承途径,近年来许多学者都提出,自然传承是非物质文化遗产"原生态的记忆保存",过多外在环境的干涉与操纵,民间艺术的生存反而会造成"保护性破坏"。孙晓霞呼吁:学者在当前非物质文化遗产保护与传承研究中,不仅要加强系统理论探索,更应该放低研究视角,认真反思民间社会存在的意义,发现民间文化生存演变的规律以避免盲目保护[1]。胡柄章、胡晨也通过民歌传承的个案研究指出,自然传承是一种生命的运动过程,是民间文化的重要表现形式,也只有在其自然传承过程中,民间文化才能真正焕发出自身的生命活力,展现出自身独特的文化魅力[2]。

时至今日,自然传承在妈祖信俗的传承过程中比重下降了,特别是妈祖信俗申遗成功之后,妈祖信俗蕴含的价值已经为政府和民众所认识,国家主导和民间组织参与大量介入,自然传承受到侵蚀。自然传承要求排除人为因素和政府因素去操控传承,按照自然法则生存发展。

(四)数字化传承

早在2005年,国务院办公厅发布《国务院办公厅关于加强我国非物质文化遗产保护工作的意见》(国办发[2005]18号),明确提出:"要运用文字、录音、录像、数字化多媒体等各种方式,对非物质文化遗产进行真实、系统和全面的记录,建立档案和数据库"。[3] 在《国家"十二五"时期文化改革发展规划纲要》再次明确提出,要丰富非物质文化遗产的传播渠道,应该重视数字化技术的应用。非物质文化遗产数字化就是采用数字采集、数字储存、数字处理、数字展示、数字传播等技术,将非物质文化遗产转换、再现、复原成可共享、可再生的数字形态,并以新的视角加以解读,以新的方式加以保存,以新的需求加以利用。[4]

由于数字化技术传承妈祖信俗有一定的优势,在传播介质方面可以通过文字、图片、视频、音频、动画等符号传承,可以发挥多媒体的传势,使传承更加生动形象。在传播成本方面投入不大,同时它在后期投入方面边际成本接近为零成本。在传播范围方面能够跨越时空限制,扩展传播空间。利用数字化技术传承妈祖信俗已经引起了各级政府的重视。最主要的方式就是通过相关网站传播妈祖信俗内容,例如在国家级、省级非物质文化遗产网站、专题数据库的非物质文化遗

---

[1] 孙晓霞:《民间社会与非物质文化遗产保护》,载《民族艺术》2007年第1期。
[2] 胡柄章、胡晨:《自然传承:民歌文化保护的最佳途径》,载《民族论坛》2008年第2期。
[3] 《国务院办公厅关于加强我国非物质文化遗产保护工作的意见》,http//www.gov.cn/zwgk/2005-08/15/content_21681.htm,2011-04-15。
[4] 王耀希:《民族文化遗产数字化》,北京:人民出版社2009年版,第8页。

产数字化网络服务体系以及各级非物质文化遗产服务网站、全国文化信息资源共享工程等都涵盖妈祖信俗相关内容。另一类以妈祖、妈祖文化作为关键词的专门网站,对妈祖信俗进行全面、系统地传播。尤其作为妈祖故里的莆田在这方面构建了许多相关的网站。例如天下妈祖(www.mazuworld.com)、湄洲祖庙网(www.mz-mazu.org.cn)、妈祖诞生地网(www.mzdsd.cn)、妈祖网(www.mazu.org)等,妈祖栏目植入到相关的网站中,例如莆田市人民政府网的"妈祖文化"栏目、莆田新闻网的"湄洲妈祖"栏目、莆田学院妈祖文化研究中心网站等。可见,通过网站或相关网页是当前妈祖文化数字化传承最主要的方式。

采用数字化传承妈祖信俗除了以上方式外,还可以在以下方面拓展。

1. 建立妈祖信俗数字博物馆。建立数字博物馆,能够充分利用视频、音频、图片及文字等多媒体符号,将妈祖故事、仪式、建筑、习俗等以虚拟场景的方式,通过点击鼠标,就可以将传统博物馆中的展品清晰呈现在阅览者面前,同时数字博物馆可以有效地把妈祖信俗档案资料加以保存。这些数字博物馆可以设立在海内外的妈祖庙宇、湄洲岛,或建立在规划建设之中的妈祖城,也可以将数字博物馆放置妈祖相关的网页之中。

2. 开发妈祖信俗电子书、电子杂志乡土教材。从当前教育的实际需求出发,结合目前社会科学技术及生活水平现状,了解民众多元化的信息摄取渠道,借助新型的传播媒介及软件进行编写制作,如 PC 版电子书、手机电子书,相关的软件有 eBook Pack Express、QuickCHM、Zinemaker 等。同时,随着信息化的整合和知识量的扩大,具备海量存储功能的数据库技术也将运用其中。

3. 妈祖故事传说动漫研发:在对妈祖信俗故事传说已有文献收集和田野调查基础上,完成妈祖故事传说改编,根据创作的方案,绘制成动漫形象,然后采用 FLASH、3DMAX、AE 等动漫制作技术生成动漫产品,并且通过国内音像出版社发行和开展境外版权贸易。

4. 利用新媒体传承妈祖信俗。新媒体作为一个相对的概念,网络是一切新媒体的平台,建立专门的妈祖信俗网站和网络信息数据库应作为妈祖信俗数字化传承的重要方式,尽管已有许多妈祖文化网站,但是专门的妈祖信俗网还没有。此外,妈祖信俗传播主体还要充分利用博客、播客、微博、社区等新媒体来传播妈祖信俗。

第十九章

妈祖文化品牌传播的现状与策略

　　作为妈祖文化的重要组成部分的妈祖信俗已经成为世界非物质文化遗产,申遗的成功极大增强了妈祖文化的影响力,也为妈祖文化成为世界品牌奠定了重要的基础。在妈祖信俗申遗成功的背景下,如何有效地进行妈祖文化品牌传播,将妈祖文化打造成世界品牌,笔者运用品牌学、传播学等相关知识,围绕妈祖文化品牌传播的现状进行思考,提出打造世界妈祖文化品牌的传播策略。

　　一、妈祖文化品牌

　　文化是指人类在社会历史实践过程中所创造的物质财富和精神财富的总和。文化遗产包括物质文化遗产和非物质文化遗产。物质文化遗产指不可移动文物,具有历史、艺术和科学价值。非物质文化遗产则是以非物质形态存在的,例如传统表演艺术、民俗活动、礼仪等。因此,妈祖文化主要包括与妈祖相关的壁画、建筑、碑刻、绘画、艺术、祭具等物质文化遗产和妈祖信仰活动、祭奠仪式、朝会等非物质文化遗产。

　　文化传播是"人们社会交往活动过程产生于社区,群体及所有人与人之间共存关系之内的一种文化互动现象。如果作为人的社会活动过程的一个方面而言,文化传播就是社会传播,是人对文化的分配和共享,沟通人与人的共存关系"①。借鉴这个定义,妈祖文化传播主要是以妈祖信仰为主的文化互动现象,是以信众为主要群体的传播过程。由于本文主要探讨是妈祖文化品牌传播问题,对于妈祖文化传播不作主要阐述,以下重点对妈祖文化作为一种品牌所具备的要素进行分析。

　　上海交通大学品牌研究所所长余明阳教授认为:"品牌是在营销或传播过程中形成的,用以将产品与消费者等关系利益联系起来,并带来新价值的一种媒

---

① 周鸿铎:《文化传播学通论》,北京:中国纺织出版社,2005年,第18页。
② 余明阳:《品牌学》,合肥:安徽人民出版社,2002年,第1页。

介。"从营销学角度讨论品牌主要是指能够给企业和产品产生增值的一种无形的资产,通过这个载体能够使企业和消费者之间保持紧密的联系,能够使消费者保持对产品和企业的忠诚度和满意度。品牌拥有者能够借助品牌力量,扩大产品和企业的影响力和竞争力,占有更多市场份额,获取更多利益,带来更多的资产升值。因此,妈祖文化品牌是指在妈祖文化传播过程中,妈祖精神无形资产和妈祖相关的有形资产植根于民众中的所形成的影响力和扩张力,并且能够带来衍生价值。

余明阳教授指出,构成品牌的主要要素有:品牌名称、视觉标志、品牌承诺、品牌个性、品牌体验。其中,品牌名称是品牌的基础,在整个品牌的建设中起着至关重要的作用。视觉标志是品牌激发视觉感知的系统,让受众拥有更直观、形象的记忆,有助于受众更好地辨别品牌。品牌承诺是品牌所有者向受众传播自己的价值观、文化观、经营理念等内涵。品牌形成的过程实际上就是品牌在消费者中的传播过程,也是消费者对某个品牌逐渐认知的过程。妈祖文化作为一种品牌所具有的要素有哪些?

1. 妈祖文化内涵独特

任何品牌都有其相应的文化内涵,品牌的存在与它具有的某种特定文化元素是紧密相连的,尤其作为文化品牌,特定文化元素是文化品牌的根基,这是文化品牌核心价值所在。妈祖文化在千年的传播和延续中,形成了自己特有的文化积淀,拥有浓厚的历史韵味,它特有的文化内涵主要表现在这几方面。

(1)妈祖文化是一种美德文化。谢重光教授认为:"妈祖文化在不断与儒、释、道三教融合、吸取中华传统文化精髓的历史过程中,神格不断提升,更重要的是,妈祖信仰在与不同宗教相互融合的实践中,不断强化了自己的兼容性和开放性品格,适应各种不同的环境,满足不同人群的需求。"[①]从这个意义上讲,妈祖文化已不再是一种简单的宗教信仰。它反映了中华文化热爱劳动、热爱人民、见义勇为、扶危济困、无私奉献的高尚情操,是一种"美德文化"。

(2)妈祖文化是一种寻根文化。妈祖信仰历经一千多年的分灵,其宫庙和信众已分布在二十多个国家和地区。前往福建湄洲祖庙拜谒妈祖进香,已成为广大港、澳、台同胞信徒,海外华人信众的平生夙愿。妈祖不仅被作为一种民间信仰受到崇拜,更被作为海外赤子寻根怀祖、文化认同的精神载体,是一种"寻根文化"。

(3)妈祖文化是一种和平文化。妈祖信仰与世界三大宗教信仰融合沟通,以及妈祖文化自身的"仁"字精神,成就了妈祖"和平使者"的特殊身份,并被海内外

---

① 俞黎媛:《妈祖文化内核和海峡西岸经济区建设》,载《莆田学院报》2007年第1期。

信众誉为"和平女神",营造着海峡两岸由文化认同而民族认同、进而走向国家认同的和平氛围,是密切海内外华夏后裔的精神纽带,是一种"和平文化"。

(4)妈祖文化是一种海洋文化。妈祖神灵的最初形态是地方海神,妈祖文化从诞生之日起就深深打上了海洋文化的烙印。特别是在海峡西岸经济开发和中国海洋事业日益鼎盛的今天,妈祖文化更是中华民族对海洋向往和开发的一种浓缩,反映了炎黄子孙勇于开拓的精神,是一种"海洋文化"。

2. 妈祖文化符号体系趋同

著名的市场营销专家菲利普·科特勒认为:品牌是一种名称、术语、标记、符号或图案,或是他们的相互组合。品牌符号作为品牌文化的重要组成部分,统一性和标准性的符号才符合品牌文化的要求。中国人民大学郭庆光教授在《传播学教程》中对符号与符号的分类进行过专门阐述,他认为符号是信息的外在形式或物质载体,信息是符号和意义的统一体。同时,他将人类所运用的符号分为语言符号和非语言符号两大类。其中非语言符号主要分为语言符号的伴生符、体态符号、物化、活动化、程式化的符号。这些物化、活动化、程式化符号主要指仪式、习惯、建筑等。① 物化、活动化、程式化的符号体系是妈祖文化得以传承的重要载体,这些符号体系主要包括妈祖宫庙建筑、妈祖雕像图像符号、妈祖祭典仪式、妈祖宣传图册等,这些符号在大陆、澳门、台湾、香港等地都是大体相同,目前各地妈祖信仰逐步以湄洲妈祖祖庙符号体系为参照,保持妈祖文化的统一。妈祖文化符号体系有利于妈祖文化品牌的形成,这也是作为妈祖文化具备品牌的重要基石。

3. 妈祖文化世界影响深远

据《世界妈祖庙大全》提供的最新数据,目前,全世界已有妈祖庙近5000座,遍布二十多个国家与地区,信奉者近2亿人。妈祖信仰人数之多,妈祖庙分布之广,充分说明了妈祖文化的影响力和知名度,尤其在台湾妈祖宫庙有1500多座,信众达1600多万人,妈祖在台湾地区的影响力已经深入人心,党中央、国务院把妈祖文化作为两岸交流与合作的桥梁。妈祖文化在政府与民众中的重要地位推动了妈祖文化形成品牌。特别是2009年9月30日联合国教科文组织审议并批准妈祖信俗列入《人类非物质文化遗产代表作名录》,妈祖信俗申遗成功标志着妈祖信俗已提升到全人类共同遗产的层面上,中国开始有第一个信俗类世界遗产。妈祖信俗作为妈祖文化的重要组成部分,它增强了妈祖文化世界影响力,这对于妈祖文化品牌的形成产生了深远影响。

通过对妈祖文化品牌的构成要素的分析,说明妈祖文化已经具备文化品牌的

---

① 郭庆光:《传播学教程》,北京:中国人民大学出版社2002年版,第42—45页。

基础，这对于妈祖文化成为世界性品牌有重要影响。客观地分析，妈祖文化的品牌还是处于初级阶段，妈祖文化品牌传播刚刚起步，妈祖文化品牌价值和影响力还没有得到扩张。

二、妈祖文化品牌传播的现状

所谓的品牌传播，2007年获"品牌中国金谱奖"称号的杨兴国认为："品牌传播，实际上就是企业以品牌的核心价值为原则，在品牌识别的整体框架下，选择广告、公关、新闻、促销、终端生动化等传播方式，将品牌推广出去，以建立品牌形象，促进市场销售。"①因此，品牌传播可以让品牌价值迅速增长，能够增加公众对品牌的认知度，实现企业与市场的有效互动，拓展产品在市场的竞争力。近年，政府和民间团体积极推动妈祖文化品牌传播，综合运用各种传播手段推广妈祖文化，建构妈祖文化品牌形象，如下围绕妈祖文化品牌传播现状及问题进行分析。

1. 妈祖文化品牌传播CIS系统应整合。CIS系统是企业自我标识系统的简称，从公共关系的角度看，它意味着一种整体形象，将组织的理念、行为、视觉形象及一切可感之处实行统一化、标准化、规范化与系统化的科学管理体系，并且以此成为公众辨别与评价组织的依据。② CIS系统包括理念识别系统、视觉识别系统、行为识别系统三部分。理念识别系统是指组织经营管理的观念识别。视觉识别系统用视觉形式具体地表现组织理念系统的内容。行为识别系统是组织理念的动态识别形式。目前，妈祖文化传播过程中，妈祖雕像符号作为代表符号，在广告应用中存在符号本身错误和应用场合不适宜性等问题。同时，妈祖信仰活动行为符号也表现了地区的差异性，甚至在开发妈祖资源过程中各地区为了宣传自己地区妈祖的灵验性，胡编乱造一些传说，这样直接导致了世人对妈祖文化难以形成统一的认识，妈祖知名度也会受损。因此，政府、民间团体、祖庙应该从理念识别系统、视觉识别系统、行为识别系统为妈祖文化品牌建立规范体系，并成为品牌形象传播的基础。特别是妈祖信俗已经成为妈祖文化重要的品牌，构建一整套符合现代传播规律的规范体系，加以标准化和规范化，对于妈祖文化品牌传播具有迫切性和必要性。

2. 妈祖文化品牌传播范围待延伸。大众传播作为重要的传播方式，对信息的传播有扩散作用，妈祖文化在品牌传播过程中日益重视大众传播。电视、报纸、网络关注妈祖文化相关新闻，央视、东南卫视等栏目也对妈祖文化进行过报道。国

---

① 杨兴国：《品牌伐谋》，北京：经济管理出版社2008年版，第224页。
② 居延安：《公共关系学》，上海：复旦大学出版社2007年版，第193页。

家高度重视对妈祖文化的传承和挖掘,重视扶持妈祖文化影视产业。20集电视剧《湄洲岛奇缘》、六集越剧电视剧《妈祖》,全球首部《海之传说——妈祖》卡通电影已完成,28集电视连续剧《妈祖》已开拍。妈祖故里莆田机关报《湄洲日报》开辟"妈祖""妈祖故里"等专版加大对妈祖文化宣传,特别是莆田市政府网站开设"妈祖文化"频道,湄洲岛管委会开设妈祖庙官方网站来传播妈祖文化。但是从传播平台来看,国家级媒体传播的概率不多,传播范围较局限于本地区域,尤其海外传播较有限。目前,很少注意到有关妈祖文化公益广告宣传片或通过国家级媒体播出的妈祖旅游广告片,这些对于妈祖文化品牌形成而言,降低了妈祖文化知名度。因此,妈祖文化品牌传播还有待向内地、海外等范围延伸。

3. 妈祖文化品牌传播定位要明确。品牌定位是指结合企业对自身产品定位的基础上,决策某一特定品牌的文化内涵和特性的过程。政府组织和民间团体一直将妈祖精神作为品牌定位的出发点,这是符合文化品牌定位属性的。因为文化品牌定位不像产品定位重视实用性,文化精髓才是文化品牌的归宿。因此,妈祖文化品牌传播过程中定位绝非妈祖建筑的宏伟、妈祖艺术的精湛。因为妈祖精神的仁爱、和谐符合世界文化的主流,妈祖文化品牌定位妈祖精神,这样就和少林寺文化、客家文化、武当太极文化等加以区分,形成了自己的鲜明特色。一旦品牌定位被确定,传播者日常传播活动应该服务于品牌定位,尽管各自动机略有差别,但应该共同维护品牌定位,与此同时妈祖文化借助各种手段进行传播内容的也应该服务品牌定位,才能促进品牌保值、增值。

综上所述,品牌传播是一个品牌从无到有,从低知名度到广为人知的攻坚利器,一个品牌只有插上传播的翅膀,才能真正得到发展,才能吸引受众的注意力,为自己的发展之路添加筹码。

三、妈祖文化品牌传播的策略

从传播学的角度出发,品牌信息的传播沟通,其实质是品牌机构运用多种传播方式,通过一定的媒介间接或者直接向品牌利益相关者传播有关品牌的信息。妈祖文化经过多年的传播,已经形成了一定的品牌基础,获得了一定的成果。为了让妈祖文化品牌走向世界,进一步增强妈祖文化品牌传播的效果,笔者结合妈祖文化品牌传播的现状,提出如下发展策略。

1. 统一标识系统,加以传播推广。品牌标志是指,品牌中可以被认出、易于记忆但不能用言语称谓的部分。① 妈祖文化的主要标识有妈祖头像、金身和祖庙

---

① 余明阳、朱纪达、肖俊崧:《品牌传播学》,上海:上海交通大学出版社2005年版,第84页。

等,但在众多的宣传中,所使用的背景和形象塑造有待进一步的规范和统一。笔者认为,应根据时代的需要和妈祖自身精神品质,建立能反应妈祖文化内涵,反应时代气息的标识元素。同时,该标识还应具有易识性和美观性,形成视觉语言,通过图案、造型等向受众传播妈祖文化品牌的信息。妈祖标识系统还包括仪式,例如《妈祖祭典》福建省地方标准的制定,将把妈祖祭祀仪式这一民间的传统文化升格为地方技术法规,并且在一定范围内的贯彻实施,作为妈祖祭典活动的依据,这有利于打造妈祖文化品牌。

当这种标识系统建立之后,还应广泛开拓传播渠道。当今妈祖标识的主要运用:作为莆田电视台的台标、建设银行的妈祖平安卡和日常演艺活动中观众的服装及帽子上。在海西建设的大背景下,应该延伸妈祖标识的使用范围。可以将妈祖标识用于更高级别的宣传媒介中,提升妈祖形象;可以扩大妈祖品牌与其他品牌的合作,利用它们现有的平台和传播渠道加以宣传;在妈祖的旅游设施中多采用妈祖标识。

2. 开展公关活动,传播妈祖精神。公共关系学强调公关活动的目的是为了使组织和公众保持良好的关系,提高品牌的知名度、认知度、美誉度,树立组织品牌的良好形象,不是庸俗的"拉关系""走后门"之说。因此,政府机构和妈祖民间组织通过利用妈祖文化开关公关活动,可以传播妈祖精神,提升妈祖形象。具体的途径有:

(1) 参与公益事业。妈祖相关机构可以调动妈祖信众参与天灾人祸救困事件,让妈祖精神得到践行。例如 2009 年 8 月 8 日,台湾遭受台风"莫拉克"的肆虐,中华妈祖文化交流协会向海内外妈祖信众发出支援台湾抗灾的倡议,践行妈祖立德行善、救苦救难的崇高形象。

(2) 开展妈祖专题活动。近年大陆、港、澳、台等地区都举行了妈祖学术研讨、妈祖旅游节、妈祖书画展等妈祖主题相关的活动。开展事务性的活动也是作为公关活动重要类型。今后还要进一步将妈祖专题活动延伸,如组织开放参观活动、妈祖图片展、妈祖服饰展、姐祖宴菜展等活动,这些活动可以扩大始祖文化品牌影响力。

(3) 新闻公关活动。新闻公关活动是可以有计划地策划、举行有新闻价值的活动,引起新闻传媒界的注意,并且展开相关报道的活动。妈祖文化在品牌传播的过程中,重视新闻传媒的宣传作用,充分利用传统媒体和新媒体报道妈祖文化,可以通过在央视国际频道播放妈祖文化形象片、妈祖公益广告,扩大妈祖文化的海外传播。

3. 注重营造品牌关系,重视传播对象的差异。妈祖文化的品牌传播应该避免过于把注意力集中在营销传播工具上,忽略了起决定作用的推广或销售的对象。因为品牌推广的目的,就是培植与消费者或潜在消费者的良好关系。当紧密的关系建立起来之后,品牌所得到的利益绝不止于销售所得,但品牌在推广中要特别注意消费人群的差异性。因此,妈祖文化在品牌的打造和传播过程中,应该注意受者的差异。尽管海内外信众在传播心理、价值观念等方面存在着某些共同因素,但是信众对象的复杂性,诸如南北信众、大陆与港台信众由于地域和社会特性差异而造成的文化和个性的差异性,妈祖文化品牌传播中应该注意这些差异性,要考虑各群体属性和观念,才能增强妈祖文化品牌传播的效果。同时,也要重视内陆城市人群作为妈祖文化潜在传播对象,选择适合他们的传播内容和方式,增进这些人群对妈祖文化的认知度。因此,妈祖文化在品牌传播的过程中,认清传播对象,营造传授者间的良好关系,不仅有利于增强妈祖文化的知名度,而且还可以增进对妈祖文化品牌的美誉度和忠诚度。

4. 采取整合营销传播,增强品牌传播的效果。"整合营销传播是一个战略管理受众导向的、渠道中心的、长期品牌传播项目驱动的概念和过程。"①整合营销传播是一种市场营销传播计划观念,即在计划中对不同的沟通形式,如一般性的广告、直接反应广告、销售促进、公共关系等的战略地位做出估计,并通过对分散的信息加以整合,将以上形式结合起来,从而达到明确的、一致的以及最大程度的沟通。整合营销传播的目的是品牌资产的长期积累,而不是短期的"声名鹊起"。妈祖文化在品牌传播过程中,应该采用整合营销传播的方式进行妈祖文化品牌传播。这就要求妈祖文化品牌传播应该树立全球化视野,政府、妈祖团体组织、各地妈祖庙、妈祖文化研究群体应该协同开展妈祖文化相关活动,并且认可妈祖文化的符号体系和精神内涵。在妈祖文化的宣传手段方面,系统地利用报纸、网络、电视、手机等媒体,采用新闻、广告、公关等途径,传播妈祖文化的内涵。在整合营销传播的内容方面,应该紧随时代步伐,丰富传播内容,挖掘妈祖文化的精神内涵。

从系统学角度研究传播现象,着重强调在传播者的内部与外部都存在着影响传播的因素。因此,妈祖文化品牌传播是一种系统性的工程,在实践操作中妈祖文化传播主体应该遵循系统性原则推广妈祖品牌,才能增强妈祖文化品牌的影响力和传播力。

---

① Kliatchko, J. Towards. "a New Definition of Integrated Marketing Communications (IMC)", *International Journal of Advertising*, 2005(1):23.

第二十章

海峡两岸妈祖文化传播比较研究

一、妈祖文化的起源与发展

妈祖是中国影响最大的女神之一,是中国第一女海神,也是为数不多的具有世界影响力的中国神明之一。妈祖诞生于福建莆田湄洲岛,生前以救助海难为己任,以护航救险而受到乡人尊敬。羽化后就被当地那些盼望神明保佑和庇护的乡人神化,建祠祭祀,妈祖信仰由此产生。

历史上,妈祖的信仰几乎遍及全国。在全国地方志里,记载有妈祖宫庙的达22个省市(含港澳台),450个县。[1] 千百年来,妈祖一直是世界炎黄子孙崇拜和景仰的偶像,妈祖庙超过2500处,信徒超过2亿,在中国神祇史上具有诸多"之最":历代对其尊称最多(表20-1)、皇封最多、宫庙最多、传说最多、信徒最多、庆典最盛。妈祖从人到神的变化,传播在其转变过程中起着重要的推动作用。

表20-1:历代对妈祖的尊称[2]

官方尊称	民间尊称	分灵称谓	台湾子庙称谓	俗称
夫人、灵惠夫人、昭应夫人、崇福夫人、善利夫人、灵惠妃、助顺妃、英烈妃、慈济妃、善庆妃、天妃、护国庇民天妃、感应圣妃、天后、天上圣母等	灵女、神女、龙女、海神、水神、海神娘娘、海上圣母、天后娘娘等	湄洲妈、银同妈、福州妈等	老大妈、新大妈、老二妈、兴二妈、圣二妈、圣三妈、老四妈、圣四妈、老五妈、老六妈等	妈祖、祖妈、娘妈、娘娘、祖姑、老妈、妈祖婆、老娘娘、太平妈、船头妈、斑鸠妈、红面妈祖、乌面妈祖、水尾娘娘等

---

[1] 金鹏秋:《泉州天后宫在妈祖信仰传播中的作用》,厦门:厦门大学出版社1999年版,第1页。
[2] 马书田、马书侠:《全像妈祖》,南昌:江西美术出版社2006年版,第1页。

最早的妈祖传播首先要归功于泉州,当时湄洲岛是属于泉州管辖,林默娘(妈祖原名)去世时,严格意义上她是泉州人。没有泉州发达的海外交通,没有闽商的四处传播,妈祖是很难成为伟大的神祇。

妈祖在莆田起源后先在福建省内传播,其后沿着南北两条线向外扩展。南线为广东省、海南、香港、澳门、台湾,北线为浙江省、江苏省、上海市、山东省、河北省、河南省、辽宁省等。在国内扩大影响的同时,妈祖也传向了海外。近邻的琉球、日本自不用说,在越南、新加坡、泰国等东南亚国家,只要有华人足迹到达的港口,几乎都建有天妃宫。①

妈祖信仰随着海南岛渔民,也传播到我国最南疆——西沙和南沙群岛,起到对当地渔业生产一种稳定情绪、减少压力的作用。岛上众多的妈祖庙,是海南渔民辛勤劳动的见证,反映了海南岛渔民在西沙、南沙群岛的生活历程,不仅是沿海渔民的践食之地,也是各岛属于中国领土的证据之一。②

妈祖在台湾非常盛行,台湾的妈祖信徒有一千四百多万人,台湾最早创建的妈祖庙是澎湖的妈祖宫。在香港各种寺庙中,以天后宫最多。澳门因为有建天后宫,当地土著称之为妈阁,音译就是 MACAO。除了港澳台外,妈祖信仰也在东南亚各国中产生了很大的影响。在南洋地区,如吕宋、新加坡、马六甲、吉隆坡、曼谷等地,处处都有华人所建的妈祖庙。日本的妈祖最初由唐船带入,先到九州地方的五岛、平户、长崎及南部萨摩半岛,再沿着海岸线向东北方向传播,不久到达最北端的青森县等。

妈祖信仰传入日本后,妈祖庙在创建之初完全是中国式的,充满了异域魅力。但随着时间的流逝,妈祖信仰在逐渐被接受的过程中与当地的民风、民俗相融合。妈祖信徒不再局限于华人,加入了越来越多的日本人,妈祖信仰也就明显带上了本土气息。比如,日本人在九月二十三日要举行村庄法会之一的女性集会——秋祭,因为妈祖的祭日是三月二十三日,所以将妈祖与称为二十三夜的月待结合起来,把妈祖尊为二十三夜的神体。③

如今,妈祖信仰的影响逐步扩大,已成为典型的华人信仰。就中国民间诸神来看,北有关帝,南有妈祖,二者可并称为传统信仰领域的泰斗。最初妈祖信仰的本质是航海保护神,当这一信仰产生、发展并造成广泛影响之后,妈祖信仰才被佛

---

① 〔日〕下野敏见:《東シナ海文化圏の民俗》,东京:未来社1991年版,第222页。
② 沈鹏飞:《调查西沙群岛报告书》,台北:台湾学生书局1975年版,第15页。
③ 施敏洁:《妈祖信仰的发展、传播及融合——以中国、琉球、日本为中心》,载《浙江万里学院学报》2007年第1期。

教、道教纳入,因此,今天的妈祖崇拜,已是混合多种宗教的信仰。①

(一)海峡两岸妈祖文化传播形式差异比较

1. 政府

刚开始作为偏居一隅的乡村保护神,如果仅靠民间传播,最多只不过是一种民间信仰,无法取代之前早已存在的其他海神的地位。妈祖至尊地位的确立,最重要的是受到政府的升格,从被封夫人、妃、天妃、天后等,每一次升格,对妈祖的全国性传播都起着不可磨灭的贡献。

在中国大陆地区,随着妈祖信仰在闽地及整个沿海地区的传播,政府对妈祖作为海上保护神的崇信愈来愈强。在古代,政府为了维护自身的统治,加强对妈祖的晋封和宣扬。如元朝时,海外贸易兴盛,统治者为了其漕运及海外贸易的需要,中国官员都虔诚地崇拜、信仰妈祖,为了能够祈佑海上安全,还将妈祖文化向海外传播。② 近年来,随着中国大陆宗教信仰自由政策的落实,妈祖文化得到了进一步的尊重和传播。以莆田为中心的大陆各地利用新媒体对妈祖文化进行传播,如莆田市人民政府网的"妈祖文化"栏目;莆田新闻网的"湄洲妈祖"栏目等官方网站的建立,对妈祖文化的传播具有极其重要的意义。

妈祖在台湾的真正盛行始于清朝收复台湾后,清朝时台湾动荡,常有妈祖助战护民的故事流传,更加深了官方对妈祖信仰的崇拜。郑和下西洋、郑成功收复台湾等,参战者大多是妈祖的虔诚信徒,③因此,在每次战争之后,妈祖都会被统治阶级升格。妈祖在台湾的迅速发展,与清代对妈祖的加封、与台湾"政府"的积极参与有着密切的联系。台湾"政府"对台湾妈祖庙宇的增加、修补和祭祀活动进行详细记载。④ 每逢妈祖庙宇落成、神诞、神忌之日,台湾"政府"人员均会出面参加或主持活动。即使在今天,台湾市长、县长、议员等参加选举时,无论什么党派,都会到当地妈祖庙烧香来争取妈祖信徒的支持。

2. 庙宇

庙宇是宗教信仰传播的载体,也是宗教信仰的象征。妈祖信仰在海峡两岸传播的重要标志,就是广建妈祖庙。因此,在大陆沿海的许多城镇、码头和台湾的各地都陆陆续续建立起一座座大小不等的妈祖庙。虽然妈祖诞生于中国大陆,但台湾是目前妈祖庙在全国密度最大的省份,中国大陆地区与台湾地区的妈祖肤色、

---

① 徐晓望:《福建妈祖文化源流与澳门妈祖信仰的传播》,澳门:澳门基金会出版1998年版,第18—19页。
② 杨琮:《闽台两岸的天妃崇拜》,载《民俗研究》1992年第2期。
③ 罗春荣:《妈祖文化研究》,天津:天津古籍出版社2006年版,第9期。
④ 刘启芳:《浅议台湾"女神"妈祖》,载《中华女子学院学报》2003年第2期。

造型,以及庙宇的发展速度、规模上都存在很大的差异。

中国大陆地区的妈祖肤色多为粉红色,造型是按照妈祖升天时形象塑造的,为年轻的女性,体态较为消瘦,表情严肃,典型的例子是莆田湄洲妈祖。

台湾妈祖像多为黑色,被称为"黑脸妈",造型为中年妇女,雍容富贵,慈眉善目,主要代表是鹿港天后宫妈祖。3.58万平方公里的台湾岛,妈祖庙从1895年的97座,发展到1959年的383座,1980年台湾拥有的妈祖庙达到510座。如今,大大小小的妈祖庙已达到1500多座,信徒达一千六百多万人。在这些妈祖庙中,多数庙宇建筑宏伟、规模浩大、香火鼎盛,不仅在台湾影响巨大,而且在中国大陆甚至全世界的妈祖庙中都占据重要的地位。①

3. 庙会

庙会主要为信徒提供一个集中参加宗教活动和娱乐活动的机会。随着妈祖信仰影响力的日益扩大,逐渐形成了一些以敬神、拜神、酬神为宗旨的活动。

由于大陆土地广阔、人口众多,不同地区间的气候条件、地理环境、生产生活习惯等方面存在着很大差异,因而妈祖信仰在千百年的传承与演进过程中,在大陆不同的地区就形成了一系列既有较强承传性,又因经济、文化、自然环境的差异而因地制宜、凸显区域民俗特色的庙会活动。② 如在福建的妈祖民俗活动中,除继承和保留已有的民俗习惯外,又增加了一些像莆田妈祖宴、湄洲祖庙祭典、湄洲祖庙古编钟乐队、妈祖金身巡安等新的内容和形式,使妈祖民俗活动更加丰富多彩和更具时代性。如今的庙会以妈祖文化旅游节形式出现,湄洲妈祖文化旅游节升格为国家级庆典;天津的妈祖祭祀活动,在其诞辰吉日(农历三月二十三)举行的最初的形式是"娘娘会"或"黄会";乾隆年间改为"皇会"并流传至今,规模更为壮大。大陆各种具有特色的妈祖庙会受到各界群众的欢迎。

台湾的妈祖信仰虽直接来源于大陆的闽粤地区,但由于台湾自身的自然地理环境和独特的社会历史条件,使得妈祖信仰在台湾祭祀活动中形成了一种整体上有别于大陆妈祖独特形式。"三月疯妈祖"是台湾民间信仰一大特色,而台湾大甲镇澜宫妈祖赴台湾北港朝天宫进香(又称分香或割香)活动更是其中的一个高潮,被誉为全世界三大宗教活动之一。台湾信徒视谒祖进香之旅,如同伊斯兰教徒麦加朝圣一般神圣。③ 除进香外,还有多种活动祭祀妈祖,其中绕境游行最为隆重。另外,台湾每年都有其独特的迎神敬香的习俗,每逢妈祖诞辰、升天纪念日,

---

① 俞黎媛、程久菊:《闽台妈祖信仰初探》,载《沙洋师范高等专科学校学报》2012年第6期。
② 方遥:《妈祖祭祀活动中的民俗元素探析》,载《东南学术》2012年第4期。
③ 樊如霞:《妈祖信仰在台湾社会文化变迁中的影响力》,载《闽江学院学报》2008年第6期。

及航船平安归来时,都会通过祀神演戏来祈求或报答妈祖的护佑。民众如此频繁隆重的举行祭祀活动,使妈祖对台湾文化生活产生很大的影响。

4. 传说

从宗教意识看,最初民间对妈祖的崇拜,是属于灵魂崇拜、祖先崇拜,她是九牧林氏宗族的一位族望。随着时间的推移,妈祖文化的内涵得到了极大丰富,关于妈祖出生、生平事迹、去世等各种传说汗牛充栋。这些传说以小说、戏曲、歌舞、诗词、纪念品等形式传播,加速和加固了妈祖文化传播的范围和深度。

在大陆,由历代百姓所创造并在民间口耳相传的各种妈祖传说故事,主题主要有两类:一是祈祷平安,二是护国佑民。最初以佑民为主,"相传大海中当风浪危急时,号呼求救。往往有红灯或神鸟来,辄得免,皆妃之灵也",妈祖因此得到老百姓的普遍认可。① 妈祖显灵不仅保护老百姓的平安,也保护国家的利益。据说早在宋代,出现了妈祖屡次显灵帮助官军歼寇的故事,如妈祖灵迹随南宋王朝的征战军士抗击金兵等。

在台湾,关于妈祖出世、成仙以及护国佑民的主流传说与大陆是基本一致的,即生于宋代,由人成仙(海神),助郑成功收复台湾等。但在台湾民间由于其地理环境的特色,也繁衍出妈祖各种本土化传说。首先,台湾民众称妈祖是在其"升化"的那一年(公元987年),从福建渡海来到台湾的,并广泛流传妈祖接炸弹、儿童死而复生的显灵故事。其次,台湾民众大部分是大陆移民过去的,在移民时便带着妈祖神像神位或心念妈祖渡海赴台以求平安,到台湾后叩拜妈祖,谢妈祖佑护平安过海,也求妈祖保佑他们在新的安生之地能避祸趋福。② 第三,由于地理位置特点,台湾飓风、洪水、地震频发,民众中流传着妈祖预告并阻挡大地震的传说,妈祖就具有了预警灾难、阻挡震灾等特异功能。从诸多盛传的妈祖传说中,妈祖在台湾人民心中从一位"海神"转化成一位领导开辟地方、全方位型的聚落主神,传说在台湾的妈祖文化传播过程中所扮演的作用显露无遗。

5. 会议

随着妈祖传播的进一步深入,作为祖国大陆妈祖文化及妈祖文化研究中心的福建莆田相继成立各种相关机构,如中华妈祖文化交流协会、中华妈祖文化研究院等。相继展开各种相关活动,如"心中的妈祖,永远的景仰——全球妈祖文化征

---

① 李琳:《天妃与湘妃传说主题类型比较研究》,载《湖南科技大学学报(社会科学版)》2013年第1期。
② 陶德宗:《凝聚在台湾民间郑成功传说与妈祖传说中的民族情结》,载《民族文学研究》2006年第4期。

文大赛""妈祖文化海内外巡回展""天下妈祖———全球妈祖文化摄影大赛"等。福建还与台湾先后共同举办了"妈祖杯"龙舟竞渡、纪念妈祖集邮展览等活动。总的来看,大陆对妈祖文化主办的各种会议主体是民间协会,自下而上。

台湾的妈祖文化也通过举办各种特色活动进行传播。1996年,海峡两岸的妈祖文化研究者们在台湾的北港朝天宫举行"妈祖信仰国际学术研讨会"。1999年台中县政府开始举办"大甲妈祖文化节",希望通过举办文化节活动,将妈祖文化推广到全球。另外,"观光局"宣布新历四月份为"妈祖文化节"。研究机构和活动的兴起,对妈祖文化的传播起到越来越大的推动作用。总的来看,台湾对妈祖文化主办的各种会议是"政府"有关部门,自上而下。

(二)海峡两岸妈祖文化传播存在的各自问题

1. 大陆妈祖文化传播存在的问题

(1)妈祖诞生地的认知度很低

佛教、基督教和伊斯兰教是并列的世界三大宗教之一。伊斯兰教创始人穆罕默德诞生于麦加,并在麦加建立和传播伊斯兰教,从此,麦加在全世界穆斯林心目中占有神圣地位,每年都有数百万穆斯林耗费巨资,不顾长途劳累,从世界各地来到这里朝觐,以表示自己是安拉的虔诚信徒。佛教创始人释迦牟尼诞生于尼泊尔南部兰毗尼专区的鲁潘德希县,兰毗尼就成为世界著名的佛教圣地,兰毗尼变成尼泊尔的骄傲。几千年来,兰毗尼吸引着世界各地的佛教徒,每年有成千上万的人,长途跋涉,来到这里寻觅佛迹和参谒佛祖降生地。基督教的创始人耶稣出生在巴勒斯坦北部的拿撒勒,因此拿撒勒备受尊崇。反观妈祖诞生地,很少人会知道福建莆田是妈祖的诞生地,很多人误以为泉州或福州是妈祖出生的地方。实际上,湄洲岛是妈祖的发祥地,世界各地妈祖均分灵于湄洲祖庙,因此,需要加大对妈祖诞生地的宣传,以吸引更多的信徒来莆田朝拜。

(2)妈祖文化政策的问题

中国大陆的文化产业比重在整个国民经济口的比重刚超过3%,台湾的文化产业比重在台湾整个国民经济中的比重为4.9%。由此可见中国大陆文化产业在整个国民经济中的比重仍处于相对薄弱的位置,特别是妈祖文化产业发展程度十分有限。台湾的文化创意产业发展起步较早,并逐渐完善和强大起来,妈祖文化因此受益。而大陆对文化创意产业是在2006年的《国家"十一五"时期文化发展规划纲要》中提出,其发展还处于初级阶段,文化产业市场体系还不完善,特别是妈祖文化产业的相关政策尚未明晰。① 尽管2009年9月30日妈祖文化被列入世

---

① 陈志勇、关松立:《海峡两岸妈祖文化政策比较研究》,载《钦州学院学报》2013年第1期。

界非物质文化遗产名录,妈祖文化(信俗)成为世界级遗产,但还存在着规模狭小、业态单一等方面不足,如何对其传承、开发,中国大陆尚有很长的路要走。

2. 台湾妈祖文化传播存在的问题

(1)妈祖文化世俗化的问题

台湾的妈祖庙是由信徒大会选举董事来进行管理的,或由地方声望较高的人士组成管委会进行管理。随着台湾的妈祖文化越发普遍,信徒捐赠的香火钱也越来越多,导致一些妈祖庙积累起巨大的财富,进而形成一股强大的社会力量并作用于政治界。一些妈祖庙董事长能够借助信徒的选票当选各种地方公职,甚至有的妈祖庙董事长由于能掌握并影响信徒选票而成为选举时的"大桩脚",不同派别的政治人物竞相拉拢。① 这样,妈祖信仰与政治的联系越来越紧密,虽然拓宽了该信仰的内涵,增强了其社会功能,但一旦管理不善,会使妈祖文化的神圣性逐渐被世俗生活削弱,甚至成为影响政治选举的辅助因素。

(2)台湾对大陆的妈祖文化传播程度有待提高

传播中华民族优秀文化、推动两岸关系发展一直以来是我们奋斗的共同目标。妈祖文化作为与台湾进行文化交流的一项重要内容,有利于构筑乡亲乡情的关系网络,有利于培养家庭、氏族、民族之间和睦团结的情感,为海峡两岸的统一奠定良好的思想文化基础。而现实是,除了大型的台湾妈祖谒祖进香等官方活动外,由台湾作为主办方对大陆地区发起的民间文化交流还有待进一步增强。虽然以妈祖文化为载体的、着眼于用"根"和"祖"来凝聚人心,以达到致力于两岸和平发展的交流活动一直不曾间断,但台湾在对大陆的妈祖文化的多层次的对接传播频率和强度上还有很大的提高空间。

(三)几点思考与对策

1. 大陆妈祖文化传播问题的思考与对策

(1)重视对妈祖诞生地莆田的传播

福建莆田是妈祖的诞生地,却并非是妈祖信仰的主要传播地。反而泉州、天津、台湾等地成为妈祖信仰的主要传播地,虽然这种迁移变动,受到当时社会经济大背景的决定和制约,它不以人的意志为转移,哪里条件优越,有利于传播,哪里就自然成为妈祖信仰的主要传播地。② 但是作为妈祖诞生地,莆田政府的思路和努力远未令人满意。因此,莆田政府需要整体、长远规划妈祖文化与城市品牌建

---

① 林震:《论台湾妈祖信仰特点及与祖国统一大业的关系》,载《莆田学院学报》2005 年第 6 期。

② 李少园:《论宋元明时期妈祖信仰的传播》,厦门:厦门大学出版社 1999 年版,第 10 页。

设的有机结合,把妈祖文化注入城市的品牌建设,成为城市品牌建设的核心价值,从而实现两者的良性互动与发展。

(2)完善并落实妈祖文化相关政策

中国大陆政府应着重考虑从财政、税收、投融资以及土地等方面来制定相关政策,鼓励扶持妈祖文化产业的形成。政府应该看到,推动妈祖文化产业的发展,不仅有利于两岸和平统一,也有利于形成相辅相成的城市经济建设,推动海西经济区的加速发展。因此,完善并细化妈祖文化相关产业政策的制定,引导妈祖文化产业与第一、二产业进行融合,广泛交叉产生新的产业形态等,通过加强妈祖文化政策宣传力度、落实妈祖文化政策执行等来促进妈祖文化产业的整体发展。

2. 台湾妈祖文化传播问题的思考与对策

(1)谨慎应对妈祖文化世俗化

政治人物常常是地方上的精神领袖,唯有与地方民众的信仰达成一致才有可能赢得群众的支持。但利用妈祖文化的信仰来达到政治目的难免会产生不良的影响。对待妈祖文化世俗化的问题应谨慎,不能掺杂太多的其他因素。应提醒民众,妈祖文化是寄寓了台湾人民美好愿望的信仰,能代表民众的意愿与诉求,但要避免其成为影响政治的工具。

(2)主动推进与中国大陆的妈祖文化传播

台湾的妈祖文化和妈祖庙宇的祖根均在中国大陆。自南宋起,就有台湾民众到大陆莆田湄洲岛朝拜妈祖并把妈祖神像请回台湾供奉。[1] 目前在台湾举行的寻根谒祖、认亲结缘的妈祖"回娘家"仪式体现了台湾人民对于海峡两岸妈祖文化同祖同宗的历史认同。台湾在与中国大陆进行妈祖文化相互交流过程当中,却缺少立体式的沟通空间,民间交流较少。由于两岸在妈祖文化传播过程中的差异,很有必要加强各种形式的文化交流,如向信徒介绍妈祖各种民俗信仰的知识、特点与禁忌。[2] 在海峡两岸的妈祖文化传播中,台湾也可利用新媒体等来拓宽传播渠道,做好与中国大陆妈祖文化历史意义和现实价值的宣传工作,大力开展各种以突出和平、同"根"同"祖"为主题的民间文化多层次的交流活动。如大学、组织等精英阶层的交流或民间团体、旅行团体的民间个人交流。深入挖掘、借助妈祖信仰的内涵,用妈祖文化传达绵绵不断的游子意和中华情,主动促进台湾与中国大陆的和平共处与交流

---

[1] 徐丽钦:《妈祖文化和"海西"战略·妈祖文化三十年》,福州:海峡文艺出版社2012年版,第207页。

[2] 张珣:《台湾妈祖信仰的特色》,《中华妈祖网》http://www.chinamazu.cn/mzdg/whyy/ssxy20131012/19790.html., 2013 - 10 - 12.

合作。

五、结语

早期信徒对妈祖只是集中在航海保护神信仰的范畴,因此所呈现的方式,是历史传承以及香火的延续。由于近代社会的转型及多元化发展趋势影响,妈祖文化的社会服务也逐渐扩大化,且有计划有规模地推动文化、学术、公益、震灾、医疗、基金会等的发展。妈祖公益性的产业机制,不但彰显了妈祖爱民济世的精神,而且它所牵动的商业行为,扩大了民生,带动了地方经济的发展。① 因此,妈祖文化传播从海神的定位到保平安的定位转变,再到联系华人侨胞、台湾同胞之间的情感纽带的转变,是时代发展的需要,定位的转变需要新的故事、新的形式来演绎,因此,需要加大对妈祖文化新内涵的挖掘和宣传。

妈祖庙宇大部分有丰厚的固定资产,再加上信徒的进香捐献,财产十分惊人,妈祖产业各链条逐渐成形。在台湾,妈祖寺庙有专门的"财团法人",解决了寺庙财务管理和庙产纠纷,也统筹了寺庙集资兴办公益慈善事业。随着妈祖庙激增,产业化问题摆上议事日程。以妈祖圣地湄洲岛为例,湄洲岛在加快妈祖文化产业化方面做了初期的准备。湄洲岛应发挥在对台交流、旅游资源等方面的独特优势,不断挖掘妈祖文化的内涵和外延,打造总庙朝圣旅游和文化旅游新亮点,持续争创国家5A级旅游景区,加快建设国际旅游度假胜地和世界妈祖文化中心,打造"海峡旅游"品牌,加快湄洲岛妈祖圣地旅游产业化的步伐。

---

① 蔡泰山:《妈祖文化产业体系建构及经济效益之作用》,北京:立得出版社2006年版,第165页。

04
第四篇

| 两岸合作 |

第二十一章

关于提升闽台文化创意产业合作水平的政策创新体系的思考

闽台两地在文化创意产业合作方面经历了浅层交流、深入交往、深化合作以及正在进入全面合作的过程。这个历程与两岸关系紧密相关,并反映出一定的时代特点。闽台凭借"五缘"优势和"先行先试"的政策,两地在新闻出版发行、广播电影电视、动漫网游产业、演艺娱乐业、会展产业、工艺美术产业等为主体的文化创意产业方面展开了比较深入的合作,呈现出巨大的合作潜力。在全面推进深化改革的新时期和福建自由贸易试验区正式挂牌的新背景下,研究提升闽台文化创意产业合作水平的政策创新体系,提出具体创新策略,具有重要的意义。

一、研究闽台文化创意产业的合作政策的重要意义

就理论意义而言,以往相关研究主要围绕闽台文化产业合作的条件、现状、意义、问题、途径等进行阐述。如黄向阳的《深化闽台文化创意产业对接合作研究》结合福州、厦门文化资源优势,提出了主要发展文化创意产业的方向,政策指向性较强。刘桂茹、刘小新的《闽台文化产业互补性初探》、林秋玲的《闽台文化创意产业问题探析》为闽台文化创意产业合作提出建议,属于前期性研究。部分研究从金融支撑、政策先行先试等方面提出具体建议,如张宝英、叶琪的《论区域金融视阈下的闽台文化产业对接》。总体而言,以上相关研究现象描述和经验研究居多。因此,笔者认为围绕闽台文化创意产业合作的政策创新进行研究,有利于夯实闽台文化产业合作政策创新理论体系和框架,为闽台文化产业深度对接提供理论咨询,能够进一步丰富两岸文化产业合作研究的基础理论,为落实十八大提出全面深化文化体制改革政策,激活两岸文化创新活力决策参考。

就现实意义而言,海峡两岸文化产业合作一直是两岸产业合作的重要类型,尤其福建自贸区已经正式挂牌,这将为闽台文化创意产业合作提供重要的机遇。因此,围绕闽台文化产业政策创新体系研究,加强政策的顶层设计,提出政策创新体系的具体内容,能为提升闽台文化产业合作水平提供可操作性路径,为激活闽台文化创新活力营造良好的外部环境。本研究应用价值还具有一定的扩散性,能够为台湾与国内其他区域文化产业合作提供实际指导,为推进两岸产业深度对接合作提供借鉴。

二、闽台文化创意产业合作相关政策存在的问题

深入闽台文化产业园区展开实地调研,围绕闽台文化合作的相关政策,尤其对金融政策、文化科技、文创人才培养等进行重点调查,发现闽台文化创意产业合作政策存在如下问题。

1. 从政策适用范围来看,缺少针对性

从现有涉及的闽台文化产业合作政策相关文件来看,《福建文化强省建设纲要》《关于加快我省创意产业发展指导意见》《中共福建省委办公厅、省人民政府办公厅关于加快文化创意产业发展的意见》《关于加快推进文化和科技融合发展的实施意见》等文件涉及了一些相关政策,针对闽台文化创意产业的专门性文件比较缺少。有些文件涉及了闽台文化创意产业的某些类别,例如闽台新闻媒体合作是闽台文化创意产业合作的核心层,目前有关闽台电视媒体、出版发行产业、网络媒体等相关合作也制定了一些政策,但是这些政策主要以合作意向书、合作协议书、建设意向书等形式体现出来,实质性不多,可操作性的政策条款较少。又如《2013:闽台文化发展报告》对闽台两地的文化产业发展进行较多介绍,也提出了闽台文化产业创作的问题和反思,但没有提出具体的政策措施。此外,闽台文化创意产业合作紧密相关的文创企业的现实诉求在相关政策制定中体现不够突出,政策与实际结合度还不够紧密。

2. 从政策的实际执行来看,缺少对等性

福建省制定的政策只能在大陆施行,台湾方面有自己的一套文化政策,两者有所冲突,这样导致闽台文化交流政策的实施困难重重。福建省虽然近年来颁布了许多鼓励台湾文化商人与文化人才赴闽的政策,然而考虑到内地的配套设施的不完善,使很多台胞犹豫不决。例如闽台影视合作政策,根据大陆相关管理规定,经台湾主管机关审查通过后,每年以15部为限,可在台湾进行商业发行映演。此外,台湾对大陆影视从业人员的往返签证规定不够宽松。制定合作管理机制还要求闽台双方之间释放善意,实现闽台和谐传媒生态圈。

3. 从政策运行的保障机制来看,缺少协同性

目前福建省正在着手文化出口重点培育企业的认定,加快培育外向型企业。就目前来说,闽台文化产业合作还处于一种个体对个体的合作方式,政府并没有制定针对所有闽台合作企业之间资源分配与人才互补的政策。在文化产业的各个部门之间几乎没有什么合作,出现问题也只能自己解决,这样就很容易出现资

源浪费。闽台文化产业合作缺乏整体思路与长远规划,各产业之间的协作力度不够,也就无法合理的分配资源,各个产业如影视、游戏、旅游等各个部门都只顾自己当前的利益,没有考虑整个文化产业的需要。总体来说闽台文化市场就像一盘散沙,缺乏宏观调控与科学的指导。

三、提升闽台文化创意产业合作水平的政策创新的建议

清华大学国家文化产业研究中心主任熊澄宇教授认为,闽台文创产业合作交流可以考虑从市场需求旺盛、产业基础坚实、政策空间允许的角度寻找双方合作的突破点,推动两岸文化产业的进一步发展。① 要进一步提升闽台合作水平,寻找更多合作点位,更重要在于建立健全闽台文化产业合作政策创新体系。

(一)完善文化科技融合政策

科技是文化发展的重要力量,闽台文化的发展需要科技力量的支撑。政府部门应该制定相应的政策来完善文化与科技的融合。

1. 加大文化科技投入

文化科技研发需要投入大量的资金,所以加快文化科技发展,必须进一步完善稳定的文化科技经费投入机制,改进投入方式、调整投入结构,促进文化科技快速发展。在国家财政预算提高文化科技投入逐步增长的基础上,加大对文化科技创新技术的研发投入。同时,国家财政预算应加大文化科技集聚区的支持力度,增加研发投入资金,加强闽台文化创意产业园区的基础设施建设和科技服务平台建设,支持我省文化科技园区的建设。

2. 重视科技嫁接文化产品

将科技创新与文化结合起来,要强化文化部门与科技部门的合作,利用科技来搭建特定的平台来适应特定的文化。科技部门在为某一特定文化服务时,要先熟悉这一文化的类型和特点,建立协同创新机制,强化与文化的互动,共同发展。把科技创新与文化相结合,针对文化产品来研发出一些科技成果,先确定一个文化服务方向,调动有关科研部门协同创新,利用最新科技产品来带动这一文化产业的发展,要和台湾的科研机构加强合作,分享科技成果,讨论它对文化的作用。

3. 推动传统文化与新兴科技融合

借鉴台湾的文化科技融合政策,联合相关科技与文化公司,制定一整套有建设性的文化科技融合政策。在这一方面福建省近年来已经可以看到明显的一些

---

① 颜财斌:《海峡两岸文创专家相聚福州"论剑"闽台文创产业发展》,东南网. http://fjnews.fjsen.com/2013-05/17/content_11421426.htm,2013-05-20.

举措,比如,加快促进传统文化业态的转型升级,利用近年来新兴的数字技术、多屏互动技术、云媒体技术、3D 影像技术等推进传统文化产业的产业结构转型升级,这些技术在台湾运用的早,我们福建可以通过学习来推进福建地区的传统文化产业转型升级;加强对新兴文化产业的培育,把闽台数字技术与网络技术成熟的一些大企业作为重点,推广新兴文化产业,形成数字内容产业集群;鼓励文化企业与高等院校之间的科技创新合作,在文化企业、高等院校、文化科技研究机构之间建立联系,形成一个高效合理的链条。同时在一些文化产业发达的地区建立示范园区,重点退出一批文化科技融合较好的企业。可以通过举办海峡两岸文化与科技融合成果对接会进行共同研讨开发,探索新前景。

(二)出台文化金融支持政策

1. 建立文化企业融资平台

金融支持是文化长久生命力的保证,闽台文化产业的合作必须要有好的金融政策,才能更好发挥优势。可以对每一个闽台文化产业的合作项目进行梳理,建立相应的融资平台,把社会各界的资金进行整合以支持文化项目。政府在关于闽台文化合作项目的社会投资方面要给予优惠。比如 2014 年 8 月中央单单是对地方公共服务这一块的文化产业补助就达到了 23.6 亿元,可见中央对地方文化的金融支持。对一些经济发达的地区可以尝试建立中介服务机构,在政策引导下对企业进行培训,对信用度高的文化企业进行评级,强化资金支持,促进文化与金融对接,对一些骨干企业以及刚起步的企业都有巨大的作用。

2. 创新文化金融贷款措施

一些闽台的文化企业由于刚刚起步,规模较小,在金融贷款方面比较困难。政府要主动了解企业动态与企业前景,制定适宜的文化金融扶持政策。比如对生产特殊文化产品的企业,不能只看到它眼前的状态,银行等金融公司应该对它的未来发展做出一个合理的评估预测,再决定贷款的数额,这样可以帮助很多新生的闽台文化企业做大做强,从而建立一个新的文化金融业态形式。鼓励一些小额贷款公司的发展,利用它们的灵活性更好地为文化企业服务。在不放松文化体制监管的前提下,支持民间资本建立的小型银行来提供专业的金融服务给文化企业。

3. 创造良好的文化金融环境

福建省政府要联合台湾地区,协商共同打造一个优良的文化金融环境。在关注闽台文化企业发展的同时增加对文化企业的金融支持。为了把金融资源和文化资源相对接,探索一个新机制,积极推动文化与金融融合,创新金融产品,完善授信模式,优化综合金融服务方案,而建立多层次的贷款风险分担和补偿机制是关键。① 文化金融创新也需要各种类型的资本参与进来,从而建立一个文化金融合作发展的长期有效的机制,尝试在经济比较发达的地区建立文化金融合作的实验区,在政府、金融机构、文化企业就资金问题建立一个有效的产业链,保证资金能实时完整到位,构建文化融资平台,改善文化发展的金融环境。把优质的资源集中起来先试先行,从而营造出符合闽台文化产业合作特点的文化金融环境。

(三)健全文化市场开放政策

1. 政府引导文化市场开放

政府应该制定明确的规划来引导文化市场的走向,闽台文化产业合作必须服从、服务于社会主义现代化建设这一目标。因此,政府在刽定政策时一定要仔细说明什么能为、什么不能为。在充分开放福建文化市场的同时,要防止台湾地区一些消极腐朽的文化的渗透,对文化的把关一定要严,保证文化市场自由始终在政府的控制范围内。

在推进文化市场开放方面,要正确处理政府和市场关系。一方面,政府要加强规划引导,做好顶层设计,制定宏观政策,加强市场监管,健全体制机制,推进文化市场"减政放权",从根源上解决政府缺位、错位、越位等问题。正确发挥政府"有形"之手的作用,促进闽台文化创意产业可持续发展。另一方面,要充分发挥市场在资源配置中的决定性作用,尊重市场经济规律,让市场决定资源配置,大幅度减少政府对资源的直接配置,发挥市场"无形"之手的作用,推动市场资源配置。福建应成立相关的管理和指导机构,提高审批工作效率,缩短对于文化创意产业投资企业的审批时间,并设立信息化基金和文化创意产业基金。②

2. 推动闽台文化产业市场一体化

闽台文化产业在信息、人才、市场、营销、资金等方面展开合作,促进资源共享,形成共同市场。在新时期进一步推动闽台文化创意产业合作的深化,闽台文化产业市场一体化的形成进程必将加快。目前,闽台文化产业链条的资金、技术、创意等因素双向流动呈现加速的势头,尤其随着闽台新闻媒体、文化传媒机构、影视制作机构等与文化产业核心层的密切相关机构合作深入,闽台文化产业市场一体化已经初露端倪。闽台文化产业的核心圈闽台传媒业可以先试先行,闽台新闻媒体机构探索相互委托定制特定的传媒产品,双方在受众市场、广告市场、收听市场可以加大开放力度,在版权合作、节目制作、图书期刊发行方面展开更多全方位

---

① 张宝英、叶琪:《论区域金融视阈下的闽台文化产业对接》,载《福建金融》2012 年第 1 期。
② 李诠林:《闽台文化创意产业交流合作的现状与前景》,载《集美大学学报(哲学社会科学版)》2012 年第 10 期。

合作。

(四)优化文化人才培养政策

1. 改革培养文化创新力的体制

要深化文化体制改革,激活全省的文化创造力和文化创新意识,必然会涉及文化人才培养、文化科技能力、文化思维方式等。因此,改革和创新文化体制,激活人们的文化创新力,着力加快教育体制改革,培养小学生、中学生、大学生的创新思维,挖掘文化创业人员创新能力,推动文化创新与科技嫁接,加快融合发展,提高文化创意人才应用科技手段的能力。

2. 加强闽台教育交流合作

强化两地高校间的对接,依托闽台合作办学的优势,一方面推动福建高校赴台学习,利用台湾优质师资,提高自身文化创意能力。聘请台湾教师来内地教学,鼓励两岸教师联合教学,是学生得到更丰富,更多元的文化知识。还可以通过开设网络教学方式,将闽台教师的公开课以网络课程的方式提供给两岸学生学习。同时构建两地教师经验交流平台,方便两岸教师取长补短,实现互利共赢。另一方面吸引台湾学子来内地学习,在历史、地理、音乐、美术等艺术研究领域扩大招生规模,鼓励台湾学生进修,并与台湾文化企业联合,配合文化企业的发展需要,有针对性地培养一批文化人才。充分利用闽台合作办学的优惠政策,发挥闽台高校资源,建立集教学、科研、培训等为一体的闽台高校文化创意产业平台。同时还可以将此平台与企业、政府、传媒等机构互通合作,加强政、产、学、研、媒全面合作,合力推动闽台文化创意产业人才的培养。闽台高校文化创意产业平台的构建尤其是孵化基地的完善,必将为福建中小企业特别是民间工艺品加工企业推进创意产业化,快速实现文化创意的经济价值开辟有效途径。[1]

3. 加强政府、企业协同培训创意人才

政府部门要加强创意人才培训的顶层设计,加强宏观引导,特别人事和劳务机构可以协同高校、社会培训机构,举办公益性文创培训活动,特别要有关推出设计和策划培训项目。发挥台湾创意人才优势,可以组建台湾创意人才专家库,政府部门邀请台湾地区的专家担任主讲。另外,政府部门推进创意人才培训基地建设,加强全国著名高校的国家级创意产业研究结构合作,推动创意人才培养。

文创企业要提高自身"造血"功能,企业要围绕自身业务,加强企业员工的培

---

[1] 毛文正:《论闽台高校文化创意产业平台的构建——福建传统民间工艺在闽台文化创意产业中的运用与实践》,载《福建师范大学学报(哲学社会科学版)》2010年第1期。

训,重视企业创意氛围,鼓励员工创意思维,尤其要将企业产品设计与创意培训紧密结合。吸收借鉴国外文化创意产业人才的用人机制、创意产品研发模式,不断提高企业员工的创意能力。

第二十二章

闽台文化创意产业合作业态浅析[①]

一、前言

文化产业是以生产和提供精神产品为主要活动,以满足人们的文化需要作为目标,是指文化意义本身的创作与销售。[②] 它是创意产业的核心。业态在汉语大字典中的解释是业务经营的形式、状态,在闽台文化创意产业中的表现主要就是两岸合作的形式、规模和合作领域等方面。

近年来,闽台两岸文化创意产业合作活跃,合作交流的规模和合作领域日渐拓展,在戏剧、文化交流活动、艺术作品展览、新闻出版等领域皆呈现了欣欣向荣的景象。

二、闽台影视产业合作

(一)合作历程

1983 年,作为第一部在大陆上映的台湾电影《搭错车》拉开闽台影视产业合作的帷幕。1987 年 12 月,画面中掺入大陆风光的电影《特赦令》被台湾"新闻局"破例接受,使两岸影视交流步入一个新的局面。90 年代闽台影视产业合作升温,这时期主要的作品有 1990 年 3 月台湾团队在福建拍摄的《妈祖再生》,还有同年 8 月由闽台双方在福建进行合作拍摄的《草莽英雄》。2000 年闽台双方加强电视新闻节目的合作,2004 年的《海峡新干线》是闽台电视媒体的合作成果。[③] 一直到现在,闽台合作的广播电影电视产业还一直在增加。2010 年闽台两岸第一次正式合作拍摄了电视剧《神医大道公》。2013 年 4 月 28 日,在莆田进行了电影《台北来

---

① 本文由黄真真撰写,帅志强指导。
② 舒利香、段鹏程:《工业设计在文化产业建设中的价值分析》,载《成功(教育)》2012 年第 12 期。
③ 梁章林:《打造个性"海峡"开辟电视"蓝海"》,载《中国广播电视学刊》2006 年第 12 期。

信》的签约仪式,该影片在凸显莆田本土的现实方面是一次重大突破。2014年6月12日,"台湾闽南语电影之夜"在厦门广播电视集团演播厅举办,使闽南语电影再次在两岸掀起强烈反响。

闽台在广播影视产业已有三十多年的合作历程,其发展现状可以概括为政策上、合作方式上以及合作主体等方面。在政策上实行的是松中带紧,国家针对闽台广播影视产业的合作是十分鼓励的,在政策上推出多种优惠政策但实行过程中差很多,台湾当局相对于大陆方面提出的政策并不宽松。闽台影视合作在方式上日益多样,双方联合拍摄、制作,进行版权合作还有创立产业合作园都有力地推动双方的合作。合作主体公私都有,这样不利于政策的实施,无法进行巧妙的融合。

(二)合作内容

闽台影视合作的内容有一方面是表现在对影视交流深度的深入。近年来两岸的影视交流往来频繁且友好,不仅表现在互相引进对方的影视剧还表现在政治、经济、文化等方面的深度交流。第二个合作内容是增加了能反映两岸情感的影视精品,两岸关系不断向前发展推动着两岸影视交流的新需求,所以开展多元化,全方位的合作是刻不容缓的。第三个方面是对影视品牌栏目的重视,尤为突出的是《海峡新干线》与《海峡论坛》的结合,该品牌在观众心目中树立起了良好的收视口碑。第四方面则是为了增进闽台双方影视人的交流沟通,开展的两岸影视学术交流、研讨会和影视会活动等。

(三)合作方式

闽台影视产业合作方式在前期主要是双边交流互动,互相协助拍摄、提供素材,到现在 双方合作方式主要以联合拍摄和联合制作最为常见,其他合作方式还有版权合作和产业园合作。

《梨园百花香》和《萍水相逢》等节目为台湾东森电视台和海峡电视台联合制作的。福建广播影视集团联合台湾TVBS电视台等完成的《直播台湾》采用的是联合直播的方式,这是近年来发展起来的合作方式。版权合作是另一种方式,主要是围绕版权交易展开,比如福建好视传媒影视版权交易中心与台湾台视、中视、华视、中天等电视台保持着较好的版权合作关系。产业园区合作推动了闽台影视产业合作新方向,福建拥有国家级文化级园区——闽台文化产业园,时至今日,漳州市、三明市、龙岩市等都成立了专门性的影视基地,依托产业园区和影视基地开展资本运营、联合人才培养等形式多样的合作,对推动闽台影视产业资源集聚具有重大作用。

(四)合作趋势

闽台在影视产业的合作上,从联合录制电视节目,到联合制作电视剧、电影,都与我们的生活有莫大的关联,闽台双方在这一产业合作的趋势必将是持续不断的。

随着闽台在影视产业方面的频繁合作,我们可以预测到接下来两岸可能出现的合作:一是加强涉台影视合作在制度化方面的建设,加深合作的深度,扩大合作的规模。二是在优势互补方面进行加强,为打造更合口味的影视作品而努力。三是积极扶持具备双方特色的闽南语电视剧。最后就是在对两岸的合作社的加强发挥着巨大的作用,经验丰富的涉台影视机构具备专业的人才队伍,并且熟知对台政策,由于了解台湾民众的需要,所以在舆论导向方面不会出现太大的问题。

三、闽台动漫产业合作

(一)合作历程

20世纪90年代,厦门、福州组成了大陆第一代网络游戏研发团队,此外由于台湾的动漫游戏企业把基地设立在厦门,使得厦门动漫具有"台系"特征。① 据统计,2009年福建省有将近二十家动漫企业和院校与台湾动漫节在动漫创意、剧本修改、产品营销和人才培养等方面都进行了合作。2012年1月6日,"福州三坊七巷动漫文化节"在福州举行,吸引了广大动漫爱好者关注。2014年8月15日,第一届海峡两岸数码手绘大赛在厦门国际会展中心举行。

目前,福建和台湾的动漫游戏企业和双方的高等院校在题材的创建、创意设计方面、人才培养计划、资金支持、市场营销等方面都进行全面的交流合作。

(二)合作形式

闽台动漫产业在合作形式上增加了对高校的渗透,比较具有代表性的厦门理工学院的"数字创意学院",它联合了台湾地区的高校、中央大学以及台湾企业的文化创意机构。另一种形式就是兴建大批包括厦门动漫产业园、海西文化创意产业园等在内的文化创意园,除此之外还有在三明筹建的集产、学、研为一体三明市文化创意园。在推动闽台动漫产业交流中,举办活动也是另一种形式,如2010年开展的闽台动漫产业合作发展座谈会,以及2011年开展的"中国·福州海峡版权(创意)产业精品博览交易会"等与动漫网游有关的文化创意展会。

(三)合作方式

福建拥有良好的地理位置、文化资源以及政府的政策支持,台湾拥有较强大的经济优势,有先进的动漫制作技术和动漫人才储备,还拥有了巨大的消费市场。所以福建在闽台动漫产业的合作上主要是作为市场提供的一方,在对台的政策方

---

① 孔苏颜:《闽台动漫产业合作现状、问题及对策》,载《艺苑》2011年第7期。

面也具有一定的优势;而台湾在合作上面主要是提供动漫技术的支持和人才方面的输出。在投资方面,台湾方面由于政策的原因,还没有完全对中国大陆开放,但是双方都是采取合资合作的方式,或者是到对方的区域去开展交流活动,以获得更大的合作效益。但是闽台双方在动漫创意方面都具有弱势,所以应该积极培养动漫方面的人才,闽台双方的高校可以进行教学交流,促使动漫爱好者和专业人士转向创作行业。

(四)合作趋势

闽台动漫网游产业具有优势互补性,所以,闽台双方进行动漫网游发展交流合作有着不可限量的发展前景,我们可以从近年来的新闻消息得知。

2014年,海西动漫馆与台湾动漫文化创意产业发展交流协会举行签约仪式并签订了战略协议,结成战略合作伙伴关系。2014年,闽台两地首次合作高清动画电影《小星星的愿望》。随着海峡两岸越来越多的影视作品的诞生,我们可以看出,闽台影视合作不仅在加深内容深度和扩大合作规模上都有了很大的进步。

闽台双方在合作过程中,福建弥补了台湾市场狭小,劳动力匮乏等不足,台湾填补了福建的技术遗憾和人才空缺,双方目前的合作趋势是平等的,互相取长补短。未来的合作趋势必然是持续状态的,闽台动漫网游产业现阶段仍处于上升状态。台湾动漫网游产业的创意、营销手段和产业管理都比福建成熟,而福建有广阔的市场,优惠的政策等。由此我们可以预测在未来,双方可以在文化创意影视作品方面创造出更大的价值,携手打造共同的品牌,向国际市场迈进。

四、闽台会展产业合作

(一)合作历程

闽台会展产业的交流与合作自改革开放后得到了发展,逐步实现了单方面输出到互相交流的多层次,宽领域的合作状态。

第一阶段是改革开放初期,这是闽台会展产业进行交流的初始阶段,1990年的汽车工业厦门展示研讨会是闽台第一次在大陆以民间形式联合举办的盛会。同时,福州、泉州、漳州等地也掀起了举办"海峡展"的热潮,比如在漳州举办的海峡两岸花卉博览会,还有在石狮举办的海峡两岸纺织服装博览会等都发挥了我省近台的优势,增进了两岸的经济贸易往来。台湾自1995年开放祖国大陆专业人士去台从事经贸交流活动,由于民进党的两岸政策的阻碍,许多会展交流项目因此搁浅。

第二阶段是2003年10月,"海峡两岸电子展"在台北国际电子展以"展中展"的形式举办,它开创了大陆企业组团去台参展的先河。2007年9月海峡两岸健康家庭用品博览会在台湾高雄市举办,这是大陆第一次在台湾南部举行的大型会展,通过此次活动,福建扩大在台湾地区的影响,台湾对福建、海西及祖国大陆也有了正面了解,在对推动闽台双方的经贸合作交流也有积极作用。2007年第九届"海峡两岸经贸交易会"的开展"实现了两岸互动模式从产业链接导向向区域互动模式的转化"。①

第三阶段,2010年,ECFA的签订不仅促进了闽台会展业的发展,还为两岸会展业带来无限商机,大大推动双方会展业的发展。随着两岸商品进出口关税的下降,闽台两岸厂商参展的成本也随之调降,再加上台湾对厂商入关限制的放松和入关手续的简化,越来越多的台企都前来参展,不但提高福建展览馆的使用率,而且带动相关产业的周边经济效益的增长。

(二) 合作规模

随着两岸在各领域的合作不断频繁,闽台会展产业的规模也在不断扩大,我们可以从两个较具代表性的会展活动分析。2008年首届海峡两岸文化产业博览交易会在厦门举办,参展企业有501家,一定签订了109个项目,总交易额高达58.7亿。2014年第七届海峡两岸文化产业博览交易会总展览面积5万平方米,参展企业1583家,签约项目140个,总额387.7亿元。

第十五届"海交会"的成果中,展区现场成交额达到了一亿三千多万,其中台湾特色食品展区的交易额比去年增加了47%;海峡两岸的机电展区比去年增加220%。在此期间,福州市一共签约的"三维"项目有三百多项,内资投资比去年多了47.5%……此次会展成果显著提升,展区面积87500平方米,总展位数3960个,共有参展企业1678家,参展的台湾本土企业达510家。②

(三) 合作方式

闽台会展产业的合作方式主要体现在,一是闽台双方在不同的展会有不同的投资方式,主要的区别方式在于谁是主办方,谁是协办方。二是在其他方面的合作上,我们不难看出,台湾方面拥有较强的研发实力,高素质的专业人才和较为完善的培训认证制度,所以主要提供的是技术和人才上的支持;而福建方面发展的潜力在于海峡西岸经济区效应持续扩大,产业支撑体系初步形成,同时背靠祖国大陆强大的内需市场,所以主要提供的是广阔的市场和国家政策的支持。

---

① 张帆:《后ECFA时期闽台会展业合作发展研究》,载《福建金融》2011年第6期。
② 王玉萍:《海交会昨天闭幕5天 吸金2.4亿观展人数逾37万》,http://fj.qq.com/a/20130523/002399.htm,2013-05-23.

(四)合作趋势

目前闽台两岸会展产业的合作趋势是仍在继续发展上升中,之后的合作趋势应该要朝着培养出更多高知名度的品牌会展的目标前进。会展类型也正逐步从综合展向专业展发展,促进了两岸产业的产销对接。接着是把闽台会展业更多地投入到市场机制中,制造出更大的经济效益。最后是朝着规模化方向发展,表现为单个会展向多个会展的方向发展以及会展展馆建设的规模化,进一步扩大每个展览活动的规模,制造更大的经济和社会效益。

五、闽台出版发行产业合作

(一)合作历程

闽台出版产业的合作主要可以分为以下的三个阶段:

第一阶段是交流初探期(1980—1992年)。1980年台湾女作家於梨华创作的小说《又见棕榈,又见棕榈》由福建人民出版社出版,开启闽台出版合作的先河。1987年,原国家版权局出台一系列加强港澳台地区出版物版权保护的规定,为两岸出版交流和版权贸易提供保障。1990年12月,闽台双方签订了《委托寻找闽版图书在台出版人协议书》后,闽台双方在图书发行版权贸易逐渐朝着规范有序的方向迈进。到1992年底,福建省与台北市双方代表商定组团互访,闽台出版合作步入一个新的局面。

第二阶段是联合出版期(1993—2005年)。联合出版体现在两个方面:一是闽台出版界组团互访,1993年大陆第一个组团访问台湾的社团的初次访台,无疑是为闽台出版合作增添了靓丽的一笔。二是闽台合资创办书城,闽台图书双向交流的局面初步形成。三是日益受到关注的版权贸易和合作出版的数量有了很大的提高。

第三阶段是从2005年至今的全方位深入合作期。主要就是闽台双方在交流合作的不断深入,以及在合作规模上的不断扩大,还有数字出版的交流。

(二)合作内容

关于闽台在出版发行产业的交流,较为突出的合作内容就是交流活动的进行。在闽台文化的交流过程中,每一个领域的合作内容都包括了举办交流活动,在出版发行业主要就是举办闽台青年编辑的交流活动,协会与协会之间进行研讨的活动,还有双方共同探讨如何更好地进行合作。还有一项内容就是出版项目的交流与合作,海峡文艺出版社、福建闽台图书有限公司与台湾图书出版事业协会合作发行的"海峡27城市历史文化丛书"。① 最后一项就是在对台交流合作平台的打造,较为突出的是已经在两岸来来回回轮流举办了十届的海峡两岸图书交易会,第十届海峡两岸图书交易会中大陆出版社共有202家,此外还有遍及17个省、市、区的20家左右的图书馆。

(三)合作方式

闽台出版产业的合作方式主要有双方组团互相拜访,大规模地开展版权业务和研讨活动,实现了人员的双向交流与培训,1993年9月福建省版协副主席率团赴台回访,这是两岸第一次进行的出版界人员的相互交流。合资创办书城是闽台出版合作另一种方式,一个鲜明的例子就是福建与台湾合资创办的台闽书城。

闽台合作的基本方式是台湾出版业者来福建考察寻求好的选题、优秀的作者,很多图书的选题由双方共同完成,由福建的作者编撰成稿,再在台湾排版、印刷、发行。台湾提供创新的出版理念、资金、市场意识和印刷技术,与福建的人力资源、文化资源相互结合,达到事半功倍的效果。

(四)合作趋势

闽台出版行业交流活动日益增多,如每年一届的海峡两岸图书交易会。在信息技术发达的当今,在这个被数字化覆盖的时代,培养一批又一批的资产聚集型和资源聚集型的出版集团是深化出版体制改革的重要举措。两岸出版发行业的不断交流,将会使数字出版基地成为文化产业发展的新增长点,而数字出版交流对闽台出版发行产业的推动力是不可估量的。

六、闽台表演艺术产业合作

(一)合作历程

闽台表演艺术文化交流从无到有、从单向到双向,在维系海峡两岸情感交流和推动两岸的合作都发挥着独有的作用。

第一阶段称复苏时期是从1979年至1986年。这时的闽台表演艺术文化交流的规模较小,形式也较为单一,主要就是单向的演出。第二阶段的交流合作趋于常态化,是从1987年至2001年。这个阶段开始出现多元化的交流并向常态化发展,但也从单纯的演出提高到更高层面。第三阶段是全面拓展时期从2001年到2008年。这时期的表演艺术交流已经不局限于单纯的演出,丰富多变的交流内容不断出现,深度和广度也在不断地进行拓展。第四阶段是从2008年至今。这一

---

① 缪立平、闫鑫:《两岸出版重交流 闽台合作结硕果》,载《出版参考》2013年第10期。

时期交流特点呈现往来高端化、活动品牌化和机制常态化的特点。①

（二）合作形式

闽台表演艺术产业的合作形式在交流过程中开创了丰富多彩的形式,实现了全方位、多角度的对接,主要有四种合作形式:一是访问及演出方面主要是邀请对方个人或团体来访,安排单独演奏或与当地乐团合作演出。二是参加艺术节或比赛活动,艺术节有例行性质,主要是邀请个人或团体参加,已成为两岸表演艺术交流品牌的"海峡两岸歌仔戏艺术节"自举办起就已经对两岸歌仔交流做出巨大贡献。三是举办讲座或安排传习,福建省著名南音艺术家王耀华、刘春曙曾受台湾作曲家许常惠邀请,到台湾进行南音文化交流,实现了两岸双向文化交流零的突破。② 四是开展研讨会,如漳州市连办三届的海峡两岸芗剧研讨会。

（三）合作方式

表演艺术已经成为祖国大陆市场最不可或缺的一项文化产业,不仅如此,它还推动了影像类市场和服务市场的繁荣。福建与台湾地区有着得天独厚的历史文化条件,但是福建的表演艺术产业较于台湾还处在比较初级的阶段,在技术、资金、和品牌、专利等方面都相对落后,人才方面也十分匮乏,在全行业的管理策划水平、开拓市场的能力与创新水平都有待提高,还有一些优秀的民间传统戏曲得不到保护和重视,都面临着消亡的危机。

总的来说,在表演艺术合作方式上和其他合作交流领域大同小异,双方取长补短。台湾方面具有较强的创新能力,在人才培养方面也比福建更注重,所以台湾是作为技术提供方和人才输出方;在市场开拓方面,福建市场广阔,在发扬表演艺术方面具有巨大的潜力,再则福建拥有丰富的历史文化资源和丰厚的文化底蕴,所以福建是市场的开拓方和资源的提供方。

（四）合作趋势

闽台表演艺术经过五十多年的努力,已有了坚实的基础和丰富的经验。2010年ECFA的签订给闽台双方表演艺术产业的发展提供了百年一遇的机会。从2010年福建永安笋竹旅游文化节,到2014年"指掌春秋——闽台木偶艺术展"在中国福建闽台缘博物馆一楼西斋展厅进行,再到2014年9月22日"海峡两岸闽南传统文化艺术展演活动"在漳州的高等院校内举行……近年来一系列的表演艺术合作正体现着闽台在表演艺术产业的合作是在不断进行着的,而且并不是局限

---

① 张帆:《闽台表演艺术产业交流与合作研究》,载《厦门特区党校学报》2011年第4期。
② 廖秋子:《从南音文化的同一性看闽台文化的统一性》,载《福建论坛（人文社会科学版）》2007年第1期。

在一个方面,而是正朝着更加多元化,更加丰富多彩的方向发展。

随着闽台双方的不断发展,可以预测闽台双方在表演艺术的合作接下来的趋势:在接受和发展新事物上可能是不断往其他方面渗透,并与其他的领域相结合;给在面对即将或可能消亡的传统文化注入新鲜元素,确保优秀的传统文化不会被世人抛弃。闽台情感源远流长,在表演艺术产业的合作趋势会朝着全方位的方向发展,无论是在弘扬闽台优秀的传统文化上,还是在维系海峡两岸同胞的情感上都将发展得越来越好。

七、结语

针对在前言以及研究过程中所涉及的合作业态中,我们可以得出,闽台文化产业的合作的发展空间是巨大的,并且在合作过程中也不断地透露出无限商机。但是我们也应该看到在合作的过程中,也存在着大大小小的问题,比如闽台发展状况差异仍悬殊,在互补性方面福建还是应该做更大努力。我们会针对闽台合作过程中产生的问题提出相应的措施,以完善研究。

第二十三章

闽台文化产业园区集聚效应及特征

闽台"五缘"优势为闽台文化产业园区产业集聚奠定了坚实的基础,随着两岸文化产业合作领域的延伸,合作深度的加强,闽台文化产业园区产业集聚效应日益凸显,集聚特征愈加明显。

一、闽台文化产业园区

闽台文化产业园主要是分为福州和厦门两个板块。福州板块以三坊七巷历史文化街区为核心区,总投资规模超过200亿元,规划占地约14.48平方公里。形成了以数字内容、动漫游戏和创意设计为闽台文化科技示范,以工艺美术、文化旅游为闽台文化交融示范的特色文化产业体系。园区建立了包括金融、公共技术、展示体验、人才、合作交流、信息资源、创业孵化等服务平台的综合服务体系。拥有多家国家级重点实验室和企业技术中心。其中,厦门板块按"一区多园"的模式建设,总规划19.55平方公里,重点打造数字内容与新媒体产业、创意设计产业、影视演艺、古玩艺术品、文化旅游产业五大产业集群。于2007年建成数字内容和数字新媒体产业园一期并投入运营,之后陆续有龙山海文创园、牛庄文创园、灿坤文创园等陆续投入运营。

二、闽台文化产业园区集聚效应

产业集聚是指同一性质的产业或具有相关性质的产业在某一个特定的区域内高度汇聚在一起,产业的资本要素在这个特定的空间区域内不断组合的过程,尤其是指将某种产品的不同个企业或为这些企业做配套等相关服务业集聚在一个区域内。[①] 产业集聚效应指的是产业在某一个特定的区域内集聚,在集聚区域

---

① 高国伟:《不可不知的1000个财经常识·经济版》,北京:中国法制出版2012年版,第34—43页。

内的所有产业会形成一种有机的组合关系。①

文化产业是21世纪的新兴支柱性产业,指的是能给大众提供文化熏陶、娱乐性产品以及跟它所相关的服务性的产业集合,它具备高知识性、高附加值、无污染等独特性质。② 文化产业集聚是文化创意产业园区中极其重视的一种发展模式,是文化产业适应经济全球化和日益激烈的竞争市场而产生的新态势,它所产生的集聚效应是指文化产业园区内部的各个企业根据其所独特的集聚方式,或因共同的市场导向、人才市场、文化因素等因素而汇聚在一起,彼此之间共同享受资源、人才、技术等各种要素,为文化产业的集聚发展创造它独具特色的竞争优势,从而促进文化产业的健康发展。

闽台文化产业园区的产业集聚效应主要体现在如下方面:首先,入住文化产业园区的文化企业占80%以上,吸引东南(福建)汽车工业有限公司研发中心、捷联电子设计中心、网龙、神话时代等优秀文化企业以及九州海峡文化创意产业园、海峡两岸建筑室内设计、文化创意法蓝瓷文创园产业园等大项目纷纷落户闽台文化产业园,包括上市公司和资产过亿的企业,这些充分体现了生产厂家集聚,可以达到减少物流成本的效果。其次,随着产业集聚深入,产业结构不断优化,台湾入住产业园区的企业增多,尤其是新闻出版、影视制作、动漫设计、广告业、文化会展等行业逐渐增多,同时与这些行业密切相关的边沿生产加工、制作业等也入住产业园区,以及相关培训机构、研究机构、市场咨询机构等,这些公司、机构等与厦门大学、福州大学、厦门理工学院等签订产学研用等合作协议。最后,闽台文化产业园区已建成海峡两岸文化创意产业人才创业孵化、融资中介、版权、技术、信息、展示与交易等服务平台,构筑起了较为完善的公共服务体系。整个园区以闽南文化为纽带,充分发挥厦门与台湾的"五缘"优势,加强厦台文化产业交流、合作与对接,打造海峡两岸文化创意产业汇流中心。

三、闽台文化产业园区集聚特征

研究"产业集聚"的著名经济学家马歇尔在其1890年发表的《经济学原理》著述中,将产业区的产业集聚归纳为如下几个特征:与当地区域内同种渊源的价值观以及共同创新性的氛围;具有生产垂直性联系的企业群体;具备最优的人力资

---

① 叶依广、葛海蛟、王启仿:《区域经济发展研究》,长春:吉林大学出版社2009年版,第98—111页。
② 顾江主编:《文化产业研究 文化软实力与产业竞争力》第2辑,南京:东南大学出版社2009年版,第109—121页。

源配置系统;拥有竞争与协作并存发展的不完全竞争市场是产业集聚区域内最理想的市场;带有别具一格的最优信用系统。① 闽台文化产业园区的集聚效应特征主要体现在如下方面:

(一)从产业集聚的方式来看特征

1. 政府扶持型产业集聚

一个文化创意产业园区能够获得长远的发展,政府在它的形成过程中的责任及作用是不容小觑的,政府的介入无疑是文化创意产业园区获得的一枚得以进步的"金牌"。据相关资料显示,政府主导型的文化产业园区主要归结为两种类型:首先是"旧城改造",在当下大都市发展的快节奏下,城市中心的土地资源正逐渐稀缺,旧城改造的趋势必不可免,城市的更新就像一款网络新游戏一样,更新换代的时候总需要公司投入大规模的人力、物力以及财力,而改旧城为文化创意产业园无非就是节省这些资本的好选择,它不仅可以保留城市历史进程的足迹,还可以节约旧城改造所带来的资本。

福建著名的"明清建筑博物馆"——三坊七巷,是福建省闽台文化产业园区的核心区,它总占地面积近40公顷,基本上是保留了唐宋时期的坊巷格局,保存比较良好的明清古建筑有159座,它有着"城市里坊制度的活化石"的美称。2009年7月,《三坊七巷宣言》在福州被通过,宣言上就"保护城市文化遗产"提出倡议:我们的每个城市,都会有自己的历史文化,在城市与时俱进发展的进程中,我们要懂得珍惜它的文化遗产。因为它们不仅隶属于这个城市,也是全世界人民共有的精神财富,我们有义务和责任去保护。发展至今的三坊七巷,在政府政策的支持下,成立了三坊七巷管理委员会,规定它的文物保护建筑遗产不对外招租,或者搞商业性运营,主要是供展览使用的公共文化活动场所。近年来,政府的重视及其不断修正与完善的文化产业政策举措,有力地促进了它的产业集聚化发展。

其次是"产业园升级",城市经济的进步,带动了各大文化产业园区逐渐转型的步伐,促使它们去寻找一种新的适合自己发展的经济增长模式。文化创意产业园区的本身特点决定了它不可能孤立存在,它与许多大大小小的产业都或多或少存在着各种联系,具有极强的产业链渗透性,因此政府相关部门就会出台各种政策文件,关注文化创意产业的发展。

2. 市场主导型产业集聚

改革开放以后,随着我国市场经济的迅速开拓与深入发展,市场主导型产业

---

① 罗勇:《产业集聚、经济增长与区域差距:基于中国的实证》,北京:中国社会科学出版社2007年版,第78—87页。

集聚对我国文化产业的发展产生深远的影响。市场主导型产业集聚方式,在文化创意产业中最突出的特征就是打破了以往那种空间集聚的概念模式,而是建立以品牌特性为核心的产业链,将品牌战略规划提高到了前所未有的高度,这种被称作"后空间集聚"的模式,走的是品牌创新的道路,使得文化创意产业的发展独具特色,不断地推动了文化创意产业链的发展。

2010年,厦门市灿坤拟建设海峡两岸生活设计文化创意产业园及油画专业市场,总占地面积有5.7万㎡,总投资为5.7亿元。整个文化创意产业园区将打造集海峡两岸设计文化创意与厦门油画专业市场(油画展示/销售中心)、文化创意产业高端服务教学基地、生活设计文化创意产业以及油画产业的配套服务中心于一体的多功能性文化创意产业园,设计孵化总部大厦、文化创意展演中心、美术馆、油画市场等多个项目同时进行。灿坤海峡两岸生活设计文化创意产业园将文化创意产业园区与油画专业市场集聚在一起,形成此文化创意产业园区独有的个性特征,使得海峡两岸的油画在此形成了一种文化创意产业链的发展,促进油画品牌在竞争中更快地发展。

(二)从闽台文化产业要素的组合看特征

1. 市场要素组合

海峡两岸文化产业的市场容量差异相当明显。在台湾地区,由于地域的狭小决定了其人口的容量,也致使需求量极其有限。长期以来,台湾是以出口作为经济发展的重要方向,它们生产的产品在一半以上都销往岛外。当前,国际市场竞争愈演愈激烈,欧美等发达国家的市场群雄瓜分,也难再去拓展开来。

面对此种情况,中国大陆的广阔市场无疑是台湾宝岛海销产品的最佳选择。而福建省刚好是连接台湾和中国大陆以及长三角等地区的核心地域,地理位置优势及其明显。加上其本身的经济辐射能力,台湾文化企业势必依靠福建市场容量的优势,开设福建为"经济文化窗口",才能将大量产品销往内地,创造经济效益。闽地区所拥有的广阔市场容量也就成了闽台文化产业园区集聚效应产生的"助推器"。

2. 人才要素组合

与一般的产业园区不一样,文化创意产业园区的集聚发展很大程度上是因为创意型人才的创造能力。因此,创意性人才的培养至关重要,它是文化创意产业得以生存的基本落脚点,是文化产业园区得以集聚发展的核心要素。

就目前来讲,闽地区文化创意产业的就业率比较低,人才资源短板急需得到解决。福建地区的许多学校开始创办相关的专业,每一年毕业的学生也都上千,但是校园内设置的教学内容总是跟不上社会需求的发展,这也对福建的高等教育敲响必要的警钟,找寻方法促进校园内课程设置与社会需求发展能齐头并进。相比之下,台湾地区在高等教育资源方面,是比较有优势的,它们经常会由于招生资源不足的原因而降低招生标准,这就很明显地导致了教育资源的过剩。因此,引进台湾地区先进的教育理念,提高闽地区文化产业相关专业的教学水平,弥补创意人才紧缺的偏差。在闽台文化产业园区的产业集聚过程中,海峡两岸人才培养资源的合作发展,势必会使得两岸文化产业变得大有作为。

3. 优势产业链要素组合

当前,闽台文化产业园区的优势产业链在闽台两岸文化的产业集聚中显示出较大的互补性。

以影视动漫制作方面为例,闽地区有着较强的动漫制作能力,一百多家相关大型企业聚集于闽,从事此行业的人员超万元,分布在福州和厦门两个重要的动漫游戏产业基地,涉及制作动漫游戏及开发衍生品等内容。闽地区创作影视剧本的能力却偏弱。台湾地区的动漫影视市场相对内陆来说,是比较有限的,还要受到大陆等劳动密集型地区劳动成本低廉的影响,会使其一时萎靡不振。可是,不能忽略了台湾动漫影视产业的本身优势,与大陆地区相比较而言,台湾动漫影视产业由于拥有长期代工处理的经验,在技术和人才方面上都有独特的优势。再加上台湾加入国际分工领域比较早,在开发制作、策划营销等方面都拥有比大陆还完善的理念,台湾地区拥有大量著名的企业和品牌。从台湾影视市场近几年所取得的成绩就可以看出,台湾地区在影视文化产业方面的基础也比较牢固,影视剧本创作的能力比较强。将台湾地区的影视剧本创作能力与闽地区的制作技术结合在一起,无疑促使双方共同发展的最好方式。

4. 资金要素组合

福建大部分的文化企业都属于中小型,还处于成长阶段的它们得需要大量的资金来支持今后的发展。但是,风险投资机制的建立并不是一两天就能完成的,这也导致了大量的企业的资金来源渠道有限,不易实现有效融资,普遍缺乏资金支持。而台湾地区,由于经济比较发达,它们的资金会比较充裕,资金流动能力比较强。1986年以后,台湾地区内外经济环境的变化,让台湾经济在转型中面临着极大的挑战,台湾也开始将大量资本抛向海外。这也正好弥补了闽地区文化产业资金的缺乏,因为仅仅靠闽地区自身的地方财力能力是无法解决问题的,包括台资在内的海外资金就是"雪中送炭"的待遇。

第二十四章

新时期深化闽台影视产业合作的思考

根据国家统计局三次产业划分规定:广播、电视、电影和影视录音制作业属于第三产业中的文化、体育和娱乐业范畴。闽台影视产业合作界定为闽台在电视、电影方面领域所展开的合作。由于闽台区域接近、文化相通、政策先行,近年来两地文化创意产业合作渐入佳境,已经成为闽台产业合作的重要内容。闽台影视产业是闽台文化创意产业的重要组成部分,对于闽台文化创意产业合作的全面提升有重要影响。闽台影视产业合作基础良好,合作潜力很大,合作的问题也日益凸显,如何进一步深化闽台影视产业合作,这是新时期深化文化体制改革必须思考的重要问题,对于促进国内其他地方和台湾影视产业合作有非常现实的借鉴意义。

一、闽台影视产业合作的历程

1983年福建率引进的台湾电影故事片《搭错车》在厦门、泉州等地连续放映三个多月,这是首部在大陆正式上映的台湾电影。[1]《搭错车》拉开了闽台影视产业合作的序幕。20世纪80年代还有其他的台湾电影在福建上映。20世纪90年代闽台影视产业合作升温,双方提供拍摄支持。例如1990年3月台湾艺之城文化事业有限公司再次来福建拍摄《妈祖再生》,得到了泰宁和将乐县有关领导大力协助。同年8月,福建省广播电视厅接待并协助台湾铨美国际有限公司,到惠安崇武、福州鼓山、北峰及闽侯、连江等到地拍摄连续剧《草莽英雄》的部分外景。[2]随后,福建电视台、厦门电视台前往台湾拍摄专题节目。2000年闽台电视台开始加强电视新闻节目合作,交换新闻素材。2004年改版后《海峡新干线》是闽台电

---

[1] 温秀华:《构架新桥梁,打造大品牌—积极推动闽台两岸影视交流与合作》,载《改革与开发》2010年第7期。
[2] 福建省地方志编纂委员会:《福建省志·广播电视志》,北京:方志出版社2002年版,第237页。

视媒体在新闻资讯方面展开合作的成果。随着交流合作升温,福建电视台大量引进台湾电视连续剧。两岸正式开放影视合作政策之后,2010年闽台合拍电视剧《神医大道公》,这是两岸第一部正式合拍的电视剧,也是台湾主流电视台第一次以预购版权的方式参与合作的。后来闽台合拍电视剧、电影,联合制作电视节目日益增多。闽台影视产业合作的简要历程如表24-1所示:

表24-1:闽台影视产业合作情况一览表

时间			20世纪80年代	20世纪90年代	2000年以后	
节目类型	电影		《搭错车》《酒干倘卖无》《一剪梅》《星星知我心》《几度夕阳红》《京华烟云》《情义无价》等	电影	《包青天》《含羞草》《婉君》《厦门新娘》等	新闻资讯节目	《F4大搜索》《海峡新干线》等
						专题节目	《萍水相逢》《梨园百花春》《探秘东方》《直播台湾》《福建行o两岸情》《两岸关注》《第一反应》《客家歌舞祖地行》《海峡新干线》《海峡论坛》《福建行o两岸情》等
						纪录片	《过台湾》《闽台三十年》等
						娱乐节目	《娱乐乐翻天》、《非常音乐》等
				专题片	《台湾行》《海峡两岸闽南人》《海峡同乐》	闽南语情景剧	《一定爱幸福》《幸福好滋味》
						电视连续剧	《瑰宝》《大女子与小丈夫》《神医大道公》《今生不了情》《夏天协奏曲》《恋恋澎湖湾》《父与子》《周成过台湾》《齐天大圣》《剪爱》《陆小凤与花满楼》等
						电影	《海角七号》《金门新娘》《为你而来》等

续表

时间	20世纪80年代	20世纪90年代	2000年以后
合作情况	影片放映	影片放映 提供专题片拍摄支持	(1)新闻资讯节目主要以共享素材、协助拍摄形式合作。 (2)专题节目、纪录片以联合制作形式展开合作。 (3)影视剧(情景剧、电视剧、电影)以联合拍摄、相互播出、协助拍摄等形式展开合作。 (4)台湾播放福建媒体制作的专题片、电视连续剧。 (5)双方驻点采访。

(资料来源：通过《福建省志·广播电视志》《中国电影史》《当代台湾电影》、报纸、网络新闻报道等材料综合整理)

二、闽台影视产业合作的现状

回顾闽台影视产业合作30年历程，我们清晰地认识到闽台影视产业合作经历了由小产业到大产业、由单边到双边、由浅层次到深领域的过程。我们从合作政策、合作方式、合作主体等方面对闽台影视产业合作现状加以总结。

(一)合作政策松中带紧

为促进两岸影视产业的发展，国务院和福建省都出台了促进闽台影视产业发展的优惠政策。从国家政策层面来看，《海峡两岸经济合作框架协议》(ECFA)对两岸文化产业合作的设计、视听等行业获得政策支持。《关于支持福建省加快建设海峡西岸经济区的若干意见》《关于加强海峡两岸电影合作管理的现行办法》给予了福建先试先行的政策。国家针对影视产业推出优惠政策，包括加快合拍剧审批速度、鼓励相关影视机构增加引进台湾电视剧、不再受大陆每年20部引进片进口配额的限制，规定只要取得"电影片公映许可证"的台湾影片都可以，没有其他附加条件限制，鼓励两岸影视制作机构参与合拍剧制作等。从福建政策层面来看，《福建文化强省建设纲要》《关于加快我省创意产业发展指导意见》《中共福建省委办公厅、省人民政府办公厅关于加快文化创意产业发展的意见》等文件都提及大力支持闽台影视产业交流合作，尤其《关于促进福建省电影产业繁荣发展的实施意见》提出，健全完善闽台电影产业合作交流机制。积极吸引台湾资本、台资电影企业来闽设立电影机构。鼓励出台允许台商在闽投资建设影院的先行先试政策。① 厦门和福州专门建立闽台文化创意园区,为闽台影视产业深度对接提供合作平台。从台湾方面政策来看,2009年6月台湾公布了《大陆地区之营利事业在台设立分公司或办事处许可办法》《大陆地区人民来台投资许可办法》,台湾正式开放陆资赴台。两岸签署ECFA后,台湾大幅放宽对陆资入台的限制。台湾对大陆影片进口政策有所调整。根据大陆有关规定设立的制作单位所拍摄、符合台湾相关规定所定义的大陆电影,经台湾主管机关审查通过后,每年以15部为限,可在台湾商业发行映演,并应符合大陆电影片进入台湾发行映演的相关规定。② 在实际执行中却有所"偏差",根据《南方都市报》报道,2014年台湾改以抽签方式确定10部在台湾放映的大陆电影。此外,台湾对大陆影视从业人员的往返签证规定不够宽松。随着闽台文化交流合作的深入,台湾当局多次主张台湾影片可以先到福建放映。相比福建在文化创意产业方面推出的众多先行政策,台湾当局对福建影视公司入台政策"松绑"不多。

(二)合作方式日益多样

闽台影视产业合作方式日益多样,闽台影视产业交流合作前期,主要是双边交流互动、相互协助拍摄,协作提供素材。时至今日,闽台影视产业合作方式呈现如下特点:

联合拍摄、联合制作是最常见的合作方式。例如台湾东森电视台和海峡电视台等联合制作了《梨园百花春》《萍水相逢》《探秘东方》等节目。福建海峡电视台(海峡卫视)和台湾东森亚洲台开始联合摄制《福建行·两岸情》,推动了闽台电视交流合作向新的阶段迈进。闽台联合制作的影视节目以电视剧、电影、新闻节目、专题节目、戏曲节目等为主。联合直播电视节目是近年发展起来的合作方式。福建广播影视集团联合台湾TVBS电视台等完成的《直播台湾》就是采用这种方式完成的,这种合作适宜闽台有影响力的专题性节目。

版权合作是闽台影视产业合作的另一种方式,闽台双方主要围绕版权交易展开。例如福建好视传媒影视版权交易中心与台湾台视、中视、华视、中天、东森等电视台保持了较好的版权合作关系。随着版权相关法规的完善,闽台影视产业版权转让、影视衍生产品版权交易等将会进一步得到加强。

产业园区合作推动了闽台影视产业合作新方向。福建设置闽台文化创意园

---

① 《福建省人民政府办公厅关于促进福建省电影产业繁荣发展的实施意见》,福建省人民政府网。http://www.fujian.gov.cn/zfxxgkl/xxgkml/jgzz/kjwwzcwj/201111/t20111107_417970.html,2011 - 10 - 20.

② 郭龙:《台湾进口大陆影片配额放宽至每年15部》,《中国新闻网》http://www.chinanews.com/tw/2013/06 - 21/4956906.shtml,2013 - 06 - 20.

区作为闽台文化产业合作的对接平台,推动了闽台影视产业纵深拓展。福建拥有国家级文化级园区——闽台文化产业园,漳州市、三明市、龙岩市等都成立了专门性的影视基地,依托产业园区和影视基地,闽台影视产业机构将开展资本运营、联合人才培养、园区共建等形式多样的合作,推动闽台影视产业资源集聚。

(三)合作主体公私兼有

闽台影视产业的合作主体以闽台双方的电视台、影视制作公司为主。其中,海峡电视台和台湾东森电视台较早联合制作电视节目。福建以国有性质的媒体为主,海峡卫视、东南卫视参与合作较多,近年厦门卫视、漳州卫视、泉州卫视、龙岩电视台等地级市电视台也积极参加影视产业合作中来。福建为数不多的民营影视公司参加闽台合拍影视剧,例如福建东宇影视公司、海峡世纪(福建)影视公司、西岸传媒股份有限公司等。台湾参加合作的主要有中天、东森、华视、民视等电视媒体,还有台湾映画传播事业公司、台湾汉樑传播有限公司、台湾独角先影视传播公司、台湾华映娱乐股份有限公司等专业影视制作机构。台湾、福建的中型影视制作公司、小微文化公司因受限资金、资历等门槛,无法享受金融政策的更多支持,很难融入闽台影视产业合作之中。

三、闽台影视产业合作存在的问题

闽台影视产业合作起步较早,合作经验日趋成熟,但双方合作的问题日益凸显,影响闽台影视产业合作的可持续发展。

(一)合作空间略显狭窄

闽台影视产业合作主要集中在影视产业上游的制作环节,大多数是"一次性合作",没有延伸影视产业链条,缺少下游环节的合作。双边在新媒体领域合作不多。例如公益影视广告传播、微电影、新媒体影视素材方面合作较少。闽台合作的电视连续剧、电影主要反映闽台"五缘"文化的主题,双方合作的纪录片、专题片等电视节目以反映闽台旅游风光、文化艺术等,这种影视作品思维一定程度使闽台影视产业合作进入一种"框架陷阱",导致影视作品同质化倾向加剧,忽视了闽台许多鲜活的故事资源,不能有效挖掘中华优秀传统文化资源,没有向世界展示中华文化的经典作品,没有形成反映世界优秀文化的影视作品。闽台影视产业合作对于影视消费市场定位偏窄,局限福建、台湾消费市场,忽视国内、国际市场。合作主体还可以进一步扩容。目前来看,福建以国有性质的媒体机构为主,闽台双边的中型媒体公司、小型文化公司进入合作阵营的不多,有些地方政府甚至直接介入,这将出现"管办不分"现象。台湾大多是私营性质的大媒体公司,合作双方主体的差异性、复杂性,难免导致产业合作的不顺畅。因此,以闽台制作团队为主体,广泛吸纳国内其他影视制作机构、国际制作团队加盟,才能真正做强做大闽台影视产业。

(二)影视资源整合比较欠缺

目前闽台文化产业合作平台建设还缺少"一盘棋"的观念,整合和协作力度不够强,平台辐射力和集聚力也较弱,合作园区或基地集群效应不明显,拳头文化产品未能形成一定规模,影响力也不够。①

闽台影视资源整合不足,主要体现在闽台没有将文化资源、人才资源、受众资源等有效整合起来。闽台还没有全面梳理闽台文化影视资源,也没有专门的闽台影视作品资料库,将不利于闽台影视产业可持续发展。目前,闽台影视产业合作中的剧本写作、制作人员、影视明星等人力资源流动并不自由,需要多方多次协调。闽台频道落地、节目覆盖一时难以有较大突破,闽台受众资源"一体化"很难实现。闽台影视资源分散主要缘于缺乏合作平台和合作机制。目前,海峡两岸(厦门)文化产业博览交易会被视为是闽台文化创意产业合作常态化的平台,没有能够整合闽台影视产业专门性的平台和机构。

(三)影视产业市场不够开放

闽台影视产业受政策因素影响,还无法形成开放、自由的市场。尽管大陆推出系列新举措推动两岸影视合作交流,但是台湾当局对大陆文化入台限制依然不少,对大陆影视机构有关涉台的电视剧项目运作的人员构成、合作方式,甚至是拍摄取景方面都有很多限制。此外,涉及闽台影视产业合作的金融政策、播出政策、审查政策等,闽台双方都比较谨慎,政策把关较紧,闽台影视市场还不够开放,影视产业资源无法自由流动,不能激发闽台影视产业的创新活力。

四、深化闽台影视产业合作的路径

十八届三中全会《中共中央关于全面深化改革若干重大问题的决定》提出深化文化体制机制改革,这将给闽台影视产业合作带来巨大的发展机遇。深化闽台影视产业合作,突破合作"瓶颈",推动合作向纵深延伸,必须深入思考可操作性的路径。

(一)协同开发闽台影视资源

闽台有非常丰富的文化资源,例如妈祖文化、朱子文化、船政文化、关帝文化、闽南文化、客家文化等,如何有效地整合这些资源,推动这些影视文化资源的自由

---

① 刘淑兰:《闽台文化产业合作平台建设探讨》,载《福建论坛·人文社会科学版》2013 年第 6 期。

流动?当务之急,应当增加协同开发能力,形成闽台文化资源整合机制,推进闽台文化资源市场要素自由流动。一方面,成立闽台影视产业促进会、闽台影视交流协会、闽台影视联盟体等,整合闽台影视制作力量,以台湾、福建区域内知名的文化公司、民营文化企业、小型文化企业为主体,联合闽台高校、科研院所在文化传媒领域的研究力量,吸纳国际、国内知名的文化机构,协同开发闽台影视文化资源。另一方面,闽台影视管理机构加强协商,全面梳理闽台文化影视资源,建立闽台文化影视资源大数据库,做好闽台影视文化产业总体规划。

(二)完善闽台影视产业合作机制

利用国家深化文化体制改革大好机遇,进一步推动闽台影视产业的发展,可以从对话协商机制、合作管理机制、交流研讨机制等方面健全闽台影视产业合作机制。建立对话协商机制要求闽台影视管理机构保持各个级别、各种渠道的经常对话,甚至定期会晤,解决合作过程出现的问题。合作管理机制涉及闽台影视市场制作、播出、开放等问题。目前,这些管理问题大多通过闽台双方签订的意向书、合作协议协调,还没有长效性的管理机制。因此,可以针对闽台影视产业发展就制作审批、金融政策、播出管理等问题进行专门管理。例如涉及台湾应该放宽对大陆文化入台的限制,放宽大陆入台拍摄取景拍摄的限制、大陆明星到台湾演出、拍戏的要求等问题都借助合作管理机制解决。目前,闽台影视产业经常在相关会议作为议题研讨,还没有形成常态化的交流研讨机制。

(三)突破闽台影视产业合作空间

清华大学国家文化产业研究中心主任熊澄宇教授认为,闽台文创产业合作交流可以考虑从市场需求旺盛、产业基础坚实、政策空间允许的角度寻找双方合作的突破点,推动两岸文化产业的进一步发展。①

推动闽台影视产业合作链条纵向延伸,挖掘合作点位。在上游环节可以深化剧本创作、剧本交易、节目制作等方面合作,合作节目的类型更加多样化,突破影视剧、专题片、纪录片等合作框架,向微电影、3D电影、综艺节目等拓展。在中游环节鼓励双方合作院线投资、节目交换、销售等。例如闽南语电视节目还应当加强与台湾媒体的合作,通过节目交换或者购买台湾电视媒体时段的方式,借助台湾媒体的平台向台湾民众传播大陆的信息。② 在下游环节可以从后期产品方面

---

① 颜财斌:《海峡两岸文创专家相聚福州"论剑"闽台文创产业发展》,东南网. http://fjnews.fjsen.com/2013-05/17/content_11421426.html,2013-05-20.

② 连子强:《闽南语电视传播与闽台文化互动探析》,载《福建师范大学学报(哲学社会科学版)》2010年第2期。

加强合作,包括影视基地投资、做好衍生产品开放,促进影视版权增值。此外,推动闽台影视产业合作链条横向延伸。合作双方要有"长线"思维,可以将闽台影视产业与游戏产业、图书出版业、会展设计等行业"联姻",进一步挖掘合作的空间。拓展闽台影视产业在新媒体、网络社区、视频网站等领域的合作,建立闽台影视网站,集成视频内容,拓展闽台影视产业延伸。拓展闽台影视机构在影视基地、影视城、影视交易平台、剧本创作基地等领域合作。

(四)推进闽台影视产业市场更加开放

十八届三中全会《中共中央关于全面深化改革若干重大问题的决定》明确推进文化体制机制创新,允许以控股形式参与国有影视制作机构,这为闽台影视产业发展提供了大好机遇。同时,随着闽台文化创意产业合作的升温,闽台文化创意产业市场一体化趋势愈加明显。闽台影视产业市场可以作为"试水区"进一步推进开放。进一步推进闽台影视产业市场合作主体多元化,鼓励双方更多的民营制作公司、小型文化公司加盟合作。推进闽台影视产业制作和播出市场开放,减少更多行政性审批。鼓励闽台影视创作更加民主,激活闽台影视创作活力。此外,闽台影视产业市场不可自我"封闭",局限于闽台区域。成立闽台影视产业联盟体形式,推进闽台区域影视市场向国内影视市场、国际影视市场开放。

第二十五章

闽台新闻媒体合作内容分析及趋势展望

闽台新闻界充分利用"五缘"优势,在海峡两岸新闻交流过程中一直作为先行先试者,取得了实质性的成果。近年来,闽台新闻传媒交流日益升温,合作领域扩大,合作内容丰富,为海峡两岸新闻交流提供了操作范本。在"一国两制"下新闻理论和实践研究的重大课题背景下,本文总结了闽台新闻传媒交流与合作的历程,分析其合作内容,展望其合作趋势,能够为地方媒体与台湾媒体的合作提供一定的参照,同时,为构建海峡两岸传媒共同市场提出一些路径。本文所论述的闽台合作媒体主要是报纸、广播、电视。

闽台新闻媒体交流活动可以追溯到20世纪90年代初,在"电波大战"(广播宣传战)结束之后,开始了间接性的互访交流。紧随其后,广电媒体合作频繁,纸质媒体开展联合报道,新闻人员驻点采访放宽,地方性媒体加入合作行列,闽台新闻媒体交流合作向纵深领域拓展,合作方式灵活多样,经过了如下几个阶段。

一、闽台新闻媒体交流与合作阶段

1. 采访交流

1987台湾当局准许记者以探亲名义采访大陆,这个政策的推行很大程度上意味着大陆记者赴台采访的松动。受此政策的影响,闽台媒体人员的交往增多,但都是私下的个人行为。在1989年4月中华新闻工作者协会做出允许台湾记者采访大陆的政策规定之后,一些台湾的影视制作机构来闽拍摄风光片和电视片的外景,并且得到了福建相关机构的支持和帮助。例如1990年3月,台湾艺之城文化事业有限公司再次来福建拍摄《妈祖再生》,得到了泰宁和将乐县有关领导大力协助。同年8月,福建省广播电视厅接待并协助台湾铨美国际有限公司,到惠安崇武、福州鼓山、北峰及闽侯、连江等到地拍摄连续剧《草莽英雄》的部分外景。[①] 在

---

① 福建省地方志编纂委员会:《福建省志·广播电视志》,北京:方志出版社2002年版,第237页。

1992年的两岸新闻交流中,有五批大陆的新闻采访团先后顺利赴台采访。其中有福建电视台《台湾行》摄制组,厦门电视台《海峡两岸闽南人》摄制组。同年,福建电视台《海峡同乐》摄制组前往台湾拍摄。1993年福建省闽台新闻交流联谊会成立后,与台湾《工商时报》开展交流,同时应《工商时报》邀请,还组织了福建省13家主要新闻媒体的负责人和资深记者在1994年9月中旬赴台进行为期10天的考察采访。①

闽台新闻采访开放步伐受到海峡两岸关于开放记者驻点采访的政策的影响。大陆方面在1990年9月颁布《关于台湾记者来祖国大陆采访的注意事项》,1996年9月,国务院台办颁布了《关于台湾记者来祖国大陆采访的规定》。2000年11月10日台湾正式允许开放大陆记者赴台驻点采访,当时规定大陆只能有四家不同性质的媒体(国家级媒体)可以不间断在台湾驻点采访。② 福建媒体作为地方媒体,在台湾驻点采访还只是近年闽台新闻交流的成果。

2. 互帮互助

在第一个阶段,闽台新闻传媒交流主要成果落实两地记者新闻采访权,闽台新闻界之间主要是一种浅层次的来往,没有开展实质性的合作。随着闽台新闻界交流的频繁,双方更多地表现在协助采访、联合采访等活动,这些可以看作一种合作关系的体现。此阶段,闽台报社、电视台对彼此采访活动都给予了较多的帮助,甚至在提供新闻素材方面闽台媒体经常展开互动。

双方交换节目素材是互帮互助的另一个体现。交换节目素材较早在闽台广播电台媒体中实施。例如福建新闻频道充分利用台湾提供的新闻资源进行加工后,在2002年推出了《F4大搜索》栏目,报道台湾社会新闻。2003年,福建东南电视台设立综合性对台栏目《海峡新干线》,拉开了闽台电视媒体直接合作的序幕。在《海峡新干线》改版后,这档节目成了闽台电视媒体在新闻资讯展开合作的节目。

此外,闽台新闻学界和业界还进行了各种新闻学术交流活动。例如闽台新闻媒体在第一次两岸传媒举办文化交流活动、第一次两岸新闻界举办经济研讨会、第一次双向卫星传送电视交谈、第一次大陆电视新闻向台湾连线直播、第一次海峡两岸广播事业交流研讨会中有相互的影子。

---

① 程道才、黄磊:《海峡两岸新闻交流初探》,载《新闻大学》1996年第4期。
② 台湾当局于2000年11月宣布开放大陆4家中央新闻媒体赴台驻点采访。2001年2月,新华社两名记者率先赴台驻点。后来大陆媒体赴台驻点增至5家,包括新华社、人民日报社、中央人民广播电台、中央电视台、中新社。

3. 纵深合作

2005年后,闽台媒体之间走向全面合作,其合作的领域日益广阔,合作的方式灵活多样,合作的程度更加深入。在闽台合作的媒体方面,闽台纸质媒体加入合作阵营,《福建日报》与《中国时报》双方签署协议,交换新闻照片,可以向对方索取急需新闻照片。《福建日报》《中国时报》经常刊登对方的新闻照片。此外,《海峡都市报》《海峡导报》《民众日报》《澎湖日报》《联合报》相互都展开各种形式的合作。这个阶段闽台媒体合作队伍愈加强大,尤其是更多地方性媒体参与到闽台媒体合作行列。例如:东南广播公司、泉州的"刺桐之声"广播电台和台湾无线广播电台展开合作。泉州电视台、漳州电视台等地级市电视台也和台湾电视台签署合作协议。如2009年福建漳州电视台与台湾东森电视台、中天电视台、年代电视台签订长期合作协议。在合作生产媒体产品方面,闽台电视台联合生产节目的数量剧增。自2007年年初开始,海峡电视台联合台湾东森电视台摄制的《福建行·两岸情》大型电视系列片,厦门卫视与台湾中天、东森、华视、民视等联合制作的《两岸关注》《第一反应》等节目。随着福建省委省政府实施海峡西岸经济区建设战略,提出"两个先行区",采访权进一步开放,2008年12月《福建日报》、东南卫视组成首批地方驻台记者进入台北,开创了中国大陆地方媒体赴台驻点先河。其后,厦门卫视成为大陆首家赴台驻点城市媒体。据介绍,2010年,闽台媒体互派记者驻点形成机制,福建赴台驻点媒体已增至5家,福建日报报业集团、福建省广播影视集团、厦门卫视等已派4批26人次记者赴台驻点采访。同时,台湾东森电视、中视、旺报也已派3批13名记者来闽驻点。① 截至2009年11月,台湾媒体来闽采访49批111人次,福建记者赴台采访交流18批150多人次;历年累计台湾记者来闽采访803批、2326人次,福建赴台采访交流97批737人次。②

二、闽台新闻媒体合作内容

目前,闽台新闻传媒已经突破了简单的交流活动,更多体现为一种合作关系,其合作内容主要有共享新闻传媒资源、共同制作媒体产品、联合举办传媒活动、开放闽台受众市场等。闽台新闻传媒合作根基在于闽台的"五缘"优势,合作目的是闽台新闻传媒资源优势互补,适应闽台政治、经济、文化、教育等领域相互交流的

---

① 罗钦文:《闽台媒体交流互派记者驻点成机制》,http://www.chinanews.com/tw/2011/01 - 09/2775175.shtml,2016 - 05 - 19。
② 《人民网·台湾三家媒体赴闽驻点?新闻交流与合作迈上新台阶》,http://media.people.com.cn/GB/120837/11032844.html,2016 - 05 - 20。

客观需要,做大福建和台湾各自的传媒市场。

1. 共享新闻传媒资源

在新闻传媒资源共享方面主要表现为交换传媒资源、共用传媒资源、建立资源共享平台。新闻信息资源是闽台新闻界共享的主要内容。

为了满足两岸人民对信息的需求,闽台新闻媒体密切关注彼此的时政、经济、文化、民生、体育、文艺等领域的新闻资源。闽台新闻媒体通常借助卫星、互联网和邮寄等途径进行新闻资源和部分娱乐节目的交换。闽台媒体相互交换传媒资源在广播电视媒体领域较为频繁,特别在广播电视新闻节目中较早交换新闻资讯内容。以台湾 TVBS 为例。TVBS 与大陆媒体如中央电视台、北京电视台、福建省广播影视集团等多家媒体均有合作,尤其在新闻资讯方面的合作。① 在报纸媒体方面,2005 年起《福建日报》与《中国时报》交换新闻照片。最近,台湾《民众日报》《澎湖日报》推出"海西新闻"专版,刊发《海峡导报》供稿的内容。

闽台广电媒体在共用传媒资源方面展开了多种形式合作。福建的一些娱乐新闻节目如《娱乐乐翻天》《非常音乐》等都是通过台湾合作机构提供最前沿的信息。台湾太阳卫视每天向东南卫视提供若干新闻或新闻专题,并且负责台湾新闻连线报道及台湾所有节目素材的卫星传送工作,这些内容经过选编后将在东南卫视《海峡新干线》《海峡论坛》节目中播出。福建电视台与台湾东森电视台结为姐妹台,建立资源共享平台,进行节目交换、新闻资讯分享等方面合作,东森电视台将其自行采编并制作的新闻节目素材和文字稿通过卫星传送给福建电视台。

2. 共同制作媒体产品

合作生产媒体产品已经超越了闽台新闻传媒交流的简单层面,从策划、拍摄、后期制作整个过程都有闽台媒体共同组成合作团队,不是单纯的协助。闽台合作生产的媒体产品主要是广播电视产品,这种合作已经触及了双方传媒产业链的上游环节。

在广播节目制作方面:2008 年,东南广播公司和台湾广播业者合办"旅游我最大"节目,介绍福建省及祖国大陆其他地方的风土人情。同年,福建海峡之声广播电台与台湾非凡联播网共同签订《电台交流新闻集散合作协议书》,两家电台共同制作《台胞看海西》《家在海西》《两岸故事》《两岸看奥运》《风从客家来》和《神州任我行》等节目。2010 年春节期间,两岸电台一共制作了 118 个节目单元(其中大陆电台 92 个,台湾电台 26 个),所有节目均由东南广播公司汇总并统一编辑、包

---

① 张素桂:《两岸电视媒体合作探析——从〈福建行·两岸情〉说起》,载《东南传播》2008 年第 4 期。

装之后,交由台湾也是行销公司和中光公司,以及大陆各协作电台同时播出。①

闽台电视媒体一直作为两岸媒体合作的先行者,合作生产的电视节目包括新闻节目、专题节目、影视剧、戏曲节目等。为了满足闽台两地人民对新闻信息的需求,2004年5月,改版后的《海峡新干线》拉开闽台电视媒体合作生产媒体产品的序幕。后来,海峡电视台和台湾东森电视台等联合制作《萍水相逢》《梨园百花春》《探秘东方》等6档节目。2007年1月福建海峡电视台(海峡卫视)和台湾东森亚洲台开始联合摄制《福建行·两岸情》,推动了闽台电视交流合作向新的阶段迈进。本节目由两台40多人次组成摄制组,途经20万公里,拍摄完成23集大型电视系列片。② 除了省台外,福建的一些地方台纷纷和台湾媒体开展联合制作电视节目,例如厦门卫视与台湾中天、东森、华视、民视等电视媒体制作过《两岸关注》、《第一反应》等节目,海峡卫视、泉州电视台与台湾东森电视台合作,在2009年元宵节进行连线直播泉州元宵节民俗活动。联合直播电视节目是闽台电视媒体合作的新方式。在这方面福建广播影视集团联合中央电视台国际频道与台湾TVBS电视台联袂合作,2009年《直播台湾》已经成为两岸媒体合作的新篇章。

此外,影视剧也逐渐成为闽台传媒界合作的新领域。37集电视连续剧《海峡往事》、电影《长长回家路》和《金门新娘》《大女子与小丈夫》都是福建影视制作机构和台湾影视机构联合拍摄制作的成功范例。一些地方媒体如龙岩电视台与台湾台中市客家公共事务协会共同拍摄制作了10集电视片《客家歌舞祖地行》,海峡卫视和台湾东森电视台联合拍摄历史文献片《闽台三十年》。

3. 联合举办传媒活动

联办大型晚会是闽台新闻媒体经常联合举办的活动。如由福建省对外文化交流协会、福建省广播影视集团与多家台湾媒体、民间社团共同创办的《妈祖之光》大型电视综艺晚会、"相约东南"等已经成为两岸电视文化交流的知名品牌。"客家之歌"大型电视综艺晚会成为常规活动。此外,双方还利用传统节日和特殊事件,开展形式多样的活动,例如闽台中秋晚会、中秋戏曲晚会、"闽台情深,共渡难关"赈灾晚会。闽台媒体利用两岸交流不断深化的机遇,积极联合开展各种活动,诸如中华闽南语歌曲演唱大赛、海峡两岸大学生辩论赛、海峡两岸歌仔戏艺术节、闽台少儿夏令营等活动影响力逐渐增强。

闽台新闻界联合举行业务交流和学术交往活动。在20世纪90年代初,福建

---

① 杨国栋:《海峡两岸广播联盟协作新跨越》,载《对外大传播》2010年第5期。
② 许金钟、李进:《两岸视角 情缘印证——试论〈福建行·两岸情〉的"对台"特色》,载《中国广播电视学刊》2008年第2期。

的一些媒体和台湾新闻界的交流频繁,积极参与了第一次两岸传媒举办文化交流活动、第一次两岸新闻界举办经济研讨会、第一次双向卫星传送电视交谈、第一次大陆电视新闻向台湾连线直播、第一次海峡两岸广播事业交流研讨会等交流会议。近年来,闽台新闻传媒学术性的交流日渐加强,福建日报报业集团和台湾旺旺中时传媒集团联合主办的海峡媒体峰会、海峡两岸影视制作业峰会已经成为业界交流的重要平台。

4. 开放闽台受众市场

时至今日,"受众即市场"已经成为媒体普遍接受的观点,如何挖掘受众注意力资源成为新闻媒体关注的焦点。闽台受众在审美心理和媒介接触方面有许多相似之处,随着闽台之间交流领域的拓展,交流活动的频繁,闽台受众市场成为两地媒体机构拓展的重点,闽台媒体开放彼此的受众市场成为合作的新亮点。

开放收听和播出市场是闽台媒体在受众市场展开合作的重要领域。在这个领域的合作,多以播出联合制作节目和采访的新闻为主,其合作深度不够,但我们能够感受这种开放的步伐。东南卫视作为首家在台湾落地的省级卫视,对于双方开放各自的受众市场起了示范作用。海峡之声广播电台成为对台广播覆盖率最高的电台。同样,福建的东南广播公司和泉州的"刺桐之声"广播电台制作的节目可以在台湾岛内播放,厦门卫视节目直接入岛播出时间逐年增加。

在报业和期刊发行市场方面,《海峡导报》与台湾有关媒体合作,专门刊发台湾海峡新闻和两岸关系深度报道,每天有两千份报纸在台湾岛内发行。值得一提的是,闽台新闻界开始运筹开放双方的期刊发行市场,建立闽台共同出版市场。

三、闽台新闻媒体合作趋势

通过梳理闽台新闻交流合作阶段,分析闽台新闻传媒合作的内容,闽台新闻传媒在合作媒体、合作领域、合作层次等方面有了较大的跨越,为两岸新闻交流合作树立了示范作用。

交流和合作成为两岸关系的关键词,两岸新闻交流合作步伐将会进一步提速。闽台新闻媒体作为两岸新闻界的先行者,除了进一步巩固现有合作交流的基础,还将拓展合作领域,提升合作层次,呈现闽台新闻交流合作的新趋势。

首先,合作领域更加开放。随着闽台媒体合作的深入,许多附加条件的合作将会逐渐松绑,今后,福建赴台驻点的媒体数量、闽台之间播出双方节目的时间长度、闽台媒体共同制作节目的题材都将提供更多的合作空间,同时这种合作的审定权限也将逐渐"下放",推动全方位的合作,营造有利于双方技术、人员、资金自由流转的合作环境。展望这些合作领域主要表现在报纸的印刷、发行进驻对方市场,联手打造影视产业、动漫产业、出版产业,在经济、文化、旅游、民间信仰等领域,充分利用网络展开合作。

其次,合作主体日趋多样。福建日报报业集团、福建广播影视集团、海峡卫视、厦门卫视、台湾东森卫视、台湾旺旺中时传媒集团是闽台合作的主要媒体,纸质媒体只在较低层面的展开合作。从合作媒体的层次来看,双方主流媒体将继续秉承合作的优良传统,成为合作的"领头羊",福建的许多地级市媒体紧随其后,例如泉州电视台、漳州电视台、三明电视台、龙岩电视台等地级电视台与台湾的中天、中视、TVBS等电视台开始展开合作。还有更多的民营制作机构和传媒公司也纷纷加入合作队伍。从合作媒体的类型看,手机、网络媒体是今后合作的方向。"2010海西创意产业发展论坛"成果之一,签署了闽台手机媒体合作意向书正式拉开手机媒体合作的序幕,通过两岸的手机媒体平台实现闽台旅游资讯、旅游文化的传播。

最后,闽台传媒市场一体化加速。海峡两岸新闻交流过程中,学界人士提出了"两岸媒体共同市场"的概念。郭伟锋先生最早指出在台湾存在一个"大陆及两岸关系新闻市场"。[①] 海协会副会长、厦门大学新闻传播学院院长张铭清在2010年厦门大学举办的"一国两制"新闻学研讨会上提出,海峡两岸媒体应在信息、人才、市场、营销、资金等方面展开合作,促进资源共享,形成共同市场。随着闽台新闻媒体的推进,闽台传媒市场一体化已经初露端倪,例如闽台两地的资金已经开始流向传媒行业、影视制作业、广告业,传播公司进驻对方。我们可以预言闽台传媒市场成为"两岸媒体共同市场"实验区将率先实践,闽台传媒市场一体化进程也将全面提速。事实上,这几年闽台新闻媒体合作和交流一直推动闽台传媒市场的形成,并且在业务、人员方面已经构建了资源共享平台。展望未来闽台传媒市场一体化主要体现在受众资源市场一体化,这意味着闽台传媒界能够共同开发彼此的收听市场、播放市场、发行市场以及建立在这些基础上的广告市场。这就要求打破闽台传媒界现存的壁垒,进一步开放卫视落地权限,参与彼此的节目制作,广泛展开版权合作,扩大图书期刊发行市场。

---

① 郭伟锋:《台湾的"大陆及两岸关系新闻市场"》,载《两岸交流与新闻传播》,武汉:武汉大学出版社1995年版,第51—74页。

第二十六章

关于建立闽台新闻媒体合作机制与模式的探讨

闽台新闻界充分利用"五缘"优势,在海峡两岸新闻交流过程中先行先试,交流和合作日益升温,正从功能性的交流迈向常态化和制度化的合作,其合作领域向纵深拓展、合作方式灵活多样。因此,围绕闽台新闻媒体交流与合作进行理性反思,合理构建闽台新闻媒体合作机制和总结合作模式成为当务之急,同时也能为海峡两岸新闻交流提供一定的借鉴。

一、闽台新闻媒体合作机制与模式

"机制"已经成为当前诸多领域广泛使用的词汇,但人们对其语义未必完全熟悉。在探讨有关机制话题时,有必要了解其意义。"机制"源自英文的"mechanism",意指机械的结构与工作原理。这一概念后来在人类学、社会学与经济学中逐渐普遍使用,泛指事物内部结构、功能与其运行规律。汉语词典对机制的注解:机制泛指一个工作系统的组织或部分之间相互作用的过程和方式。在两岸交流与合作过程中,经济一体化机制是广泛讨论的话题。有学者认为,经济一体化的机制与模式是指在经济一体化过程中所建立起来的管理一体化活动的各种组织机构、规范一体活动的各种规则章程,以及处理一体化问题的各种程序体制,甚至包括在一体化进程中形成的各种习惯、观念和认同。[①] 借用以上关于机制含义的理解,闽台新闻媒体合作机制主要是指闽台的报纸、广播、电视等媒体在交流合作过程中涉及的各种规则、章程、体制、观念等。

清华大学新闻与传播学院郭庆光教授在《传播学教程》中对"模式"进行过解释。他认为所谓"模式",是科学研究中以图形或程式的方式阐释对象事物的一种方法。他指出模式有两个特点。第一,模式与现实事物具有对应关系,但又不是对现实事物的单纯描述,而具有某种程度的抽象化和定理化性质。第二,模式与

---

① 唐永红:《两岸经济一体问题研究—区域一体化理论视野》,厦门:鹭江出版社2007年版,第88页。

一定的理论相对应,又不等于理论本身,而是对理论的一种解释或素描。因此,一种理论可以有多种模式与之相对应。本文所论述的闽台新闻媒体合作模式,借用了相应的图式对合作过程中某些具有相似性质的合作方式加以概括、总结和描述,它既是闽台新闻媒体合作的实践总结,也代表了合作方式的趋势。

在讨论闽台新闻媒体合作机制和合作模式的构建问题时,我们必须考虑当前闽台新闻媒体交流与合作过程中存在的障碍问题,一方面海峡两岸政治关系在一定程度上影响的交流和合作,尤其是台湾政局的阵营属性,交流与合作都受到一定的局限。另一方面闽台新闻媒体的合作受制于两岸新闻交流和合作的总体框架,势必影响合作的深度和广度。当然闽台新闻交流与合作又适逢天时地利,由于福建特殊的地理位置和先试先行的政策优势。因此在构建闽台新闻媒体合作制度和合作模式时,既要考虑存在的问题,才能保证机制和模式的适用性和科学性;也要考虑当前的政策倾向和良好的交流局面,提出具有前瞻性和尝试性的合作制度和合作模式。基于这样的背景建立闽台新闻媒体合作机制才能保障双方合作的常态化、制度化、正常化,促进双方互利双赢。同时,围绕闽台新闻媒体合作模式加以探讨,就是要进一步挖掘合作方式,推动闽台区域传媒市场一体化的形成。

二、闽台新闻媒体合作机制的内容

(一)合作协商机制

举办各种论坛和开展各层次的交流是闽台新闻媒体交流和合作主要活动内容,目前,这些活动主要由福建日报报业集团、福建影视集团、厦门日报报业集团和台湾东森电视台、台湾旺旺中时传媒集团等组织,这些活动经常超越了单纯的闽台地域界线,往往延伸到了海峡两岸。因此,闽台媒体业界、新闻学者、新闻研究机构可以共同组成一个专门的闽台媒体合作理事机构或协作体协会,赋予理事会或协作体协会协调、组织、联络、开展活动等权利,以此建立协商机制,进一步加强闽台媒体机构的协调和跨区域跨媒体的合作,提高政策措施的灵活性和有效性,以适应闽台大交流、大合作的需要,推进闽台合作交流常态化制度化。合作协商机制主要由以下部分组成。

定期会晤机制:建立定期会晤机制要求理事代表保持各个级别、各种渠道的经常对话,特别是常务理事定期接触和协商具有重要意义。定期会晤机制下设报社定期会晤委员会、广播电视定期会晤委员会和杂志定期会晤委员会三大组织机构,这些组织机构分别围绕闽台媒体在各自合作领域出现的问题进行磋商。

合作论坛机制:闽台网络媒体座谈会、闽西南五市广播电台与台湾传媒合作发展论坛、海峡媒体论坛等为闽台媒体合作与交流提供了的平台,起了牵线搭桥的作用。今后还要进一步充实合作论坛机制,充分利用论坛围绕一定的主题进行研讨,推进业务和合作事项探讨,扩大论坛参与的范围,吸纳更多福建的省级、地市级和台南、台中、台北等相关的媒体、科研机构、专家参加,尽量保持论坛的开放性。同时,保证论坛举办的连贯性和主题性。

业务交流机制:闽台新闻界可以在各种合作协议框架下开展实质性的业务交流活动,例如新闻业务培训活动、闽台主持人互派交流活动、影视制作人员业务交流。这些业务交流可以在闽台报社系统、广播电视系统、杂志社展开。目前,这种业务交流在厦门日报社与台湾中时媒体集团建立全方位新闻业务交流合作,双方就两报新闻业务的互动和新闻人才的培训展开实质性合作。

(二) 合作管理机制

闽台新闻媒体合作过程中所涉及的政策文件、条款协议、框架文本等属于合作管理机制的范畴。这些管理机制是针对交流合作而制定,协议本身带有一定的约束行为,可以保证交流合作行为的规范化和程序化。闽台新闻媒体合作涉及管理的机制,主要有大陆的《台湾记者在祖国大陆采访办法》、两岸影视交流与合作涉及的相关规定、台湾的《两岸关系条例》。此外,在2008年,福建省在闽台新闻交流方面有五项新举措,涉及福建地方媒体驻点问题及新闻交流审批权限问题等,这些"松绑"的管理规定,对闽台新闻交流先试先行产生了深远影响。闽台新闻媒体在交流和合作过程中签订的各种协议,例如共同建设书、合作意向书、合作协议等也是闽台媒体合作管理的机制。

以上所提及的内容已经成为闽台新闻媒体交流和合作的保障机制,这些机制具有宏观管理的特点,许多机制比较适合单一交流层面,针对日渐升温的闽台新闻合作略显滞后。为此,针对报纸、广播电视、杂志等制定有针对性的合作管理机制,根据这些宏观管理机制,结合具定的合作媒体对某些条款加以修正,这样能够增强合作的操作性,防止概念化的"建设书"。制定合作管理机制还要求闽台之间双方释怀善意,非福建一厢情愿,台湾方面应减少限制,双方共同推动传媒资源的配置,实现闽台和谐传媒生态圈。"建立和完善对两岸媒体有共同约束力的区域化媒介管理体制,既要防止区域封锁、排外现象的发生,也要防止区域内媒体的恶性竞争,从而有效地节约和优化媒体资源,形成良性的媒介生态布局,建立健康有序的两岸传媒共同市场。"[①]

---

① 张铭清:《倡建两岸媒介共同市场》,载《华侨报(澳门新闻版)》2009年6月11日。

（三）资源共享机制

任何领域合作都将分享双方的资源，推动双方资源的优化配置。合作双方也要积极建立资源共享机制。就闽台新闻媒体合作而言，主要应推进新闻信息资源共享机制、人力资源共享机制、市场资源共享机制的建立。

中国人民大学蔡雯教授认为：新闻信息资源—新闻媒介所拥有的新闻信息渠道及其产品，包括新闻提供者、新闻合作者、新闻线索、新闻稿件、新闻资料等。① 目前，闽台部分报社、电视台在图片、新闻稿件等方面进行了相互交换，但没有建立真正意义上的新闻信息资源共享机制，这就要求在闽台范围内建立报社、电视台、杂志社等广泛参与的资源交换平台，实现新闻信息资源要素在闽台范围的互通有无，只要有利于闽台交流与合作的信息都可以通过这个平台实现交换，从而实现闽台新闻信息的自由流通和整合传播。新闻信息资源共享机制的建立有赖于闽台双方区域内各媒体的广泛参与，发挥双方主要媒体的作用，吸纳地方媒体参与，以此组建闽台信息资源交换网络。新闻信息资源共享机制对于可以共享的内容要进行明确的细分。

人力资源共享机制：就闽台新闻教育而言，闽台合作专业的院校有的已经开设媒体创意方向的专业，闽台之间双方互派新闻教育师资，这也是共享机制的体现。从闽台媒体签订的共同建议书来看，文中只是提及人员相互交流往来，并没有真正推进人力资源的流动。要推进人力资源共享机制必须建立闽台媒体人才数字平台，可以设立闽台传媒专家库、闽台互派记者库、闽台传媒人才需求库等。

市场资源共享机制："两岸传媒共同市场"是当前较关注的话题，闽台传媒市场一体化初显端倪，两岸传媒共同市场的构建可以率先在闽台传媒市场尝试，而市场资源共享机制对推动闽台传媒市场一体化产生重要影响。市场资源共享机制要求闽台新闻媒体在受众资源市场、出版发行市场、广告市场、媒体投资市场方面共享。闽台新闻界应该加快市场开放的步伐，规划相互开放范围和程度。电视信号落地、广播频率覆盖、报纸、杂志出版发行等问题都亟待解决，还应开放广告投放市场、影视产业投资市场、新闻设备营销市场等，这样才能打破闽台传媒市场的封锁状态，推进双方共享市场资源，直接促进闽台传媒产业的对接，形成市场资源共享机制。

（四）驻点采访机制

据介绍，2010年，闽台媒体互派记者驻点形成机制，福建赴台驻点媒体已增至5家，福建日报报业集团、福建省广播影视集团、厦门卫视等已派4批26人次记者

---

① 蔡雯：《论新闻资源开发》，载《新闻战线》2003年第3期。

赴台驻点采访。同时,台湾东森电视、中视、旺报也已派 3 批 13 名记者来闽驻点。① 驻点采访,相互设立办事机构,一直是两岸媒体交流与合作涉及的重要问题,这也是进一步推进两岸媒体在其他方面合作的重要保证。闽台媒体能够互派记者驻点,扩大赴台驻点数量,这又是一大突破。然而,闽台媒体互派记者驻点还只是在为数不多的几家媒体之间展开,没有形成闽台媒体全方位开放的局面,作为驻点采访机制还有待完善和充实。

闽台驻点采访还受到采访人数、时间、审批程序等方面有限制,特别这种驻点采访机制双方规定不够对等,有时还存在不确定性因素影响这种机制的形成。同时,闽台双方如何对获得驻点采访权的媒体和记者进行管理也是驻点采访机制应该考虑的。

三、闽台新闻媒体合作模式的类型

近年来,闽台新闻界合作已经呈现从单一交流到全面合作、从资源交换向共同开发、从业务协作向相互融资、从区域封锁向共同市场发展的特点。从闽台新闻媒体合作的现状来看,主要形成了资源联合、资金融合、版权合作三大合作模式,这些合作模式有的正在当前运作,有的将成为合作的趋势。

（一）联合运营模式

这种合作模式主要是闽台新闻媒体组建协作共同体或战略联盟,共同运作新闻实务内容。运作的内容涉及制作、播出、发行、出版等环节,具体表现为联合制作广播电视节目、联合推出报纸版面、联合举办活动等。其合作模式如图 26-1 所示:

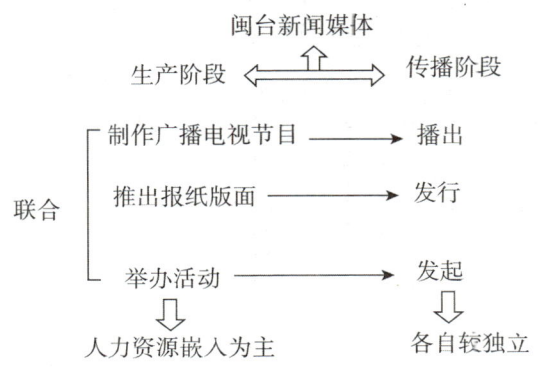

图 26-1：联合运营模式

---

① 罗钦文:《闽台媒体交流互派记者驻点成机制》,http://www.chinanews.com/tw/2011/01-09/2775175.shtml,2011-01-30.

这种运作模式能够充分调动双方的人力资源,节约传媒运作成本,合作双方通常签订合作协议进行操作,而且各自权责明确,提高传媒运作效率。借助这种模式可以规避闽台区域媒体管理的某些限制,有效进驻彼此传媒市场。闽台纸质媒体这种合作模式主要表现在:福建日报报业集团与台湾旺旺中时传媒集团将联合创办《两岸传媒》杂志,此杂志拟采取"一刊两号"的形式,在大陆和台湾分别注册,由两集团共同主办,并分别使用简繁体字出版发行。① 同时,《厦门日报》与《金门日报》联合策划推出《串门》特刊,其内容由两报共同策划、联袂采访、同时刊出。在广播电视领域许多专题节目、娱乐节目的运作也是通过这种模式实现的:《旅游我最大》《台胞看海西》《家在海西》《两岸故事》《两岸看奥运》《海峡新干线》《海峡午报》等都是电台和电视节目都是通过这种模式运作的成功典范,特别今年新策划的电视新闻评论节目《海峡深呼吸》实现了同制同播。娱乐节目方面,通常是福建东南卫视、厦门卫视联合台湾的综艺节目制片人、主持人来进行运作。大型晚会、业务交流、学术交往活动、在传统节日和特殊事件开展形式多样的活动已经都是闽台媒体联合运营的内容。

闽台广电媒体通过这种合作模式在节目类型方面还有许多可以拓展的空间,专题节目、综艺节目、娱乐节目等方面都可以加快合作步伐,甚至部分新闻资讯节目,可以相互委托双方媒体采写,更快地传播资讯内容,这种合作双方可以直接提升到直播层面,像《海峡东岸行·直播台湾》正是直播层面运作的代表。

(二)资本运营模式

资本运营是指企业将拥有的各种资源(包括相关生产要素和社会资源)视作价值资本,通过单独或综合运用流动、裂变、组合、优化、配置等途径,最大限度实现其价值增值的经营方式。② 媒体进行资本运营就是媒体充分利用可经营性的资产和其他资本流动、交易、转让、租赁等途径,参与媒体资源配置,实现媒体赢利和媒介经营的行为。通过多种途径进行运转,优化传媒资源配置,扩张传媒资本规模,其合作模式如图26-2所示:

---

① 陈梦婕:《闽台联办〈两岸传媒〉杂志协议在台北签署》,载《福建日报》2011年4月25日。
② 彭永斌:《传媒产业发展的系统理论分析》,四川:西南财经大学出版社2004年版,第42页。

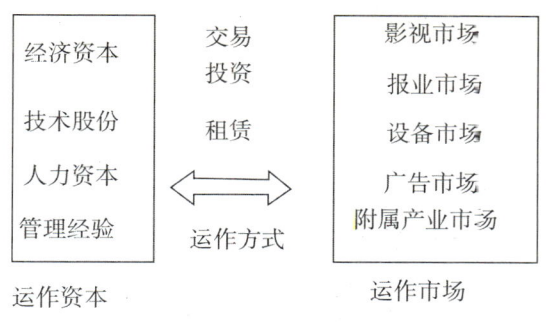

图 26-2：资本运营模式

闽台新闻媒体资本运营模式表现最为突出的是合拍影视剧。在 2008 年 1 月大陆宣布对两岸的合拍剧的政策享受与大陆电视剧同等待遇之后，针对电视剧部分还有一定的补助，这极大地推动了闽台影视产业的合作。《海峡往事》《夏天协奏曲》《恋恋澎湖湾》《周成过台湾》等都是近年闽台电视媒体合拍电视剧的代表作品。在电影方面，福建广播电视总局积极推动与台湾影视公司合作。就这种合作模式的现状来说，主要通过联合投资，走商业运作的模式。这种模式除了双方的资本流动相融之外，人力资源、技术资源、制片经验等都参与到配置中。

闽台新闻媒体资本运营除了在影视剧方面合作外，还可以吸纳双方更多的民营制作机构参与电视领域，一些栏目，甚至节目、片头制作等可以通过外包形式由民营制作机构生产。如果机制放宽，双方的一些娱乐、影视、生活频道的经营权和固定资产共同作为资本，与业外资本联合进行公司化经营，也可以放开部分节目的广告市场，让进驻闽台对方的广告公司通过承包参与经营。在闽台报业市场，如果按照传媒市场资本运营的规律，报业集团可将经营性的成分例如发行、印刷、广告、餐饮、房产等都可以吸纳闽台双方社会性的资本进来。此外，作为资本运营模式还可以在有线电视设备和相关技术咨询服务方面展开。如果从传媒市场的角度来分析，闽台新闻界可以对经营性产业的部分共同开放，通过租赁、流转、交易等方式让双方的市场资源按照市场运作的规则和机制自由流通，这是闽台新闻媒体资本运营模式今后发展的方向。

（三）版权合作模式

版权合作是指闽台新闻媒体凭借各自对新闻产品依法享有的发表权、署名权、修改权和保护作品完整等的人身权，以及基于这些产品的利用而带来的复制权、发行权、出租权、放映权、改编权等财产权展开形式多样的合作，整个合作围绕版权这个中心展开，闽台新闻媒体可以一方通过提供内容，另一方获得版权；或者共同策划、生产媒体产品占有版权；或者直接开展版权交易。这种合作模式主要在闽台新闻媒体的杂志、影视剧、电视栏目版权开发、交易等方面展开。其合作模式如图26-3所示：

```
         ┌─ 生产版权产品：   内容提供+版权平台
         │                    ┌ 播映权
         ├─ 转让版权产品：   ┤ 发行权
         │                    └ 改编权
         └─ 开发版权产品：   衍生产品受益权
```

图26-3：版权合作模式

从模式图可知：闽台新闻媒体可以通过三种方式实现版权合作：第一种双方可以利用自己的平台，由对方提供内容共同生产产品。闽台杂志期刊通过这种版权合作模式可以回避市场准入的难题，由于双方要进入期刊市场涉及的门槛都较高，涉及刊号问题，借助这种方式，这些难题迎刃而解。例如：《厦门商报》主办的《两岸台商》就是版权合作的产物，由台湾提供版权刊号，《厦门商报》作为内容提供商，这样杂志便可以在台湾直接发行。台湾的杂志商通过这种运作方式也可以在福建寻找合作伙伴，推动杂志市场的繁荣。福建许多侨刊邀请台湾相关机构提供内容共同运作，一定程度上也是版权合作。第二种方式是双方转让版权，这种合作主要围绕纸质作品、影视作品的版权销售展开，主要涉及播映权、发行权、改编权的转让。最后一种版权合作模式就是闽台双方共同利用已经形成了品牌的媒体产品，特别是影视产品，双方加强开发后期衍生产品，或者闽台新闻媒体联合运作从衍生产品中获得具有权益。

闽台新闻媒体在影视剧版权合作方面将有较大的空间可以挖掘。目前，闽台联合拍摄电视剧、电影的数量逐年攀升，一般在合作前期中版权事宜会在协议中体现。由于闽台双方受众在审美心理和文化认同等方面有共同的特点，福建与台湾之间相互购买电影、电视连续剧本质上就是双方围绕版权展开。同时，影视剧版权的二次销售、网络版权的交易都将是双方合作的空间。对于一些电视栏目双方可以共同策划，共同运作版权，将这些栏目销售到东南亚等地方，甚至可以将版权的交易推广到更多华人地区的传媒市场。版权合作的另一个领域就是跨媒体，例如福建广播电视集团可以和台湾报业集团的网站所需视频内容通过版权合作来运作。随着媒介融合时代的到来，闽台新闻媒体通过跨媒体实现跨地域经营将大有作为。

闽台新闻媒体界交流合作日益升温，双方对于建立合作的共同机制呼声渐高,本文重点围绕合作协商、合作管理、合作资源共享、相互驻点采访四方面探讨建立常态机制,以此保障闽台新闻媒体合作的深入和持久。同时,闽台新闻媒体已经初步形成共享双方传媒资源联合运营、启动融资进驻传媒市场、实施版权合作经营三大合作模式,为两岸新闻传媒合作提供了一定的范式和借鉴。随着闽台新闻媒体合作机制的完善和健全,合作模式的实践和创新,闽台新闻媒体在合作层面将更加深入,合作领域更加广泛,合作成果更加丰硕,为此,将加速一水之隔的闽台传媒市场一体化进程,将呈现闽台传媒产业集群效应。